Lukas · Das Selbst und das Fremde

Münchner Universitäts-Schriften
Philosophische Fakultät

Münchner Germanistische Beiträge
herausgegeben von
Wolfgang Harms
Renate von Heydebrand
Theo Vennemann

Band 41

Wolfgang Lukas

Das Selbst und das Fremde

Epochale Lebenskrisen und ihre Lösung
im Werk Arthur Schnitzlers

Wilhelm Fink Verlag

Gedruckt mit Unterstützung aus den Mitteln der
Münchner Universitäts-Schriften
(D)

Die Deutsche Bibliothek – CIP-Einheitsaufnahme

Lukas, Wolfgang:
Das Selbst und das Fremde : epochale Lebenskrisen
und ihre Lösung im Werk Arthur Schnitzlers
/ Wolfgang Lukas. – München : Fink, 1996
(Münchner germanistische Beiträge : Bd. 41)
(Münchner Universitäts-Schriften : Philosophische Fakultät)
Zugl.: München, Univ., Diss., 1993
ISBN 3-7705-3126-4
NE: GT

ISBN 3-7705-3126-4

Satz: Jönsson Satz & Grafik, München
Herstellung: F. Schöningh GmbH, Paderborn

Vorwort

Die vorliegende Arbeit wurde im Herbst 1993 von der Philosophischen Fakultät für Sprach- und Literaturwissenschaft II der Ludwig-Maximilians-Universität München als Dissertation angenommen. Ich danke den Herausgebern, insbesondere Frau Prof. Renate v. Heydebrand, für die Aufnahme in die Reihe der »Münchner Germanistischen Beiträge« sowie der Universität München für die Gewährung eines Druckkostenzuschusses.

Danken möchte ich ferner Prof. Michael Titzmann, der diese Arbeit betreut hat und dabei vor allem ein Diskussionsklima zu schaffen wußte, in dem sich die ›eigenen‹ Fragestellungen entfalten konnten. Franz Adam sei herzlich gedankt für kompetentes Korrekturlesen.

Mein besonderer Dank gilt nicht zuletzt der Studienstiftung des deutschen Volkes für die großzügige und unbürokratische materielle Unterstützung, die diese Arbeit ermöglicht hat.

Kiel, im Februar 1995 Wolfgang Lukas

Inhaltsverzeichnis

0. Einleitung

0.1 Allgemeines zur Zielsetzung und Methode

Das Schnitzlersche Werk kennzeichnet ein Zug, der es vom Werk nicht weniger seiner Zeitgenossen unterscheidet. Auf der Oberfläche präsentieren sich die Texte in höchster Eingängigkeit: Mit der Dominanz einer psychologischen und, in Korrelation mit ihr, einer moralkritischen Perspektive erzeugen sie nicht nur den Eindruck der scheinbaren Verstehbarkeit, sondern sie verpflichten auch den Leser – auch und vielleicht gerade den heutigen – weitgehend zum Konsens. Das Revolutionäre des Schnitzlerschen Œuvres innerhalb seiner Epoche liegt bekanntlich weniger in der Darstellung des spektakulären Bruchs mit dem tradierten Wert- und Normensystem des 19. Jahrhunderts als vielmehr in der – in ihrer Kühnheit bislang unterschätzten – Radikalität und Selbstverständlichkeit, mit der zum einen die Reduktion dieser tradierten Normen auf bloße soziale Spielregeln betrieben wird, und zum anderen eine neue individualistische Ethik formuliert wird, die sich nur noch mehr den liberalen Basisnormen einer allgemeinen »Menschlichkeit« verpflichtet weiß. Tatsächlich scheint das Werk Schnitzlers eine stillschweigende Zersetzung und Entwertung des tradierten »viktorianischen« Normensystems in einem Ausmaß vorzunehmen, wie dies erst für unsere eigene Epoche ganz selbstverständlich geworden ist. Dies hat in der Forschung dazu geführt, daß man sich vielfach auf die essayistische Paraphrase der »problèmes humains«[1] und dieser z. T. so nachvollziehbaren und so konsensheischenden »allgemeinmenschlichen« Werte beschränkt hat, die das Werk propagiert. Doch auch jenseits der Ebene der Normen und Werte erwecken die Texte auf der Oberfläche generell den Eindruck der Unstrukturiertheit: Man hat denn auch immer wieder eine »impressionistisch-schwimmende Vieldeutigkeit«[2] beschworen und die spielerische Leichtigkeit und scheinbare Absichtslosigkeit hervorgehoben, mit der hier Konflikte in Szene gesetzt werden;[3] z. T. hat man sogar versucht, den Nachweis zu führen, daß sich das Werk Schnitzlers prinzipiell jedem Versuch einer abstrakten Klassifikation unzugänglich erweisen müsse[4] – eine höchst unbefriedigende Forschungssituation also zu einem Autor, der nicht nur zu den faszinierendsten, sondern zweifellos zu den absolut bedeutendsten Autoren zählt, die die Epoche der Frühen Moderne hervorgebracht hat. Demgegenüber besteht ein

1 Exemplarisch und stellvertretend sei Derré 1966 genannt.

2 So Matt 1991, S. 284, der aber auch bereits eine dazu gegensätzliche Ebene des Regelhaften hervorhebt, wenn auch nicht die von mir hier gemeinte.

3 Vgl. etwa Baumann 1965 und 1972, S. 155.

4 So z. B. Knorr 1988, S. 227, Anm. 38.

erstes Ziel der vorliegenden Arbeit darin, den Nachweis zu führen, daß jenseits dieser Oberfläche der scheinbaren Selbstverständlichkeit und Unstrukturiertheit eine »Tiefenebene« der Strukturierung in einem von der Forschung bislang ungeahnten maximalen Ausmaß existiert.[1] Angestrebt wird eine Neuinterpretation des Schnitzlerschen Werks durch eine auf genauer Textinterpretation basierende konsequente Modellbildung über die Text- und Gattungsgrenzen hinweg. Bereits 1950 hat Plaut im Zusammenhang mit dem narrativen Modell des »Umbruchs«[2] eine Reinterpretation des Werks auf der Basis einer abstrakteren Kategorienbildung gefordert – eine solche ist bislang aber, von ganz wenigen Ausnahmen abgesehen, so gut wie nicht erfolgt. Das Faszinosum der Schnitzlerschen Texte beruht nicht zuletzt genau auf diesem Doppelaspekt von dominanter Psychologisierung einerseits und geradezu »mathematisch«-intellektueller Durchstrukturiertheit andererseits. Der zumindest partiellen Rekonstruktion dieses Faszinosums hat sich die vorliegende Arbeit verschrieben.

Das zweite Ziel dieser Arbeit ist die zumindest punktuelle Einordnung Schnitzlers in den denkgeschichtlichen Kontext der Jahrhundertwende. Auch dies ist bislang ein Desiderat. Zwar bemüht sich die Schnitzlerforschung seit den letzten zwanzig bis dreißig Jahren, »die besondere Geschichtlichkeit«[3] des Schnitzlerschen Werks nachzuweisen, und hat hier auch fraglos wichtige Resultate vorzuweisen. Es fehlt aber bislang eine konsequente *denk*geschichtliche Einordnung. Ich will dies kurz an einem prominenten und berüchtigten Problem erläutern, welches auch in dieser Arbeit eine gewisse, wenn auch nicht *die* zentrale Rolle spielen wird: Es ist dies das Problem der Relation von Schnitzler zur zeitgenössischen Psychoanalyse. Zu Recht hat Thomé den »Untergang des freudianischen Paradigmas«[4] in der Schnitzlerforschung ausgerufen und gegenüber einer orthodox argumentierenden psychoanalytischen Position wiederholt hervorgehoben, daß eine ätiopathogenetische Dimension in den Texten prinzipiell nicht oder zumindest so gut wie nicht belegbar ist – freilich dürfte es sich hierbei nicht um ein Schnitzler-Spezifikum handeln, sondern um ein generell zumindest für die Literatur der Frühen Moderne (wenn nicht sogar darüber hinaus) zutreffendes und mithin fast schon triviales Merkmal. Auch die überflüssigen Bemühungen, eine Vorläuferschaft bzw. Abhängigkeit zwischen Schnitzler und Freud in welcher Richtung auch immer zu konstruieren, sind wohl definitiv ad acta gelegt.[5] Daraus folgt freilich nicht, daß die Rekonstruktion der von

1 In der Forschung ist dieser Aspekt der Strukturierung bislang nur vereinzelt wahrgenommen worden, und auch da zumeist nur an Texten der 20er Jahre wie etwa der *Traumnovelle* oder *Spiel im Morgengrauen*, wo diese Tendenz ihren nicht mehr übersehbaren Höhepunkt erreicht.

2 Vgl. dazu Kap. B 4.32.

3 Knorr 1988, S. 11.

4 Thomé 1988, S. 172 und 1986, S. 893ff.

5 Vgl. zur Diskussion Urban 1974.

den Texten implizierten Psychologie nur über Schnitzlers nicht-literarische Äußerungen, d. h. vor allem seine Aphoristik sowie seine Äußerungen zur Psychoanalyse geleistet werden könne.[1] Schnitzlers persönliche Position gegenüber der Psychoanalyse – so interessant sie für sich genommen auch sein mag – kann niemals ein Gültigkeitskriterium abgeben für die (Nicht-) Übereinstimmung der psychologischen Konzeptionen seiner Texte mit denen Freuds oder anderer Zeitgenossen. Auf der Ebene der Rezeption oder der von einem Autor bewußt vertretenen Positionen kann dieses Problem generell nicht gelöst werden. Thomé postuliert zwar zu Recht, daß »sinnvolle Vergleiche [...] nur auf der Ebene der Basisannahmen des Paradigmas möglich [sind]«[2] – doch er versteht dies eher im Sinne einer »ideengeschichtlichen« als einer »denkgeschichtlichen« Rekonstruktion.[3] Meine Fragestellung situiert sich demgegenüber auf einer gänzlich anderen Ebene. Nicht den einzelnen medizingeschichtlich relevanten »inhaltlichen« Unterschieden/Gemeinsamkeiten zwischen z. B. Freud und Schnitzler – so unbestritten sinnvoll und notwendig deren Rekonstruktion ist –, sondern den tendenziell allen Zeitgenossen gemeinsamen Denkmodellen gilt hier das Interesse, seien diese den Zeitgenossen nun selbst als solche bewußt oder nicht. Intendiert ist eine historische Diskursanalyse auf dem von Foucault so genannten »niveau *pré*conceptuel«.[4] Denk- bzw. Diskursgeschichte setzen notwendig das Konzept der Strukturgeschichte voraus, die nicht nach irgendwelchen Rezeptionsabhängigkeiten fragt, sondern prinzipiell nur nach den historisch je spezifischen bzw. typischen *Denkstrukturen*, d. h. nach den epistemologischen Basisannahmen und den allgemeinen Prämissen des Denk- und Wissenssystems der Epoche, wie sie der Literatur im gleichen Maße zugrunde liegen wie den theoretischen Diskursen.[5] Nicht darum also spielt Rezeption hier keine Rolle, weil sie als solche etwa prinzipiell irrelevant wäre, sondern nur, weil sie es *auf dieser hier gewählten Ebene* ist und notwendig sein muß. Für die Literaturwissenschaft hat insbesondere Titzmann die Anwendbarkeit des denkgeschichtlichen Ansatzes im Rahmen eines Konzepts der »integrativen Literaturgeschichtsschreibung« theoretisiert.[6]

Auf der Oberflächenebene wird mein Ansatz die Abkoppelung Schnitzlers von Freud radikalisieren – auf einer Tiefenebene wird er dagegen neue, bislang noch nicht gesehene Gemeinsamkeiten entdecken können, die sich

1 Das postuliert Thomé 1984, S. 67 und 1988, S. 172.

2 Thomé 1984, S. 66.

3 Damit ist selbstverständlich keinerlei Urteil über die Legitimität des Versuchs impliziert, Schnitzler aus der reduktionistischen Nähe zu Freud zu befreien und statt dessen seine eventuellen Gemeinsamkeiten mit anderen, nicht-freudianischen Positionen der Epoche nachzuweisen (vgl. Thomé 1986 und 1984).

4 Vgl. Foucault 1969, S. 81ff.

5 Vgl. Foucault 1969, S. 31ff zur diesbezüglichen Irrelevanz von Kategorien wie »influence« o. ä., sowie Titzmann 1991a, S. 409. Zum Begriff des »Denksystems« s. Titzmann 1989b.

6 Vgl. Titzmann 1991a.

prinzipiell aber nur auf der Ebene von Strukturhomologien situieren werden. Das gilt gleichermaßen für alle anderen Gemeinsamkeiten zwischen Schnitzler und den zeitgenössischen theoretischen Diskursen.[1]

Damit ist auch das Problem der literarhistorischen Epocheneinordnung Schnitzlers angesprochen. In der Forschung besteht weitgehend Konsens darüber, daß der Zeitraum um 1890 eine epochale Zäsur markiert; darüber hinaus ist bereits mehrfach der Nachweis geführt worden, daß die einzelnen heterogenen *Strömungen* wie Naturalismus, Neuromantik, Jugendstil, Expressionismus, Neue Sachlichkeit etc., die im Produktionszeitraum Schnitzlers einander sukzessiv ablösen bzw. simultan koexistieren, übergeordnete Basismerkmale teilen und somit eine gemeinsame *Epoche* konstituieren, die sich von ca. 1890 bis mindestens 1930 erstreckt.[2] Ich übernehme den von Wünsch hierfür vorgeschlagenen Namen der »Frühen Moderne«[3] und gehe davon aus, daß Schnitzler dieser Epoche gänzlich angehört. Schnitzler hat in diesem Sinne kein einziges »realistisches« (Erzähl)Werk verfaßt, auch wenn sich in einigen früheren Werken wie z. B. *Frau Berta Garlan* der Übergang vom Realismus zur Frühen Moderne noch greifen läßt. Da, wo die Kontinuität des Realismus bei Schnitzler in der Forschung postuliert wird, liegt denn zumeist auch ein eher unspezifischer Realismus- und »Moderne«-Begriff zugrunde, der primär am Erzähl-›discours‹ orientiert ist.[4] Z.T. wird die Kontinuität abwegigerweise sogar über Schnitzlers Fontaneverehrung begründet.[5] Da ich gemeinsame Modelle vom Frühwerk bis zum Spätwerk nachweise und mich zudem jenseits derjenigen Ebene bewege, auf der mit Konstanz der »Motivik« o.ä. bei Schnitzler argumentiert werden kann, liefert diese Arbeit zumindest indirekt einen weiteren Beleg für die Einheitlichkeit dieses Zeitraums.

---

1 Zum Begriff der Homologie vgl. Titzmann 1977, S. 152. Der Begriff findet sich allerdings auch in völlig anderer Bedeutung, wie z. B. bei Knorr 1988 (vgl. S. 98, 131, 173 etc.) und Geißler 1982.

2 Diese gemeinsamen Basismerkmale sind primär das allgemeine »lebensideologische Denken« dieses Zeitraums, vgl. bereits Rasch 1967a, sodann Wünsch 1983 und insbesondere Lindner 1991. Zur terminologischen Unterscheidung von »Strömung« vs »Epoche« s. Titzmann 1983.

3 S. Wünsch 1983.

4 Vgl. etwa Thomé 1986: Die von ihm angesetzten Realismus-Kriterien könnten theoretisch auch noch Werke nach 1930 etwa erfüllen. Notgedrungen müßte man dann so etwas wie ein (ahistorisches) Konzept des »Rückfalls« in »realistische« Positionen annehmen – dieses Problem entstünde z. B. bereits bei Schnitzler selbst, etwa bei der Einordnung des späten Romans *Therese* in Relation zur Inneren-Monolog-Novelle *Fräulein Else*. Den grundsätzlichen Unterschied zwischen beispielsweise Fontanes Realismus und dem Schnitzlerschen »Realismus« hält zu Recht Thompson 1990, S. 180ff fest.

5 Vgl. Ohl 1991, aber auch Thomé 1986, S. 1032f, Anm. 13.

0.2 Eine erste Skizze der Fragestellung

Ausgangspunkt meiner Überlegungen ist die Feststellung einer prinzipiellen »ideologischen Zweiteilung« eines Großteils der Schnitzlerschen Werke, wobei »ideologisch« hier im rein neutralen, nicht wertenden Sinn der vom Text abstrahierbaren semantisch-logischen Propositionen gemeint ist. In der ersten »Hälfte« kommt es in diesen Texten, ganz pauschal formuliert, zunächst zum Ausbruch einer fundamentalen Sinnkrise des Subjekts, die den optimistischen Aufbruch zu einem alternativen Leben nach sich zieht: Das Subjekt hebt alte, beengende Normen und Tabus auf – meist im Bereich der Erotik und Sexualität –, es macht Bewußtwerdungsprozesse und entdeckt (in der Regel) ihm bislang nicht bewußte Anteile seiner Person; im Zusammenhang damit kommt es zum Entwurf einer neuen expliziten Individualpsychologie, einer neuen Konzeption der »Person« und einer neuen Moral sowie einer neuen Sinnstiftung etc. – doch nun folgt in einem zweiten Teil ein neuerlicher Prozeß, der wiederum zumeist eine Krise und Bewußtwerdung inkludiert, diesmal jedoch, wieder ganz pauschal formuliert, im Zeichen einer umfassenden Desillusionierung. Dieser zweite Teil ist fundamental verschieden von dem ersteren, die Texte handeln nun auf einer höheren Ebene völlig neue Probleme ab. Beschränkte man sich auf die erste »Hälfte«, dann hätte man zwar durchaus ein gut Teil der für die Frühe Moderne relevanten Phänomene rekonstruiert, man hätte jedoch tatsächlich nur »den halben Schnitzler«.

Diese Zweiteilung ist in einem Großteil der Texte als ein narratives 3-Phasen-Modell realisiert mit den Phasen A, B und C: Die erste »Hälfte« erzählt den Übergang von einer Ausgangsphase A in die Zwischenphase B, die zweite den Übergang von letzterer in die Zielphase C. Beide Übergänge werden sich jeweils rekonstruieren lassen als logisch-semantische Operation der Substitution bzw. Hierarchisierung/Überlagerung. Sie stellen somit »Tiefen-Ereignisse« dar,[1] die auf der Textoberfläche verschieden konkretisiert sein können, z. B. als Realisieren und Scheitern einer Liebesbeziehung. Dem Phasenmodell liegt also die *Grundstruktur einer zweimaligen Substitution zugrunde, die auf der syntagmatischen Ebene narrativ entfaltet wird.* Das erste Tiefenereignis E1, welches den Übergang von der Ausgangsphase A zur Zwischenphase B leistet, etabliert eine Art »Basiskode der dargestellten Welt« – das zweite Ereignis E2, welches den Übergang von der Zwischenphase in die Zielphase C leistet, löst diesen Basiskode auf höherer Ebene wieder auf. So verschiedengestaltig sie auf der Oberfläche sein mögen: Nahezu alle Texte, ob Frühwerk oder Spätwerk, ob Drama oder Erzählung, »erzählen«, so meine Generalthese, auf dieser abstrakten Ebene dasselbe.

Ich werde mich in dieser Arbeit mit Problemen der Raumsemantik ebenso wie mit Problemen der Zeitorganisation, mit moralischen Normsystemen

1 Im Sinne von Lotman 1973 und 1974, s. u. Kap. A 2.1.

ebenso wie mit Psychologie und Personkonzeption, mit Lebenslaufmodellen ebenso wie mit Realitäts- und Sprachkonzeption etc. beschäftigen. Das Kohärenzstiftende all dieser Fragestellungen situiert sich auf der Ebene des genannten narrativen Grundmodells. Dessen Zweiteilung stiftet auch das Gliederungsprinzip der vorliegenden Arbeit, die der von den Texten realisierten semantisch-logischen Progression folgt: Teil A widmet sich der Rekonstruktion des ersten abstrakten Ereignisses (E1), Teil B widmet sich, darauf aufbauend, der Rekonstruktion des zweiten abstrakten Ereignisses (E2). Das primäre Ziel der Arbeit ist, die systematischen und notwendigen Beziehungen zwischen den auf den ersten Blick heterogensten Themenbereichen aufzuzeigen und die historische Logik dieser Verknüpfungen zu rekonstruieren. Nur scheinbar wird die Individualität der einzelnen Texte damit reduziert auf Strukturschemata – in Wahrheit wird sie genau dadurch erst sichtbar, und mit ihr der ungeheure Variationsreichtum und die faszinierende Vielfalt des Schnitzlerschen Œuvres.

0.3 Der werkinterne Wandel

Bei aller behaupteten Konstanz der Schnitzlerschen Problemstellungen (auf der erwähnten Tiefenebene) existiert freilich ein werkinterner Wandel, der auch bei meiner Fragestellung relevant wird. Die verschiedensten Gliederungen sind von der Forschung bereits vorgeschlagen worden, keine davon ist jedoch befriedigend, da sie niemals systematisch vorgenommen wurden und Kriterien in Anschlag brachten, die eher beliebiger Natur waren. Dabei besteht letztlich Einigkeit darüber, daß es so etwas wie eine Frühphase und eine Spätphase gebe, d. h. also mindestens drei Werkphasen insgesamt.[1] Aufgrund meiner Neuinterpretation ergibt sich diesbezüglich die folgende Situation: Es existieren primär zwei Zäsuren, eine erste in der *zweiten Hälfte der 90er Jahre*, eine zweite *Anfang der 20er Jahre*; letztere fällt auch mit einer Produktions- bzw. Publikationspause zusammen. Beide Zäsuren besitzen nicht denselben hierarchischen Rang. Die erste ist *die* entscheidende Zäsur innerhalb des Gesamtwerks: Sie markiert vor allem die entscheidende Wende zur konsequenten Psychologisierung, die ihrerseits mit einer neuen Relevanz des zeitgenössischen ›Lebens‹-Begriffs verknüpft ist. Innerhalb des dramatischen Werks ist *Das Vermächtnis* (1898)[2] der erste neue und letzte alte Text: Er läßt sich als exemplarischer Übergangstext rekonstruieren, der nicht nur die frühen quasi-naturalistischen Positionen, sondern zugleich auch das alte System des Realismus definitiv überwindet. Innerhalb des erzählerischen Werks leitet *Die Frau des Weisen* (1897) analog eine neue Phase ein. Beide Texte führen, so verschieden sie sind, eine neue Ebene der *Psychologie* ein

1 Vgl. hierzu v. a. Schinnerer 1929 und 1930, Jandl 1950, Schneider-Halvorson 1983
2 Die Jahreszahlen bezeichnen das Datum der Uraufführung bzw. der Erstpublikation.

sowie, in systematischer Korrelation hiermit, eine neue Ebene der *Zeit*, u. a. mit einer ganz neuen Relevanz der Vergangenheit. Die Spätphase beginnt mit *Fräulein Else* (1924) im erzählerischen und *Der Gang zum Weiher* (1926, 1921 abgeschlossen) im dramatischen Werk. Diese Zäsur ist zwar eindeutig, jedoch von weit geringerer Tragweite. Die entscheidenden Neuerungen, die Ende der 90er Jahre auftreten, werden für die gesamte Produktionsphase bestimmend bleiben, die 20er Jahre bedeuten demgegenüber primär eine umfassende Systematisierung von bereits bestehenden Positionen und Strukturen und, damit verknüpft, eine Art neuer Explizitheit und Selbstthematisierung dieser Strukturen. Ich will die Frühphase bis ca. 1897/98 als *›präpsychologisch-»naturalistische« Phase‹* benennen, die Hauptphase von ca. 1897/98 bis ca. 1930 als *›psychologisch-lebensideologische Phase‹*. Innerhalb meiner Fragestellung spielt v.a. die erste Zäsur, die die Frühphase von der Hauptphase trennt, eine Rolle: Sie wird v.a. am Beispiel des dramatischen Werks rekonstruiert werden. Die Zäsur der 20er Jahre, die *innerhalb* der Hauptphase noch einmal eine Spätphase beginnen läßt, wird nicht näher behandelt werden. Von diesen beiden Zäsuren abgesehen, kann man zumindest für das Erzählwerk wohl eine weitere ansetzen, die die allerersten Texte umfaßt und spätestens mit *Sterben* (1894, 1892 abgeschlossen) beendet wird.[1] Im Zusammenhang meiner Fragestellung wird sie nicht weiter relevant.

0.4 Textkorpus

Als Textkorpus meiner Arbeit lege ich im Prinzip das Gesamtwerk mit Ausnahme der beiden Romane zugrunde, gehe aber zunächst von einer Teilmenge des Schnitzlerschen Œuvres aus, und zwar von denjenigen Texten, die in augenfälliger Weise das genannte 3-Phasen-Modell aufweisen. In einem zweiten Schritt – ab Kapitel B 4.3 – wird sich durch Einbeziehen weiterer Texte dieses Modell seinerseits als nur eine mögliche Oberflächenbesetzung eines zugrundeliegenden abstrakteren narrativen Modells erweisen lassen.

Die für die Darstellung notwendig vorzunehmende Selektion aus dem Gesamttextkorpus versucht, einen Kompromiß zu finden zwischen zwei Zielen: Zum einen sollen möglichst viele Texte einbezogen werden, um den Anspruch auf weitgehende Generalisierbarkeit der Modelle einzulösen; zum anderen sollen aber auch und gerade die notwendigen Beziehungen zwischen den einzelnen Problemkomplexen unmittelbar am Text rekonstruiert werden: Ein und derselbe Text wird demnach auch sukzessive in den verschiedensten Kontexten zu interpretieren sein.

1 Vgl. Cercignani 1991b, S. 10ff.

TEIL A

DIE KONSTITUTION DES BASISKODES

A 1. *Die Basisopposition der dargestellten Welt: »bürgerliche Normalität« vs »Abweichung«*

1.1 Die psychologisch-lebensideologische Phase

1.11 Das subjektexterne Fremde

1.111 Die Kategorisierung der Figuren in zwei disjunkte Klassen

Mit dem Drama *Das Vermächtnis* (1898)[1] treten in den verbalen Auseinandersetzungen, die die Figuren in Dialogen untereinander führen, erstmalig Formulierungen der folgenden Art auf: »Menschen wie Sie«, »Unsereiner« (*Das Vermächtnis* DI, 437, 458, *Große Szene* DII, 506, *Der einsame Weg* DI, 826)[2], »Menschen Ihrer Art« (*Die Gefährtin* DI, 513), »solche Menschen« (*Der einsame Weg* DI, 771, *Der Schleier der Beatrice* DI, 652), »Sie gehören doch nicht zu der Sorte Menschen, die [...]« (*Der einsame Weg* DI, 801), »Menschen seiner Art« (*Beatrice* DI, 629), »Frauen ihrer Art«, (*Frau Beate und ihr Sohn* EII, 60), »Geschöpfen dieser Art« (*Vermächtnis* DI, 436), »eine andere Art von Mensch wie unsereiner« (*Lebendige Stunden* DI, 693) usw. Diese Formulierungen finden sich rekurrent bis ins Spätwerk, im Erzähltext ebenso wie im Drama – allein die Figurendialoge bedingen naturgemäß im letzteren eine größere Häufigkeit.

Jede dieser Formulierungen nimmt nun erstens und ganz allgemein eine Grenzziehung vor, die den Status einer *ontologischen* Klassifikation besitzt: Der Sprecher grenzt sich ab von seinem Adressaten, indem er eine fundamentale wesensmäßige Differenz zwischen sich selbst und diesem behauptet, der andere erscheint als andersartig und fremd. Diese Formulierungen nehmen zweitens eine *typologische* Klassifikation vor, indem die Verschiedenheit des anderen zwar als eine im jeweiligen Individuum begründete und sogar als eine singuläre, einzigartige, aber immer auch als eine typische postuliert wird: Sprecher und Adressat erscheinen in ihren individuellen Eigenschaften zugleich jeweils als Element einer überindividuellen Einheit, nämlich einer Klasse bzw. eines Typs von Mensch. Drittens schließlich liegt eine *binäre* Klassifikation vor, die die Gesamtheit der Menschen erschöpfend aufteilt.

1 Alle Jahresangaben beziehen sich im folgenden auf die Erstpublikationsdaten (Buch oder Zeitschriften), die in der vierbändigen Ausgabe der *Gesammelten Werke* (Schnitzler 1961 und 1962) angegeben sind. Bei Texten, die posthum aus dem Nachlaß publiziert worden sind, füge ich das Datum bei, an welchem der jeweilige Text als abgeschlossen gilt (vgl. das Nachwort des ungenannten Herausgebers).

2 Ich zitiere aus der oben genannten Werkausgabe und markiere die Bände der *Erzählenden Schriften* mit vorangestelltem E, die der *Dramatischen Werke* mit D.

Die postulierte andere Art von Mensch meint nicht irgendeine beliebige von mehreren Arten, sondern es geht um die Opposition zwischen *den zwei disjunkten* Klassen von Mensch, deren Bekanntheit die Formulierung präsupponiert: Die Klasse der *Normalbürger* – sie seien als »A-Figuren« bezeichnet – wird der Klasse der *vom bürgerlichen Lebensmodell Abweichenden* – sie seien als »B-Figuren« bezeichnet – gegenübergestellt. Damit liegt eine der elementarsten semantischen Oppositionen nicht nur des gesamten Schnitzlerschen Œuvres, sondern auch der Epoche zugrunde, man kann sie als *die* Basisopposition der dargestellten Welten schlechthin bezeichnen: *»(bürgerliche) Normalität« vs »Abweichung«*.

Die Kategorie des Fremden/Abweichenden ist zunächst eine relative, insofern sie einen jeweiligen Standpunkt voraussetzt, von dem aus wahrgenommen und klassifiziert wird. Sie kann also theoretisch auf beide Figurenklassen gleichermaßen angewandt werden, was in den Texten auch tatsächlich der Fall ist. Statistisch dominant werden obige Formulierungen allerdings von Figuren des bürgerlichen Kreises verwendet: Als die »andere« Klasse von Mensch erscheinen privilegiert diejenigen, die nicht-bürgerliche Lebensmodelle praktizieren. In der Welt der Schnitzlerschen Texte existiert eine prinzipielle »Gerichtetheit«, die aus einer impliziten konstanten bürgerlichen Perspektive das Nicht-Bürgerliche/Abweichende als ein Fremdes setzt – unabhängig von der ideologischen Bewertung (positiv vs negativ), die dieses Fremde im jeweiligen Einzelfall erfährt.

Die B-Figuren werden nun in genau dem Maße als ontologisch different wahrgenommen, wie sie als Vertreter eines anderen Systems von Verhaltensweisen, Normen und Werten auftreten. Hinter der Opposition zweier *Figuren* der A- vs B-Klasse steht also immer die Opposition zweier *Systeme* SA und SB. Hier findet sich in den Texten der Terminus der »Welt«, so in rekurrenten Formulierungen wie »eine Welt für sich«, »eine andere, fremde Welt«, »Welt ohne Gesetz« etc.[1] Die Texte unterscheiden also eine regelrechte »A-Welt« und eine »B-Welt«, denen zwei verschiedene Lebensmodelle zugeordnet werden. Die Kategorisierung der Figuren in die zwei disjunkten Klassen A und B erfolgt somit homolog zur Kategorisierung der dargestellten Welt in die zwei disjunkten Welten und Wert- und Verhaltenssysteme SA und SB. Mit Lotman kann man diese Kategorisierung das *»Kultur-Modell«* dieser Texte nennen, mit SA und SB als dessen zwei abstrakte semantische Räume (s. u.).[2] Es tritt bei Schnitzler in der zweiten Hälfte der 90er Jahre, also in etwa ab 1897/98, erstmalig in völliger Explizitheit auf und liegt von da ab als elementare Kodierung allen Texten zugrunde – ich nenne es den *»Basiskode der dargestellten Welt«* und bezeichne diesen mit KA.

Nur wenige Figuren gehören zur B-Klasse, und pro Text in der Regel maximal eine – falls es zwei gibt, wie etwa Beatrice und Filippo in *Der*

1 vgl. *Vermächtnis, Frau Beate und ihr Sohn, Traumnovelle, Einsamer Weg* etc.

2 Vgl. Lotman 1974 und Lotman 1973, S. 315-424.

Schleier der Beatrice, dann tritt eine eindeutige Hierarchisierung ein, d. h., dann verhalten sich die beiden Figuren untereinander auch wiederum wie A- zu B-Figur.[1] Zu den Figuren, die solchermaßen *explizit* als »Menschen anderer Art« bezeichnet werden, gehören z. B. in den Dramen: Toni in *Das Vermächtnis*, Leonilda in *Der Gang zum Weiher*, Aurelie in der *Komödie der Verführung*, Paracelsus und der »Puppenspieler« in den jeweils gleichnamigen Einaktern, der Dichter Weihgast in *Die letzten Masken*, der Maler Julian Fichtner in *Der einsame Weg*, der Dichter Filippo und Beatrice in *Der Schleier der Beatrice*, der junge Dichter Heinrich im Einakter *Lebendige Stunden*, der Maler Remigio und der Dichter Gottfried im Einakter *Die Frau mit dem Dolche*, der »tapfere« Cassian im gleichnamigen Einakter, der Fabrikant Hofreiter in *Das weite Land*, der berühmte und erfolgreiche Arzt Ormin im Einakter *Stunde des Erkennens*, der Schauspieler Herbot im Einakter *Große Szene*, der Dichter Felix im Einakter *Bacchusfest*, Casanova in *Die Schwestern oder Casanova in Spa*, der Dichter Sylvester Thorn in *Der Gang zum Weiher*; in den Erzähltexten u.a.: der Violinvirtuose Emil in *Frau Berta Garlan*, das Mädchen Katharina in *Die Fremde*, der Bildhauer Samodeski in *Die griechische Tänzerin*, die Sängerin Kläre in *Das Schicksal des Freiherrn von Leisenbohg*, die Schauspielerin Wilhelmine in *Der tote Gabriel*, Dionysia in *Die Hirtenflöte*, die Schauspieler Fortunata und Ferdinand Heinold in *Frau Beate und ihr Sohn*, Casanova in *Casanovas Heimfahrt*. Partiell besitzen auch die Weissagergestalten Marco Polo in *Die Weissagung* und Geronte in der *Abenteurernovelle* den Status der B-Figur. Diese erste Übersicht zeigt bereits, daß sowohl männliche wie weibliche Figuren zur B-Klasse gehören können, wenn auch erstere in der Überzahl sind.

Die Kategorisierung in A- vs B-Figuren bzw. S_A vs S_B ist nun zwar einerseits eine disjunkte, zugleich aber wird sie ebenenbezogen vorgenommen, so daß sich eine gewisse Skalierung der Abweichung ergibt, wie bereits die aufgezählten Beispiele nahelegen. Nicht alle genannten Figuren sind im gleichen Ausmaß B-Figur. Die extremste B-Gruppe bilden diejenigen Figuren, die das fremde System *metonymisch repräsentieren* und den Status einer Katalysatorfigur (s. u. A 2.342) besitzen, etwa ein Paracelsus oder Casanova. Bereits weniger extrem abweichend ist etwa der Schauspieler Ferdinand in *Frau Beate*, und noch weniger etwa Hugo im *Vermächtnis*, obwohl auch er aus der Perspektive der bürgerlichen Figur Ferdinand als B-Figur wahrgenommen wird. Gleiches gilt für die Opposition S_A vs S_B. Fridolin in der *Traumnovelle* etwa durchläuft auf seinem Selbstfindungsweg eine ganze Serie von »Welten« zunehmender Abweichung, deren extremste Ausformung schließlich jene geheime Gesellschaft darstellt. Prinzipiell gilt, daß die B-Figuren letztlich nur zeichenhaft und besonders deutlich jene »Welt der Abweichung« repräsentieren, die schließlich auch für die A-Figuren selbst relevant werden wird. Die Tatsache, daß »Abweichung« aus der bürgerlichen

1 Beatrice ist B-Figur in Relation zu Filippo.

Perspektive hier an gleichsam ontologisch differente Wesen gekoppelt wird, ist ganz allgemein ein Indiz für den merkwürdigen, quasi mythischen oder dämonisierten, zumindest aber idealisierten Status, den »Abweichung« innerhalb des bürgerlichen Systems besitzt. Ich rekonstruiere im folgenden den Basiskode K_A, wie er in der ersten »Hälfte« der Texte im Übergang von der Ausgangsphase A zur Zwischenphase B aufgebaut wird, d. h. die *elementaren* semantischen Merkmale beider »Welten« und beider Figurenklassen und der ihnen zugeordneten Vehaltenssysteme. Ich orientiere mich dabei an den B-Figuren, und zwar an den extremeren Fällen von Abweichung – die bürgerliche Norm ergibt sich, wenn nicht eigens thematisiert, ex negativo. Der Basiskode ist als idealtypischer gedacht: Nicht alle Figuren weisen alle Merkmale auf. Zudem gilt, daß nicht alle Merkmale den hierarchisch gleichen Rang besitzen.

1.112 Die elementaren Merkmale der zwei disjunkten semantischen Räume und ihrer Figuren

1. Beruf/soziale Position

Wie die obige Auflistung von B-Figuren belegt, existieren für alle männlichen B-Figuren offensichtlich dominant drei Möglichkeiten sozialer Aktivität: Sie sind erstens und privilegiert *Künstler*, wobei verschiedenste Künste praktiziert werden können: Dichtkunst, Malerei, Bildhauerei, Musik, Schauspielerei – oder zweitens eine besondere Gattung von Arzt, nämlich eine Art *»Psychotherapeut«* mit quasi-magischen Fähigkeiten, dessen medizinische Position als unorthodox und ideologisch abweichend klassifiziert wird: v.a. Paracelsus ist hier zu nennen – oder drittens *Abenteurer*, die offiziell keinerlei Tätigkeit, akzidentell und kurzfristig aber verschiedenste Tätigkeiten ausüben können: Casanova, Cassian, der »Puppenspieler«.[1] Zum Teil treten diese Aktivitäten in Kombination auf: So dichtet der Abenteurer Casanova auch, der »Puppenspieler« ist Dichter mit psychotherapeutischen Fähigkeiten, und umgekehrt ist der Hypnotiseur und Psychotherapeut Paracelsus ebenso eindeutig auch ein Abenteurer. Jeder Abenteurer ist, wenn er nicht auch wörtlich eine Kunst ausübt, zumindest ein Lebenskünstler – der »Puppenspieler« thematisiert dies mit seinem Verzicht auf wörtliche Kunstproduktion (vgl. DI, 843ff) –, so wie umgekehrt jeden Künstler »ein Duft von Abenteuern [umwebt]« (*Einsamer Weg* DI, 773). Künstler, »Magier-Psychotherapeuten« und Abenteurer bilden also ein gemeinsames Paradigma von drei einander funktional äquivalenten Varianten der Abweichung von der

1 Vgl. zum Modell des Abenteurers in der Frühen Moderne die frühe Arbeit von Neumair 1933, die trotz ahistorischer Grundkonzeption viele richtige Beobachtungen aufweist. Eine völlig ahistorische Traditionslinie des Abenteurermodells entwirft Morse 1977 (vgl. S. iv, 12, 76ff).

bürgerlichen Normalität. Der Abenteurer stellt dabei die radikalste Abkehr von jedem bürgerlichen Lebensmodell dar[1] und wird denn auch mit Vorliebe in der Renaissance (Paracelsus und Cassian) oder im Ancien régime (Casanova) situiert, also in Gesellschaften, die als vorbürgerliche klassifiziert werden.

Die weiblichen B-Figuren sind entweder Künstlerinnen – wobei hier, entsprechend den zeitgenössischen Geschlechtercharakteristiken, nur Sangeskunst und Schauspielerei, also sowohl »reproduktive« als auch mit dem eigenen Körper ausgeübte Künste, aber weder »produktive« noch dominant intellektuelle Künste vertreten sind[2] –, oder sie üben keinerlei Tätigkeit aus: Beatrice, Dionysia (*Hirtenflöte*), die »Fremde« etc. Im Gegensatz zur männlichen B-Figur ist die soziale Tätigkeit hier also fakultativ.

Generell gilt, daß die B-Figuren mit diesen Aktivitäten eine herausragende und privilegierte soziale Position im öffentlichen Raum einnehmen – dies gilt auch für den echten Abenteurer wie Paracelsus oder Casanova. Die rein private B-Figur ist fast so etwas wie eine »contradictio in adjecto«: Die Wahrnehmung einer Person als B-Figur ist immer auch ein kollektives Phänomen der A-Welt. B-Figuren sind also nicht irgendwelche Künstler, sondern in der Tendenz immer große und exzeptionelle Künstler. Sie haben künstlerischen Ruhm und Erfolg und verfügen über eine gewisse »Macht« über andere Menschen, sei es im politisch-öffentlichen Bereich (vgl. Dionysia), sei es im privaten Bereich als Quasi-Psychotherapeuten (Paracelsus, »Puppenspieler«). Eine Extremversion dieser Macht repräsentieren die okkulten Weissagergestalten Geronte und Marco Polo, die als schicksalsleitende Instanz auftreten.

2. *Raumverhalten: Mobilität vs Seßhaftigkeit*

Die B-Figuren sind durch ein signifikantes Verhalten im Raum gekennzeichnet. So sind sie erstens in der Regel nicht seßhaft und demzufolge stets auf Reisen. Freilich gibt es da Abstufungen, doch gilt das, was der Abenteurer in Reinform realisiert, auch für eine Figur wie den Musiker Emil (*Frau Berta Garlan*), der zwar eine feste Wohnung in Wien besitzt, sich jedoch die meiste Zeit auf Tourneen befindet. Die B-Figuren erhalten also in bezug auf ihr Verhalten im Raum das Merkmal der Bewegung und Dynamik, während die bürgerlichen A-Figuren durch Immobilität und Statik gekennzeichnet sind. Mit der Beweglichkeit im Raum ist ein weiteres Merkmal verknüpft: Denn in dem Maße, wie sie reisen, betreten diese Figuren auch fremde Räume, während die bürgerlichen Figuren auf den eigenen, vertrauten Raum fixiert

1 Vgl. Lantin 1958, S. 92. Lantin kennt bereits ansatzweise die Basisopposition von »bürgerlicher Normalität« vs »Abweichung«, bei ihm unter der Opposition »Ordnung« vs »Chaos« (vgl. S. 91f), die jedoch von anderen Oppositionen ungenügend abgegrenzt wird.

2 Vgl. z. B. Simmel 1983, S. 230: »Unter den Künsten sind die reproduktiven ihre eigentliche Domäne.«

bleiben; die extremen B-Figuren wie die Abenteurer erhalten überdies das Merkmal der Heimatlosigkeit. Die Bewegung im Raum als ein äußerliches Merkmal des faktischen Verhaltens steht freilich zugleich zeichenhaft für einen nicht-räumlichen Sachverhalt: zum einen einen *ideologischen* – die wörtliche Beweglichkeit im Raum korreliert mit einer prinzipiellen ideologischen Beweglichkeit der B-Figur, die sie im Gegensatz zur bürgerlichen A-Figur z. B. eine Vielzahl von verschiedenen Existenzen leben lassen kann –, zum anderen (und damit verknüpft) einen *psychischen* – dieser Sachverhalt läßt sich beschreiben als von den A-Figuren stets faszinierend erlebte Nicht-Bereitschaft bzw. Unfähigkeit, sich einem Raum – wie auch einem erotischen Partner, beides wird korreliert – zur Gänze »hinzugeben«, um zugleich dadurch aber die maximale eigene Autonomie zu wahren. Auch in der zeitgenössischen Soziologie bzw. Sozialphilosophie spielen die Kategorien des Bürgers vs Abenteurers und das Kriterium der Mobilität im Raum eine Rolle. Simmel etwa definiert »das Verhältnis zum Raume« als »Ausdruck [der] subjektiven Innerlichkeit« einer Person: für den »Abenteurer« gelte, daß sein »fortwährendes Umherschweifen die Unruhe, den Rubato-Charakter [seiner] inneren Lebensrhythmik auf den Raum projiziert«.[1]

3. Autonomie vs Heteronomie

Das Leben der B-Figuren ist über das Merkmal der Mobilität hinaus ganz generell durch eine Situation der äußeren Autonomie/Freiheit gekennzeichnet – das bürgerliche Leben der A-Figuren dagegen durch Heteronomie, die zumal bei weiblichen Figuren den Charakter der ausgeprägten äußeren Unfreiheit annehmen kann, dramatisch zugespitzt und radikalisiert z. B. bei Marie im *Ruf des Lebens*, deren altruistische Pflege am kranken Vater im ganz konkreten Eingesperrtsein gipfelt. Dies ist aber nur die Extremversion eines allgemeingültigen Merkmals des A-Lebens, denn allein schon die Unterwerfung unter die tradierten Normen und Rollenerwartungen wird als Zustand der Heteronomie erlebt. Die Autonomie der extremen B-Figuren schließt auch jegliche Bindung an irgendwelche Personen strikt aus, sei es der erotische Partner oder die (Herkunfts-)Familie: Bei B-Figuren werden in der Regel keinerlei familiäre Angehörige thematisch, und falls doch (nur bei weiblichen Figuren), dann immer im Zeichen der radikalen psychischen Entfremdung (vgl. Beatrice im *Schleier der Beatrice*).[2]

4. Materieller Wohlstand vs »Elend«

Fakultativ kann auch die materielle Situation eine Rolle spielen, so vor allem bei den Abenteurern wie Casanova. Dabei wird allerdings weniger das

---

1 Simmel 1903, S. 242. Vgl. auch die Merkmale, die Simmel dem »Fremden« attribuiert, Simmel 1968, S. 63ff.

2 Vgl. Neumair 1933, S. 104f.

Merkmal des Reichtums als solches relevant, als vielmehr das des virtuosen Umgangs mit Geld, dessen Beschaffung jederzeit problemlos möglich ist. So signalisiert sich bei Casanova der allmähliche partielle Verlust seiner B-Eigenschaften im Alter u.a. auch durch mangelnde finanzielle Liquidität im eben definierten Sinne. In der frühen präpsychologisch-»naturalistischen« Phase, da die Heteronomie des A-Lebens noch gerne mit ausgesprochener materieller Not verknüpft ist (so in den frühen Dramen oder der Erzählung *Reichtum*), gibt es signifikanterweise eben noch keine echten B-Figuren. Wenn sie sich mit der psychologischen Phase konstituieren, dann transformiert sich auch die Semantik von Geld: Letzteres bedeutet jetzt nicht mehr bloßen Reichtum, sondern steht zeichenhaft für andere Werte wie z. B. Erotik, so v.a. bei männlichen Figuren im Kontext von Spiel und Abenteuer (*Spiel im Morgengrauen*, *Abenteurernovelle*, *Casanovas Heimfahrt*, *Die Schwestern oder Casanova in Spa*).[1]

5. *Monotonie/Konstanz vs Ereignishaftigkeit/Wandel*

Das Leben der B-Figuren ist äußerlich immer durch Ereignishaftigkeit/Wandel/Dynamik und spontane, unvorhergesehene Abläufe gekennzeichnet – das bürgerliche A-Leben hingegen durch Monotonie/Konstanz/Statik und strikt geregelte, habitualisierte und tendenziell ritualisierte Abläufe des alltäglichen Lebens. So wird in der *Traumnovelle* z. B. die pedantische Zeiteinteilung, die das bürgerliche Alltagsleben erfordert, explizit als Heteronomie und Nicht-Selbstbesitz der Person thematisiert: Das A-Leben verwehrt dem Subjekt die freie Verfügung über seine Zeit und über seine Person.

6. *Erotik*

Die zentralste Abweichung, die zudem ausnahmslos alle B-Figuren aufweisen, ist die normverletzende Erotik, mit zumindest den Merkmalen der nicht-ehelichen Beziehung und des häufigen Partnerwechsels. Die von bzw. mit den B-Figuren gelebte Erotik wird von den A-Figuren stets mit Intensität, Leidenschaft und maximaler Individualisierung des Partners verknüpft.[2] In Opposition zu den jeweiligen legitimen Partnern versprechen die B-Figuren Emil (vs Garlan), Paracelsus (vs Cyprian), Casanova (vs Olivo in *Casanovas Heimfahrt*), Julian (vs Wegrat im *Einsamen Weg*) etc. als illegitime erotische Partner den weiblichen Figuren zumindest potentiell ein maximales, wenn auch kurzfristiges erotisches Glück und stehen in dieser Hinsicht in radikaler Opposition zu den jeweiligen A-Figuren. Exemplarisch formuliert dies Paracelsus gegenüber Cyprian:

1 Ein Komplex, auf den ich in dieser Arbeit nicht näher eingehe.

2 Dies gilt, wohlgemerkt, nur innerhalb des Basiskodes – in der zweiten »Hälfte« der Texte werden diese Merkmalszuordnungen partiell revidiert werden.

PARACELSUS : Ein Tag mit mir erfüllte tiefre Sehnsucht,
Als fünfzig Jahr' mit einem Mann wie Ihr. (DI, 487)

Das gleiche gilt umgekehrt für die weiblichen B-Figuren, die für jeweils alle männlichen Figuren eines gegebenen Textes maximale Attraktivität und Faszination besitzen: so z. B. Beatrice und Dionysia (*Hirtenflöte*).

Es besteht also – und dies ist ein Epochenmerkmal – eine prinzipielle Unvereinbarkeit von Ehe – als der bürgerlichen Form von Erotik/Sexualität – und intensiver, tendenziell leidenschaftlicher Erotik.[1] Historisch neu ist dabei nicht etwa diese Opposition als solche,[2] sondern deren noch nie dagewesene Radikalisierung und antagonistische Zuspitzung. Es gilt ferner für die weibliche Figur auch eine absolute Inkompatibilität der zwei Rollen der *»Mutter«* und der erotischen Partnerin – der *»Geliebten«* –, natürlich auf dem zeitgenössischen Hintergrund, daß die erotische Dimension der Frau in der bürgerlichen emotionalisierten Familie des 19. Jahrhunderts maximal tabuisiert wird und mit der Mutterrolle gleichsam aufzuhören hat.[3] Eine weibliche B-Figur, die zugleich »Mutter« ist, ist wiederum tendenziell so etwas wie eine »contradictio in adjecto«.[4] Die konkrete inhaltliche Besetzung der abweichenden B-Erotik und der bürgerlichen A-Erotik kann schließlich variieren, immer ist aber die Basisopposition gegeben, nach welcher legitime Erotik und eine intensive, mehr oder weniger hochbewertete Erotik einander ausschließen. Ich verdeutliche dies am Unterschied von *Frau Berta Garlan* und *Frau Beate und ihr Sohn*. Im erstgenannten Text erscheint Bertas Welt als eine, in der keine individualisierende Liebe vorgesehen ist, und in der Sexualität nur zum Zweck der Prokreation gestattet ist; demgegenüber wird (in der ersten »Texthälfte«) die Erotik mit der B-Figur Emil als individualisierende Liebe hoch bewertet. In *Frau Beate* hingegen scheint genau diese individualisierende und tendenziell leidenschaftliche Erotik das bürgerliche und vertraute Modell der Heldin zu sein, während Fortunata die unverbindliche Erotik ohne Liebe repräsentiert. Was an der ehelichen Beziehung Beates jedoch als intensiv und exzeptionell erlebt wurde, erweist sich eben gerade als das Abweichende und gegen das übliche Ehemodell Verstoßende. Es gilt also auch hier die Basisopposition der A-Erotik vs B-Erotik. Bei letzterer ist folglich der Unterschied zwischen quasi existentieller und maximal leiden-

1 Vgl. Sombart: »Lieben und sich binden sind zwei grundverschiedene Dinge, die einander ausschließen« (Sombart 1914, S. 243).

2 Vgl. hierzu Ariès 1986.

3 Vgl. z. B. Krafft-Ebing 1984, S. 13, sowie Rosenbaum 1982, S. 347f, 359f.

4 Falls sie dennoch ein Kind hat, muß sie es verlieren; vgl. etwa Dionysia in der *Hirtenflöte* oder Toni im *Vermächtnis* (die allerdings erst eine Vorform der echten B-Figur darstellt: Hier thematisiert der Verlust *auch* und primär das naturalistische »Elend«). Die Kinderlosigkeit gründet jenseits des Problems von Mutterrolle vs Geliebte auch in der neuen Norm der maximalen Individualisierung des Partners: Die »absolute Liebe«, so Simmel, ist notwendig unfruchtbar, da sie prinzipiell jede Funktionalisierung, und somit auch die durch Prokreation ausschließt (vgl. Simmel 1923a, S. 70ff, 108, sowie hier Kap. B 2.2).

schaftlicher »Liebe« einerseits und der eher unverbindlichen »Liebelei« andererseits *auf der Ebene des Basiskodes nicht relevant*. Es gilt vielmehr, ein gemeinsames Merkmal dieser beiden Klassen von nicht-bürgerlicher Erotik zu rekonstruieren: Es ist dies eben eine allgemeine Intensitätssteigerung, die zunächst einmal primär auf dem selbstverständlichen Vollzug und der Bejahung von Sexualität beruht und zumindest ein gewisses Mehr an emotionalem Engagement und Individualisierung des Partners impliziert. Lexikalisch ist diese Basisopposition als *»Ehe-« vs »Liebespaare«* bzw. *»Ehegatte/-gattin« vs »Geliebte/r«* konkretisiert, wobei die/der »Geliebte« eben sowohl den maximal individualisierten Partner als auch den kurzfristigen Partner des Abenteuers bezeichnen kann. Wenn die Figuren in den Texten sich zudem getrauen, Ehe- und Liebespaare in der Öffentlichkeit »mit Sicherheit voneinander zu unterscheiden« (*Spiel im Morgengrauen* EII, 521), dann wird homolog zwischen A- und B-Paaren dieselbe ontologische Differenz behauptet wie zwischen A- und B-Figuren.

7. Sicherheit vs Gefahr

Die Welt und das Leben der B-Figur kann akzidentell auch durch potentielle Lebensgefahr gekennzeichnet sein, der die Sicherheit des bürgerlichen Lebens gegenübersteht. Dies ist freilich ein Merkmal, das für die allerwenigsten B-Figuren bzw. B-Welten gilt: Die extremen B-Figuren Casanova oder Dionysia (*Hirtenflöte*) wären hierfür ein Beispiel, auch die *Traumnovelle* entwirft eine B-Welt, in der potentiell der Tod droht. Wo der gewaltsame Tod möglich ist, da herrschen ungezähmte Leidenschaften. Die B-Welt gilt also tendenziell als nicht-zivilisierte Welt, in der extreme Leidenschaften in positiver wie negativer Ausformung – Liebe und Aggression – herrschen können. Die Sicherheit der bürgerlichen A-Welt wird demgegenüber prinzipiell mit dem Merkmal der Domestikation jedweder Leidenschaften verknüpft.

8. »Jugend« vs »Alter«

Zwei biologische Altersklassen werden relevant: »Jugend« und »Alter«. Die Relation zwischen dem Kontinuum des biologischen Alters und der Klassifikation in Altersklassen ist eine kulturrelative Variable; sie wird Gegenstand von Kap. A 2.33 sein. Im gegebenen Kontext ist zunächst nur relevant, daß B-Figuren zur Jugend gehören und allenfalls an der Schwelle zum Alter stehen – dann treten aber bereits Probleme, u.a. Zuordnungsprobleme auf, die im Rahmen der Selbstfindungs-Texte näher zu behandeln sein werden. Unabhängig von ihrem *biologischen* Alter bzw. ihrer Altersklasse eignet den B-Figuren aber in ganz besonderem Maße das Merkmal der »Jugendlichkeit« als ein *nicht-biologisches*, dominant psychisches und gewissermaßen metaphorisches Merkmal. Es bezeichnet zum einen metonymisch all die bereits eingeführten und noch einzuführenden Eigenschaften der B-Figuren, die die

Texte und mit ihnen die gesamte Epoche der wörtlich-biologischen Lebensphase der Jugend privilegiert oder exklusiv zuordnen: also vor allem das Streben nach intensiver, normverletzender Erotik, die potentiell ideologisch abweichende Position und die Bereitschaft zum Normverstoß, aber auch die Mobilität im Raum etc. Das abweichende nicht-bürgerliche Wertsystem S_B ist um biologische und metaphorische »Jugend« als einem ihrer zentralsten Werte organisiert, es ist sozusagen ein »Wertsystem Jugend«, S_A hingegen ein »Wertsystem Alter«. Die Figuren betreffend, nehmen die Texte eine erschöpfende Klassifikation in die zwei disjunkten Klassen der *»Jugendmensch[en]«* – die B-Figuren – und der *»Altgeborene[n]«* (*Frau Beate und ihr Sohn* EII, 73) – die A-Figuren – vor. Es kommt also zur Hierarchisierung der zwei Bedeutungsebenen, dergestalt, daß die Ebene der wörtlichen Bedeutung überlagert wird durch die dominant gesetzte Ebene der metaphorischen. Das tatsächliche biologische Alter als Kriterium für die Klassifikation einer Figur nach »Jugend« vs »Alter« ist nur sekundär relevant, biologische Jugend ist allenfalls eine *notwendige*, nicht aber eine bereits *hinreichende* Bedingung für metaphorische »Jugend«. Es gibt Texte, in denen eine vollständige, radikale Abkoppelung der zwei Bedeutungsebenen vorgenommen wird, dergestalt, daß metaphorische »Jugend« sogar mit biologischem Alter verknüpft werden kann: Dies ist der Fall etwa bei Sylvester im *Gang zum Weiher* in der (vom Text allerdings falsifizierten) Perspektive Leonildas oder bei Geronte in der *Abenteurernovelle.* In der Regel aber ist biologische Jugend die Voraussetzung für die metaphorische »Jugend« und hat zumal für den Abenteurer als der Extremversion einer B-Figur den Status der absoluten »physischen Existenzbedingung«.[1] In *Frau Berta Garlan* z. B. werden die beiden erotischen Partner Bertas, der legitime Partner Victor Garlan als A-Figur und der illegitime Emil Lindbach als B-Figur, sowohl nach biologisch-wörtlicher als auch nach psychisch-metaphorischer Altersklassenzugehörigkeit klassifiziert: Der auch wörtlich junge Emil wird mit metaphorischer »Jugend« korreliert, während der signifikanterweise auch biologisch ältere, jedoch gerade noch junge Garlan der Protagonistin »nie *eigentlich* jung vorgekommen« war (EI, 393).

Auch die zeitgenössische Theorie nimmt eine privilegierte Korrelation zwischen Jugend und Abenteuer vor: Simmel etwa definiert das Abenteuer geradezu darüber, »daß es die dem Alter schlechthin nicht gemäße Lebensform ist«.[2] Bereits hieraus resultiert für die B-Figuren ein ganz spezifisches Altersproblem: Schwindende Jugend impliziert den weitgehenden Verlust der B-Merkmale – die extremen B-Figuren, die notwendig durch Heimatlosigkeit gekennzeichnet sind (s.o.), treten daher bei nahendem Alter gern die »Heimfahrt« an (vgl. Casanova in *Casanovas Heimfahrt*, Julian im *Einsamen Weg*, Sylvester im *Gang zum Weiher*) und signalisieren damit das Ende ihrer

1 Neumair 1933, S. 104.
2 Simmel 1983, S. 36.

B-Existenz. »Jugend« ist jedenfalls zusammen mit normverletzender Erotik ein obligatorisches Merkmal und zugleich *das* ideologisch ranghöchste unter den Merkmalen der B-Figuren.

8. »Natur« vs »Kultur«

Relevante Basiskategorien sind des weiteren die von »Natur« vs »Kultur«. Insofern Erotik/Sexualität allgemein um 1900 mit Natur korreliert wird, und die B-Figuren wiederum in privilegierter Korrelation zu ersterer stehen, werden sie auch mit letzterer korreliert. Lexikalisch ist der Term »Natur« bei Schnitzler freilich sehr schwach belegt, er findet sich vorwiegend in der »naturalistischen« Frühphase (für die Vorform der B-Welt, s. u.) und, gemäß der zeitgenössischen Geschlechtercharakteristik, bei weiblichen B-Figuren, so z. B. bei der mit Wasser und Schilf korrelierten und damit zur »Naturfrau« stilisierten Fortunata in *Frau Beate und ihr Sohn*, partiell auch bei Leonilda im *Gang zum Weiher*. Die Kategorie »Natur« findet sich häufiger als Merkmal des »Elementhaften«, und zwar bei beiden Geschlechtern. So gehört die gefeierte Schauspielerin Wilhelmine im *Toten Gabriel* etwa

> »zu den Wesen, die [...] mit den Elementargeistern verwandter sind als wir anderen Menschen, und man darf an solche Geschöpfe wahrscheinlich nicht das gleiche Maß legen wie an unsereinen.« (EI, 977)

Die B-Figuren gelten als »eine Welt für sich und außerhalb der Diskussion – *wie die Elemente*« (*Einsamer Weg* DI, 772). Die Abweichung von der bürgerlichen Normalität ist »Natur« im Sinne des Elementaren, außerhalb jeglicher bürgerlicher/kultureller Normen und Kriterien Stehenden – bürgerliche Kultur und »Kultur« als solche tendieren umgekehrt zur Synonymie. Auch und gerade Künstlerfiguren, die durch besondere kulturelle Leistungen exzellieren, werden also mit Natur korreliert: »Kultur« ist nur das Produkt, die Produktion selbst erfolgt nach »eingeborenen Trieben«[1], quasi elementaren Naturgesetzen, die den Künstler zu einem vom Normalbürger von Grund auf verschiedenen Wesen machen (s. B 2.3). Im Merkmal des Naturhaften/Elementhaften wird auch, wie die Zitate belegen, der Status der Differenz zwischen beiden Figurenklassen als einer *ontologischen* privilegiert zum Ausdruck gebracht. Das abweichende Wertsystem SB definiert sich insgesamt als ein »Wertsystem Natur«, in Opposition zu SA als einem »Wertsystem Kultur«.

9. Zur Raumsemantik

Die zwei Systeme SA und SB lassen sich generell als *abstrakte* semantische Räume nach Lotman definieren, insofern sie sich eben als Menge von Pro-

1 Bahr 1968, S. 45.

positionen und Regeln sowie deren systematischer Verknüpfung und Hierarchisierung begreifen lassen.[1] Sie können darüber hinaus nun fakultativ auch räumlich *topographisch* konkretisiert sein. Dann gilt, daß die Texte »eine Sprache der räumlichen Relationen«[2] als Sekundärkode aufbauen, d. h. daß räumliche Sachverhalte metaphorisch für nicht-räumliche Sachverhalte stehen, was sich bereits beim Merkmal des Raumverhaltens andeutete. Bei den räumlichen Sachverhalten ist zu unterscheiden zwischen der konkreten *Topographie* einerseits und den abstrakten *topologischen* Kategorien andererseits, so daß sich insgesamt drei Ebenen ergeben: 1. der konkrete topographische Raum, z. B. Wien, 2. eine oder mehrere davon abstrahierte topologische Kategorien, z. B. »unten« und »außen«, und schließlich 3. die Semantisierung, z. B. »moralische Abweichung«. Der besseren Anschaulichkeit halber bezeichne ich im folgenden den semantisierten *topographischen* Raum (= sR) – sei es als reale wörtliche oder als gedachte metaphorische Topographie wie etwa beim Raummodell der Psyche – mit sRA bzw. sRB, zur Unterscheidung vom rein abstrakten semantischen »Raum« (= System) SA bzw. SB ohne räumliches Substrat. Im folgenden die knappe Rekonstruktion der relevanten topologischen Kategorien, mit denen beide semantischen Räume/Systeme privilegiert verknüpft werden.[3]

1. *»innen/nah« vs »außen/fern«:* die in den Kategorien »eigen« vs »fremd« enthaltene Gerichtetheit impliziert zumindest metaphorisch bereits die Opposition »innen/nah« vs »außen/fern«.[4] So werden die B-Figuren in der Regel auch mit einem wörtlichen Außenraum verknüpft, in dem sie sich entweder befinden – z. B. Emil in Wien gegenüber Bertas Provinzstadt –, oder aus dem sie kommen – z. B. Julian (*Der einsame Weg*) oder Sylvester (*Der Gang zum Weiher*). Die dargestellte Welt zerfällt also in zwei topographisch konkretisierte disjunkte semantische Teilräume, wobei der Fokus der Darstellung auf dem bürgerlichen Raum liegt, d. h. von ihm aus wird wahrgenommen, er fungiert solchermaßen als apersonaler »Perspektivträger« und ist ein »Innen«, demgegenüber der fremde und ferne Raum notwendigerweise als ein »Außen« erscheinen muß. Der Fokus auf sRA/SA ist dabei in der Regel korreliert mit der »Perspektive« einer A-Figur. »Fokus« bzw. »Perspektive« in der hier verwendeten gattungsunspezifischen Bedeutung müssen also unterschieden werden von der »(Figuren-)Perspektive« als einem ›discours‹-Phänomen in Erzähltexten.[5] Gemeint ist die durch den Basiskode etablierte »Orientierung«, d. h. der *ideologische* Ort/das System, von dem aus wahrgenommen wird. In den Erzählungen wird diese Wahrnehmungs-

1 Vgl. Lotman 1973, S. 315-357 und die Explikation/Präzisierung bei Renner 1983, S. 23-94.

2 Lotman 1973, S. 329.

3 Wenig ergiebig ist diesbezüglich die Arbeit von Martens 1982 über die »spatial metaphors« bei Schnitzler.

4 Vgl. Lotman 1974, S. 349 ff.

5 Fokus und Perspektive sind somit auch zu unterscheiden von dem von Genette 1972 eingeführten Begriff der »focalisation«, mit dem er die Erzählperspektive bezeichnet.

perspektive dann in der Regel mit einer Figurenperspektive des Helden gekoppelt.[1]

Es kommt nun jeweils zum Zusammentreffen zwischen A- und B-Figur, sei es, daß sich die erstere aus dem Ausgangsraum der bürgerlichen Normalität in den Außenraum aufmacht (Berta Garlan, Dionysia), sei es, daß eine B-Figur aus letzterem hereinkommt, z. B. aus der Fremde in die eigene Heimat (Julian, Sylvester, Paracelsus, oder auch der »Puppenspieler« und Cassian in den gleichnamigen Einaktern). Damit sRB als fremder Außenraum erscheinen kann, darf er nur sprachlich präsent sein und muß von der B-Figur metonymisch repräsentiert werden: Wenn also umgekehrt der Text mit einer Figur in den fremden Außenraum »mitgeht« und ihn »betritt«, dann handelt es sich in der Regel um eine A-Figur, deren partieller oder totaler Wechsel zur B-Figur erzählt werden soll (vgl. Beate, Berta, Dionysia), und dann ist sRA eben immer der Ausgangsraum. Sowie Dionysia z. B. zur B-Figur transformiert wird, taucht sie ihrerseits für die Bewohner der Stationen ihrer Wanderung jeweils explizit aus dem Außenraum auf. Im *Schleier der Beatrice* wird die »Fremdheit« der Titelfigur u.a. dadurch zum Ausdruck gebracht, daß sie an jedem der drei Schauplätze – Filippos Wohnung, der Park des Herzogs und eine Straße in Bologna – immer erst als Neuankommende von außen hinzutritt und wiederholt Fragen provoziert, »woher« sie denn gerade komme (vgl. DI, 599, 662).[2] Ideologische »Fremdheit« und Perspektivträger/Fokus schließen also einander prinzipiell aus. Daraus läßt sich die Regel ableiten, daß, wenn eine B-Figur Perspektivträger wird wie z. B. Casanova in *Casanovas Heimfahrt*, diese zumindest partiell bzw. latent zur A-Figur geworden ist, d. h. Casanova kann erst dann zum Perspektivträger werden, wenn er sich an der Schwelle von der Jugend zum Alter befindet und wenn es für ihn seinerseits ein »Fremdes« gibt – repräsentiert durch die jugendlichen Figuren Marcolina und Lorenzi –, nach dem er nun strebt.[3]

2. »begrenzt/geschlossen/eng« vs »unbegrenzt/offen/weit«:

sRA ist eine Welt der moralischen Grenzen, in sRB hingegen sind sie aufgehoben. Diese ideologisch-moralische (Un)Begrenztheit wird gern auch wörtlich abgebildet. So kommen die B-Figuren gerne aus dem Freien in das Zimmer der A-Figur(en) herein, wie in *Paracelsus*, *Der Puppenspieler* oder *Der tapfere Cassian* der Fall; Dionysia in der *Hirtenflöte* lebt im Ausgangszustand im begrenzten Raum von Haus und Garten, ihr Weg in sRB führt sie nicht nur zunächst ganz einfach ins Freie (vgl. die Episode mit dem Hirten), sondern insgesamt in einen unbegrenzten und merkwürdig unstrukturierten Raum; im *Einsamen Weg* ist das »kleine Gärtchen« der A-Figur Wegrat

---

1 Vgl. hierzu auch Lotman 1974, S. 349 und Renner 1983, S. 82ff, 159ff. Eine befriedigende Theoretisierung dieses eher schwierigen Problems der »Orientierung«/»Perspektive« von *Texten* steht allerdings noch aus.

2 Vgl. auch Katharina im *Ruf des Lebens*.

3 Der noch junge Casanova in *Die Schwestern oder Casanova in Spa* erhält nicht den Fokus und tritt signifikanterweise erst im II. Akt auf.

»beinahe gänzlich von Häusern umschlossen, so daß jeder freie Ausblick fehlt« (DI, 760), eine Enge/Begrenztheit, die – zumindest zunächst und auf der Ebene des Basiskodes – zeichenhaft für die ideologische »Begrenztheit« eines bürgerlich normkonformen Lebens steht. Heißt es von der B-Figur Julian:

> JULIAN Unten sah ich die Straße hinlaufen, auf der ich gekommen war; die führte ins Land hinaus, stieg die Hügel hinan, die die *Aussicht versperrten*, und verlor sich *ins Weite, ins Unbegrenzte* – zu tausend unbekannten, unsichtbaren Straßen, die alle in diesem Augenblick noch zu meiner freien Verfügung standen. Mir war, als läge dort, hinter jenen Hügeln meine Zukunft, schimmernd von Glanz und Abenteuern, und wartete auf mich [...]. (DI, 811)[1]

so liest sich Wegrats Entscheidung für ein bürgerliches Leben folgendermaßen:

> WEGRAT Die Welt tat sich gewissermaßen *weiter* auf als sonst. Und ich spürte eine Art von Neid auf dich [Julian], wie manchmal zu jener Zeit. In mir erwachte ein Gefühl, als könnt' ich auch alles, – wenn ich nur wollte. Es gab so viel zu sehen, zu erfahren, – das Leben strömte so mächtig hin; [...] Und da kam Gabriele heraufgeschritten, auf dem *schmalen* Weg zwischen den Akazien, vom Dorfe her, den Strohhut in der Hand, und nickte mir zu. Und alle meine Zukunftsträume schwebten *nur mehr um sie*, und die ganze Welt war wieder *wie in einen Rahmen gefaßt* [...]. (DI, 808)

3. *»oben« vs »unten«:* mit »oben/unten« ist die prominenteste der topologischen Kategorien benannt, das Erbe einer zumal im späten Realismus extrem häufigen räumlichen Opposition. Sie ist bei Schnitzler tendenziell nur noch mehr als rein abstrakt-metaphorische Kategorie relevant, die v.a. zur Bezeichnung psychischer »Räume« (s.u. A 1.12) auftritt; eine ausgeprägte topographische Konkretisierung erfährt sie eigentlich nur in *Frau Berta Garlan*, *Frau Beate und ihr Sohn* und *Traumnovelle*. Wie im Realismus, so gilt auch hier folgender Kode: Die bürgerliche Teilwelt wird räumlich-konkret oben lokalisiert, die fremde nicht-bürgerliche dagegen in der Tiefe. Beispiele für letztere sind das in Relation zur bürgerlichen Provinzstadt unten lokalisierte Wien in *Berta Garlan*, der in Relation zum Haus der Perspektivträgerin Beate unten gelegene See in *Frau Beate*, an dessen Ufer die B-Figur Fortunata wohnt und in dessen Tiefe das inzestuöse Paar schließlich versinkt, sowie die in einer »Schlucht« (EII, 462) außerhalb der Stadt angesiedelte Villa der Geheimgesellschaft in der *Traumnovelle*.

Freilich verhält es sich – und dies gilt prinzipiell für Schnitzler – nicht mehr so einfach im Sinne einer feststehenden Zuordnung der sekundären Bedeutung zu einer räumlichen Kategorie: Dies muß nicht nur von Text zu Text neu rekonstruiert werden – so kann der Innenraum z. B. als Raum der Intimität und der Möglichkeit einer abweichenden, nicht-bürgerlichen Ero-

1 In allen Zitaten markiert generell S p e r r d r u c k die Hervorhebung im Original, *Kursivdruck* meine eigene Hervorhebung.

tik und damit als sRB semantisiert werden, wie z. B. in einigen der frühen Dramen der Fall –, sondern ein- und derselbe Text kann auch zwei verschiedene räumliche Kodes aufbauen, die dann einander überlagern, wie etwa in der *Traumnovelle* der Fall (s. u.).

10. Vergangenheit vs Gegenwart

Der fremde semantische Raum kann auch mit Vergangenheit korreliert werden, der eigene bürgerliche mit Gegenwart. Dabei kann es sich sowohl um die eigene *individuelle* – im Sinne einer früheren B-Existenz der A-Figur: s. dazu A 2.343 – als auch um die *kollektive* Vergangenheit handeln. Hier geht es zunächst nur um die letztere, in einer bei Schnitzler eher seltenen und doch wiederum epochal sehr prominenten Variante: die tendenziell archaische Vergangenheit. So finden an dem in der Tiefe gelegenen See in *Frau Beate* archäologische Ausgrabungen statt, in der *Traumnovelle* weist die in der Tiefe situierte geheime Gesellschaft, die exemplarisch das fremde System repräsentiert, eine archaische Organisationsform auf (s. u.); die B-Figur Sala will im *Einsamen Weg* zu einer archäologischen Expedition in eine versunkene Stadt aufbrechen, und Leonilda macht im *Gang zum Weiher* ihre erotische Bewußtwerdung an jenem Weiher, an dessen Ufer ein priapeisch anmutender »Opferstein vor Urzeit aufgerichtet« (DII, 748) steht – die Kombination der räumlichen Tiefe und der zeitlichen Vergangenheit ist dabei, wie die Beispiele belegen, einigermaßen typisch. Das fremde System wird also aus der Perspektive des bürgerlichen Systems nicht nur auf der räumlichen, sondern auch auf der zeitlichen Achse in die Ferne projiziert. Das Merkmal des Archaischen ist seinerseits äquivalent mit dem des Vorkulturellen, Vorzivilisatorischen und somit auch wieder mit »Natur« korreliert. Nicht zufällig sind schließlich die extremen B-Figuren gern historischen, wenn auch nicht archaischen, so doch vorbürgerlichen Epochen entnommen:[1] Die bürgerliche gezähmte Gesellschaft der Gegenwart bringt solche Gestalten in der Regel eben nicht mehr hervor.

Alle bisher angeführten Merkmale repräsentieren verschiedene Aspekte der Abweichung von einem als Norm gesetzten Lebensmodell, wobei freilich von Text zu Text unterschiedliche Akzentsetzungen vorgenommen werden können, indem eine je individuelle Selektion aus den Merkmalen getroffen wird und/oder noch weitere gesetzt werden. Insgesamt aber repräsentieren die rekonstruierten und in der folgenden Tabelle noch einmal zusammengestellten Merkmale eine Art Kernbereich, d. h. A- vs B-Figuren werden in der Regel immer auch über diese Standardkriterien wie Erotikmodell, Alter – diese beiden obligatorisch –, Mobilität etc. klassifiziert:

---

1 Diese können von der Epoche ganz privilegiert mit »Leben« korreliert werden (s. u.), wie dies z. B. bekanntlich bei der Renaissance der Fall ist.

DAS VERTRAUTE EIGENE SYSTEM S_A/sR_A	DAS FREMDE SYSTEM S_B/sR_B
bürgerliche Normalität/A-Figuren: Normalbürger	Abweichung/B-Figuren: Abweichler/Ausnahmewesen
innen/nah	außen/fern
begrenzt/eng/geschlossen	unbegrenzt/weit/offen
oben	unten
Konstanz/Statik/Immobilität	Wandel/Dynamik/Bewegung
Monotonie	Ereignishaftigkeit
Sicherheit	Gefahr
Heteronomie/Unfreiheit	Autonomie/Freiheit
Absenz von Kontrasten/Normalmaß	extreme Kontraste/Abweichung vom Normalmaß
mittelmäßige, domestizierte Erotik	intensive, leidenschaftliche Erotik
Normkonformität	Normverletzung
Gegenwart	Vergangenheit
»Alter«	»Jugend«
»Kultur«	»Natur«

1.113 »Leben« vs »Nicht-Leben«

Die rekonstruierte Merkmalszuordnung ist nun mit einer *Bewertung* verknüpft; einige der Merkmale wie Freiheit, »Jugend« oder intensive Erotik implizieren eine solche im Prinzip bereits: Das B-Leben wird als ein besseres und gesteigertes Leben bewertet; es erscheint, mit einem treffenden Ausdruck von Simmel, als ein *»Mehr-Leben«*,[1] das eigene bürgerliche Leben hingegen als reduziertes, als »Nicht-Leben«. Die Texte nehmen also wie beim Alter bzw. der Altersklasse so auch beim konkreten Leben eines Individuums eine Unterscheidung und Hierarchisierung vor zwischen der wörtlich-biologischen und der metaphorischen Bedeutungsebene. Das wörtliche biologische Leben ist dabei eine notwendige, aber eben keine hinreichende Bedingung mehr für ein »Leben«. Mit »Leben« vs »Nicht-Leben« ist wiederum eine epochale Basisopposition benannt, deren allgemeine Relevanz für die Literatur der Frühen Moderne bereits Rasch sowie insbesondere Wünsch und Lindner nachgewiesen haben.[2] Sie verweist denkgeschichtlich auf den

1 Simmel 1922, S. 106.

2 Rasch 1967a, Wünsch 1983, Lindner 1991. Koopmann 1977 hat das epochale Konzept des gesteigerten »Lebens« unter dem Begriff der »Entgrenzung« beschrieben; die Ableitung dieses Phänomens aus einer »Reaktion auf den Naturalismus« (vgl. S. 91) ist freilich nicht haltbar.

Kontext der Lebensphilosophie bzw. –»ideologie«, die in einer Basisform auch bei Schnitzler relevant wird – dazu Näheres in A 2.31. »Leben« als metaphorische Kategorie ist dabei zunächst einmal ein Prädikat, und zwar der in der Epoche ranghöchste *Wert*, der einem konkreten Leben zugesprochen oder verweigert werden kann. Die Bewertung des abweichenden Lebens als eines gesteigerten »Lebens« anstelle der von der tradierten bürgerlichen Moral offiziell vorgesehenen Verurteilung impliziert also sowohl die Positivwertung, ja tendenzielle *Idealisierung* des fremden abweichenden Lebens/Systems als auch die Negativwertung, ja tendenzielle *Abwertung* des eigenen bürgerlichen Lebens/Systems. Sie ist damit zugleich und notwendig Ausdruck einer fundamentalen *Krise* des eigenen Systems.[1]

Was zeichnet nun ein solches metaphorisch-emphatisches »Leben« qualitativ aus? Ich hebe fünf Merkmale hervor, die im Schnitzlerschen Œuvre besondere Relevanz einnehmen und sich weitgehend gegenseitig bedingen:[2] eine gesteigerte *Intensität* und *Unmittelbarkeit* des Erlebens, ein gesteigerter *Selbstwert* der Person, eine gelungene psychische *Selbstfindung*, eine *Glückserfahrung* sowie eine *positive Beantwortung der Sinnfrage*. Umgekehrt bedeutet ein bürgerliches »Nicht-Leben« in der Regel mangelnde Intensität, Absenz von Glück, einen Zustand der Selbstentfremdung sowie eine Selbstwert- und Sinnkrise. Die gesteigerte Intensität definiert sich dabei gern über das Merkmal der extremen Kontraste/Oppositionen/Differenzen, die das Leben bzw. die Welt der B-Figuren kennzeichnen – ein Merkmal, welches bereits in einigen der oben angeführten Merkmale mitenthalten ist. Ein kontrastreiches Leben ist per se ein intensives »Leben«, so v.a. der durch äußere Umschwünge/Schicksale bedingte Wechsel von psychischen Extremzuständen wie Leid und Glück. Diese doppelte Definition von gesteigertem »Leben« über maximales Glück und maximales Leid ist geradezu ein Topos, der sich durch das Schnitzlersche Werk zieht. So gilt, um nur einige Beispiele zu zitieren, für Johanna im *Einsamen Weg*, daß »ein Dasein ohne Schmerzen wohl so armselig [wäre] wie ein Dasein ohne Glück« (DI, 765); im *Gang zum Weiher* beschwört die B-Figur Sylvester das vergangene gesteigerte »Leben« ihrer Jugend als »des Glücks durchglühte Tage,/Und *reich wie die*, ihr Tage blut'gen Leids« (DII, 784); im *Ruf des Lebens* besteht das abweichende exzeptionelle Leben der Protagonistin Marie nicht nur in »eigene[r] Seligkeit, wie ich sie nie erträumt«, sondern auch in der »eigne[n] Verzweiflung, wie kein Mensch sie fassen kann« (DI, 1017), und von Leonilda (*Gang zum Weiher)* wird Leid geradezu als angeborene B-Eigenschaft eines zu intensivem »Leben« fähigen Menschen definiert:

> LEONILDA: Als lernte Leid sich je. Auch Leid ist Gnade. (DII, 789)

1 Vgl. Wünsch 1983, S. 401.
2 Vgl. hierzu auch den Definitionsversuch bei Wünsch 1983, S. 385.

Eine analoge Kombination bildet das bereits erwähnte Oppositionspaar von extremer Aggression und extremer Liebe. Auch hier gilt, daß auf einer primären, inhaltlichen Ebene ein gesteigertes »Leben« durch das faktische Gegebensein positiver Erfahrungen definiert wird, daß auf einer sekundären Ebene aber die Opposition zwischen positiven und negativen Erfahrungen neutralisiert wird und das »Leben« sich nun allein über die Intensität/Leidenschaftlichkeit, also eine bestimmte psychische Qualität des Erlebens definiert. Es handelt sich hierbei also um eine Art Meta-Merkmal, welches letztlich nichts anderes bedeutet als die *extreme Abweichung von einem Normalmaß/einer Mittellinie* – Nivellierung der Differenzen/Mittelmaß ist umgekehrt das Meta-Merkmal des bürgerlichen »Nicht-Lebens«. Am Beispiel der *Traumnovelle* wird dies noch näher auszuführen sein.

Aus dem Merkmal der extremen, positiven wie negativen Leidenschaften resultiert freilich eine fundamentale Ambivalenz: Die Welt der Abweichung wird einerseits mit metaphorischem »Leben«, andererseits aber mit potentieller Gefahr für das eigene biologische Leben korreliert, die bürgerliche Welt wird umgekehrt zwar einerseits mit metaphorischem »Nicht-Leben« korreliert, andererseits aber auch mit Sicherheit, und zwar gerade in bezug auf das biologische Leben. Beides bedingt einander jeweils: Nur noch mehr da, wo der potentielle Tod lauert, kann es auch ein gesteigertes »Leben« geben, während in der bürgerlichen zivilisierten Welt der Sicherheit dieses zu einem »Nicht-Leben« gezähmt ist. Auch hieran wird nochmals deutlich, daß der Gegenüberstellung von »Leben« vs »Nicht-Leben« eine pessimistische und krisenhafte Selbsteinschätzung der bürgerlichen Kultur um 1900 zugrunde liegt, die im eigenen Wert- und Normensystem die zunehmend negativ bewertete Domestikation und metaphorische »Tötung« des Lebens erblickt.

Das Merkmal des emphatischen »Lebens«, das die A-Figuren den B-Figuren zuschreiben, besitzt schließlich dominant den Status einer *projektiven Setzung*. Denn ob ein gesteigertes »Leben« tatsächlich vorliegt, kann, da es sich um eine subjektive psychische Erlebnisqualität handelt, letztlich immer nur das betroffene Individuum selbst entscheiden. Die bürgerliche Perspektive des Basiskodes hingegen verknüpft ein wahrnehmbar äußerlich abweichendes Leben automatisch und wie selbstverständlich mit einem gesteigerten »Leben«; die – privilegiert erotische – Normverletzung etwa und ein Abenteuerleben garantieren aus dieser Perspektive bereits Glück und Sinn. Der Basiskode entwirft somit eine *notwendige Beziehung* zwischen »äußerlicher/inhaltlicher« Abweichung und gesteigertem »Leben«: Erstere ist sowohl notwendige als auch bereits hinreichende Bedingung für letzteres. Hiermit ist eine weitere wichtige Unterscheidung verknüpft: »Abweichung« umfaßt immer zweierlei, zum einen die moralische Abweichung der sozialen Praxis – sie sei hier mit Abweichung1 bezeichnet – und zum anderen eine übergeordnete qualitative Abweichung im Sinne des individualisierten, tendenziell eben sogar singulären und exzeptionellen Lebens – sie sei mit

Abweichung2 bezeichnet. Erst die letztere macht ein emphatisches »Leben« aus, im Basiskode jedoch fallen beide Klassen von Abweichung zusammen: Wer sich moralisch nicht normkonform verhält, erwirbt sich allein dadurch bereits die begehrte Abweichung2. Eines der ganz zentralen ideologischen Ereignisse der Texte – nämlich das zweite Ereignis E2 in der zweiten »Texthälfte« – wird denn auch darin bestehen, diese eben genannten notwendigen Beziehungen desillusionierend wieder aufzulösen.

1.114 Zwei Beispiele: *Frau Berta Garlan* und *Traumnovelle*

Ich gebe zwei Beispiele für eine mögliche nähere inhaltliche Auffüllung der Basisopposition:

1. Frau Berta Garlan:

Zwei topographische Räume werden relevant: Wien und eine namenlose Provinzstadt, die beide als semantische Räume/Teilwelten modelliert sind und denen jeweils einer der zwei erotischen Partner Bertas zugeordnet wird. In der folgenden Tabelle sind all diejenigen Merkmale aufgelistet, die den beiden Orten aus der Perspektive *aller* bürgerlichen Figuren der Provinzstadt, also unabhängig von Bertas Geschichte, in der Ausgangsphase des Textes zugeschrieben werden:

PROVINZSTADT	WIEN
Ort des bürgerlichen Systems/sR_A	Ort des fremden System/sRB
namenlos, nicht-individualisiert, austauschbar	mit Namen, individualisiert
oben	unten
innen/nah	außen/fern
Stille	Lärm
Monotonie/Statik/Konstanz	Ereignishaftigkeit/Dynamik/Wandel
(scheinbare) Normeinhaltung	Normverstöße
Sicherheit	Gefahr: 1. moralisch 2. für das biol. Leben (Großstadtverkehr)
legitime Erotik, allenfalls schäbige, negativ bewertete illeg. Erotik (Klingemann)	positiv bewertete illegitime Erotik: Liebesabenteuer
provinziell, schlecht gekleidete Leute	gut gekleidete, elegante, hübsche Leute
Alter	Jugend
Gegenwart	Vergangenheit
»Nicht-Leben«	»Leben«

Der näheren Erläuterung bedürfen wohl bloß die Merkmalspaare Jugend/Alter und Vergangenheit/Gegenwart. Vergangenheit wird hier als individuelle, nicht als kollektive relevant (s. A 2.343). Die Korrelation von Wien mit Jugend und Vergangenheit gilt dabei nicht nur für Berta – die dort in der Vergangenheit ihre eigene Jugend verbracht hat, jetzt dort primär junge Leute wahrnimmt und Wien schließlich mit dem metonymisch für Jugend stehenden Emil verknüpft –, sondern sie gilt auch für andere relevante Figuren der Provinzstadt: Wien ist der Ort, der allgemein bei schwindender Jugend verlassen wird, nicht nur von Berta und ihrem Ehemann, sondern auch vom Ehepaar Rupius und von Klingemann. Für alle drei Paare bzw. Figuren gilt, daß der Raumwechsel von Wien in die Provinz im Zeichen der Resignation erfolgt, so insbesondere beim Ehepaar Rupius, das Wien erst nach Eintreten von Rupius' Lähmung verläßt, die das Ende einer mit Bewegung/Reisen korrelierten (»Fußwanderungen«! EI, 439) intensiven Frühphase der erotischen Beziehung (»Seligkeit des Geliebtwerdens« EI, 439) besiegelt: »was sollten wir noch in der großen Stadt?« (EI, 412). Die Lähmung ist dabei doppelt funktionalisiert: Sie bedeutet nicht nur die sexuelle Impotenz, sondern auch ein Minimum an Beweglichkeit im Raum, was Rupius in maximale Opposition zum reisenden Emil setzt; sie repräsentiert somit eine Extremversion der A-Existenz. Auf Grund der hier rekonstruierten Raumsemantik besitzt folglich allein schon die Reise nach Wien den Charakter des Verbotenen und Ereignishaften, und die sexualisierte Gesellschaft der dargestellten Provinzwelt nimmt automatisch und wie selbstverständlich erotische Hintergründe für eine solche Reise an (vgl. EI, 411f, 430).

Der Opposition der zwei Räume sei die Opposition der zwei erotischen Partner gegenübergestellt:

GARLAN	EMIL
Alter (wörtl. + metaphor.)	Jugend (wörtl. + metaphor.)
bürg. Beruf: Versicherungsbeamter	nicht-bürg. Beruf: Künstler
bescheidene Tätigkeit	Ruhm, Glanz
Immobilität: keine Reisen/seßhaft	Mobilität: Reisen/reduziert seßhaft
Familiäre Gebundenheit:	Familiäre Ungebundenheit:
1. eigene Familie	1. keine eigene Familie
2. Herkunftsfamilie thematisch	2. Herkunftsfamilie nicht thematisch
physisch »unansehnlich« (EI, 421)	schön
unmännlich: »unbeholfen«, »schüchtern« (EI, 393)	männlich: siegessicher, erobernd, selbstbewußt
Erotik:	Erotik:
1. eine einzige legitime Partnerin	1. mehrere illegitime Partnerinnen
2. Absenz von Leidenschaft (»langweilige Abende« etc., EI, 392ff)	2. Leidenschaft
3. tendenziell austauschbarer Partner	3. max. individualisierter Partner
Monotonie/Statik/Konstanz	Ereignishaftigkeit/Dynamik/Wandel
»Nicht-Leben«	»Leben«

Naturgemäß überschneiden sich die Merkmale von Figuren und semantischen Räumen, da ja dem topographischen Raum semantische Merkmale u.a. durch die Korrelation mit bestimmten Figuren zugewiesen werden. Es ging hier aber darum, zu zeigen, daß Raum und Figur z. T. unabhängig voneinander dieselben Merkmale aufweisen: So ist die namenlose Provinzstadt ebenso nicht-individualisiert und austauschbar wie der legitime Partner, das Merkmal der Ereignishaftigkeit/Bewegung/Dynamik kennzeichnet ebenso die Stadt (Verkehr etc.) wie das individuelle Leben Emils usw. Wien verhält sich also zur Provinzstadt wie homolog Emil zu Garlan. Diese enge metonymische Relation zwischen der Person und einem ihr privilegiert zugeordneten Raum, die einander quasi substituieren können, ist ein typisches Merkmal der psychologischen Phase, es existiert in den frühen Texten noch nicht – in dem Maße eben, wie die dort vorkommenden abweichenden Figuren auch noch nicht metonymisch für ein fremdes System stehen.

Die hier festgehaltenen Merkmale gelten mehr oder weniger entsprechend auch für die oppositionellen Figurenpaare Cyprian vs Paracelsus (*Paracelsus*), Wegrat vs Julian (*Der einsame Weg*), Olivo vs Casanova (*Casanovas Heimfahrt*). Ganz homolog hierzu ist auch die Opposition der zwei Frauen in *Frau Beate* strukturiert, deren Namengebung bereits die Paradigmenbildung signalisiert: »Beate« und »Fortunata« bedeuten in etwa dasselbe, repräsentieren jedoch innerhalb der gemeinsamen Klasse der mit Glück korrelierten Namen zwei oppositionelle Varianten, »Beate« bedeutet die christliche/traditionelle und damit bürgerlich-übliche, »Fortunata« hingegen die heidnische und abweichende, nicht-bürgerliche Variante.[1] Auch hier steht wiederum der Hausfrau die (zumindest ehemalige) Künstlerin, der treuen, am einzigen legitimen Partner festhaltenden Witwe die eine Vielzahl von illegitimen Beziehungen lebende Frau, der Mutter die »Geliebte« ohne Kinder, der seßhaften die in wechselnden Wohnsitzen sich aufhaltende, der selbstunsicheren die selbstbewußte Frau gegenüber etc. Der Basiskode wird also auch hier reproduziert, zusätzlich findet sich u.a. ein vestimentärer Kode, der die beiden Figuren nach Kleidung, Haarfarbe, Schminke etc. klassifiziert – jeweils aber werden eine bürgerliche und eine abweichende Version einander gegenübergestellt.

2. Traumnovelle:

Auch in der *Traumnovelle* zerfallt die dargestellte Welt in zwei disjunkte semantische Räume, in den »gewohnten Bezirk seines [Fridolins] Daseins«, und in eine »andere, ferne, fremde Welt« (EII, 45). Dabei findet sich zunächst die übliche Semantisierung, die eine mit »Nicht-Leben« korrelierte Welt der Sicherheit und Nicht-Ereignishaftigkeit, der vorbestimmten, zeitlich fest

1 Vgl. Keyserlings *Beate und Mareile* (1903). Hier wird ebenfalls bereits auf der Ebene der Namengebung eine analoge Opposition zwischen A- und B-Frau signalisiert.

geregelten Abläufe und der nicht-intensiven Erotik einer mit »Leben« korrelierten fremden Welt des Abenteuers, der Gefahr und Freiheit, der unvorhergesehenen, spontanen Abläufe und der intensiven Erotik etc. gegenüberstellt. Die Geheimgesellschaft bildet dabei eine geschlossene eigene Welt für sich, sozusagen die Extremversion von sRB. Ich beschränke mich auf sie und rekonstruiere im folgenden kurz ihre zentralen Merkmale.

Auf der Ebene der Raumsemantik ergibt sich zunächst ein Widerspruch zur obigen Merkmalsrekonstruktion: Die Villa der Geheimgesellschaft wird zwar im fernen Außenraum und in der Tiefe (»Schlucht« EII, 462) situiert, andererseits aber zugleich auf dem Galitzinberg – Wien als insgesamt bürgerlich semantisierte Stadt versinkt in Relation zum Galitzinberg seinerseits »in der Tiefe« (EII, 462). Zur Lösung dieses Problems müssen weitere Merkmale der Geheimgesellschaft einbezogen werden. Relevant wird zum einen die Opposition »hell« vs »dunkel«: Das bürgerliche Leben spielt sich am Tag und im Hellen ab, das der Geheimgesellschaft in der Nacht und im Dunkel. Damit korreliert der Text ausdrücklich auch die jeweils repräsentative Bekleidung des Helden: den weißen Arztkittel im bürgerlichen Leben, die schwarze Maske in der Geheimgesellschaft. Nun herrscht zwar einerseits sowohl draußen als auch im Innenraum der Villa explizites Dunkel, andererseits aber anschließend Helle, und zwar nicht normale, sondern »*blendende* Helle« (EII, 464). Ein weiteres relevantes Kriterium ist das der Bekleidung: Die Frauen sind zwar einerseits nackt, aber zuvor nicht etwa normal angezogen, sondern ausgerechnet in Nonnenkleidung *maximal verhüllt*; dem Merkmal der praktizierten entfesselten Sexualität steht damit zeichenhaft nicht etwa ein bürgerliches Normalmaß an domestizierter Sexualität, sondern die Askese und extreme Nicht-Sexualität gegenüber. Hier gilt also für sRB im Unterschied zu anderen Texten jeweils beides, unten *und* oben, dunkel *und* hell, nackt/orgiastisch *und* bekleidet/asketisch, und jeweils läßt sich das Merkmal »extreme Abweichung von einem Normalmaß/einer Mittellinie« abstrahieren.[1] Der Text reproduziert zunächst den bekannten primären räumlichen Kode und etabliert zugleich einen Sekundärkode, der die inhaltlichen Oppositionen des primären Kodes neutralisiert und die Opposition »Normalmaß/Mittellinie« vs »extreme Abweichung davon« als ein abstraktes Meta-Merkmal für sRA bzw. sRB setzt.

Im Zeichen der extremen Abweichung steht nun insbesondere die von der Geheimgesellschaft praktizierte B-Erotik; ich konfrontiere beide Erotikmodelle der Kürze halber gleich tabellarisch:

1 Weiner 1989, S. 43 führt die Mönchstracht abwegigerweise auf antiklerikale Tendenzen in Österreich zurück!

BÜRGERLICHE WELT sR_A	GEHEIMGESELLSCHAFT sR_B
legitime Sexualität	illegitime Sexualität
Dauer	einmalige Sexualakte
Treue, Ausschließlichkeit	Promiskuität
Individualisierung des Partners	Nicht-Individualisierung
privater Vollzug v. Sexualität	kollektiver/quasi-öffentlicher Vollzug
Nicht-Intensität: domestizierte Lust	maximale Intensität: wilde Lust
Körper: verhüllt vs Gesicht: unverhüllt	Körper: unverhüllt vs Gesicht: verhüllt

Analog zum räumlichen Kode findet sich auch hier das Phänomen der Kombination von extrem oppositionellen Merkmalen: Denn die angestrebte B-Erotik mit der Unbekannten wird von der A-Figur Fridolin einerseits mit gesteigerter Individualisierung verknüpft, weist aber andererseits das Merkmal der maximalen Entindividualisierung auf, der gegenüber die bürgerliche Erotik als individualisierte erscheint. Tatsächlich konstituiert dieser Widerspruch eines der kapitalen Selbstfindungsprobleme des Helden (s. B 4.15).

Die Geheimgesellschaft ist auch jenseits der Sexualnormen durch ein ganzes System von Spielregeln und komplizierten »Bräuche[n]« (EII, 471) gekennzeichnet, wobei sich wieder das zentrale Merkmal der Entindividualisierung findet. Normverstöße werden nicht im bürgerlichen Modell der Satisfaktionsgewährung zwischen zwei Individuen geregelt, sondern in einem kollektiven Opferritus geahndet; die Urteile sind nicht individuell differenzierend, sondern in der Regel nur auf Leben oder Tod. Die Geheimgesellschaft ist schließlich auch durch extreme Aggression (Auspeitschen) und extreme Geschlechterhierarchie gekennzeichnet, wovon wiederum jeweils das Merkmal der extremen Kontraste abstrahierbar ist. Mit all diesen Merkmalen weist sie eine Organisationsform auf, wie sie das kulturelle Wissen der Epoche allgemein archaischen und vorzivilisatorischen Gesellschaften zuschreibt (s. A 2.352).[1] Albertinens Traum, der seinerseits eine B-Welt entwirft – auf deren nähere Rekonstruktion ich hier aus Raumgründen verzichte –, wird die Merkmale des Archaischen, der Grausamkeit und der extremen Abweichung von einem Normalmaß beibehalten, zu Fridolins realem Abenteuer aber in komplementärer Oppositionsrelation stehen: Wo bei Fridolin ein männliches Kollektiv als Machtinstanz auftritt, da ist es bei Albertine ein weibliches Individuum, wo Fridolin in der Realität trotz intendierten Normverstoßes straffrei ausgeht, da muß er im Traum trotz Schuldlosigkeit eine maximale Strafe auf sich nehmen, wo in der Realität die Unbekannte den Opfertod für Fridolin erleidet, da muß ihn im Traum Fridolin selbst erleiden etc. Traum und reales Abenteuer sind also isomorph strukturiert.

1 Weiner 1989, S. 42 meint, hierin die Thematisierung der »oppressive class structure« der beginnenden NS-Zeit erblicken zu können!

1.12 Das subjektinterne Fremde

1.121 Die Ambivalenz der A-Figuren

Die dominante Einstellung zu den B-Figuren in der dargestellten Welt ist (zumindest zunächst) die der Bewunderung und geradezu Idealisierung. Sie üben eine unwiderstehliche Anziehungskraft aus, sind allgemein »so beliebt« (*Vermächtnis* DI, 397), besitzen »etwas Faszinierendes, Blendendes« (*Der einsame Weg* DI, 771). Rekurrent ist auch der offen artikulierte Neid auf die B-Figur, d. h. die Sehnsucht der A-Figur, so zu sein/zu leben wie jene. Eines der kohärenzstiftenden Merkmale z. B. des Einakterzyklus *Komödie der Worte* ist die Opposition zwischen einer oder mehreren Figuren aus sRa und jeweils genau einer männlichen Ausnahmefigur, der erotische Partner und/oder Rivale: Ormin, der »Herrliche«, der »Überlegene«, der »Götterliebling« (*Stunde des Erkennens* DII, 489), der »große« Felix (*Bacchusfest* DII, 534), der große Herbot (*Große Szene).* Auch Wegrat im *Einsamen Weg* formuliert explizit seinen damaligen »Neid« (DI, 808) auf den Jugendfreund und erotischen Rivalen Julian.

Neben der dominanten Positivwertung existiert aber auch die Negativwertung in Form der moralischen Verurteilung, wie sie das bürgerliche System zumindest offiziell vorsieht. Tendiert die Positivwertung zur Idealisierung, so umgekehrt die Negativwertung zur Abwertung und zu Abscheubekundungen – generell gilt also, daß B-Figuren eine extreme Bewertung hervorrufen und niemals indifferent lassen. Die moralische Verurteilung wird aber nun prinzipiell einer *psychologisierenden Uminterpretation* unterzogen und gilt als »nichts anderes als maskierter Neid« (*Der einsame Weg* DI, 774), d. h., ihr wird heimliche, mehr oder weniger bewußte Faszination unterstellt. So läßt der auktoriale Erzähler in *Frau Beate* die Heldin nach dem Besuch bei Fortunata »ohne rechte Heiterkeit« (EII, 60) lächeln und signalisiert damit die Differenz zwischen der bewußten Ablehnung des von Fortunata vertretenen fremden Systems und dem Beate selbst noch unbewußten Neid auf dieses Fremde. Sowohl am explizitesten als auch erstmalig wird diese Psychologisierung im *Vermächtnis* an Ferdinand, dem offiziellen Vertreter des bürgerlichen Systems, vorgenommen. Seine moralische Aburteilung der B-Figuren Hugo und Toni entpuppt sich zum einen als »Haß« und Neid auf den beliebten Hugo (DI, 436), zum anderen als Verleugnung bzw. Verdrängung der eigenen »Sehnsucht« nach einem B-Leben:

> EMMA Wie ein Kind von Fabelländern reden Sie von dieser »anderen Welt«. Als wenn's irgend welche Grenzen dieser Art gäbe! .. . Hier »die Tugend« – und dort »das Laster«. So einfach ist das Leben nicht, mein guter Doktor. Die Grenzen wären ja sehr bequem für Sie – nur existieren sie nicht. *In uns allen* ist nämlich die Sehnsucht nach Glück – und das ist die Gefahr, die Sie fürchten! (DI, 437)

Die Position der offiziellen bürgerlichen Moral ist also durch eine prinzipielle Ambivalenz gekennzeichnet: Sie verurteilt beim anderen das, was sie heimlich selbst begehrt, aber bei sich nicht zulassen kann. Mit anderen Worten, jede Person trägt jene »andere, fremde Welt« in sich in Form eben einer »Sehnsucht nach Glück« und nach einem gesteigerten »Leben«. Es gilt somit folgende Basishomologie: Das wahrnehmbare subjektexterne Fremde außerhalb der eigenen Person verhält sich zu dieser, das vertraute, bürgerliche System repräsentierenden Person wie homolog ein subjektinternes »Fremdes« innerhalb der (d. h. jeder) Person zu einem »Eigenen«, Vertrauten ebenfalls innerhalb der Person. Die Basisopposition SA vs SB wird mithin auf zwei Ebenen relevant: auf einer primären äußeren Ebene, die das Ich zu einem Nicht-Ich in Opposition setzt, und auf einer sekundären inneren Ebene, die ebendiese Opposition rekursiv auf das Ich selbst anwendet und innerhalb desselben zwei semantische Teilräume bzw. Systeme unterscheidet. Die Texte – und mit ihnen die Epoche – unterscheiden damit auch ganz explizit zwischen einer *(Oberflächen-)Realität des sichtbaren faktischen Verhaltens* und einer *unsichtbaren, verborgenen psychischen (Tiefen-)Realität.*

1.122 Zur neuen Psychologie und Personkonzeption

Dem Postulat der Existenz jenes fremden Systems in der Person liegt eine neue Psychologie und Personkonzeption zugrunde, deren zentrale Annahmen, soweit sie für meine Argumentation relevant werden, im folgenden kurz skizziert seien. Die Epoche geht von einem prinzipiellen *»Dualismus selbstischen und altruistischen Interesses«*[1] in der Person aus. »Egoismus« und »Altruismus« sind dabei im weiten Sinne zu verstehen: »Egoismus« ist das »individualistische Interesse«[2], das egoistische Motivationen im heutigen, signifikanterweise eben engeren Sinn zwar auch umfaßt, aber primär und ganz allgemein *alle auf das Individuum selbst bezogenen* Interessen bezeichnet. Diese gelten innerhalb des bürgerlichen Systems explizit als »Interesse *für das Abweichende*«[3] und somit *per se* als unmoralisch; konkret sind in der Epoche darunter privilegiert erotische Wünsche zu verstehen. Demgegenüber umfaßt »Altruismus« nicht nur eindeutig altruistische Handlungen, sondern, wiederum in der Formulierung Simmels, ganz allgemein jedes »kollektivistische Interesse«, jede »Form des Interesses für das Allgemeine«[4], welches dem moralischen Handeln als solchem zugrundegelegt wird: »Der Altruismus kann mit der sittlichen Verpflichtung schlechthin identifizirt (!) werden«.[5] Die Person wird nun konzipiert als Schauplatz des unversöhnli-

1 Simmel 1989, S. 173.
2 Ebd., S. 84.
3 Ebd., S. 86.
4 Ebd., S. 84, 153.
5 Ebd., S. 128. Desgleichen Durkheim 1983, S. 370ff oder Nietzsche 1969b, S. 219.

chen Konfliktes zwischen den auf das Individuum bezogenen Interessen und den überindividuellen, auf die Gesellschaft bezogenen Interessen, d. h. es herrrscht ein prinzipieller

> Zwiespalt zwischen dem individualistischen und dem kollektivistischen Interesse [...], der sich im Individuum als der zwischen Unsittlichkeit und Sittlichkeit darstellt.[1]

Ob nun wie bei Simmel und anderen von »egoistischen« vs »altruistischen« Interessen, ob wie bei Durkheim vom »personnel« und dem »impersonnel« als »*les deux* aspects de notre vie psychique«[2], oder ob wie bei Freud von der Opposition zwischen »Sexualtrieben« und »Ichtrieben« – wobei letztere, insofern sie die Energie für die Verdrängung bereitstellen, eben die in diesem Sinne altruistischen Interessen des Individuums repräsentieren![3] – die Rede ist: Jeweils wird ein fundamentaler »*dualisme* de la nature humaine«[4] bzw. eine prinzipielle »*Spaltung* der Persönlichkeit«[5] in ein »Individuelles« und ein »Überindividuelles« in der Person konzipiert.

Der Spaltung der Person in zwei antagonistische Regungen/Interessen korrespondiert die Konzeption der Person als »Doppel-Ich« bzw. das Postulat einer »Doppelexistenz« der Person – zwei berühmte und vieldiskutierte Begriffe der zeitgenössischen Personkonzeption, die als Basisannahme sich in der Psychoanalyse ebenso finden wie in der Psychiatrie oder der Soziologie.[6] Neben dem offiziellen und bekannten Ich gibt es immer noch ein inoffizielles, fremdes Ich, wobei hier das Ich zunächst nicht im ganz strengen Sinn der Instanz des Bewußten in der Person aufzufassen ist. Jede Person führt somit eine potentielle Doppelexistenz, eine offizielle im bürgerlichen Alltag, und eine inoffizielle in ihrer Psyche, wobei sich die erste zur zweiten verhält wie bürgerliche Normalität zur Abweichung:

> Dasselbe Wesen, dem die geringste Frivolität im Leben schwere sittliche Pein bereitet, kann sich den ungezügeltsten und sonderbarsten Ausschweifungen innerhalb des geheimen Seelenlebens ergeben.[7]

Die Person ist also immer mehr als nur die wahrnehmbare Person, die sie qua sozialer Rolle im bürgerlichen Alltag ist; es ist, so Simmel, nicht so, daß

1 Simmel 1989, S. 84. Vgl. auch Durkheim 1983, S. 372.

2 Durkheim 1914, S. 209.

3 In der ersten Triebtheorie, vgl. etwa Freud 1916-17a, S. 343ff und 1917a, S. 5. Die Basisdichotomie zwischen den »egoistischen« und den »andere[n], ›kulturell‹ zu nennende[n]« Strebungen findet sich aber auch noch in *Das Unbehagen in der Kultur* (1930a, S. 265f). Zu Gemeinsamkeiten und Unterschieden dieser antagonistischen Konzeption bei Freud und Durkheim s. auch Geulen 1991, S. 536ff.

4 Durkheim 1914.

5 Freud 1909d, S. 51.

6 Vgl. z. B. Durkheim 1983, S. 371ff, Nordau 1920, S. 68. Zum Doppel-Ich s. auch Ellenberger 1973, Bd I, S. 213ff und Perlmann 1987, S. 34ff.

7 Moritz 1894, S. 131.

> ein jeder dem andern nur als das gegenüberträte, was er in seiner jeweiligen Kategorie als Träger der ihm grade jetzt zufallenden sozialen Rolle ist.[1]

Die Person enthält also in sich ein Potential an anderen möglichen Personen/Existenzen:

> in jedem Menschen schlummern unzählige Möglichkeiten, ein anderer zu werden als er tatsächlich geworden ist.[2]

Titzmann hat für die von der Literatur der Frühen Moderne entworfene Personkonzeption die allgemeine Relevanz der Kategorien des »Realisierten« vs »Potentiellen« nachgewiesen:[3] Die Opposition der von ihm angesetzten »realisierten« vs »potentiellen Person« entspricht nun homolog der des »ersten« vs »zweiten Ich«. Die »realisierte Person« bezeichnet die sich über die bürgerliche wahrnehmbare Rolle und die offiziellen »altruistischen« Interessen als ihrem »ersten Ich« definierende Person, die »potentielle Person« bezeichnet die sich über die inoffiziellen »egoistischen« Interessen als ihrem »zweiten Ich« definierende Person. *In jeder A-Figur schlummert also latent angelegt eine B-Figur.*

In dem Maße, wie die bürgerliche Moral der Realisierung »egoistischer« Regungen entgegensteht, müssen diese im Verborgenen als bloße psychische Realität gelebt werden. Ob sie dabei noch unbewußt sind oder bereits bewußt, spielt auf dieser Ebene zunächst keine Rolle. Beide Varianten sind möglich: Das Potential der Person kann unbewußt sein und sich als Traum manifestieren, oder es kann sich in Form von bewußten Tagesphantasien manifestieren – beides als Ersatz für ein auf der Ebene der faktischen Realität nicht lebbares »Leben«. Albertines Traum in der *Traumnovelle* etwa, der sich in seinem »sacro egoismo«, um mit Freud zu sprechen,[4] eindeutig als Wunscherfüllung zu erkennen gibt und ihr Unbewußtes an die Oberfläche kommen läßt, hat diesbezüglich denselben Status wie etwa die quasi wahnhaften Tagträume des Helden im *Tagebuch der Redegonda*, der sich in seiner Phantasiewelt erotische »Seligkeiten« verschafft, »wie sie mir die armselige Wirklichkeit nie so berauschend zu bieten vermocht hätte« (EI, 987) – »der Glückliche«, so bekanntlich wieder Freud, »phantasiert nie, nur der Unbefriedigte«.[5] *Nicht die Opposition »bewußt« vs »unbewußt«, sondern die von »vertraut« vs »abweichend/fremd« bzw. »altruistisch« vs »egoistisch« ist zunächst die ausschlaggebende.* So kann die zweite, potentielle Person/Existenz explizit als ein Bewußtes konzipiert werden wie etwa bei Moritz 1894:

1 Simmel 1908, S. 284.

2 Simmel 1922, S. 116.

3 Titzmann 1989a.

4 Freud 1916-17a, S. 153.

5 Freud 1908e, S. 173. Vgl. auch Nietzsche: der bürgerlich gezähmte Mensch »[muß] aus sich selbst ein Abenteuer, [...] eine unsichere und gefährliche Wildnis schaffen«, Nietzsche 1969b, S. 271.

> Wir tragen gleichsam eine verborgene Bewußtseinssphäre in uns, die, mit Verstand, Empfindung und Willen begabt eine Reihe von Handlungen zu bestimmen fähig ist.[1]

In der Regel tendiert aber diese unsichtbare psychische Realität dazu, für das Subjekt selbst etwas Verborgenes, Geheimes, Latentes – und insofern letztlich immer auch Unbewußtes *im allgemeinen Sinne* zu sein. Das eigentliche psychoanalytische Unbewußte im Sinne des Verdrängten wäre hier nur ein Sonderfall, eine Teilmenge dieses allgemeinen Unbewußten. Freud selbst hat bekanntlich eine andere relevante Unterscheidung getroffen, und zwar die zwischen dem »topisch-systematischen und dynamischen Unbewußten« einerseits und dem »deskriptiven Unbewußten« andererseits. Deskriptiv »unbewußt« ist per definitionem all das, was sich zu einem gegebenen Zeitpunkt »im Zustande der Latenz« befindet;[2] es wird gleichgesetzt mit dem »Vorbewußten« und dem im Prinzip jederzeit unproblematisch Bewußtseinsfähigen. Davon zu unterscheiden ist das dynamische Unbewußte, welches unabhängig vom Zeitparameter definiert wird nicht nur über die bloße deskriptive Eigenschaft des *akzidentell* Unbewußt-Seins, sondern darüber hinaus als *ontologisch* definierte Größe, die sich qualitativ und wesensmäßig von einem Bewußten unterscheidet und ein regelrechtes System – eben das sogenannte »System Ubw« – konstituiert, als welches es innerhalb des Freudschen Raummodells der Psyche, also seiner (ersten) topischen Theorie des psychischen Apparates, seinen spezifischen Platz findet. Es setzt einen Akt der vorgängigen Verdrängung und damit einen intrapsychischen Konflikt voraus und ist letztlich mit dem Verdrängten selbst identisch.[3] Zu Recht

---

1 Moritz 1894, S. 11. Wie das Lexem »Unbewußtes« noch nicht unbedingt dem individuenspezifischen Unbewußten im Sinne des Verdrängten entsprechen muß (vgl. den ahistorischen Umgang damit bei Ellenberger 1973 oder auch Perlmann 1987, S. 32ff), so kann umgekehrt natürlich dieses Unbewußte bereits mit anderen Lexemen bezeichnet werden. So meinen etwa Freud und Breuer in den *Studien* bereits das Unbewußte, bezeichnen es aber noch als »zweites Bewußtsein« (vgl. etwa Breuer/Freud 1991, S. 39). Partiell ist dies auch bei Moritz der Fall, partiell aber eben ganz eindeutig nicht. Ein gutes Beispiel für die Dominanz der Opposition S_A vs S_B liefert etwa auch die extrem unpsychologische und eher moralisierende Arbeit von Lucka 1904 über »Verdoppelungen des Ich«: Die genaue Klärung, ob das zweite Ich ein Bewußtes oder Unbewußtes sei, verschwindet völlig hinter der Beschwörung dieses Ichs als eines moralisch Abweichenden.

2 Freud 1915d, S. 126.

3 Die komplizierte Umarbeitung, die Freud in den 20er Jahren in der sogenannten »zweiten Topik« vornimmt, wird hier nicht weiter relevant: Auch wenn das Unbewußte nun mehr als das Verdrängte umfaßt, so bleibt auch hier letztlich die zentrale Unterscheidung in *zwei* Klassen von »Unbewußtem« bestehen. Der Unterschied zwischen Unbewußtem als Verdrängtem einerseits und dem »Es« andererseits wird auf dieser Ebene also nicht relevant. Vgl. die Klarstellung bei Laplanche/Pontalis 1982, II, S. 562ff. Das Verdrängte tendiert von Anfang an, als eigener »semantischer Teilraum« und damit eben als System konzipiert zu werden. Die Unterscheidung zwischen »topisch-systematischem« und »dynamischem« Unbewußtem benennt ihrerseits lediglich zwei verschiedene, einander indes notwendig bedingende Dimensionen des psychoanalytischen Unbewußten; sie situiert sich logisch also nicht auf

hat die Schnitzlerforschung darauf hingewiesen, daß es bei Schnitzler dominant um Bewußtwerdungsprozesse geht, die ein Unbewußtes zu Tage fördern, welches, raumsemantisch formuliert, bereits relativ »oben« an der Bewußtseinsschwelle situiert ist – dieses in den Texten thematisierte Unbewußte darf daher nicht unreflektiert mit dem psychoanalytischen Unbewußten im engeren Sinn gleichgesetzt werden.[1] Diese unbestrittene Tatsache ist allerdings noch kein hinreichender Grund, mit der Schnitzlerschen Kategorie des sogenannten »Mittelbewußtseins« eine Privatterminologie einzuführen, über deren genaue Definition dann erst spekuliert werden muß[2] – hiervon ganz abgesehen kann auch die Tatsache, daß diese Kategorie vom Autor selbst stammt, niemals per se bereits eine Legitimation für deren Verwendung abgeben. Der allgemein eingeführte Begriff des Unbewußten genügt völlig, sofern man nur bereit ist, dieses nicht automatisch mit dem psychoanalytischen Unbewußten zu identifizieren.[3] Der Diskussion darüber, ob es sich nun um ein »Unbewußtes/Vorbewußtes/Mittelbewußtes/Halbbewußtes« handele, droht die zentrale semantische Opposition von sRA vs sRB aus dem Blick zu geraten. Ausschlaggebend ist ganz einfach, ob es sich um ein eher nur *akzidentell* zu einem bestimmten Zeitpunkt Unbewußtes handelt, oder ob es sich bei diesem Unbewußten um ein *Verbotenes* handelt – genau dann, wenn letzteres der Fall ist, *nähert* sich dieses in den Texten thematisierte Unbewußte dem psychoanalytischen Unbewußten im engeren Sinne an, ohne indes mit ihm zusammenfallen zu müssen: Beates inzestuöse Wünsche dürften einem psychoanalytischen Unbewußten weitgehend entsprechen, Bertas und auch Beates harmlosere Wünsche nach einem sexuellen Abenteuer dürften sich ihm bloß annähern. Insofern aber auch sie ein Verbotenes repräsentieren, sind sie notwendig immer mehr als ein bloßes Vorbewußtes im Freudschen Sinn. Und genau insofern werden sie eben auch bei Schnitzler nicht ohne weiteres, sondern prinzipiell nur *konflikthaft* bewußt – freilich wiederum nicht in dem Ausmaß, wie es in der therapeutischen Situation der Fall ist. Das Verbotene tendiert dazu, innerhalb der Person einen eigenen semantischen *Raum* und ein (Teil-)System auszubilden: Auch das »zweite Ich« ist, wie bereits die obigen Zitate belegen, immer mehr als ein bloßes Vorbewußtes. Damit nähme das bei Schnitzler thematisierte Unbewußte zwar tatsächlich in der Mehrzahl der Fälle eine Art »Mittelposition« ein, doch diese Kategorie hat den entscheidenden Mangel,

---

derselben Ebene wie die Abgrenzung zum deskriptiven Unbewußten (vgl. die diesbezüglich etwas verunklärende Kommentierung der Herausgeber der Studienausgabe zu Freuds Aufsatz »Einige Bemerkungen über den Begriff des Unbewußten in der Psychoanalyse«, in: Freud 1912g, S. 28.)

1 Vgl. v. a. Thomé 1986, S. 917ff, 1984, S. 76, 1988, S. 163f und Perlmann 1987, S. 37ff.

2 So etwa bei Thomé 1986, S. 922ff, Worbs 1983, S. 252ff und Perlmann 1987, S. 37ff.

3 Vgl. auch Titzmann 1989a, S. 36. Völlig unergiebig für die Klärung dieses Problems ist die der »Darstellung des Bewußtseins in der Literatur« der Frühen Moderne gewidmete Arbeit von Willenberg 1974.

daß sie die Grenzziehungen zwischen dem (psychoanalytischen) Unbewußten und dem »Mittelbewußten« einerseits und die zwischen dem »Mittelbewußten« und dem Vorbewußten andererseits nicht hierarchisiert und das zentrale Kriterium der moralischen Tabuisierung nicht sichtbar macht. »Die sittliche Person sei das Bewußte, das Böse unbewußt«, so Freud selbst zu einem seiner Patienten – eine Zuordnung, die, wie er freilich kritisch einräumt, »zwar nur im gröbsten richtig« sei,[1] die aber eben doch *gerade in dieser vulgarisierten Form* einer epochalen Grundannahme entspricht und zumal in der Literatur relevant wird. Die entscheidende Grenze verläuft also zwischen dem (psychoanalytischen) Unbewußten/»Mittelbewußten« einerseits und dem Vorbewußten andererseits. Ich halte es daher für sinnvoller, das Unbewußte als übergeordnete Kategorie beizubehalten und das *psychoanalytische* Unbewußte als eine Teilmenge davon anzusetzen; das Freudsche »System Ubw« mit seinen komplexen Mechanismen wäre somit ein Spezialfall eines allgemeinen von der Epoche entworfenen innerpsychischen Raums sRB. Dies hätte nicht zuletzt auch den Vorteil, daß es der Tatsache der fließenden Grenzen besser Rechnung trägt.

Die »Fremdheit« des Abweichenden umfaßt somit prinzipiell ein Doppeltes: Eine *ideologisch-moralische* und eine *psychische* Fremdheit sind voneinander zu unterscheiden. Psychologie und Moral bedingen also einander notwendig: In dem Maße, wie auf der Ebene von Gesellschaft und kollektiver Moral ein bestimmtes Verhalten in ideologischer Hinsicht als »fremd« gilt und daher ausgegrenzt wird, kann dem Individuum, welches diese Normen verinnerlicht, ein solches potentielles Verhalten zugleich »fremd« im Sinne von unbekannt und unbewußt sein bzw. werden. Der ideologischen Operation der Ausgrenzung auf der *kollektiven System*ebene entspricht auf der *individuellen* Ebene eine ebensolche Ausgrenzung als psychische Operation – die »Verdrängung« als von der Psychoanalyse konzipierte spezifische psychische Abwehroperation wäre wiederum nur ein Spezialfall dieser allgemeinen Ausgrenzung oder eben quasi metaphorischen »Verdrängung« – ein im übrigen für die ganze zweite Hälfte des 19. Jahrhunderts zumindest latent relevantes Konzept, welches Freud wiederum nur explizit theoretisiert hat.

In dem Maße, wie das »geheime Seelenleben« sich tendenziell als eigener semantischer Teilraum in der Person konstituiert, entwirft die Epoche auch eine Topographie der menschlichen Psyche, wobei z. T. dieselben topologischen Kategorien relevant werden, wie sie oben für die Raumsemantik der zwei »Welten« rekonstruiert wurden: Der psychische semantische Teilraum sRB befindet sich in der Tiefe, und/oder in einem Außenraum:

> Unter der Oberfläche des glattesten Seelenlebens wogt und gährt ein Seelenbinnenleben.[2]

---

1 Freud 1909d, S. 51.

2 Moritz 1894, S. 127. Vgl. auch Freud: »inneres Ausland« (1933a, S. 496). Zur zeichenhaften Repräsentation des Unbewußten über Tiefenräume im Realismus s. Wünsch 1991b.

Auch das psychoanalytische Unbewußte bzw. das »Es« liegt bekanntlich in einer metaphorischen »Tiefe«. Paracelsus als Vertreter der neuen Psychologie/Psychiatrie führt im gleichnamigen Einakter die neue Personkonzeption ein und benennt dabei die nächtliche Gegenwelt der Träume explizit als »ein *Fremdes*«, in das »jede Nacht/Uns zwingt *hinabzusteigen*« (DI, 481). Wie der subjektexterne nicht-psychische Raum des Fremden, so wird schließlich auch der subjektinterne psychische mit kollektiver Vergangenheit korreliert: Das psychoanalytische Unbewußte enthält bekanntlich auch die archaische kollektive Menschheitsgeschichte, die der Analytiker als »Archäologe« aus der Tiefe an die Oberfläche holt – eine Metaphorik, die sich in der Epoche aber bereits für das »zweite Ich« und unabhängig von Freud findet.[1] Das »zweite Ich« bzw. das Unbewußte weist diesbezüglich gern Eigenschaften auf, wie sie die Epoche allgemein einer von ihr konzipierten *Klasse* von fernen kollektiven Vergangenheiten zuschreibt, die in verschiedenen Varianten mehr historischer oder mehr mythischer Ausprägung auftreten, so u. a. in der des Freudschen archaischen »Urmenschentums«: insbesondere wilde, ungezähmte Leidenschaften, sowohl positiver Art: leidenschaftliche Sexualität, als auch negativer Art: Aggression, Gewalt, »grausame Riten«,[2] sowie allgemein das Vorhandensein extremer Gegensätze – Merkmale, die sich bereits für die Geheimgesellschaft in der *Traumnovelle* fanden (dazu näher in A 2.352). Generell gilt, daß die subjektinterne fremde Welt all jene Merkmale aufweisen kann, die auch für die subjektexterne fremde Welt rekonstruiert wurden. So ist, wie bereits angedeutet, in der *Traumnovelle* die geträumte Welt der Ehefrau exakt isomorph strukturiert zur realen fremden Welt, die ihr Ehegatte durchläuft.

Die prominenteste Anwendung der Doppel-Ich-Theorie kommt aus der zeitgenössischen Psychopathologie, und da v.a. aus der Hysterie- und Hypnose-Diskussion. Der »Dissoziation« der Hysterischen liegt nichts anderes zugrunde als die Theorie der Doppelexistenz, die unterscheidet zwischen der »normale[n] Person« und der Person im Zustand eines hysterischen Anfalls: Letzterer ist eine Art Herrschaft eines Fremden über die Person, sie ist »alieniert« und präsentiert sich in einer »condition seconde«.[3] In der »condition prime« herrscht, so wörtlich Breuer und Freud, das »offizielle« und »aktuelle« Bewußtsein, in der »condition seconde« das »potentielle«.[4] Die zeitgenössische psychopathologische Kasuistik berichtet zudem immer wieder von Fällen eines realisierten zweiten Lebens, das ganz explizit als »geradezu höhere Daseinsform«,[5] d. h. als gesteigertes »Leben« klassifiziert wird: Fälle, wo es zu sexueller Ekstase, zu »rauschhaftem Schaffen« und allgemein zu Zuständen der Verschmelzung mit dem Objekt gekommen sei; typisch sei

1 Vgl. z. B. Dessoir 1896, S. 82.
2 Vgl. C. G. Jung 1928, S. 57.
3 Breuer/Freud 1991, S. 37ff.
4 Ebd., S. 95, 117.
5 Hennig 1908, S. 6.

auch ein »Reisetrieb«, der die Person in einem solchen Zustand ergreife – sie wird also zur regelrechten B-Figur![1] Die psychopathologischen Zustände werden dabei konzipiert als ledigliche Extremversion eines allgemeinmenschlichen Phänomens, als faktische Realisierung eines zweiten (B-)Lebens, das zumindest als psychische Realität, in der Regel als Traum, in jeder Person existiert. Derjenige Text, der die Doppelexistenz explizit als Begriff einführt – die *Traumnovelle* –, referiert denn auch auf die zeitgenössische Psychiatrie und setzt den Traum als einen homologen Fall zu einem psychopathologischen zweiten Leben, aber eben »in abgeschwächter Form« (EII, 491).[2] Aus diesen gemeinsamen Merkmalen darf freilich nicht die Berechtigung abgeleitet werden, die bei Schnitzler allenthalben thematisierte Doppelexistenz zu pathologisieren – das rekonstruierte Modell ist ein übergeordnetes Strukturmodell, welches sowohl in der Literatur als auch in den theoretischen Diskursen der Epoche auftritt. Der ausdrückliche Verweis auf die zeitgenössische Psychiatrie in der *Traumnovelle* ist natürlich ein Fall von eindeutiger Rezeption, nicht aber das Modell als solches, das, wie gezeigt, zunächst unabhängig von der zeitgenössischen Psychiatrie/Psychologie auftritt.

Die Kategorien »Egoismus«/»Altruismus«, »Unbewußtes«/»Bewußtes«, »potentielle«/»realisierte Person« sind also, dies sei abschließend festgehalten, miteinander korreliert, im Sinne von Homologien, ohne indes zusammenzufallen: Zwar enthält die potentielle Person in der Regel »egoistische« Motivationen des Subjekts, die diesem in der Regel wiederum unbewußt sind, doch benennen die genannten Oppositionen die Basisopposition des »Normalen/Vertrauten« vs »Abweichenden/Fremden« jeweils von einer verschiedenen Ebene aus.

1 Hennig 1908, S. 6f, 49-54. Insbesondere auch die zeitgenössische »Psychopathia sexualis« arbeitet mit ganz analogen Kategorien, vgl. Lukas/Wernz/Lederer 1994.

2 Vgl. auch Wünsch 1983, S. 398f und 1991c, S. 227ff zur in der fantastischen Literatur der Epoche beliebten Bewußtseinsspaltung, die auch eine Extremversion dieser Doppelexistenz darstellt.

1.2 Die präpsychologisch-»naturalistische« Frühphase

1.21 Die Doppelung der Perspektive

Ich gehe nun auf diesem Hintergrund zurück zur präpsychologischen Phase und stelle die Frage, wie dort der Basiskode aufgebaut wird. Ich wähle als Textkorpus die vier frühen quasi-naturalistischen Dramen *Das Märchen* (1893), *Liebelei* (1895), *Freiwild* (1896) und *Das Vermächtnis* (1898),[1] die ein relativ einheitliches Paradigma bilden. Diese Texte kennen weder ein subjektinternes Fremdes im allgemeinen noch ein Unbewußtes im besonderen. Die untersuchungsleitende Hypothese ist jedoch, daß der hier aufgebaute Basiskode sich rekonstruieren lassen muß als Vorstufe zur konsequenten und expliziten Psychologisierung. Ich konzentriere mich im folgenden weitgehend auf *Das Märchen* und *Das Vermächtnis*.

Hier wird nun zunächst deutlich, daß der oben rekonstruierte Basiskode in dieser Form in der Frühphase noch gar nicht existiert. Der Basiskode setzt die bürgerliche Perspektive voraus – die vier Dramen kennen aber noch das naturalistische Problem der zwei oppositionellen sozialen Schichten, die hier beide eine je eigene Perspektive erhalten: Eine soziale Unterschicht steht der gutbürgerlichen Schicht gegenüber. Der ersteren gehört die weibliche Protagonistin als »armes Mädel« an, wobei es sich um direktes Vorstadtmilieu handeln kann wie in *Liebelei* oder, wie im *Märchen*, um eine Schicht, die sich zwischen »noble[r] Welt« und »eigentliche[r] Vorstadt« (DI, 147) situiert; immer handelt es sich um eine mehr oder weniger kleinbürgerliche Schicht, niemals um Proletariat.[2] Der männliche Protagonist entstammt jeweils einer gut- bis großbürgerlichen Schicht, in jedem Fall dem gehobenen Bildungsbürgertum – dies gilt explizit auch für den Künstler Fedor im *Märchen*. Eine offizielle Beziehung der beiden Protagonisten würde also immer eine soziale Mesalliance darstellen.

Die Texte nehmen nun eine Kombination beider Perspektiven vor, dergestalt, daß die Opposition zwischen eigenem und fremdem System auf einer doppelten Ebene gegeben ist: Sowohl aus der Perspektive des Bildungsbürgertums, das als »bürgerlich« im eigentlichen und engeren Sinne gilt, wie aus der Perspektive der Unterschicht existiert jeweils ein anderer Raum der Abweichung. Zunächst ist die klassische naturalistische Perspektive des »armen Mädels« gegeben, dessen Leben als »Nicht-Leben« semantisiert ist, mit den Merkmalen der materiellen Not (»Elend«), der ausgeprägten äußeren Heteronomie und Unfreiheit – z. T. entwürdigende Arbeitsverhältnisse (»Sklavin«) –, der Abhängigkeit von der Familie sowie der eingeschränkten Mobilität: Als Vertreterin der Unterschicht ist ihr der Zutritt zu offiziellen

---

1 Die angegebenen Daten sind hier jeweils die der Uraufführung.

2 Zur »Semantik« der Wiener Vorstadt vgl. Janz/Laermann 1977, S. 51.

bürgerlichen Kreisen verwehrt, als Frau ist sie zudem weiteren Einschränkungen ihrer Mobilität unterworfen. Im Gegensatz dazu erscheint das Leben des bürgerlichen Partners als ein tendenziell eigentliches »Leben« mit den jeweils oppositionellen Merkmalen der finanziellen Wohlhabenheit – z. T. ist der männliche Held sogar jeder Arbeit enthoben, wie in *Freiwild* –, der äußeren Autonomie und Unabhängigkeit von der Familie sowie dem Merkmal der Mobilität im Sinne des uneingeschränkten Zutritts zu allen sozialen Räumen. Die gewünschte Beziehung mit dem bürgerlichen Partner repräsentiert aus der weiblichen Unterschichts-Perspektive also zunächst immer auch ein besseres Leben auf der materiellen, äußerlichen Ebene:

EIGENES SYSTEM S_A	FREMDES SYSTEM SB
[Normalität] nicht-bürgerlich weibl. Partnerin: *Perspektive* Unfreiheit/Heteronomie: 1. eingeschränkte Mobilität 2. Abhängigkeit von der Familie materielle Not »Nicht-Leben«	[Abweichung] bürgerlich männl. Partner Freiheit/Autonomie: 1. Mobilität 2. Unabhängigkeit von der Familie wohlhabend »Leben«

Dieser Perspektive wird nun die des bürgerlichen Systems konfrontiert: Aus ihr gilt alles, was nicht zu diesem »Kreis« gehört – ein in diesen Texten höchst rekurrentes und relevantes Lexem – als nicht-bürgerlich und somit als eine fremde, auch räumlich in der Regel in einem Außenraum situierte Welt. Virulent wird das Problem bei der Erotik: Inoffiziell ist dem bürgerlichen Mann Erotik mit der Unterschichtsfrau gestattet, aber eben nur unter der Bedingung, daß sie ein unverbindliches kurzfristiges Abenteuer bleibt. Die Mesalliance-Beziehung zwischen beiden Protagonisten wird aber nun als intensive und hochbewertete Liebe gesetzt, die ein potentielles »Leben« bedeutet. Für die Perspektive des männlichen Protagonisten bedeutet dies, daß diese Beziehung entweder explizit oder implizit in Opposition gesetzt wird zur erwartbaren und normkonformen Beziehung mit einer Partnerin aus der eigenen bürgerlichen Schicht, einer Beziehung, die das Prädikat »Leben« nicht erhält bzw. erhalten würde. Hinzuzufügen ist aber, daß die Nicht-Realisierung der Mesalliance-Beziehung für den männlichen Partner nicht in dem Maße als »Nicht-Leben« erscheint, wie dies umgekehrt für die weibliche Partnerin der Fall ist. Sowohl der sozial fremde Raum wie auch die ihm zugeordnete fremde Frau werden ferner mit »Natur« korreliert. »Natur« umfaßt dabei zwei Komponenten, zum einen die der (normverletzenden) *Erotik/Sexualität* – eine Korrelation, die am deutlichsten wird bei der »Gefallenen« Fanny (vgl. »meine Natur« DI, 134) –, zum anderen die des *emotional Echten und Authentischen*. Für letzteres steht exemplarisch die stille Christine in *Liebelei*, für die – im Gegensatz zu Fanny – Fritz der erste und letzte vorstellbare Partner ist: Nur »wirkliche Blumen« dürfen in ihrem Zimmer stehen, »künstliche Blumen« »gehör[en] nicht da herein«, und sie wohnt schließlich in einem »weltfern[en]« Außenraum (DI, 250ff), der aus der Perspektive des großbürgerlichen Innenstadt-Wieners tendenziell Züge eines Quasi-Naturraums fern des Raums der bürgerlichen Kultur erhält. In jedem Fall aber setzt im Unterschied zur Unterschichtsperspektive die bürgerliche Perspektive das fremde System als ein *moralisch* Fremdes: als einen Raum, in dem die Bürgersöhne ihre normverletzenden, aber stillschweigend geduldeten Liebeleien leben, und zu dem nach erfolgter bürgerlicher Heirat – der Fall von Fannys Expartner Witte thematisiert dies – eine strikte Grenze gezogen werden muß:

EIGENES SYSTEM S_A	FREMDES SYSTEM S_B
bürgerliche Normalität männlicher Partner: *Perspektive* [legitime Erotik mit einer bürgerlichen Partnerin: nicht-intensiv] offiz. Normeinhaltung »Kultur« [»Nicht-Leben«]	Abweichung weibliche Partnerin illegitime Erotik mit der Unterschichtsfrau: intensiv, hochbewertet Normverstoß »Natur« [»Leben«]

Die Frühphase dissoziiert also die Koppelung des nicht-bürgerlichen Raums mit dem des »Lebens« und verteilt diese Perspektive statt dessen auf zwei verschiedene soziale Räume und die ihnen jeweils zugeordneten Protagonisten. Die Perspektive des »Nicht-Lebens« auf ein »Leben« wird dominant an die weibliche Protagonistin und die Unterschicht delegiert, die Perspektive der Normalität auf das Abweichende/Fremde wird dominant an den männlichen Protagonisten und die bürgerliche Schicht delegiert. Was später also in einer Perspektive zusammenfallen wird – die intensive Erotik als Abweichendes/Fremdes *und* als gesteigertes »Leben« – ist hier noch getrennt. Die Korrelation von intensiver Erotik, also des *moralisch-ideologisch* Fremden, mit dem *sozial* Fremden erfüllt für die bürgerliche Perspektive die Funktion, dieses »Leben« als eine regelrechte fremde Welt im Sinne einer Vorform zur B-Welt zu semantisieren.

Daß dem so ist, wird nun auch an einem weiteren Merkmal dieser Texte deutlich. Denn die Ebene der sozialen Klassifikation ist zwar angelegt, sie wird aber zugleich überlagert durch eine dominant gesetzte Ebene der moralisch-ideologischen Klassifikation. Sowohl der *sozial* definierte bürgerliche als auch der nicht-bürgerliche Raum zerfallen jeweils in einen *moralisch-ideologisch* definierten bürgerlichen und nicht-bürgerlichen semantischen Teilraum. Die rein soziale und die moralisch-ideologische Ebene decken sich nicht, sondern sind dissoziiert. So stehen sich z. B. im *Märchen* innerhalb der Unterschicht die bürgerlich normkonforme Klara und die abweichende Fanny gegenüber, und innerhalb der sozialen bürgerlichen Schicht ihre respektiven erotischen Partner, der normkonforme Beamte Wandel und der abweichende Künstler Fedor. Die gleiche Konstellation findet sich im *Vermächtnis*: Auch hier ist dem Protagonistenpaar ein oppositionelles Paar beigegeben, wiederum sind es zwei Geschwister und deren jeweilige Partner. Innerhalb der bürgerlichen Schicht stehen sich die normkonforme Tochter Franziska und der abweichende Bruder Hugo gegenüber, innerhalb der Unterschicht, der die jeweiligen Partner entstammen, der normkonforme Ferdinand, der sich in die gutbürgerliche Schicht hochgearbeitet hat, und die moralisch abweichende Toni. Der Emporkömmling Ferdinand und der Künstler Fedor (*Märchen*) machen dabei deutlich, daß es sich bei der sozialen Klassifikation primär um die ursprüngliche Schichtzugehörigkeit, die *sozial vorgegebene* Herkunft handelt:

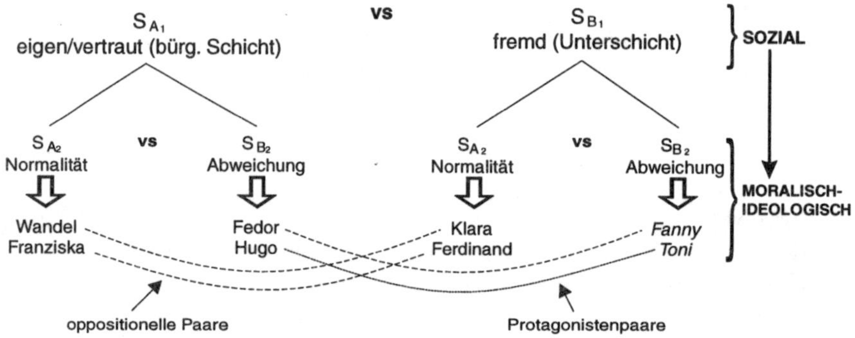

Die sozialen Grenzen werden damit irrelevant gesetzt. Das eigentliche Problem ist also ein absolut schichtunspezifisches, nämlich die Opposition des *alten Systems* zum *neuen System*; im Gegensatz zur psychologischen Phase wird sie aber noch an die soziale Schichtopposition rückgebunden.[1] Die weiblichen Protagonisten sind die einzigen Figuren, bei denen sich die rein soziale und die moralisch-ideologische Fremdheit/Abweichung decken.

1 Stroka 1967 und noch Thompson 1990, S. 97 sehen dies nicht und gelangen somit zu einer völlig falschen und reduktionistischen Interpretation.

1.22 Die psychologische »Ersatzfunktion« der sozialen und biologischen Dimension

Meine Hypothese ist nun, daß hinter dem *sozialen* Mesalliance-Problem letztlich und zeichenhaft immer auch ein implizites *psychologisches* Problem steht, hinter dem *kollektiven* Problem ein *individuelles*. Auf der Oberfläche grenzt die bürgerliche Schicht die sozial fremde Frau und mit ihr die Unterschicht aus – im *Vermächtnis* wird jedoch explizit deutlich, was in den anderen Dramen implizit angelegt ist: nämlich daß mit der Unterschichtsfrau letztlich die illegitime und potentiell intensive Erotik als solche ausgegrenzt wird. Ferdinand dämonisiert Toni zum »Geschöpf«, das »aus einer anderen Welt kommt« (DI, 436f), die als bedrohlich erfahren wird. Emma psychologisiert in der bereits zitierten Stelle diese Angst und substituiert sie durch die Angst vor der eigenen »Sehnsucht nach Glück« (DI, 437), d. h. letztlich vor der eigenen Sexualität. Nun gilt dies zwar zum einen explizit nur im *Vermächtnis*, und zum anderen ja auf der Oberfläche niemals für den Partner der Heldin, etwa den Künstler Fedor, der in maximaler Opposition zu einer Figur wie Ferdinand steht – und dennoch, so meine Hypothese, existiert diese Semantik der Unterschichtsfrau *implizit* in allen vier frühen Dramen. Auch Fedor wehrt letztlich, wenn auch freilich nicht so wie Ferdinand, seine eigene »Sehnsucht nach Glück« ab, und auch Fanny psychologisiert bereits: »Wehren Sie sich nicht dagegen«, »Weise es nicht von dir« (DI, 171,175) etc. Das aus der bürgerlichen Perspektive *soziale* Fremde steht in der präpsychologischen Phase also zugleich für das *psychische* Fremde im bürgerlichen Subjekt selbst, letzteres wird an Hand des ersteren immer mit abgebildet:

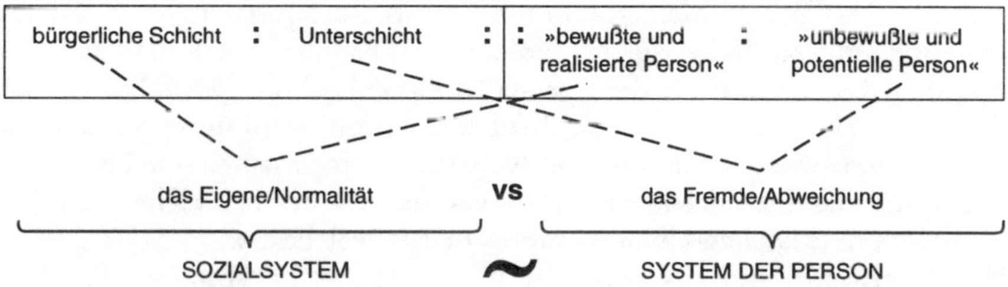

»Person« und Gesellschaft/Sozialsystem sind also isomorph strukturiert, die soziale Unterschicht ist ein »Vorläufer« jenes subjektexternen Raums sRB des Fremden, und die Unterschichtsfrau ist eine »Vorläuferin« der B-Figur der psychologischen Phase, wie das *Vermächtnis* ja ganz explizit vorführt. Hinter der *kollektiv/sozial* definierten »Natur« steht immer auch die *individuelle/psychische* »Natur« des bürgerlichen Subjekts. Die Existenz eines Fremden ist also an die Perspektive des Mannes auf die Frau als eine Art implizites »Naturwesen« und, damit korreliert, an die Perspektive des Bürgertums auf die Unterschicht gekoppelt. Die aus dem obigen bürgerlichen Kode bereits ableitbare Homologie sei hier noch einmal eigens formuliert:

> bürgerliche Schicht : Unterschicht :: Mann : Frau :: Normalität : Abweichung :: Kultur/Moral : Natur/Sexualität.

Diese behauptete Homologie gilt um 1900 allgemein: Die epochale »soziale Frage« ist korreliert mit der ebenso epochalen »sexuellen Frage«; die *Frau*, die *soziale Unterschicht* und die *Sexualtriebe* (u.a.) bilden in der Epoche ein gemeinsames Paradigma jener Größen, die privilegiert mit »Natur« bzw. mit dem ›Leben‹ korreliert werden.[1]

Die vorpsychologische Phase bildet an Hand eines sozialen Problems der Mesalliance also bereits zeichenhaft das innerpsychische Problem des bürgerlichen Subjekts mit ab. Ab dem Augenblick, da die konsequente und explizite Psychologisierung möglich ist, werden umgekehrt diese soziale Problematik und mit ihr die Unterschichtsfrau gleichsam »überflüssig«: *Das Vermächtnis* als derjenige Text, der den Übergang von der »naturalistischen« zur psychologischen Phase vollzieht, weist nicht zufällig der Unterschichtsfrau bereits eine eindeutige Nebenrolle zu.

Daß das sozial Fremde nicht nur das ideologisch Fremde im subjektexternen, sondern auch im subjektinternen Sinn zeichenhaft repräsentiert, folgt schließlich auch aus der relevant gesetzten *biologischen* Ebene. Denn im *Märchen* repräsentiert Fanny ein Fremdelement nicht nur innerhalb des gesamten sozialen Raums, sondern *darüber hinaus* zugleich innerhalb der eigenen biologischen (Unterschichts-)Familie. Die Relation von Klara zur ideologisch fremden Schwester innerhalb der Familie ist dabei homolog der Relation des bürgerlichen Partners zur ideologisch fremden Partnerin innerhalb der Gesellschaft. Meine Hypothese ist also, daß mit dem Merkmal des »Fremden innerhalb der eigenen biologischen Familie« wiederum auch das Merkmal des »Fremden in der eigenen Person« abgebildet wird: Die Entität der *biologischen Familie* ist somit ebenfalls isomorph strukturiert zur Entität der *Person*, wobei das Merkmal des *biologisch* Gemeinsamen – welches z. B. Klara und das Fremdelement Fanny verbindet – das heimliche *psychisch* Gemeinsame privilegiert zum Ausdruck bringt, welches zwischen bürgerlich normkonformer und abweichender Figur besteht. Die Biologie übt hier somit eine Ersatzfunktion für die noch nicht voll ausgebildete Psychologie aus. Die Texte entwerfen insgesamt also eine komplexe Strukturierung der sozialen, biologischen und der psychischen Ordnung. Das eigene psychische Fremde des bürgerlichen Subjekts wird hier gewissermaßen doppelt verscho-

1 Vgl. die einschlägigen zeitgenössischen Geschlechtercharakteristiken wie Weininger 1980, Andreas-Salomé, »Der Mensch als Weib« (in Andreas-Salomé 1979, S. 7-44) etc. Vgl. auch Foucault 1983, S. 145-157 zur erst um 1900 einsetzenden allmählichen Übernahme des bürgerlichen »Dispositivs der ›Sexualität‹« durch die Unterschichten.

ben abgebildet. Nicht zufällig – und dies kann als weiterer Beleg für meine Hypothese fungieren – wird in der psychologischen Werkphase dann die metaphorische Verwendung der »Schwester« auftauchen: Beate, die ihr B-Potential realisiert, wird genau damit zur »Schwester« Fortunatas (EII, 107). Auf der Oberfläche ist hier die Konstellation im Vergleich zu der von Fanny/Klara invertiert: Das Gemeinsame ist das Psychische und Ideologische, das Trennende das Biologische (in der wörtlichen Bedeutung). Doch eben die Tatsache, daß die biologische Terminologie beibehalten wird für einen nicht-biologischen, psychischen Sachverhalt, ist Indiz dafür, daß bereits in der präpsychologischen Frühphase die biologische Einheit implizit für die personale Einheit steht, beide bilden jeweils ein Paradigma von zwei oppositionellen Teilgrößen innerhalb ihrer. Diesbezüglich ist auch die chiastische Verschiebung, die sich, ablesbar am obigen Schema (S. 56), vom *Märchen* zum *Vermächtnis* ergeben hat, höchst aufschlußreich: Im *Märchen* ist es noch die Unterschichtsfamilie, innerhalb derer das Fremdelement Fanny auftaucht, im *Vermächtnis* darf es nun die bürgerliche biologische Familie selbst sein, innerhalb der sich das Fremdelement des Sohnes (und dann schließlich auch der Tochter) findet. *Die zunehmende Psychologisierung ist notwendig gekoppelt mit einer zunehmend bürgerlichen Perspektive* (s. u.).

1.23 Weitere Hypothesen zum werkinternen Strukturwandel

Nachstehend seien einige weitere Schlußfolgerungen für den werkinternen Wandel von der präpsychologisch-»naturalistischen« zur psychologischen Phase gezogen. Wie der Vergleich gezeigt hat, besteht ein zentraler Unterschied auch in der Konzeption der Opposition von A- und B-Figuren. Die ideologischen Abweichler sind in den frühen Dramen zwar auch gern Künstler, so v. a. im *Märchen*, und ausnahmslos jung, wobei Kunst und Jugend bereits als (abstrakte) semantische Räume der Abweichung von der bürgerlichen Norm eingeführt werden – aber diese Figuren sind »normale« und gleichsam »harmlosere« Abweichler, was ihren *Status* betrifft: Sie sind noch nicht jene tendenziell mythisierten, faszinierenden B-Figuren, ihre Differenz zum Normalbürger ist noch nicht in dem Maße eine ontologische, wie dies in der psychologischen Phase der Fall sein wird. Erst im *Vermächtnis* gibt es mit Toni die erste explizite B-Figur, aber auch diese ist freilich noch alles andere als eine erotisch attraktive, faszinierende Variante, sie hat sich weder vom naturalistischen »Elend« noch von der naturalistischen Larmoyanz befreit. Sie tendiert zudem zur Asexualität; die angebliche erotische Gefahr, die von ihr ausgehen soll, bleibt verbales Postulat und wird im Text selbst nicht greifbar.

Die explizite und radikale *Psychologisierung* führt schließlich auch zu einer expliziten und radikalen *Ideologisierung*, exemplarisch wiederum am Beispiel des *Vermächtnis* beobachtbar. Derjenige Text, der erstmalig ein ontologisch Fremdes in der eigenen Person postuliert, entwirft auch eine Welt, die in einem ganz neuen Ausmaß in die zwei ideologischen Lager der Vertreter der alten, bürgerlichen und der neuen, nicht-bürgerlichen Position gespalten ist.

Der vorpsychologische Status der Opposition zwischen A- vs B-Figur wird schließlich auch am Merkmal der Jugend deutlich. Im *Märchen* wie im *Vermächtnis* stehen die zwei männlichen erotischen Partner der Jugendgeneration, der Protagonist und seine Oppositionsfigur, Hugo Losatti bzw. Fedor und Wandel bzw. Ferdinand, auch in bezug auf die Altersklasse in Opposition zueinander. Das signifikant höhere biologische Alter des gleichwohl noch explizit (bzw. gerade noch) zur wörtlich-biologischen Jugend gehörenden Ferdinand (bzw. Wandel) steht zugleich zeichenhaft für deren ideologische Position des Wertsystems »Alter«, während die vom selben Ferdinand geäußerte Charakterisierung des verstorbenen Hugo: »Er war jung [...]« (DI, 435), mit der er sich zugleich von ihm abgrenzt, ebenfalls über die wörtliche Bedeutung hinaus eine metaphorische als die eigentlich relevante setzt. Hugo ist also wörtlich und metaphorisch »jung«, aber er ist damit noch kein echter »Jugendmensch« (*Frau Beate und ihr Sohn* EII, 73) im ontologischen Sinn. Das Konzept des emphatischen Jungseins bzw. der emphatischen »Jugend« ist noch nicht voll ausgeprägt. Der metaphorische Status der Merkmale erhält in der psychologischen Phase eine völlig neue, nicht einfach zu definierende Qualität. Er wird gleichsam »metaphorischer«, radikaler, emphatischer, »ideologischer«; jetzt erst kommt es zur engen Relation zwischen Individuum und System, jetzt erst kann letzteres durch ersteres repräsentiert werden, die sekundäre Zeichenhaftigkeit wird deutlicher. Dies gilt übrigens für die gesamte Organisation der Welt und den Bedeutungsaufbau, die sich ebenfalls radikal wandeln – in der psychologisch-lebensideologischen Phase thematisiert sich die sekundäre Zeichenhaftigkeit der Welt.

Der Status der ontologischen Fremdheit der ideologisch abweichenden Figur wird in der Frühphase ersatzweise und in einer Vorform durch einen biologischen Kode geleistet, der eine disjunkte Kategorisierung der Figuren in »weiße« – vorwiegend blasse – und »dunkle/braune« vornimmt. Wandel im *Märchen* z. B. hat »schmale, blasse Lippen«, seine Verlobte Klara ein »ziemlich blasses Gesicht« (DI, 126). Diese biologische Dimension darf nicht verwechselt werden mit der oben genannten der biologischen Familie, auch wenn sie privilegiert wiederum bei Schwesterpaaren aufzutreten scheint: Das biologische Merkmal des Dunklen leistet das Merkmal der wesensmäßigen *Fremdheit*, das der biologischen Verwandtschaft hingegen verdeutlicht zeichenhaft, daß dieses Fremde in der Perspektive des Vertreters der ideologischen Normalität zugleich heimlich ein *Eigenes* ist. Die disjunkte Kategorisierung zumal der weiblichen Figuren in weiße vs dunkle ist ein Erbe des Realismus und tritt im Übergang zwischen beiden Epochen, so z. B. bei Sudermann, aber auch noch später, insbesondere etwa bei Keyserling, mit besonderer Explizitheit auf,[1] bei Schnitzler freilich wird sie bereits in der Frühphase nur noch mehr rudimentär greifbar. Die »weiße« Frau ist die mit bürgerlicher Normalität korrelierte und auf der Ebene der ideologischen Systeme die vertraute, die »dunkle« dagegen ist die mit Abweichung korrelierte und die dem System fremde Frau. In Sudermanns *Wunsch* (1888) etwa ist die weiße, mit extremer Normeinhaltung korrelierte weibliche Figur sowohl psychisch von reduziertem Selbstbewußtsein als auch physisch krank – ihre mit potentiellem Normverstoß korrelierte Oppositionsfigur, auch hier übrigens die Schwester, ist sowohl durch größeres psychisches Selbstbewußtsein als auch durch gesteigerte biologische Gesundheit gekennzeichnet. Die Biologie hat hier eine spezielle Funktion, die über die Thematisierung der biologischen Gesundheit als Voraussetzung für ein emphatisches »Leben« hinausgeht. Sie ist hier wiederum eine Funktion der noch nicht gänzlich emanzipierten Psychologie: Zum einen fungieren physische Krankheit und Blässe zugleich als Ausdruck des Verzichts auf ein gesteigertes »Leben« und der mangelnden Bereitschaft zur ideologischen Abweichung; zum anderen wird für die männliche Perspektive die biologisch gesunde »Naturfrau« umgekehrt ganz direkt mit dem begehrten »Leben« korreliert. Die Blässe verweist sozialgeschichtlich gesehen zudem auf das bekannte epochentypische »weiße Übel« der Frauen in der zweiten Hälfte des 19. Jahrhunderts: Die bürgerlich anständige Frau meidet den Außenraum aus Furcht vor fremden erotischen (Blick-)Kontakten und vor der unwillkürlichen psychischen Selbstoffenbarung.[2] Die biologische Kodierung ideologischer/psychischer Figurenmerkmale findet sich zumindest in der Frühphase der Frühen Moderne relativ häufig, so etwa auch bei Thomas Mann, der freilich die biologische Kodierung gerne durch eine oppositionelle ästhetische Kodierung unterläuft. Eine derartige Ambivalenz ist Schnitzler fremd, in aller Regel sind die ideologisch abweichenden Figuren, wenn denn überhaupt dieser biologische Kode auftritt, sowohl biologisch als auch ästhetisch positiv bewertet. Im Gegensatz zu *diesem* biologischen Kode sind andere Kodes wie ein gestisch-mimischer oder vestimentärer sehr viel bedeutsamer bei Schnitzler. So werden im *Märchen* etwa die beiden oppositionellen Schwestern im Nebentext folgendermaßen charakterisiert; ich hebe die positiven Merkmale bei Fanny und die negativen bei Klara jeweils hervor:

> KLARA THEREN Klavierlehrerin, [...] *regelmäßiges*, etwas *langweiliges*, ziemlich *blasses* Gesicht, *schlichte* Frisur[...]; in ihrem Sprechen liegt etwas *Mildes*, *Ermüdetes*, ihre Bewegungen sind *langsam*, aber graziös.
> FANNY THEREN, Schauspielerin. [...] *biegsam*, große *dunkle* Augen. Viel *natürliche Grazie* der Bewegungen [...]. Ein Gesicht *voller Munterkeit* und *Jugend*; um die Lippen nur, wenn sie *zornig* wird, ein etwas *frecher* Zug. (DI, 126f)

1 Vgl. den Helden Günter in Keyserlings *Beate und Mareile* (1903) zur A-Frau Beate: »Warum liegst du so weiß da [...]?« (Frankfurt a. M. 1983, S. 16).

2 Vgl. Corbin 1992, S. 459.

In dieser ausgeprägten, geradezu wertenden, aber typisch naturalistischen Form findet sich die Figurencharakterisierung später nur selten, neben dem *Märchen* wäre noch *Professor Bernhardi* zu nennen. Der vestimentäre Kode freilich spielt im Gesamtwerk rekurrent eine Rolle, so etwa bei der verschiedenen Kleidung von Beate und Fortunata (*Frau Beate und ihr Sohn*), oder im *Doktor Gräsler*, wo der Kauf des weicheren Hutes die beginnende Realisierung der »potentiellen Person« des Helden signalisiert.

Auch das Konzept des emphatischen »Lebens« existiert nur in einer Vorform. Es wird zwar bereits als ein psychologisch definiertes »Leben« dem bloß »besseren«, materiell definierten »Leben« gegenübergestellt, besitzt aber weder das Merkmal des Exklusiven, Exzeptionellen noch das des gesteigerten, unmittelbaren Erlebens. Auch andere Merkmale kennt dieses »Leben« noch nicht. Räumliche Mobilität z. B. spielt aus der weiblichen Perspektive bereits implizit eine Rolle – aber sie hat noch nichts zu tun mit jener räumlichen Mobilität, die sich als Frau Johanna im *Einsamen Weg* später einmal wünschen wird. Auch das Modell des Abenteurers gibt es noch nicht, und auch die »Zeit« existiert gewissermaßen noch nicht: Wandel/Wechsel bzw. Monotonie/Konstanz ist noch kein Kriterium, weder zur Klassifikation eines konkreten Lebens noch zur Klassifikation der Person. Das Modell der psychischen Transformation der Person existiert somit ebenfalls noch nicht – erst das *Vermächtnis* wird am Beispiel der bürgerlichen Tochter Franziska eine psychische Bewußtwerdung und einen damit korrelierten ideologischen Lagerwechsel inszenieren.[1]

Angefügt seien noch einige kursorische Bemerkungen zum Aspekt des Strukturwandels vom System des Realismus über die Zwischenphase des Naturalismus zur Frühen Moderne. Das ganz alte Modell, nämlich das des Realismus, setzt selbstverständlich die bürgerliche Perspektive – das Neue ist zunächst, in der Übergangsphase zwischen beiden Epochen, die Perspektive der nicht-bürgerlichen Schicht. Das ganz Neue wird bei Schnitzler zumindest dann wieder die bürgerliche Perspektive sein, aber nun eben von ganz anderem Status. Jetzt wird das Fremde ins bürgerliche Subjekt integriert und ideologisch akzeptiert – die naturalistische Zwischenphase mit der Delegierung der Perspektive an die Unterschichtsfrau, die die normverletzende Erotik selbstverständlich praktiziert, ist eine Art Vorstufe zur voll ausgebildeten psychologischen Perspektive, die das bürgerliche Subjekt dann schließlich selbst einnehmen wird. Es gibt im übrigen noch weitere Merkmale, die aus dem Realismus stammen, bei Schnitzler in der Frühphase verschwinden, um erst dann, in der psychologisch-lebensideologischen Phase, wieder aufzutauchen: so z. B. die Korrelation der fremden Welt mit Gefahr und potentiellem Tod, mit einer Tiefe, mit dem Zeitaspekt der Vergangenheit einerseits, des Wandels bzw. der Bewegtheit/Dynamik ande-

---

1 Der scheinbare »Wandel« der männlichen Helden in *Freiwild* oder *Märchen* besitzt einen völlig anderen Status, s. dazu Kap. B 2.1.

rerseits. Die fremde Welt, die der Realismus in seinen Erzähltexten als eine ideologisch bedrohliche ausgrenzte, war mehr oder weniger explizit oder implizit immer oder zumindest privilegiert mit diesen Merkmalen verknüpft. Hier scheint mir eine abstrahierbare Regularität des Strukturwandels vom Realismus zur Frühen Moderne sichtbar zu werden. Denn tatsächlich haben Kategorien wie Tiefe, Vergangenheit, Bewegung/Dynamik, Gefahr etc. nur aus der Perspektive einer bürgerlichen Welt Sinn, die sich über die oppositionellen Merkmale definiert. In der naturalistischen Zwischenphase wird aber nun die Perspektive eben dominant an jene soziale nicht-bürgerliche Schicht delegiert, die im Realismus selbst eine Variante der in die Tiefe ausgegrenzten bedrohlichen Realitäten/Welten war. Wenn nun unmittelbar selbst die »Welt der Tiefe« dargestellt und somit an die Oberfläche geholt wird, gibt es damit keine »Tiefe« mehr. Das unmittelbare Darstellen und sozusagen »Betreten« der fremden Welt durch die Texte ist das Neue am Naturalismus – *zugleich und scheinbar paradoxerweise erfüllt die Delegation der Perspektive an die Unterschicht aber noch ein Merkmal des alten Systems*, nämlich die Externalisierung des eigenen Fremden in den Außenraum und damit die Verhinderung einer expliziten Psychologie. Die naturalistische Zwischenphase ist insofern noch ambivalent. Erst in der psychologischen Phase tauchen die Merkmale der fremden Welt, die der Realismus bereits setzte, auf, aber jetzt eben positiv bewertet. Auf der Ebene der Psychologie wird die Überwindung des alten realistischen Systems mit der Substitution der bürgerlichen durch die nicht-bürgerliche Perspektive der Unterschicht also nur scheinbar und vorläufig vollzogen, definitiv aber eigentlich erst durch die Wiedereinsetzung der bürgerlichen Perspektive, die nun das Fremde *bei sich selbst direkt und unmittelbar* entdeckt. Innerhalb der vier Dramen bereits zeichnet sich diesbezüglich ein signifikanter Wandel ab: Die beiden frühen Texte *Märchen* und *Liebelei* fokussieren dominant auf den nicht-bürgerlichen Raum der weiblichen Protagonistin, während die beiden späteren Dramen dominant auf den bürgerlichen Raum des männlichen Protagonisten fokussieren – in *Freiwild* und *Vermächtnis* wird der nicht-bürgerliche Raum selbst nicht mehr dargestellt, im *Vermächtnis* tendiert Toni eindeutig zur Nebenfigur. Die Wiedereinsetzung der bürgerlichen Perspektive impliziert aber nicht die Restitution der alten ideologischen Wertung, sondern im Gegenteil: *Die zunehmende Psychologisierung ist bei Schnitzler notwendig mit einer zunehmenden Negativwertung des bürgerlichen Raums korreliert.* Erst dann wird die bürgerliche Perspektive wieder eingenommen, wenn das bürgerliche Leben definitiv ein »Nicht-Leben« geworden ist, was aber eben seinerseits die explizite Psychologisierung voraussetzt.

A 2. *Das erste Ereignis: »Krise« und »Lebenswechsel«*

2.1 Das allgemeine Modell: die Substitution der zwei Systeme

Der Basiskode ist Ausdruck einer Krise des Systems wie auch einer Sinnkrise des Subjekts: Die mit Glück, Sinn und »Leben« korrelierte intensive Erotik kann im eigenen System nicht gelebt werden; das »Eigene« des Individuums – seine »potentielle Person« in der psychologischen Phase, seine »Natur« in der präpsychologischen Phase – kann nicht realisiert werden und steht in radikalem Antagonismus zum vorgegebenen kulturellen Wert- und Normensystem. Der manifeste Ausbruch dieser Krise konstituiert nun zugleich das zentrale erste Ereignis der Texte. Es gilt also, den Basiskode mit dem bereits genannten 3-Phasen-Modell zu korrelieren, die narrative Ereignissukzession zu rekonstruieren und von den Oberflächen-Ereignissen das allen gemeinsame semantisch-logische »Tiefen-Ereignis« E_1 zu abstrahieren.[1]

Zunächst zum 3-Phasen-Modell ganz allgemein. Die von den Texten dargestellten Zeiträume sind relativ kurz und umfassen in der Regel maximal ein halbes Jahr, meist noch weniger. Es gibt einige wenige Ausnahmen, etwa *Die Hirtenflöte*. Allen 3-Phasen-Texten ist jedoch gemeinsam, daß sie die *Ausschnitthaftigkeit* der erzählten Geschichte aus dem Leben der Figuren betonen – u. a. dadurch, daß sie die Krise bereits in der Vorgeschichte als latente beginnen lassen. Die Ausschnitthaftigkeit der dargestellten Realität als solche ist ein typisches, auf lebensideologischen Prämissen (s. dazu u.) beruhendes Merkmal der Literatur der Frühen Moderne: Das Kunstwerk soll erscheinen als »Phase in einem ewigen Zusammenhang« des Lebens.[2] Für Schnitzler läßt sich die folgende allgemeine und für beide Werkphasen gültige Formel aufstellen: In einer Ausgangsphase A herrscht eine *latente und implizite Krise* des Systems. Der Text setzt ein mit dem allmählichen Übergang von der Phase A zur Zwischenphase B, in der es nun zum *manifesten Ausbruch der Krise* kommt; der Übergang von B zur Zielphase C leistet schließlich die – als vorläufig definitiv gesetzte – Lösung der Krise:

---

1 Ich lege hiermit den »Ereignis«-Begriff Lotmans zugrunde, vgl. Lotman 1973, S. 347-358 und Renner 1983, S. 77f.

2 So z. B. der Zeitgenosse Eberhard Buchner in einem Aufsatz über »Tragödie und moderne Dichtung«, in: Ruprecht/Bänsch 1970, S. 114f. Vgl. hierzu auch Rasch 1967b.

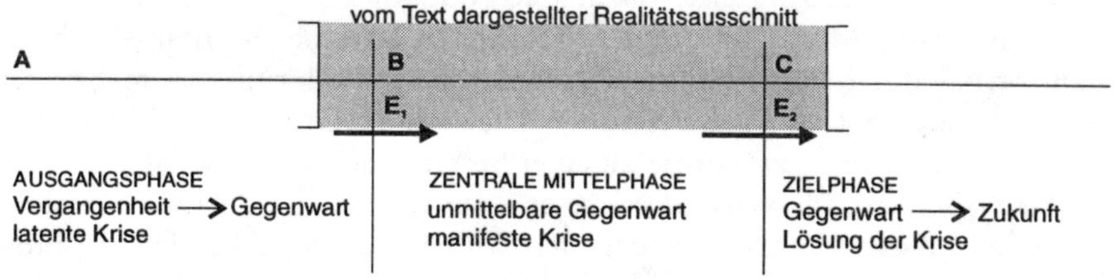

Die Krise besteht in der expliziten Verbalisierung und Bewußtwerdung der Basisopposition zwischen beiden Systemen/Welten. Der Höhepunkt der Krise führt dabei zugleich zur Wende, d. h. zum *Lebenswechsel:* Der Held realisiert für sich ein neues, und zwar gesteigertes »Leben«. Es kommt somit zur Anwendung der Opposition »Nicht-Leben« vs »Leben« auf das eigene individuelle Leben der A-Figur, so daß nun verschiedene Lebensphasen damit bezeichnet werden: Eine Phase des »Nicht-Lebens« soll von einer des »Lebens« abgelöst werden. Ich übernehme den Begriff des »Lebenswechsels« von Wünsch, die dieses narrative Modell als ein in der Literatur der Frühen Moderne höchst rekurrentes nachweist.[1] »Lebenswechsel« impliziert, daß in irgendeiner Form ein neues »Leben« gelebt wird, im Normalfall bei Schnitzler durch die faktische Realisierung einer neuen erotischen Beziehung. Wie das Beispiel der Albertine in der *Traumnovelle* aber zeigt, kann dies auch auf der Ebene der psychischen Realität geschehen. Analog hat auch die Bewußtwerdung eines potentiellen neuen »Lebens«, wie sie z. B. von Justina in *Paracelsus* oder von Josepha im *Spiel der Sommerlüfte* gemacht wird, einen zur faktischen Realisierung äquivalenten Status. Doch ist dies ein Unterschied, der erst in der psychologisch-lebensideologischen Phase relevant wird. Ob faktisch gelebt oder nicht: relevant ist jedenfalls der *explizite Entwurf eines alternativen Lebens*, welches den Status eines gesteigerten »Lebens« besitzt. Genau insofern ist der Höhepunkt der Krise, an dem es zu einem solch expliziten Gegenentwurf kommt, äquivalent mit der Wende selbst.[2]

Der Lebenswechsel ist schließlich notwendig mit einer *Normverletzung* korreliert – sei es der faktische Vollzug oder die explizite Bereitschaft dazu. Wie auch immer auf der Textoberfläche das Ereignis der Wende realisiert sein mag – z. B. in der Realisierung einer illegitimen erotischen Beziehung –, das abstrakte Tiefen-Ereignis ist ein ideologisches und besteht, ganz pauschal formuliert, jeweils in der (partiellen) Substitution des eigenen, bürgerlichen Systems durch das fremde, abweichende. Wohl das gesamte Schnitzlersche Werk durchzieht der fundamentale Gegensatz zwischen der – wie es im

1 Wünsch 1983.
2 Vgl. Lindner 1991, S. 38f.

Märchen explizit heißt – »alten Moral« und der »neuen« (DI, 152). Ob es sich um einen Selbstfindungs-Text handelt oder nicht, ob die Figuren versuchen, die »neue Moral« faktisch zu realisieren oder ob sie dieses Problem bloß verbal abhandeln, ob dieser Versuch scheitert oder nicht – mehr oder weniger jeder Text, ob Frühwerk oder Spätwerk, ob Drama oder Erzähltext, entwirft eine *alternative* Moral zu einer bestehenden alten Moral, die er als Ausgangspunkt und Negativfolie setzt – sei es, daß diese letztere explizit formuliert wird wie vor allem in den frühen Texten, oder daß sie bloß präsupponiert wird und in diesem Fall implizit präsent ist und ex negativo rekonstruiert werden muß.

Raumsemantisch läßt sich E1 mit Lotman definieren als »Grenzüberschreitung«[1] von sRA in sRB, die fakultativ auch räumlich-topographisch als Ortswechsel abgebildet werden kann, und zwar je nach Werkphase verschieden. Die präpsychologische Phase inszeniert die ereignishafte Entdeckung des Individuums und seiner privaten/emotionalen/»menschlichen« Dimension – dementsprechend findet das jugendliche Paar im II. Akt mit Vorliebe in einem mit Privatheit und Authentizität korrelierten Innenraum zusammen (der, bezogen auf den Ausgangsraum, auch meist zugleich ein Außenraum ist). In der psychologischen Phase hingegen, die das unbewußte Potential in der Person entdeckt, tritt das Individuum gern den Weg in einen Tiefenraum an, so in *Berta Garlan*, *Frau Beate*, *Traumnovelle*.

Ich rekonstruiere in den folgenden Kapiteln dieses erste Ereignis, wobei ich zuerst vom Modell der präpsychologischen Frühphase ausgehe (A 2.2) und mich anschließend der psychologisch-lebensideologischen Phase widme (A 2.3).

1 S. Lotman 1973, S. 327-358 und den Versuch der Präzisierung bei Renner 1983, S. 23-93.

2.2 Die präpsychologisch-»naturalistische« Frühphase: die Entdeckung der Privatheit und des »Gefühls«

Der in den frühen Dramen gegen Ende des II. Aktes stattfindende »Lebenswechsel« kann auf der Textoberfläche jeweils verschieden realisiert sein: Im *Märchen* konstituiert sich die hochbewertete illegitime Beziehung der zwei Protagonisten, in *Liebelei* wird die bereits bestehende bzw. sich konstituierende Beziehung im II. Akt erstmalig als ein »Leben« kurzfristig gelebt; in *Freiwild* konstituiert sich im Bereich der Erotik ebenfalls eine illegitime hochbewertete Beziehung, im Bereich der Ehre besteht die Wende in der definitiven Verweigerung der Satisfaktion, die an die Stelle des wahrscheinlichen Duelltodes das Leben setzt, und im *Vermächtnis* schließlich kommt es zur Aufnahme Tonis in die bürgerliche Familie. Auf einer Tiefenebene jedoch läßt sich jeweils dasselbe abstrakte Ereignis E_1 rekonstruieren. Ich illustriere dies im folgenden am Beispiel der Sexualnormen und konzentriere mich dabei auf *Das Märchen* unter gelegentlicher Einbeziehung der anderen Dramen.

Der Text baut ein Paradigma von vier erotischen Paaren auf, wovon hier vorerst die Opposition von genau zwei Paaren relevant wird: das Protagonistenpaar als illegitime Beziehung einerseits, das Paar der Schwester Klara mit Wandel als streng normkonforme Beziehung andererseits. Die legitime Beziehung, welche voreheliche Sexualität selbstverständlich nicht vollzieht, konstituiert sich am Textende definitiv (Verlobung), die illegitime Beziehung, welche außereheliche Sexualität selbstverständlich und unproblematisch vollzieht, scheitert am Ende. Das erste Ereignis erstreckt sich allerdings nur auf die ersten zwei Akte, der III. Akt wird erst im B-Teil dieser Arbeit zu untersuchen sein.

Im Zentrum steht das Problem der Legitimation von Sexualität. Zwei oppositionelle Legitimationskriterien werden jeweils einander konfrontiert, ein traditionelles und ein alternatives. Die Normendiskussion wird dabei an Hand von zwei geschlechts- und schichtspezifisch verschiedenen Aspekten geführt:

1. Die weibliche Partnerin: das Modell der Versorgungsehe

Die bürgerlichen Paare legitimieren sich – jenseits der offiziellen Legalisierung – durch rein äußerliche Werte. Im *Vermächtnis* geht es um die Verbindung der Tochter mit einem Ehemann, dem eine »glänzende Karriere« (DI, 396) bevorsteht, im *Märchen* liegt der Akzent, der anderen sozialen Schicht entsprechend, primär auf dem der rein materiellen Versorgung – »Leben muß man schließlich«, »Man muß ja essen« etc. (DI, 135, 141) –, in *Liebelei* wird der Heldin eine Ehe mit dem Verwandten der Nachbarin mit dem Argument nahegelegt, dieser sei »sogar fix angestellt« (DI, 243), und in allen Fällen gelten die Gründung einer Familie und ein Dasein als »brave Hausfrau« (DI, 153) als selbstverständliches und erstrebenswertes Ziel. Dem stellt im *Märchen* die Protagonistin Fanny »Liebe« als rein »innerlichen« Wert gegenüber:

> FANNY [...] unermeßlich geliebt zu werden, ist das nicht besser ... schöner? (DI, 153)

Diese Liebe umfaßt dabei die physische Komponente der selbstverständlichen Realisierung von Sexualität zum einen, die psychische Komponente der *maximalen Individualisierung* des Partners und des *verbindlichen und existentiellen Status* der Beziehung zum anderen. In allen vier Dramen hat die erotische Beziehung der Protagonisten den Status der »wahren Liebe« zwischen zwei unaustauschbaren Partnern, »die für einander bestimmt sind« (*Märchen* DI, 175). Keines dieser Merkmale gilt für die bürgerlichen Paare. Erotik/Sexualität besitzt im alten System nur reduzierte Relevanz, ja sie hat geradezu den Stellenwert eines notwendigen Übels, während sie im neuen System aufgewertet wird und einen neuen Selbstwert erhält. Dem alten System gelingt es sogar, Erotik – also exemplarisch »egoistische« Interessen – zu »altruistischen« umzudefinieren, um sie so moralisch legitimieren zu können. So motiviert etwa die bürgerliche Klara im *Märchen* ihre Heiratspläne u. a. über die altruistische Pflicht, für die anderen Familienmitglieder zu sorgen:

> KLARA Du weißt, für wen ich mich bis heut geplagt und geschunden habe ... und du weißt auch, wofür schließlich *dieses Letzte* geschähe – wenn es überhaupt geschieht ... (DI, 135)

Darüber hinaus werden in *Märchen* und *Vermächtnis* beide männlichen Partner von den Frauen nicht geliebt, ja sie sind ihnen »eigentlich zuwider« (DI, 134). Der Partner wird somit tendenziell austauschbar, die weiblichen Figuren gehen eine erotische Beziehung mit ihm letztlich ein, weil er »*zufällig* eine fixe Anstellung hat« (*Liebelei* DI, 243). Das naturalistische Stichwort der »Sorge« um das materielle Leben, das die Schwester Klara und die Schwiegersöhne in spe hier auf den Lippen tragen (vgl. *Märchen* DI, 141, *Vermächtnis* DI, 436), gilt als exemplarischer Ausweis eines rein äußerlichen Wertsystems und damit der alten, bürgerlichen Moral. Dem setzen die Vertreter der neuen Moral ein »Man muß nicht essen ...« (DI, 141) entgegen. Funktionalisiert wird dies eben v. a. in bezug auf die Erotik: Wer »nicht essen muß«, der signalisiert, daß er den Wert der Versorgungsehe nicht teilt. Den äußerlichen Werten wird der neue Wert einer *emphatischen »Natur«* gegenübergestellt mit den zwei bereits erwähnten Komponenten der Sexualität und des authentischen Gefühls. Die alte Moral maßt sich nun nach den Vertretern der neuen das Recht an, »Unnatürliches zu fordern und für Natürliches zu strafen« (DI, 150). Auch im Bereich der Kunst wird die Kategorie der »Natur« zum neuen, wiederum emphatisch artikulierten Wert, neue Liebes- und neue »naturalistische« Kunstkonzeption werden – entsprechend auch den typischen zeitgenössischen Konzeptionen – miteinander korreliert (s. B 2.3).[1]

Es kommt also bei der Frage der Legitimierung von Erotik/Sexualität sowohl zur *expliziten Opposition* zweier verschiedener Wertsysteme als auch zu einer *Umhierarchisierung* und schließlich sogar zu einer *Umwertung der Werte:* Nicht nur ist das, was der alten Moral als Normverstoß gilt, jetzt keiner mehr, sondern umgekehrt erscheint die Einhaltung der tradierten Normen der neuen Moral jetzt ihrerseits als – neuer – Normverstoß. Nur das alternative Wertsystem vermag Sexualität jetzt zu legitimieren. So formuliert ganz explizit die »Gefallene« Fanny in ihrer Rechtfertigung gegenüber der bürgerlich-braven Schwester Klara:

> FANNY Meine Natur – bin ich denn deswegen gemein ...? Aber das ist eine Gemeinheit, so einen widerwärtigen Menschen zu heiraten, weil er einen versorgen kann ... Nur darum ... Und doch wird sich keine getrauen, wenn du mit ihm vor dem Altar stehst, zu sagen: »Die ist schlecht«. [...] Aber man hätte recht; denn du verkaufst dich ... du ... du .... du! (DI, 134f)

Schnitzler thematisiert damit ein epochal zentrales Problem, welches in der zeitgenössischen Diskussion – sei es im wissenschaftlichen oder im populären Schrifttum, in psychologischen, soziologischen oder philosophischen Titeln – allergrößte Relevanz einnahm. Bereits 1883 hatte Nordau in seinem aufsehenerregenden Buch *Die conventionellen Lügen der Kulturmenschheit*[2] das Ehemodell der alten Moral als »Ehelüge« gebrandmarkt und dekretiert, »jede Paarung ohne Liebe [sei] Prostitution«[3], eine beliebte Umwertung der Werte, wie sie auch andere Autoren vornahmen.[4] Die zeitgenössische »Sexualethik« stellt explizit

> das Prinzip [auf], daß es bei der moralischen Bewertung der Sexualbeziehungen nicht auf jene *Äußerlichkeiten*, sondern auf die *innere* Gesinnung der Beteiligten ankomme.[5]

Noch 1906 bezeichnet Simmel die auf einer intensiven emotionalen Basis fundierte Ehe als die »moderne Ehe« sowie als noch weitgehend bloße »Idee« und stellt ihr die alte Ehe mit einer Basis rein »ökonomisch-sozialer Natur« als die herrschende übliche Praxis gegenüber[6] – ein weiterer Beleg dafür, daß

1 Vgl. Leo Berg: »Der moderne Künstler (der Naturalist) will Natur [...], er verlangt nach ihr, wie der Mann nach dem Weibe.« (Berg 1892, S. 218). Hiermit ist auch die epochentypische Sexualmetaphorik für die Kunstproduktion korreliert, vgl. etwa auch Andreas-Salomé, »Die Erotik« (1910), in: Andreas-Salomé 1979, S. 83-145, hier S. 104ff.

2 Nach sechs Wochen bereits die ersten drei Auflagen vergriffen, 1883/84 vorübergehend konfisziert.

3 Nordau 1884, S. 273.

4 Im Bereich der Sexualmoral z. B. Ehrenfels 1907, Forel 1909 etc.

5 Ehrenfels 1907, S. 57 (meine Hervorh.).

6 Simmel 1906, S. 155. Zur Dominanz ökonomischer Kriterien und zur erst allmählichen

um 1900 tatsächlich als neu und geradezu anti-bürgerlich erscheinen konnte, was weder das eine noch das andere war, sondern im wesentlichen nichts anderes als die von der Goethezeit entworfene, damals freilich revolutionär neue Liebeskonzeption mit ihrer Forderung nach maximaler Individualisierung des Partners und Unbedingtheit.[1] Mentalitätsgeschichtlich gesehen ist es tatsächlich erst die Frühe Moderne, die diese neue Liebeskonzeption nun mit neuer Explizitheit formuliert und einklagt.[2] Voraussetzung hierfür war die Aufhebung der alten Moral und die Etablierung der neuen Individualpsychologie – demgegenüber war das 19. Jahrhundert, d. h. insbesondere der Realismus, von der fundamentalen Ambivalenz gekennzeichnet, daß er die leidenschaftliche Liebe heimlich als zentralen Wert nach wie vor hatte, sich diesen jedoch offiziell infolge der Dominanz der Moral versagte. Aufgrund ihres normverletzenden Potentials mußte die neue Liebeskonzeption zu ihrer offiziellen ideologischen Akzeptanz denjenigen historischen Moment abwarten, da es zur expliziten Abkoppelung der Psychologie von der Moral kam.

Mit der Substitution des alten durch das neue Wertsystem ist schließlich auch eine eindeutige Psychologisierung des naturalistischen Konzepts des besseren »Lebens« verknüpft. Nicht die »äußeren Umstände« (*Vermächtnis* DI, 398) sind letztlich maßgebend für ein »Leben« oder Nicht-»Leben«, sondern die (Nicht-)Realisierung einer intensiven erotischen Beziehung. Oder anders formuliert: Das äußerliche, in materieller Not bestehende »Nicht-Leben« kann nun, wie alle vier Protagonistinnen der Dramen demonstrieren, durchaus ein glückliches sein, sofern nur das unbedingte Streben nach einem »Mehr-Leben« durch die Bereitschaft zum erotischen Normverstoß gegeben ist. Das *Vermächtnis* thematisiert diese Überlagerung und Umdefinition des »Lebens« wiederum am deutlichsten. Denn das Argument der »äußeren Umstände« und des Milieus führt genau derjenige im Munde, der die eigene »Sehnsucht nach Glück« (DI, 437) in sich selbst noch nicht entdeckt hat. Der späteste Text der vier quasi-naturalistischen Dramen Schnitzlers führt also am explizitesten jene »Überwindung des Naturalismus« qua Psychologisierung vor, die in allen anderen auch schon angelegt ist.

2. *Der männliche Partner: »Vorstadtmädel« vs »wirkliche Dame«*

Sieht das alte System für die Partnerin das Modell der Versorgungsehe vor und verbietet es die illegitime Sexualität als solche, so schreibt es dem männlichen bürgerlichen Partner hingegen eine Partnerin aus dem eigenen sozialen Kreis vor und gestattet die illegitime Sexualität mit der Unter-

Durchsetzung des Modells der Liebesheirat vgl. auch die sozialgeschichtlichen Arbeiten Rosenbaum 1982, S. 334-336, 377, Panke-Kochinke 1991, S. 82ff, Stoehr 1986, S. 164ff.

1 Vgl. Ariès 1986, Rosenbaum 1982, S. 263ff, 285ff und Hausen 1978.

2 Vgl. Wünsch 1991a, S. 195.

schichtsfrau nur als unverbindliche »Liebelei«. Das alte bürgerliche System nimmt damit eine Klassifikation der potentiellen Partnerinnen nach rein äußerlichen Kriterien vor und unterscheidet zwischen der »wirkliche[n] Dame« (*Freiwild* DI, 291) – den Frauen aus der eigenen Schicht – und dem Vorstadtmädel. Rekurrent werden in den frühen Dramen die Grenzen betont, die die Gesellschaft zwischen den Liebenden setzt, und stets kämpfen in diesen Texten die Protagonistinnen um das Recht auf Zugehörigkeit zum bürgerlichen Raum des Geliebten allein qua des innerlichen, eben »natürlichen« und »menschlichen« Bandes zum Partner. Genau diese Ausgrenzung der fremden Frau aus dem bürgerlichen Kreis ist letztlich das eigentliche und heimliche ideologische Problem in allen vier Texten, das hinter den individuellen Beziehungsproblemen des Paares wie etwa dem Problem der »Gefallenen« jeweils steht. Zum Zentralproblem ist es im *Vermächtnis* geworden, wo der bürgerliche Protagonist und männliche Partner der bereits seit vier Jahren realisierten Mesalliance-Beziehung im I. Akt stirbt. Wiederum, so meine Hypothese, wird im *Vermächtnis* damit eine Tendenz explizit, die bereits die vorhergehenden drei Dramen implizit kannten. Zwei *familienfremde* Personen – der jeweilige faktische/potentielle Partner des Sohnes und der Tochter – streben hier die Zugehörigkeit zur bürgerlichen Familie an. Beide sind ursprünglich zugleich in bezug auf den gesamten bürgerlichen Raum sRA fremde Personen, *biologische* Fremdheit und *soziale* Fremdheit werden miteinander korreliert. Beide Partner machen jedoch eine oppositionelle Entwicklung durch: Toni, die auch auf der moralisch-ideologischen Ebene dem fremden Raum angehört, bleibt auch auf der sozialen Ebene im Außenraum; Ferdinand hingegen vertritt auf der moralisch-ideologischen Ebene das bürgerliche System und vollzieht den sozialen Schichtwechsel. Nach den alten Legitimationskriterien hat Ferdinand allein schon aufgrund der Tatsache der offiziellen Legalisierung der Beziehung (Verlobung) das »Recht [...], mich zu den Ihrigen zu zählen« (DI, 453), Toni hingegen wird genau dieses Recht streitig gemacht. Nach der alternativen Legitimation hingegen »gehört [sie] hierher« (DI, 419), während Ferdinand das eigentliche Fremdelement darstellt – und am Ende des Textes durch die Tochter, die durch Toni katalysatorisch ausgelöst einen Wandel vollzogen hat, denn auch aus der Familie eliminiert wird.

Insgesamt finden mithin zwei miteinander korrelierte Überlagerungen bzw. Substitutionen statt. Homolog zur Substitution der äußerlichen Motivationen und Legitimationskriterien für eine erotische (eheliche) Beziehung durch dominant gesetzte innerliche wird eine äußerliche Kategorisierung der (Figuren-)Welt – insbesondere der Gruppe der potentiellen erotischen Partnerinnen – überlagert durch eine innerliche. Die alte Opposition »armes Mädel« vs »wirkliche Dame« wird aufgehoben, der Wert der Partnerin basiert nun nicht auf dem sozialen Teilaspekt der Schichtzugehörigkeit, sondern auf dem tendenziell emphatischen Wert des »ganzen Menschen«, nicht mehr auf der öffentlichen Identität, sondern dominant auf der privaten, nicht mehr auf ihrer Zugehörigkeit zu einem Kollektiv, sondern auf ihrer unverwechselbaren Individualität. Den tradierten Werten wie Legalität, ökonomische Versorgung, soziale Position, Schichtzugehörigkeit etc. werden alternative und nun höhere Werte wie *»Natur«, authentisches Gefühl, Liebe, Privatheit, Menschsein* gegenübergestellt. Nicht zufällig findet der zentrale und ereignishafte Entwurf dieses alternativen Wertsystems im II. Akt eben in Innenräumen statt, wo die intime Privatheit des Liebespaares inszeniert wird, am deutlichsten in *Liebelei*. Es ist jeweils der öffentliche bzw. halböffentliche Raum mit den in ihm geltenden äußerlichen Werten, der das Liebespaar bedroht.

Am Beispiel von *Freiwild* ließe sich zeigen, daß im Bereich der Ehrkonzeption homolog zu dem der Liebeskonzeption dieselbe Substitution eines tradierten durch ein alternatives Wertsystem stattfindet: Auch hier wird einem auf rein äußerlichen, formalen Kriterien gründenden Ehrkonzept ein auf innerlichen Kriterien fußendes gegenübergestellt, der »Kodexphilosophie« das »ehrliche Gefühl« (DI, 302), dem traditionellen Wert des emphatischen *Mannseins* der neue Wert des emphatischen *Menschseins* (»Ich bin ein Mensch ...«, »Wärst du ein ganzer Mensch ...« etc. DI, 302, 317), dem Wert der *öffentlichen und sozialen Person* der Wert der *privaten Person*.

Die Artikulation und Legitimation einer neuen Moral im Zeichen einer emphatisch reklamierten »Natur«, »Wahrheit« und »Menschlichkeit« ist nun zwar zum einen unverkennbar naturalistisches Pathos, wie es die 90er Jahre kennzeichnet, es ist zugleich aber auch epochales Allgemeingut, das über den gesamten Zeitraum der Frühen Moderne vertreten ist.[1] Es findet sich insbesondere in den reformatorischen Bestrebungen der zeitgenössischen Medizin und Psychologie, die eine neue Sexualmoral reklamieren, die scheinbar allein aus einem »Gesetz der Natur« abgeleitet wird und die sich als eine »menschliche Moral« neu zu legitimieren versucht.[2] Am Beispiel der Sexualität wird hier also von der Epoche nur jener Antagonismus besonders virulent erfahren, dem zufolge Moral als solche ein dem menschlichen Individuum Feindliches repräsentiert und generell »das sittliche Handeln [...] dem Natürlichen entgegengesetzt [ist].«[3] Die Aufhebung der tradierten Moral im Namen von »Natur« und »Menschlichkeit« präsentiert sich nicht zuletzt auch als genuines *Aufklärungsprogramm*: Die zeitgenössischen Sexualreformer verstehen ihre Kritik als »Doktrin der Aufklärung«[4], als radikal

---

1 Zur Relevanz der Kategorie der »Natur« in der Lebensphilosophie vgl. Ebrecht 1991, S. 155ff,173ff.

2 Vgl. z. B. Dessoir 1894, Forel 1909 und 1923, Ehrenfels 1907, Nordau 1884 etc. sowie Stoehr 1986, S. 165ff.

3 Nordau 1920, S. 52. Ebenso z. B. Nietzsche 1969a, S. 91. Deutlich wird hier nicht zuletzt auch die privilegierte Stellung der Sexualität in einer Epoche, die dazu tendiert, Sexualmoral und Moral als solche zu identifizieren, vgl. Simmel 1989, S. 193 oder Hirschfeld 1930, I, S. ix.

4 Nordau 1884, S. 355.

antimetaphysisch und als Kampf der »Vernunft« gegen »Aberglauben« und »Vorurteil« – dieselben Schlagworte fallen auch explizit im *Märchen*. Ganz allgemein läßt sich für die Frühe Moderne wohl ein neuer »Schub« von Denkprozessen konstatieren, die die historische Aufklärung des 18. Jahrhunderts inauguriert hat; zumal für die Frühphase der Epoche typisch sind ein damit verknüpfter Fortschrittsoptimismus und eine utopische Komponente, wie sie insbesondere im populären Schrifttum zum Ausdruck gelangen.[1] Der frühe Nordau etwa postuliert die »Erhebung« der Menschheit durch die »neue, ungleich tiefere, erhabenere und natürlichere Moral« zu einer »unendlich sittlicher[en]« Menschheit.[2] Wenn auch nicht in dieser Naivität, so weist doch gerade das Frühwerk Schnitzlers nicht nur diese eindeutig moralisierende Tendenz – die in der psychologischen Phase freilich völlig überwunden sein wird –, sondern unverkennbar auch jenes »Aufklärungs«-Pathos und einen utopisch-optimistischen Impetus auf. Allerdings gilt dies bei Schnitzler nur für die erste »Texthälfte« – die zweite wird dies dann desillusionierend wieder zersetzen. Das letztendliche Scheitern dieser neuen Moral zerstört jedoch prinzipiell nur die naive Hoffnung auf deren Realisierbarkeit, es desavouiert nicht die verkündeten neuen Werte als solche.

1 Eine Komponente, die im Naturalismus bekanntlich sogar zur Eschatologie tendieren kann, vgl. Zolas *Le roman expérimental* (1880) sowie die von Meyer 1973 herausgegebene Textsammlung zur »Theorie des Naturalismus«, hier insbesondere die Texte von J. Schlaf, M. G. Conrad, H. Conradi, C. Alberti und E. Reich.

2 Nordau 1884, S. 353ff.

2.3 Die psychologisch-lebensideologische Phase: die Entdeckung des unbewußten Potentials

2.31 »Lebensideologie« und neue Psychologie

Der ideologische Zentralbegriff der Frühen Moderne ist zweifellos der des ›Lebens‹, laut Simmel der »›heimliche König‹ der Geistesepoche«[1]. Bereits Rasch hat die allgemeine Relevanz der Lebensphilosophie in einigen Aspekten für die Literatur um 1900 nachgewiesen; Lindner hat jüngst überzeugend gezeigt, daß sich von der Lebensphilosophie im engeren Sinne eine allgemeine »Lebensideologie« – ich übernehme diesen Begriff von ihm – rekonstruieren läßt, die als Basis-Denkmodell und epistemologische Prämisse nicht nur der Literatur, sondern auch sämtlichen humanwissenschaftlichen theoretischen Diskursen der Epoche der Frühen Moderne zugrunde liegt.[2] In der abstrakten Form – und nur in dieser – wird lebensideologisches Denken nun auch gerade für Schnitzler in allerhöchstem Maße relevant; die vorliegende Arbeit wird diesbezüglich also die Lindnersche These bestätigen. Unabhängig von der Textoberfläche – hier scheint der eher dezent zurückhaltende und skeptische Schnitzler allein schon auf Lexemebene im Unterschied zu manchen seiner Zeitgenossen kaum irgendwelcher spezifischer lebensphilosophischer Interessen verdächtig – gilt es also, die Relevanz der lebensideologischen Modelle auf einer Tiefenstrukturebene der Texte nachzuweisen.[3]

Das lebensideologische Strukturmodell[4] unterscheidet ein individuelles, konkretes Leben von einem überindividuellen »Gesamtleben«[5]; ersteres ist eine beobachtbare, letzteres eine nur postulierte und tendenziell mythische Größe. Beide ›Leben‹ sind nun aber notwendig aufeinander bezogen, so daß gilt, daß jedes menschliche Leben

> bestimmt wird durch eine Grund-›Polarität‹ von je individueller ›starrer‹ Oberflächen-›Form‹ und der dahinter/darunter befindlichen nichtindividuellen und dynamischen ›Ganzheit‹ des ›Lebens‹. [6]

Beide Größen existieren also nicht voneinander unabhängig, sondern wie hinter dem individuellen Leben stets das Gesamtleben steht, so kann sich

---

1 Simmel 1918, S. 11.

2 Rasch 1967a, Lindner 1991; vgl. auch Ebrecht 1991.

3 Voraussetzung ist natürlich, daß von der Textoberfläche des lebensphilosophischen Diskurses relevante Kategorien und Modelle abstrahiert werden, wie etwa Lindner 1991 und Ebrecht 1991 dies versuchen – bei Kalcher 1980 indes muß die Relevanzbehauptung der Kategorie des ›Lebens‹ für die Frühe Moderne bloßes verbales Postulat bleiben, da hier keinerlei abstrakte Kategorienbildung erfolgt; vgl. die Ausführungen zur Definition (S. 21-46) sowie die völlig unergiebige Interpretation zum *Ruf des Lebens* (S. 238ff).

4 Vgl. im folgenden Lindner 1991, S. 32ff.

5 S. Rasch 1967a.

6 Lindner 1991, S. 32, vgl. auch Rasch 1967a, S. 21

dieses umgekehrt nur im individuellen Leben manifestieren. Als »Formen« gelten zunächst ganz allgemein alle Erzeugnisse von Lebensprozessen. Das ist zum einen das Leben des *menschlichen Individuums*, und zwar in dem Maße, wie es »Segmentcharakter«[1] besitzt, d. h. eine abgegrenzte und damit isolierbare *kulturell-historische Einheit* im Fluß des überindividuellen Gesamtlebens der Generationenfolge darstellt. Simmel gibt weitere Auffüllungen an:

> die sozialen Verfassungen und die Kunstwerke, die Religionen und die wissenschaftlichen Erkenntnisse, die Techniken und die bürgerlichen Gesetze und unzähliges andere.[2]

- also die gesamte *menschliche Kultur* und alle *menschlichen geistigen Produkte*. Folgende Basismerkmale werden also beiden ›Leben‹ – ich benenne sie mit LA und LB – zugeteilt:

INDIVIDUELLES LEBEN (= LA)	ÜBERINDIVIDUELLES ›GESAMTLEBEN‹ (= LB)
Oberfläche	Tiefe
Statik/Immobilität: erstarrt	Dynamik/Bewegung: Fließen, Strömen
»Form« bzw. »Formen«/(»Inhalte« [3])	»Inhalt« (als solcher, als Substanz)
Leben als »Produkt«	Leben als Prozeß, Produktion
»Kultur«	»Natur«
»Nicht-Leben«	»Leben«

Diese erste Merkmalsmatrix genügt im vorliegenden Kontext, sie wird im Laufe der Arbeit sukzessive erweitert werden; auch auf die sogenannten »Antinomien« der Lebensideologie gehe ich hier noch nicht ein (s. B 4.4).

Auf die beiden ›Leben‹ wird nun ebenfalls die Opposition von metaphorisch-emphatischem »Leben« vs »Nicht-Leben« angewandt: Eigentliches »Leben« ist nur der ewige Lebensstrom (LB), sobald dieser an der Oberfläche LA zu einer isolierbaren »Form« erstarrt, ist er zum »Nicht-Leben« geworden – höchst rekurrent etwa ist in der Epoche die Rede von der »toten Oberfläche«. Die beiden Leben LA und LB dürfen nun *zunächst* allerdings nicht mit den oben erwähnten individuellen »Leben« vs »Nicht-Leben« verwechselt werden. Die Konfusionsgefahr resultiert nicht zuletzt aus der Tatsache, daß Leben – in dem Maße, wie es eben zugleich zum maximalen Wertbegriff wird – einen Doppelstatus als klassifiziertes Objekt und klassifizierendes Prädikat hat. Jenes »Leben« oder »Nicht-Leben«, wie es in der

1 Simmel 1983, S. 29.
2 Simmel 1918, S. 5.
3 Tatsächlich finden sich hier beide Kategorien auch als Synonyme, wobei aber nur der Plural »Inhalte« auftaucht – *der* »Inhalt« als solcher, in der Bedeutung der »Lebenssubstanz«, ist immer das übergeordnete ›Leben‹ LB.

Gegenüberstellung von A- vs B-Figur auftrat, ist jeweils ein individuelles LA. Die Klassifikation dieses LA als »Leben« oder »Nicht-Leben« resultiert nun aus einer *je verschiedenen Relation von LA zu LB*. Das »Nicht-Leben« bezeichnet nichts anderes als die Tatsache, daß das postulierte LB zwar das individuelle LA hervorbringt, aber auf der Oberfläche eben bereits notwendig zu »toter Form« erstarrt ist, in dem Maße eben, wie dieses individuelle Leben immer schon ein kulturell geregeltes, geformtes ist. »Leben« als positiv bewertetes LA bedeutet somit umgekehrt den Versuch, diese Entfremdung vom postulierten LB zumindest kurzfristig aufzuheben und *eine Unmittelbarkeit zwischen LA und LB* herzustellen. Im gesteigerten »Leben« erfährt das Individuum eine »Teilhabe am Gesamtleben«[1] und stellt die verlorengegangene Einheit zwischen sich und dem ›(Gesamt)leben‹ wieder her. Das gesteigerte LA erhält damit also Merkmale des übergeordneten LB, es wird diesem angenähert und soll mit ihm zusammenfallen. Gleiches gilt etwa auch für die mit gesteigertem »Leben« synonyme emphatische »Jugend«. So postuliert z. B. Simmel für die Altersklassen Jugend und Alter die Existenz eines je typischen Lebens. Während das Alter sich mehr auf die »objektiven Inhalte des Lebens [...] konzentrier[e]« – dies ist die Ebene von LA –, »komm[e] es der Jugend vor allem auf den Prozeß des Lebens an, sie will nur dessen Kräfte und Kraftüberschuß ausleben, relativ gleichgültig, an welchen Gegenständen«.[2] Jugend wird korreliert mit »Intensität«, »Unmittelbarkeit«, Dynamik und definiert als »Übergewicht des Lebens*prozesses* über die *Inhalte*«.[3] Sie steht also in privilegierter Beziehung zum ›(Gesamt)leben‹ LB und wird genau dadurch – als konkretes Leben LA – zugleich als emphatisches »Leben« klassifiziert.

Die Konstitution der neuen Psychologie um 1900 als expliziter und konsequenter Individualpsychologie, die einen autonomen Tiefenraum im Subjekt postuliert, ist denkgeschichtlich nun engstens mit der Lebensideologie verknüpft. Diese etabliert sich ihrerseits in den 90er Jahren zuerst in ihrer psychologischen Ausprägung und manifestiert sich literarisch erstmalig in der Wiener Moderne.[4] Ich skizziere im folgenden lediglich den für meine Argumentation relevanten Zusammenhang.

Lebensideologisches Denken liegt bereits der Konzeption der Person als Doppel-Ich zugrunde. Denn das zweite verborgene und inoffizielle Ich verhält sich zum offiziellen wie »Natur«/›Leben‹ zu »Kultur«/»Form« und wie das Tiefen-LB zum Oberflächen-LA.[5] Wie dieses ist es ebenso eine nicht direkt beobachtbare, nur postulierbare Größe, und wie dieses als das »eigentliche Leben« gilt, so gilt auch das verborgene Ich/der psychische sRB als das

1 Rasch 1967a, S. 13. Ich unterscheide beide Bedeutungen mit doppelter vs einfacher Anführung.

2 Simmel 1918, S. 27.

3 Simmel 1918, S. 26 und 1983, S. 34f. (meine Hervorh.).

4 Vgl. Lindner 1991, S. 58.

5 Vgl. z. B. Ebrecht 1991, S. 204ff zur Doppel-Ich-Theorie bei Bergson.

»Eigentliche« der Person, gleichgültig, ob es sich dabei nun um ein echtes Unbewußtes handelt – das Freudsche »Es« z. B. erhält Merkmale, wie sie die Lebensideologie dem Leben LB zuschreibt: u. a. die Aufhebung der Zeit in ewige Dauer, die Lokalisierung in der Tiefe, die Klassifikation als »Kern unseres Wesens«[1] etc. – oder ganz allgemein um die latenten »egoistischen« Interessen eines Leutnant Gustl etwa. Im Unterschied zur präpsychologischen Phase sind die »individualistischen«/»egoistischen« Motivationen des Subjekts nun nicht mehr bloß ein Privates, sondern sie konstituieren einen eigenen, abgegrenzten und autonomen Teilraum innerhalb der Person. Dieser enthält letztlich das, *was das Individuum eben als solches ausmacht*, während umgekehrt das Bewußte jener Teilraum der Psyche ist, über den sich das Subjekt zwar bislang definiert hat, der aber, insofern er mit den »kollektivistischen« Interessen die intrapsychische Repräsentanz der *Gesellschaft* darstellt, eigentlich ein Fremdes und »Non-Personales«[2] enthält. *Die lebensideologische Perspektive nimmt also eine Umkodierung vor: Das bislang Fremde erscheint als Eigenes, das bislang Eigene als Fremdes.*

Bereits aus dem lebensideologischen Strukturmodell resultiert notwendig eine Krise des bürgerlichen Systems: Die tradierten sozialen Normen gelten als erstarrte kulturelle »Formen, gegen die das unmittelbare und echte Leben [...] revoltiert.«[3] Das »Nicht-Leben« des bürgerlichen Subjekts, welches diese Normen zu verinnerlichen hat, wird lebensideologisch somit genau durch den Zustand der psychischen Entfremdung des Subjekts von seinem postulierten eigentlichen Lebensinhalt bezeichnet. Dies bedeutet den

> Gegensatz zwischen unserem Denken und Handeln, zwischen unserem Empfinden und Verkünden; es ist die unaufhörliche Verhöhnung allen Inhalts durch alle Form, die unablässige Ableugnung aller Form durch allen Inhalt.[4]

– ein Gegensatz, der unweigerlich zur Doppelexistenz des Individuums führt, d. h. zur

> Nothwendigkeit, zwei Existenzen zu führen, eine äußerliche und eine innerliche, die [...] in ewigem Hader mit einander liegen [...].[5]

Die Doppelexistenz des Subjekts ist also Ausdruck sowohl der allgemeinen Normenkrise als auch einer persönlichen, gleichsam existentiellen Krise, die

1 Freud 1940a, S. 53 sowie 1933a, S. 511. Vgl. dagegen Lindner 1991, S. 63, der fälschlicherweise behauptet, Freud habe den »Kern« der Person mit dem bewußten Ich gleichgesetzt. Auch die daraus gefolgerten Unterschiede zwischen Freud und einigen seiner Schüler sind etwas vorschnell – auf dieser abstrakten Ebene werden sie noch gar nicht relevant. Zu den Gemeinsamkeiten zwischen zeitgenössischer Psychoanalyse und Lebensphilosophie vgl. neben Lindner 1991 insbesondere Ebrecht 1991, S. 39ff, 193, 203/Anm. 11 und Rasch 1967a, S. 47f.

2 S. Titzmann 1989a, S. 37.

3 Simmel 1918, S. 37. Vgl. auch Lindner 1991 und Ebrecht 1991.

4 Nordau 1884, S. 349f.

5 Ebd., S. 350.

jede »Möglichkeit der Glücksempfindung vollständig aus[schließt]«.[1] Das zentrale Ereignis des Ausbruchs der manifesten Krise besteht nun in der expliziten Bewußtmachung genau jenes Bruchs zwischen »Form« und »Inhalt«, zwischen L_A und L_B. In dem Maße, wie das Subjekt seinen Zustand der Entfremdung vom eigentlichen »Lebensinhalt« explizit erkennt, vollzieht es auch bereits die Wende zu einem neuen »Leben«: Das durch die Moral bislang in die Latenz Verbannte wird jetzt aus der Tiefe an die Oberfläche geholt, das Fremde wird nun ein Eigenes, der *Ausgrenzung/Verdrängung* wird *Bewußtmachung/Verbalisierung* und damit ideologische und psychische *Integration* als inverser Prozeß gegenübergestellt. Eine Phase A bzw. ein System S_A mit Dominanz der Moral wird substituiert durch eine Phase B bzw. ein System S_B mit Dominanz der Psychologie.

In der vorpsychologischen Phase läuft der Konflikt der Psychologie mit der Moral demgegenüber noch nicht *innerhalb einer* Person ab, sondern dominant *zwischen zwei* Personen und immer auch noch zwischen zwei Kollektiven als Konflikt eines innerlichen »Wertsystems Natur« mit einem äußerlichen »Wertsystem Kultur«. Doch unabhängig von der Frage, ob bereits eine konsequente und explizite Individualpsychologie existiert oder nicht, läßt sich für das erste Ereignis ein übergeordnetes und für beide Werkphasen gemeinsam gültiges Modell ansetzen: Es ist dies die krisenhafte Erfahrung und *»Herstellung« eines radikalen und unversöhnlichen Antagonismus zwischen dem Individuum und seiner Psychologie einerseits und der Dimension des Sozialen andererseits.* Die präpsychologische Phase gestaltet diesen Antagonismus dominant als Gegensatz zwischen der über ihre private und menschlich-emotionale Dimension definierten Person einerseits und der öffentlich-sozial definierten Person andererseits – die psychologisch-lebensideologische Phase gestaltet diesen Antagonismus dominant als innerpsychischen Konflikt zwischen unbewußtem normverletzendem Potential und den verinnerlichten Normen.

2.32 Zum Konzept der »psychischen Selbstfindung«

Insofern in der psychologischen Phase das »Nicht-Leben« einen Zustand der Selbstentfremdung bedeutet, ist das Streben nach »Leben« einem Streben nach *psychischer »Selbstfindung«* äquivalent – ein Konzept, dessen zugrundeliegende epochentypische bzw. –spezifische Kategorien Titzmann für die Literatur der Frühen Moderne erstmalig rekonstruiert hat; im Zusammenhang mit dem »Selbstverlust« wird hierauf noch näher einzugehen sein (s. B 3.23).[2] »Sich selbst finden« bedeutet jedenfalls »sein Selbst finden«: Das »Selbst« ist eine postulierte Größe, die das »Eigentliche« der Person im

1 Ebd., S. 350. Vgl. auch Ebrecht 1991, S. 21ff., 38ff., 53ff.

2 Titzmann 1989a. Vgl. auch Wünsch 1989 und 1991c, S. 227ff zur Selbstfindung in der fantastischen Literatur. Zum lebensideologischen Kontext s. Lindner 1991, S. 69f.

engeren Sinne repräsentiert – in den Texten lexikalisch meist formuliert als »wahres Wesen« (*Komödie der Verführung* DII, 887), »wahre[r] Ausdruck deines Wesens«, »das tiefste Geheimnis deiner Seele« (*Hirtenflöte* EII, 13) etc. – die Realisierung dieses wahren Wesens der Person bedeute, so z. B. Erasmus zu Dionysia, *»ganz du selbst zu sein«* (EII, 15). Das Selbst ist, insofern es in der Ausgangsphase eben noch nicht gefunden ist, notwendig im Bereich des Potentials der Person zu suchen, ohne indes mit diesem identisch zu sein. Doch ist dies wiederum ein Unterschied, der erst in der zweiten Etappe der Selbstfindungsprozesse eine Rolle spielt. Zunächst gilt ganz einfach, daß die Selbstfindung entweder über die Bewußtwerdung und/oder über die Realisierung des im Subjekt angelegten normverletzenden Potentials erreicht wird.

Auf der Ebene der narrativen Ereignissukzession geht die Ausgangsphase A der latenten Krise, in der das Subjekt normkonform lebt und in die bürgerliche Gesellschaft integriert ist, über in die Phase B, in der das Subjekt *zumindest auf der Ebene des psychischen Bewußtseins* aus der Gesellschaft und bürgerlichen Kultur »aussteigt«, und dies in sehr viel radikalerer Weise als in der präpsychologischen Phase. Bei der Wahl zwischen faktischer Realisierung und Bewußtwerdung können *gattungs-* bzw. *textsortenspezifische* Kriterien eine Rolle spielen – so ist im Einakter naturgemäß allenfalls eine Bewußtwerdung, nicht aber eine faktische Realisierung darstellbar (*Paracelsus*, *Die Frau mit dem Dolche*) –, *geschlechtsspezifische* – so »realisiert« in der *Traumnovelle* die Ehefrau ihr Potential im Traum, während ihr Gatte ein reales Abenteuer erlebt – oder *altersklassenspezifische* – so beschränkt sich die Elterngeneration im *Spiel der Sommerlüfte* auf eine bloße Bewußtwerdung ihres Potentials, das die Jugendgeneration indes selbstverständlich realisiert. Übergeordnetes Merkmal ist wiederum der explizite Entwurf einer Alternative zum gegebenen Leben.

Die Krise, in die die bürgerlichen A-Figuren geraten, besteht nun rekurrent auch in der Erkenntnis, daß ihnen eine Eigenschaft zur Umsetzung des eigenen Potentials fehlt, die die B-Figuren hingegen besitzen. Auf die Frage, ob es spezifische psychische, charakterliche Eigenschaften gibt, die zur B-Existenz prädisponieren, wird immer wieder dieselbe Antwort gegeben: Es ist der *»leichte Sinn«*, der die B-Figuren zu dem befähigt, was sie vorleben. Damit ist eine von den A-Figuren als faszinierend erlebte spezifische Einstellung zum Leben benannt, die sich vielleicht am ehesten negativ definieren läßt als nicht-zwanghaft, nicht-skrupulös – eine Eigenschaft, die tendenziell als quasi »angeborene« gesetzt wird. So muß Berta Garlan am Ende erkennen, daß »sie nicht von denen war, die, mit leichtem Sinn beschenkt, die Freuden des Lebens *ohne Zagen* trinken dürfen« (EI, 512); der männliche Held in *Die Gefährtin* muß ebenfalls eine fundamentale Grenze zwischen sich und seiner verstorbenen Frau darin erkennen, daß »das Leben so leicht für sie war – wie Menschen Ihrer Art gar nicht begreifen können« (DI, 513); in *Stunde des Erkennens* erlebt sich Eckold als von der Natur und vom

Schicksal benachteiligt gegenüber seinem vermeintlichen erotischen Rivalen als einem Menschen,

> dem alles zuflog von Jugend auf, alles, was sich mir versagte, so verzweifelt ich mich auch darum mühte, [...] nur weil ihm die Natur einen leichteren Sinn gegeben. (DII, 488)

Das Leiden an der eigenen A-Eigenschaft kann dabei extreme Formen annehmen und bis zum Selbsthaß gehen, wie z. B. bei Doktor Reumann im *Einsamen Weg*:

> DOKTOR REUMANN Oder denken Sie, daß es mir an dem guten Willen fehlte, mein Leben so zu führen, wie ich es die meisten andern führen sehe? Ich habe nur nicht das Talent dazu. Wenn ich aufrichtig sein soll, gnädige Frau – die Sehnsucht, die am tiefsten in mir steckt, ist die: ein Schurke zu sein, ein Kerl, der heuchelt, verführt, hohnlacht, über Leichen schreitet. Aber ich bin durch Mängel meines Temperaments dazu verurteilt, ein anständiger Mensch zu sein – und, was vielleicht noch schmerzlicher ist, von allen Leuten zu hören, daß ich es bin. (DI, 774)

Wenn Normkonformität im bürgerlichen Raum generell nur noch mehr durch »Mängel des Temperaments« möglich ist, dann ist dies der gesteigerte Ausdruck einer fundamentalen Krise sowohl des individuellen Subjekts als auch des Systems.

Zum B-Dasein muß man also einerseits »geboren« sein (*Berta Garlan* EI, 400); andererseits gilt aber doch auch, wie im *Vermächtnis* gegenüber Ferdinand argumentiert wird, daß man nicht »zu allem geboren« (DI, 399) ist, daß man selbst – also als A-Figur – »auch alles [könnte]«, wenn man nur »etwas frecher [...] und selbstbewußter« wäre (*Der Einsame Weg* DI, 808). Jeder Mensch, so die Konzeption, kann in gewissem Rahmen, also relativ und zumindest kurzfristig, jenes »Leben« realisieren, welches die faszinierenden Ausnahmefiguren in Permanenz leben. Es kommt nur auf den Akt der Bewußtwerdung und die Bereitschaft zur Überschreitung tradierter Normen an. Fatalismus und Quasi-Entschuldigungen, die sozusagen »naturalistisch« die »äußeren Umstände« (*Vermächtnis* DI, 398) als Argument für die eigene A-Eigenschaft ins Feld führen:

> FERDINAND Ich bin eben ganz wo anders hergekommen – aus einer armseligen und miserablen Kindheit – während er [Hugo] die Sorge nie gekannt hat. Er hat von Jugend auf alles gehabt, was das Leben schön macht – und ich sehr lange nichts. So etwas macht einander fremd. (DI, 436)

werden negativ bewertet. Das Individuum hat den Auftrag zumindest zur Bewußtwerdung des Fremden und der Alternative, die in ihm angelegt ist, und damit immer auch zur Problematisierung des vertrauten ideologischen Systems.

Auch wenn die Realisierung der eigenen potentiellen B-Existenz die Übernahme der Basismerkmale des »Lebens« der B-Figuren bedeutet wie etwa den Raumwechsel, die Aufgabe der Seßhaftigkeit/Statik, den erotischen Normverstoß etc., impliziert dies also noch nicht, daß aus der A-Figur auch gänzlich eine B-Figur werden kann. Dies ist in der Regel nicht möglich – Ausnahme ist etwa Dionysia, die von der bürgerlich-braven A-Figur zur B-Figur mutiert, zu einem völlig fremden Wesen, und ihrerseits als Katalysator wirkt; nicht zufällig situiert sie der Text aber in einem merkwürdig unrealistischen, fast märchenhaften Milieu. Es kommt letztlich zur Anwendung der Basisopposition »A vs B« auf die A-Klasse der bürgerlichen Figuren selbst: Als AA-Figuren ließen sich solche bezeichnen, die die tradierten Normen maximal verinnerlicht haben und die aufgetragene Bewußtwerdung ihres Potentials und die Problematisierung des eigenen Lebens niemals vollziehen – sie bleiben konstant und werden – vom Text wie von den anderen Figuren – ausnahmslos negativ bewertet oder allenfalls mitleidig behandelt. Als AB-Figuren möchte ich dagegen jene Klasse bezeichnen, die sich des eigenen »Nicht-Lebens« als A-Figur bewußt wird und ein potentielles B-»Leben« zumindest zu realisieren versucht, und sei es auch nur im Traum – sie machen also eine *Transformation* durch und vollziehen einen Lebenswechsel. Als zentrales Merkmal kann ihnen das *Streben nach »Mehr-Leben«* zugesprochen werden. Sie überwinden ihre zunächst gegebene semantische »Raumbindung« und werden damit zur »beweglichen Figur« und zum »Helden« im Sinne Lotmans.[1] Die zunächst aufgebaute zentrale Grenze zwischen A- und B-Figuren wird letztlich überlagert durch die von AA- vs AB-Figuren, die nun innerhalb des bürgerlichen Raums die eigentliche Grenze darstellt – in eben dem Maße auch, wie die B-Figuren im engeren Sinne tendenziell als geradezu mythische oder historische Ausnahmewesen modelliert werden, die in der bürgerlichen Gegenwart nicht mehr vorkommen. Das zentrale Interesse der Texte gilt den AB-Figuren, und das heißt: der *psychischen Transformation der Person* und, damit korreliert, dem *Entwurf eines ideologischen Alternativsystems.*

AA- und AB-Figuren bilden pro Text gern ein gemeinsames Paradigma, innerhalb dessen sie dann oppositionelle Varianten darstellen. Dabei gibt es geschlechtsspezifische Unterschiede: Weibliche AA-Figuren kommen gerne als *biologische* Schwester einer AB-Figur vor,[2] so Klara, die Schwester der Protagonistin Fanny im *Märchen*, Franziska, die Schwester des toten Hugo im *Vermächtnis*, die freilich, katalysatorisch ausgelöst durch Toni, einen Bewußtwerdungsprozeß und eine Transformation der Person durchmacht, oder Elisabeth, die Schwester von Seraphine, einer der drei weiblichen Hauptfiguren in der *Komödie der Verführung*. Ausgeprägte männliche AA-Figuren sind zum einen die Partner der genannten drei weiblichen Figuren, zum anderen bilden sie gerne zusammen mit einer extremen B-Figur ein gemeinsames Paradigma *erotischer* potentieller Partner ein und derselben

1 Vgl. Lotman 1974, S. 346ff., Lotman 1973, S. 347-367 und Renner 1983, S. 28f., 36ff.
2 S. dazu o. Kap. A 1.22.

weiblichen Figur, so Vittorino vs Filippo (*Der Schleier der Beatrice*), Olivo vs Casanova (*Casanovas Heimfahrt*), Cyprian vs Paracelsus (*Paracelsus*), Garlan vs Emil (*Berta Garlan*). Generell gilt, daß ausgeprägte AA-Figuren signifikanterweise seltener in der weiblichen Variante als in der männlichen auftreten, sowie daß die männliche AA-Figur in der Tendenz negativer bewertet wird als die weibliche AA-Figur – diese scheinen immer noch mehr B-Anteile zu besitzen, wie z. B. Klara und Franziska im *Märchen* bzw. *Vermächtnis* beweisen. Tatsächlich tendieren die Texte auch dazu, diese strikte Normeinhaltung – latent – zu pathologisieren, in radikaler Opposition zum Modell des Realismus: Im Sinne des obigen Reumann-Zitats sind die maximal normkonformen AA-Figuren zwar nicht direkt psychisch gestört, haben aber doch – hier im übrigen nur männliche Figuren – signifikante psychische Probleme: Sowohl im Figurendialog als auch durch direkte Charakterisierung im Nebentext erweisen sie sich als linkisch, gezwungen, ungeschickt, schüchtern, von latenten psychischen Insuffienzgefühlen behaftet und von reduzierter sozialer Kompetenz – gesteigertes Selbstwertgefühl, das seinen Ausdruck u. a. in einer gesteigerten sozialen Kompetenz findet, ist umgekehrt eines der hervorstechendsten und zugleich bewundertsten Merkmale der B-Figuren.

Die psychische Selbstfindung ist bei Schnitzler in der Regel dominant eine erotische. Bei der weiblichen Figur ist sie es sowohl obligatorisch als auch ausschließlich, bei der männlichen Figur impliziert sie notwendig immer auch eine nicht-erotische Ebene, und hier kann die erotische Ebene sogar fehlen: Auch die Krise des Carlo und ihre Lösung im *Blinden Geronimo* hat den Status einer Selbstfindung. Definiert wie oben als Bewußtwerdung des normverletzenden erotischen Potentials und als Lebenswechsel, finden sich Prozesse der – gelingenden oder scheiternden – Selbstfindung in einem Großteil von Schnitzlers bedeutenden Erzähltexten und Dramen thematisiert, so im Erzählwerk v.a. in *Frau Berta Garlan*, *Die Nächste*, (*Der blinde Geronimo und sein Bruder*), *Der Weg ins Freie*, *Die Hirtenflöte*, *Frau Beate und ihr Sohn*, *Doktor Gräsler*, *Casanovas Heimfahrt*, *Flucht in die Finsternis*, *Fräulein Else*, *Traumnovelle*, *Abenteurernovelle* und *Therese. Chronik eines Frauenschicksals;* im dramatischen Werk v.a. in *Paracelsus*, *Der Schleier der Beatrice*, *Die Frau mit dem Dolche*, *Der Einsame Weg*, *Der tapfere Cassian*, *Zwischenspiel*, *Der Ruf des Lebens*, *Das weite Land*, *Der junge Medardus*, *Der Gang zum Weiher*, *Komödie der Verführung* und *Im Spiel der Sommerlüfte.* Das Ausmaß der Thematisierung ist, jenseits des Unterschieds von Bewußtwerdung oder faktischer Realisierung, von Text zu Text verschieden; naturgemäß kann ein Bewußtwerdungsprozeß nur im Erzähltext in extenso vorgeführt werden, da nur hier die Ausbildung einer expliziten Figuren- sowie Innenperspektive möglich ist. Ein Ausnahmebeispiel ist der Einakter *Die Frau mit dem Dolche*, wo die Realisierung eines Vergleichbaren allerdings nur um den Preis des Quasi-Fantastischen gelingt.

2.33 Das System der Altersklassen

2.331 Die wörtlich-biologische Jugend

Allein schon die hohe Frequenz von Altersangaben deutet darauf hin, daß das Alter bei Schnitzler generell große Relevanz besitzt; dies gilt nun insbesondere für die dargestellten Selbstfindungsprozesse. Bevor ich mich diesen selbst widme, sei daher zuerst das bei Schnitzler geltende System der Altersklassen rekonstruiert. Terminologisch unterscheide ich zwischen *Lebensphase* und *Altersklasse*: Nicht jeder Lebensphasenwechsel (z. B. Heirat) bedeutet auch einen Altersklassenwechsel.

Das numerische Alter der Figuren ist prinzipiell nur sekundär relevant, d. h. nur in dem Maße, wie es Hinweis gibt auf die Zugehörigkeit zu einer Alters*klasse*. Zu unterscheiden sind also das biologische natürliche Alter und die kulturelle, d. h. die von den Texten und/oder der Kultur, der sie angehören, vorgenommene Klassifikation. Jede Kultur/Gesellschaft nimmt nun eine Altersklassen-Einteilung vor und teilt das biologische Kontinuum in diskrete Phasen ein. Dabei gehen die von der Natur vorgegebenen Zäsuren – Erwerb der Geschlechtsreife in der Pubertät und Verlust der Zeugungsfähigkeit und sexuellen Potenz im Alter als die im wesentlichen einzigen Zäsuren – in die kulturelle Klassifikation stets mit ein, aber lediglich als notwendige, nicht jedoch bereits als hinreichende Kriterien. D. h. sie werden letztlich von dominanten kulturellen Kriterien überlagert, und bei der Einteilung in Altersklassen handelt es sich immer nur vordergründig und scheinbar um eine »natürliche«.

Schnitzlers Texte unterscheiden nun drei Altersklassen, und zwar Kindheit, Jugend und Alter – sie kennen also bereits nicht mehr jene traditionelle, von der Goethezeit unterschiedene Altersklasse des »Mannesalters« zwischen Jugend und Alter. Im Zentrum der Texte steht dabei die Jugend: Zu rekonstruieren sind nun also 1. diejenigen Kriterien, die die Zugehörigkeit zu dieser Altersklasse regeln, und 2. deren Extension dem numerischen Alter nach. »Jugend« ist zunächst einmal eine nur sehr vage definierte Kategorie, mit der unterschiedlichste Altersextensionen verknüpft werden können.[1] Prinzipiell und ganz pauschal definiert sich Jugend als die *sexuell aktive Lebensphase* des Individuums, womit das Problem freilich noch nicht gelöst ist. Zwei Kriterien werden bei Schnitzler relevant:

1. ein natürlich-biologisches als *notwendiges* Kriterium: die *sexuelle Potenz* im Sinne der Fähigkeit zur Ausübung des Sexualaktes. Diese schließt also die Geschlechtsreife einerseits und die physische sexuelle Potenz ande-

---

1 Lindner 1991, S. 75 gibt an, unter Jugend sei epocheneinheitlich die Lebensphase zwischen dem 12. bis 19. Lebensjahr verstanden worden, womit freilich nur die Adoleszenzphase gemeint ist.

rerseits mit ein. Vorpubertäre Kinder und Greise gehören damit beide selbstverständlich nicht zur Jugend. Doch bereits bei diesem scheinbar rein natürlichen Kriterium zeigt sich die kulturelle Komponente: Denn gerade beim höheren Alter geht es nie um das Alter, in dem die sexuelle Potenz tatsächlich nicht mehr gegeben ist, als vielmehr um dasjenige Alter, für welches die Kultur diese Defizienz annimmt: Alle über 65jährigen gelten in Schnitzlers Texten jedenfalls als jenseits desjenigen Alters, in dem Sexualität noch möglich ist. Doch nicht nur durch zu junges oder zu hohes Alter kann die sexuelle Potenz des Individuums noch nicht bzw. nicht mehr gegeben sein, sondern auch durch Krankheit: So gibt der erst 42jährige gelähmte Rupius in *Frau Berta Garlan* Berta gegenüber sein Alter mit 84 doppelt so hoch an, die sexuelle Impotenz bedeutet also einen Altersklassenwechsel. Gerade in diesem Fall wird die Korrelation von rein biologischen und kulturellen Kategorien besonders deutlich: Die Altersklasse ist eine dominant kulturelle Kategorie, und zwar hier in genau dem Maße, wie sie zwar über ein biologisches Kriterium, aber eben nicht über das des Alters definiert wird.

2. Als weiteres und hierarchisch höheres, *hinreichendes* Kriterium für die (Nicht-)Zugehörigkeit zur Jugend fungiert nun das (Nicht-)Gegebensein derjenigen Eigenschaft, die das Individuum über die – kulturell angenommene – biologische Fähigkeit zur Ausübung des Sexualaktes hinaus als potentiellen erotischen Partner erscheinen läßt, und zwar im Sinne der *Eignung für eine definitive Partnerwahl,* die die *potentielle* Legalisierung dieser Beziehung mit einschließt. Diese Eigenschaft ist hier zu verstehen als eine Funktion des biologischen Lebensalters der Person. Es geht also um mehr als nur um erotische Attraktion, wenngleich der Text dies meistens zusammenfallen läßt. Zur Jugend gehört eine Person genau dann, wenn sie *qua Alter* für eine definitive Partnerwahl schon bzw. noch potentiell in Frage kommt. Gerade bei männlichen Figuren wird dieser Unterschied zwischen beiden Kriterien relevant. So können sie durchaus noch sexuell aktiv sein, wenn sie nicht mehr der Jugend angehören, doch sind dies dann prinzipiell kurzfristige Beziehungen. Eignung für eine definitive Beziehung gilt ferner in beiderlei Richtung, für die eigene Wahl wie auch für das Gewähltwerden. Zugehörigkeit zur Jugend bedeutet also nicht nur die Möglichkeit, aufgrund der eigenen biologischen Eigenschaften als definitiver Partner für einen anderen in Frage zu kommen, sondern auch die Tatsache des eigenen Wunsches nach Erwerb und Eroberung eines potentiell definitiven Partners. Der Fall, daß eine Figur dies wünscht, vom begehrten Partner aber aus Altersgründen abgewiesen wird, existiert nur an der Schwelle von der Jugend zum Alter und auch da nur bei männlichen Figuren (Casanova in *Casanovas Heimfahrt*, Sylvester im *Gang zum Weiher*); dann liegt immer eine nicht kongruente Altersklassenzuordnung vor, Casanova etwa definiert sich selbst als noch der Altersklasse der Jugend zugehörig, während diese Selbstzuordnung von Marcolina nicht geteilt wird. Der Fall indes, daß eine Figur nach einer definitiven Partnerschaft strebt, obwohl sie sich selbst bereits dem Alter

zuordnet, kommt nicht vor. Aufgrund dieses zweiten Kriteriums jedenfalls fallen adoleszente jugendliche Figuren, die gerade erst oder noch in der Pubertät sind, ebenso aus der Klasse der Jugend heraus wie Figuren, denen kulturell zwar noch sexuelle Potenz, aber nicht mehr jene definitive »Partnereignung« zugesprochen wird.

Die numerische altersmäßige Extension der drei Phasen ist geschlechtsspezifisch verschieden, wobei das Schnitzlersche Modell mit dem seiner zeitgenössischen Kultur weitgehend konform geht.[1] Die untere Grenze bei Frauen liegt bei 15 Jahren, 15-17 Jahre ist das Schwellenalter: Die 15jährige Gilda in der *Komödie der Verführung* gilt bereits als potentielle erotische Partnerin, Fridolin in der *Traumnovelle* schätzt das junge Mädchen, mit dem er im Urlaub in Dänemark ein potentielles erotisches Abenteuer hätte haben können, auf 15; seine Frau verlobt sich mit ihm als kaum 17jährige, die faszinierende Titelheldin Beatrice, die bereits sexuell vollzogene Beziehungen hat, ist erst 16 und dürfte das früheste Beispiel sein, Leonilda im *Gang zum Weiher* ist bereits 19, ebenso das Fräulein Else, das bekennt, daß es mit 16 die erotische Annäherung eines Mannes »eigentlich nicht ganz verstanden« habe (EII, 328), usw. Gleiches gilt nicht für die männliche Figur: Der 15jährige Tito in *Die Schwestern oder Casanova in Spa* ist eindeutig noch Kind, der an der Schwelle zur Jugend stehende Hugo in *Frau Beate* ist bei seinem ersten sexuellen Erlebnis 17, desgleichen Eduard im *Spiel der Sommerlüfte;* Anselmo in der *Abenteurernovelle* ist 18, Konrad im *Weiher* bereits 21. Für die Untergrenze jedenfalls gilt sowohl die geringe Differenz zwischen den Geschlechtern als auch eine nur wenige Jahre währende Übergangszeit. Zwar gibt es Fälle, in denen z. B. eine Frau ihre erste sexuelle Beziehung erst mit weit über 20 realisieren kann, doch wird dies stets als negative Ausnahme deklariert: Bei Marie im *Ruf des Lebens* ist es mit 26 Jahren höchste Zeit, und der durch den Vater verschuldete zu späte Eintritt in die Jugend hat denn auch katastrophale Folgen; Sabine (*Doktor Gräsler*) und die ihr verwandte Paula (*Flucht in die Finsternis*) sind beide 27 bzw. bereits Ende 20, doch auch hier lief etwas schief: Jeweils starb der im adäquaten Alter vorgesehene erotische Partner, mit dem sie verlobt waren, und beide kommen denn auch nur noch mehr für einen männlichen Partner in Frage, der seinerseits bereits an der oberen Schwelle der Jugend steht.

Für diese obere Grenze gilt nun beides nicht. Zum einen währt die Übergangszeit sehr viel länger, zum anderen besteht hier ein erheblicher Unterschied zwischen den Geschlechtern von ca. 10 bis 15 Jahren. So ist die 32jährige Berta Garlan bereits »hart an der Grenze einer Zeit, da es keine Hoffnungen und keine Wünsche mehr gibt« (EI, 429), Justina (*Paracelsus*)

1 Jung 1930, S. 447 definiert die Jugend als »von der unmittelbaren Nachpubertätszeit bis zur ungefähren Lebensmitte« gehend, welche er mit 35 bis 40 angibt – dies würde bei Schnitzler für die weiblichen Figuren zutreffen. Vgl. zur oberen Schwelle der Jugend auch Lube 1985, S. 590.

fühlt gerade noch »meiner Jugend letzte Schauer« (DI, 494), und für sie ist mit der Angabe einer 13jährigen Ehe aufgrund der oben rekonstruierten Normen für die Untergrenze ebenfalls ein Alter von erste Hälfte 30 zu errechnen. Emma (*Das Vermächtnis*) ist mit 36 gerade noch »eine schöne junge Frau« (DI, 432), Beate, für die mit einem 17jährigen Sohn ebenfalls ein Alter von mindestens Mitte 30 zu errechnen ist, ist ebenfalls noch »jung«, Gleiches gilt auch für die 37jährige Komtesse Mizzi. Es läßt sich also festhalten, daß sich für Frauen das Ende der Jugend um die 30 ankündigt und nach einer potentiell ca. 10 Jahre währenden Schwellen-/Übergangsphase mit 40 der definitive Eintritt in das Alter vollzogen ist. Es ist also eine *»Kernphase«* der Jugend von einer *»Schwellenphase«* zu unterscheiden. Über 40jährige Frauen können zwar ausnahmsweise noch als potentielle erotische Partnerinnen auftreten, aber nicht mehr im Sinne der definitiven Partnerwahl: Dies ist z. B. der Fall der Fürstin Franziska von Degenbach in der *Komödie der Verführung*, die noch eine illegitime erotische Beziehung zu Gysar unterhält: Sie ist zwar explizit »jugendlicher wirkend«, doch besitzt sie mit einem Alter von »über vierzig« (DII, 847) das Merkmal der definitiven Partnereignung nicht mehr, allenfalls kurzfristige Beziehungen sind noch möglich. In der Regel aber werden weibliche Figuren mit über 40 überhaupt nicht mehr als potentielle erotische Partnerinnen wahrgenommen, sie scheinen im Gegensatz zu männlichen Figuren mit dem Merkmal der definitiven Partnereignung tendenziell auch das der angenommenen sexuellen Potenz zu verlieren. Dies gilt insbesondere für Mütter: So ist z. B. Frau Welponer in *Frau Beate*, Mutter eines 19jährigen Sohns und einer 18jährigen Tochter, wiederum aufgrund der anzusetzenden Norm der Untergrenze um die 40 oder maximal Mitte 40 und gilt explizit bereits als »eine alte Frau« (EII, 93).[1]

Bei den männlichen Figuren kündigt sich das Alter gut 10 Jahre später an, mit etwa Anfang 40, nie jedoch vor 40, während umgekehrt weibliche Figuren niemals nach 40 noch der Jugend angehören können. Explizit thematisiert wird dieser Geschlechtsunterschied beim Übergang von der Jugend zum Alter im *Weiten Land*, wenn Ernas Mutter, mit 45 so alt wie Friedrich, auf Genias Frage, ob sie denn Friedrich etwa noch »zur Jugend [zähle]«, zur Antwort gibt:

> FRAU WAHL Den ganz besonders. Na überhaupt die Männer! Möchten Sie glauben [...], daß wir ungefähr im selben Alter stehen, der Herr Hofreiter und ich? Wahrhaftig, die Natur hat sich gegen uns Frauen jammervoll benommen. (DII, 244)

Die Schwellenphase zwischen beiden Altersklassen dauert auch hier relativ lang, etwa 10 Jahre. So steht Fridolin in der *Traumnovelle* mit 35 noch

1 Vgl. hierzu Simmel 1983, S. 70: »In viel früheren Jahren als der Mann überschreitet die Frau die obere Grenze des erotischen Reizes im aktiven wie im passiven Sinne.«

»mitten in seiner Jugend« (EII, 446), während Casanova mit 53 Jahren den definitiven Grenzüberschritt zum Alter vollziehen muß, das sich ihm jedoch explizit bereits 10 Jahre zuvor ankündigte. Hofreiter (*Das weite Land*) kann mit 45 gerade noch einmal eine potentiell definitive Partnerin erwerben, trennt sich von ihr aber am Schluß mit dem Argument des zu hohen Alters. Auch Sala (*Der einsame Weg*) mit 45, Doktor Gräsler mit 49, Falkenir (*Komödie der Verführung*) mit über 40 und Robert (*Flucht in die Finsternis*) mit 43 können gerade noch (potentiell) definitive Partnerinnen gewinnen, doch mit Einschränkungen. Diese dürfen entweder ihrerseits bereits nicht mehr ganz jung sein oder müssen zumindest den Status der Witwe oder zumindest der Quasi-Witwe (beim Tod des Verlobten) besitzen, wie in *Doktor Gräsler* und *Flucht in die Finsternis* der Fall. Oder aber die Beziehung scheitert, aus welchem an der Textoberfläche angegebenen Motiv auch immer; signifikant ist jedenfalls, daß die scheiternden bzw. nicht-realisierbaren Beziehungen Erasmus/Dionysia (*Hirtenflöte*), Falkenir/Aurelie (*Komödie der Verführung*), Sylvester/Leonilda (*Gang zum Weiher*) und Sala/Johanna (*Einsamer Weg*) durch zu großen Altersunterschied gekennzeichnet sind; der männliche Partner gehört jeweils der Elterngeneration an. Im *Gang zum Weiher* wird dieses Argument explizit, in der *Komödie der Verführung* zumindest implizit vorgebracht, wenn Falkenir seinen Verzicht auf Aurelie u. a. auch damit motiviert, sie verwechsle den Geliebten mit dem väterlichen Freund: »Als Vater und Mutter dir starben, war ich dir Berater und Freund« (DII, 869). In dieser Schwellenphase ist der Erwerb einer definitiven jugendlichen Partnerin also prekär und allenfalls mit Einschränkungen möglich. Nach 50 gilt er generell als unmöglich – allenfalls der *Wiedererwerb* einer Expartnerin *derselben Altersklasse* ist möglich: So kann und darf Sylvester Thorn (*Der Gang zum Weiher*), der sich in der gleichen Altersklasse wie sein Freund, der explizit 50jährige Freiherr befindet, zwar nicht Leonilda, wohl konnte er aber Alberta, die Expartnerin erwerben. Auch Fürst Egon in *Komtesse Mizzi* ist nur eine scheinbare Ausnahme: Mit 56 gelingt ihm zwar der Erwerb einer definitiven Partnerin, wie das Textende andeutet, doch ist dies keine neue Frau, sondern der entscheidende Ersterwerb fand mitten in der Jugend, vor ca. 20 Jahren statt. Analog hat auch sein Freund, der 61jährige Vater Mizzis, seine 38jährige illegitime Geliebte bereits in der Jugendphase, ca. 20 Jahre vorher erworben. Der Freiherr formuliert im *Gang zum Weiher* die Regel explizit:

FREIHERR [...]
Ich weiß, was man im Umkreis von mir spricht.
Jedoch –

SYLVESTER Sie reden ungefragt. Und keiner,
Der dir was übelnähme – oder fände,
Du seist nicht in den Jahren mehr, nach Frau'n
Und Mädchen auszuschau'n.

FREIHERR Doch sagt man kaum,
Daß ich gesonnen wäre, eins zu frei'n.
[...] Mein Freund,
Spätsommerlich herangereift, sind wir
Vielleicht noch zu erobern stark genug –
Und wär's die Jüngste – *oder eben die* –,
Zu halten nimmermehr. (DII, 792f)

Im Alter hört für die männliche Figur also die Möglichkeit erotischer Beziehungen als solcher nicht auf, es handelt sich jedoch ausnahmslos erstens um kurzfristige erotische Beziehungen, zweitens um solche reduzierter Intensität – wie Sala und Julian im *Einsamen Weg* thematisieren (vgl. DI, 780) –, und drittens vorzugsweise um Beziehungen mit ganz jungen Frauen, wie sie etwa der bereits über 60jährige Eligius Fenz mit der erst 15jährigen Gilda anstrebt (*Komödie der Verführung*), mit Frauen also, die symmetrisch sich erst an der Schwelle zu derjenigen Altersklasse befinden, die die männlichen Figuren im Begriff sind, definitiv zu verlassen. Die Texte nehmen damit eine Kombination von *Erstbeziehung* und tendenzieller *Letztbeziehung* vor, für die gleichermaßen gilt, daß sie von vornherein noch nicht bzw. nicht mehr als definitive gedacht sind.[1]

Die Altersklasse des Alters zerfällt also für die männliche Figur in zwei Unterphasen, in eine erste, in der sexuelle Aktivität noch selbstverständlich ist, und eine zweite, das definitive Greisenalter, in dem sie nicht mehr möglich ist. Eine exakte Untergrenze für den Beginn des eigentlichen Greisenalters anzugeben, ist nicht möglich, da es kaum solche Figuren gibt, ebensowenig wie Kinder relevant werden: Die Texte interessieren sich nur für die zentrale Phase/Klasse der Jugend und für ihre Schwellenphasen. Für den 61jährigen Vater der Komtesse Mizzi wie für den 63jährigen Guidotti im *Schleier der Beatrice* ist sexuelle Aktivität noch ganz selbstverständlich; die Grenze läßt sich also nur approximativ mit > 65 angeben. Das nachstehende Schema versucht, die geschlechtsspezifische Altersklassenverteilung auf die Lebensjahre wiederzugeben:

1 Kluge 1984, S. 557 klassifiziert die angedeutete Beziehung zwischen Fenz und Gilda als »widerlich« und projiziert damit seine persönliche Moral auf den Text, der diese potentielle Beziehung unter den genannten Voraussetzungen eindeutig als akzeptabel setzt.

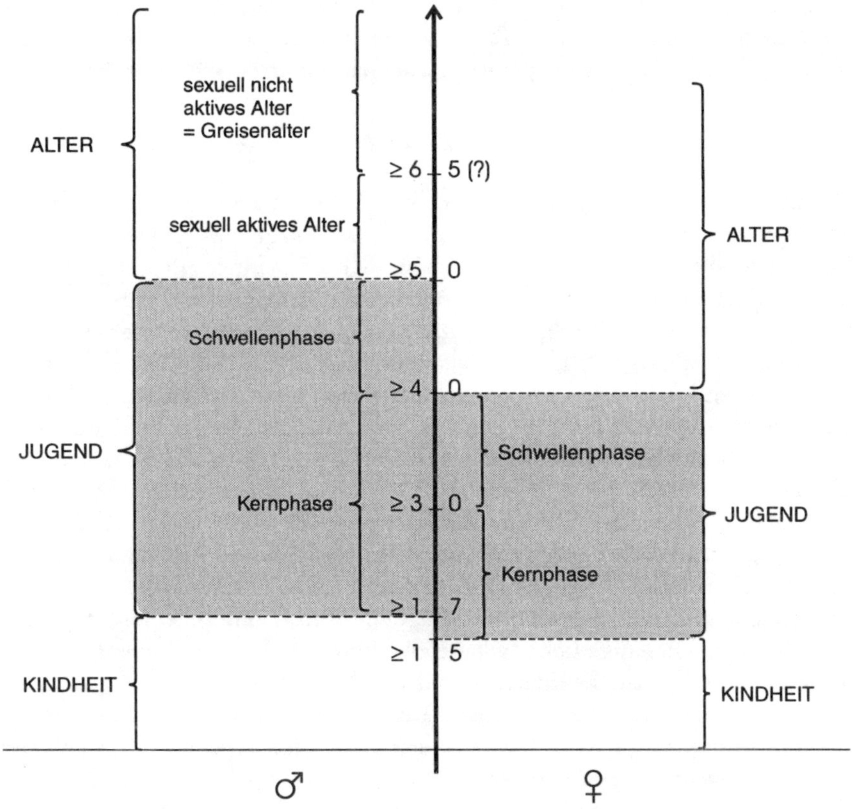

2.332 Die metaphorisch-emphatische »Jugend«

Im *Weiten Land* beklagt sich Friedrich, er sei »zu früh« jung gewesen, erst jetzt, mit 45 »verstünd' ich's [...] jung zu sein« (DII, 250), im *Ruf des Lebens* behauptet der Arzt Schindler, »in mittleren Jahren, leicht angegraut« (DI, 971), es sei für ihn nun »höchste Zeit [...], jung zu werden« (DI, 1012), da er es nie gewesen sei. Ganz offenkundig handelt es sich hierbei um jene bereits bekannte metaphorische und zur Emphase tendierende Bedeutung von »Jugend«, die mit dem metaphorisch-emphatischen »Leben« synonym ist und stets mit intensiver und normverletzender Erotik korreliert ist.[1] Bertas »jugendliche Wünsche« (EI, 395) sind eben nicht etwa Wünsche einer jugendlichen Person, sondern Wünsche nach gesteigertem Leben und emphatischem Jungsein in Form von Erotik. Die Krise des »Nicht-Lebens«, die einen

1 Vgl. zum lebensideologischen Hintergrund Lindner 1991, S. 122, 192f und Lieber 1974, S. 8ff.

(erstmaligen oder erneuten) Selbstfindungsprozeß notwendig macht und in Gang setzt, resultiert also immer auch aus einem Zustand der *Absenz von emphatischer »Jugend«*. Die Texte unterscheiden dabei zwei Klassen der Absenz, eine alters(klassen)spezifische und eine alters(klassen)unspezifische.

1. Absenz von emphatischer »Jugend« unabhängig von der Altersklasse:

Da eine hochbewertete intensive Erotik aufgrund der antagonistischen Opposition von Ehe- vs Liebesbeziehung definitionsgemäß entweder nur im Bereich der illegitimen Erotik möglich ist oder, wenn innerhalb der Ehe, dann allenfalls in einer mit Abweichung korrelierten Anfangsphase, die eben mehr den Charakter einer Liebes- als einer ehelichen Beziehung trägt (vgl. *Die Nächste*, *Der Witwer*), findet sich als rekurrentes Modell das der Krise einer in bereits habitualisierten Strukturen erstarrten oder erstarrenden Ehe, die die (erneute) Selbstfindung zumindest eines, wenn nicht gar beider Partner erforderlich macht: *Traumnovelle, Hirtenflöte, Im Spiel der Sommerlüfte, Zwischenspiel, Das weite Land.* Auch wenn die betreffende Figur noch »mitten in der Jugend« steht, also der Kernphase der *biologischen* Altersklasse der Jugend angehört – was zumindest bei Fridolin und Albertine (*Traumnovelle*), Dionysia (*Hirtenflöte*), Amadeus/Cäcilie (*Zwischenspiel*) der Fall ist –, strebt sie nach *emphatischer* »Jugend« durch außereheliche erotische Beziehungen. Diejenige Lebensphase, die der Kernphase der Jugend zugrunde liegt, zerfällt also akzidentell und bei Schnitzler sehr häufig in zwei Teilphasen, die aber ihrerseits keine Alters-Unterklassen konstituieren, da sie völlig unabhängig vom biologischen Alter sich ergeben: Dies ist zum einen die *»nicht-bürgerliche Jugend«*, d. h. die in der Vergangenheit abgeschlossene Phase vor der Eheschließung, die durch (potentielle oder faktische) metaphorische »Jugend« gekennzeichnet war, oder allenfalls die erste Phase der intensiven Liebe innerhalb der Ehe – in jedem Fall eine Phase, da das Individuum »Geliebte(r)« ist bzw. war. Für den Mann – aber auch für die Frau, wenn auch statistisch seltener (Leonilda im *Weiher* z. B. reklamiert diese Phase für sich) – ist die »nicht-bürgerliche Jugend« mit der Möglichkeit *mehrerer* erotischer Beziehungen verknüpft. Angesichts des – um bis zu ca. 10 Jahre – früheren Heiratsalters der weiblichen Figur ist diese Phase für weibliche Figuren also zeitlich sehr knapp bemessen. Die andere Teilphase ist die der *»bürgerlichen Jugend«*, d. h. die bis an die Gegenwart heranreichende Phase der Ehe, die durch beginnendes »Nicht-Leben«, eine latente Krise und den Verlust von emphatischer »Jugend« gekennzeichnet ist. Dies ist die Phase, da die Figuren nicht mehr »Geliebte(r)«, sondern »Ehegatte« bzw. »Mutter/Vater« sind; in *Berta Garlan* wird sie als »stille[s] Frauenleben« explizit der »Jugend« gegenübergestellt (EI, 427). Nur während der »nicht-bürgerlichen Jugend« ist potentielle »Jugend« in metaphorisch-emphatischer Bedeutung möglich; sie verhält sich also zur »bürgerlichen Jugend« wie »Jugend« zu »Nicht-Jugend«. Erst in der Phase der »bürgerlichen Jugend« wird Selbstfindung notwendig, und *diese definiert sich somit immer als Rückkehr zu bzw. Neuerwerb von »Jugend«*.

In *Die Frau des Weisen* gibt es einen – eher seltenen – Parallelfall zur »bürgerlichen Jugend«: Obwohl der Held erst Mitte 20 und in keiner Ehe gebunden ist, erhält das sich ihm in Gestalt einer erotischen Beziehung mit Friederike anbietende neue »Leben« den Status von emphatischer »Jugend«. Dazu ist freilich die Erfüllung einer Bedingung erforderlich, die einen funktional äquivalenten Status besitzt wie die Eheschließung (abgesehen davon, daß Friederike direkt mit seiner Jugend korreliert ist): Die eben absolvierte Promotion wird als abgeschlossener Lebensabschnitt thematisiert, der einen Übertritt in eine bürgerliche Lebensphase impliziert.

2. Absenz von emphatischer »Jugend« in Abhängigkeit von der Altersklasse:

Es existieren gemäß der Annahme der Epoche altersspezifisch privilegierte Situationen, in denen es zu Krisen kommt. Zwei Fälle sind zu unterscheiden: Es ist dies die Schwellensituation von der Kindheit zur Jugend und die von der Jugend zum Alter, also jeweils ein Wechsel der Lebensphase, der zugleich einen Altersklassenwechsel bedeutet.[1]

Die Situation an der unteren und an der oberen Grenze der Jugend weist zum einen gleiche, zum anderen unterschiedliche Merkmale auf. Bei den Jugendlichen ergeben sich ein »Nicht-Leben« und eine erotische Krise zunächst aus der epochal so zentralen Pubertätskrise[2] – doch speziell für diese interessieren sich Schnitzlers Texte nicht. Bei ihm resultiert der Konflikt der jugendlichen Helden allein aus der Notwendigkeit der Initiation in Erotik und Sexualität.[3] Wenn die erstmalige erotische Selbstfindung Thema ist, dann niemals im Rahmen von pubertären psychischen oder nicht-psychischen Konflikten (etwa Hindernisse durch elterliche Autoritäten o. ä.); die jugendlichen Figuren sind denn auch zumeist schon jenseits des Pubertätsalters. Mit dem Wegfall der Pubertätskrise entfällt aber auch der Hauptaspekt eines »Nicht-Lebens«; die notwendige Bedingung des ausgeprägten »Nicht-Lebens« wird daher gerne über andere, nicht-altersklassenspezifische Zusatzfaktoren, meist besondere äußere Konstellationen geleistet. Dies gilt zumal dann, wenn die jugendliche Figur allein im Mittelpunkt des Textes stehen soll wie etwa in *Fräulein Else* und der *Abenteurernovelle*. Tatsächlich sind diejenigen Texte, die eine erotische Jugend-Selbstfindung in ihrem Zentrum thematisieren, eher die Ausnahme: Hier sind außer den eben genannten zwei Texten lediglich der *Ruf des Lebens*, *Der junge Medardus* und die *Komödie der Verführung* zu nennen.

---

1 Vgl. Spranger 1949, S. 168: »Jedes Lebensalter muß von neuem nach der ihm gemäßen Form des Lebens suchen«.

2 Vgl. Lindner 1991, S. 75ff.

3 Zur erneuten sozialgeschichtlichen Relevanz einer Initiation in das Erwachsenenleben als solches um 1900 vgl. auch Gillis 1980 und Mitterauer 1986.

Folglich gilt das Hauptinteresse Schnitzlers statt dessen den Figuren, die an der oberen Schwelle der Jugend zum Alter stehen und die epochal ebenso zentrale »Krise der Lebensmitte« zu bewältigen haben.[1] Die jugendfixierte Epoche der Frühen Moderne korreliert Alter generell mit »Nicht-Leben« und sieht somit automatisch eine Situation der existentiellen Krise für diese Lebensphase vor. Beide, das jugendliche wie das alternde Subjekt, streben nach »Jugend/Leben«, und z. T. ist es für beide ein erstmalig Gelebtes, wie etwa beim bereits zitierten Arzt Schindler im *Ruf des Lebens* der Fall, für den es »höchste Zeit [wird], jung zu *werden*« (DI, 1012). Die Krise der »Lebensmitte« kann zudem in der Epoche als »eine Art zweiter Pubertätszeit«[2] konzipiert werden, was z. B. auch bei Berta Garlan ganz explizit der Fall ist (s. u.). Der Übergang von der Jugend zum Alter ist jedoch im Gegensatz zum Übergang von der Kindheit in die Jugend ein Zeitpunkt, an dem privilegiert die Defizienz von Selbst und Leben erfahren wird und in dem noch ausgeprägter jene epochale Sehnsucht nach einem aktuell absenten, aber vielleicht gerade noch möglichen »Leben« ausbricht. Die Alters-Sinnkrise resultiert letztlich notwendig aus den anthropologischen Annahmen der Epoche und ihrer Personkonzeption. Denn wenn das Subjekt als tendenziell unendliche Menge von möglichen alternativen Existenzen gedacht wird, und wenn für das Subjekt das prinzipielle »Streben« postuliert wird, »*alle* in uns wohnenden Lebensmöglichkeiten zu verwirklichen«[3], dann folgt daraus notgedrungen:

> Es bleibt in uns ein großer Rest ungestillten Lebensdurstes. Wer hat sich satt gelebt?. [...] In uns liegen gleichsam die Keime vieler Schicksale und Persönlichkeiten, die alle zum Leben drängen, und in dem uns beschiedenen Schicksal verkümmern müssen.[4]

Diese generelle desillusionierende Erfahrung wird für das Subjekt nicht im hohen Alter kurz vor dem Tod gemacht, sondern beim Verlassen derjenigen Lebensphase, in der die Realisierung des Potentials als (noch) möglich gilt. Insofern ist die zentrale Krise der Lebensmitte auch nur indirekt von der »Begegnung mit dem Tod« abzuleiten, wie Lube 1985 behauptet.[5] Die Diskrepanz zwischen der »unermeßliche[n] Potentialität« und »unsere[r] schmalen Wirklichkeit«[6] ist beim bürgerlichen Individuum (der A-Figur) besonders groß, sie ist viel geringer bei den B-Figuren, die ja durch mehrere, z. T. sehr heterogene Existenzen und Leben ausgezeichnet sind (Dionysia,

1 Vgl. hierzu Lube 1985 und Lindner 1991, S. 69, 77.

2 Jung, »Das Unbewußte im normalen und kranken Seelenleben« (Zürich 1926), zitiert bei Lube 1985, S. 590. Auch Simmel postuliert die Möglichkeit einer »Pubertät auch während des Alters«, zitiert bei Lindner 1991, S. 122.

3 Keyserling 1907, S. 131.

4 Ebd., S. 131.

5 Lube 1985, S. 591.

6 Simmel 1922, S. 117.

Casanova); und dennoch tritt die Krise, wie das Beispiel Casanovas zeigt, in unverminderter, ja eigentlich gesteigerter Heftigkeit auch da auf – ja sie muß es, und zwar logischerweise in dem Maße, wie eine Abenteurerexistenz und »Alter« von der Epoche als kontradiktorischer Gegensatz konzipiert werden.[1] C. G. Jung bezeichnet den Wechsel von der Jugend zum Alter explizit als *die* zentrale »Lebenswende« und als die im Vergleich zum jugendlichen Altersklassenwechsel für das Individuum sowohl bedeutendere als auch schwierigere Grenzüberschreitung, die entwicklungspsychologisch gesehen eine »bedeutende Veränderung der menschlichen Seele« impliziere.[2] Ursache ist auch hier, daß es »zuviel Ungelebtes« gebe, und das Subjekt daher in der Versuchung sei, »die Psychologie der Jugendphase« ins Alter »hinüberretten« zu wollen,[3] woraus er ätiologisch alle neurotischen Störungen im Erwachsenenalter ableitet. Er fordert daher gar eine »Erziehung des erwachsenen Menschen«,[4] die helfen soll, diesen Altersklassenwechsel zu bewältigen, der tendenziell:

> auf Kosten der Totalität der Persönlichkeit erfolgt. Vieles, allzuvieles: Leben, das auch hätte gelebt werden können, blieb vielleicht in den Rumpelkammern verstaubter Erinnerung liegen [...].[5]

Auch bei Schnitzler jedenfalls ist die Alters-Selbstfindung in jeder Hinsicht die schwierigere und mit größeren Gefahren verbundene. Die Jugend-Selbstfindung steht im Zeichen des optimistischen Aufbruchs, die Alters-Selbstfindung im Zeichen der Desillusion und des definitiven Verzichts auf eine idealisierte Jugend, sie enthält damit notwendig immer eine mehr oder weniger stark ausgeprägte resignative Dimension – dies mag nun vielleicht *auch* ein persönlicher Grund für Schnitzlers Vorliebe für die Alters-Selbstfindung sein.

Ob die Absenz von gesteigerter »Jugend« nun aus der Position des Subjekts an der Schwelle zum biologischen Alter oder aus der Position in der

1 Die Schnitzlerforschung hat das Problem des krisenhaften Übergangs in das Alter bislang fast ausschließlich in *Casanovas Heimfahrt* gesehen und tendiert hier dazu, es von der biographischen Situation des Autors abzuleiten (vgl. Gutjahr 1986, S. 124, Glaser 1986, S. 59f; Rey 1967, S. 197 behauptet in seiner »Strukturanalyse« ganz direkt eine »Selbstdarstellung des Dichters«; Urbach 1985, S. 33 setzt eine Altersproblematik ab dem *Einsamen Weg* an mit demselben biographistischen Argument). Wie die frühen Beispiele von *Berta Garlan* und bereits *Paracelsus* belegen, tritt das Problem sofort mit Konstitution der lebensideologisch-psychologischen Phase auf, freilich nicht in der Casanova-spezifischen Schärfe. Auch der Versuch von Koebner 1985b, die Altersthematik in den Casanova-Werken Schnitzlers und Hofmannsthals von den Erfahrungen des ersten Weltkrieges abzuleiten (vgl. S. 133f), greift zu kurz.

2 Jung 1930, S. 451.

3 Ebd., S. 457, 452.

4 Jung 1928, S. 66.

5 Jung 1930, S. 451. (Berta Garlan oder Doktor Gräsler holen im übrigen ihre Jugenderinnerungen ganz wörtlich vom Dachboden!)

»bürgerlichen Jugend« resultiert: In jedem Fall blickt das Subjekt auf eine vergangene »Jugend« im eigentlichen Sinne zurück, und in jedem Fall wird die Vergangenheit damit in *zwei* Phasen und Klassen zerlegt, in eine mit (potentieller) gesteigerter »Jugend« korrelierte *ferne Vergangenheit* und in eine mit »Nicht-Jugend« korrelierte *nahe Vergangenheit*, die an die Gegenwart heranreicht und in der sich das Subjekt bei Texteinsatz befindet. Letztere Vergangenheit entspricht der Phase A, erstere sei hier mit X benannt. Die Opposition sRA vs sRB wird damit auf die Zeitachse projiziert, und es existiert ein Fremdes als isolierbare Phase im Leben des bürgerlichen Individuums selbst. X ist zudem mit »Natur« korreliert und A mit »Kultur«, da sowohl die Lebensphasen innerhalb der biologischen Jugend einerseits – »nicht-bürgerliche Jugend« vs »bürgerliche Jugend« – wie auch die biologischen Altersklassen andererseits – »Jugend« vs »Alter« – sich jeweils zueinander verhalten wie »Natur« zu »Kultur« (vgl. auch den Basiskode). Das nun einsetzende erneute Streben nach emphatischer »Jugend« impliziert einen Ausstieg aus der Kultur und eine erneute »Naturphase« – im lebensideologischen Modell der akuten Krise und gleichzeitigen Wende wird emphatische »Jugend« von der Epoche als »›Durchbruch‹ des ungeteilten ungehemmten Lebensstromes durch die einseitigen, erstarrten Formen der Kultur« konzipiert.[1] Für die Alters-Selbstfindung wie auch für die Selbstfindung aus der Position der »bürgerlichen Jugend« heraus gilt also bei Schnitzler prinzipiell folgendes Phasenmodell:

X	**A**	**B**	**C**
ferne Vergangenheit	nahe Verg. → Gegenw.	Gegenwart	Gegenw. → Zukunft
emphat. »Jugend«	Absenz von emphat. »Jugend«	erneute kurzfristige emphat. »Jugend«	Absenz von emphat. »Jugend«
Kernphase der Jugend + nicht-bürgerl. Jugend	*aktuelle Position des Individuums in:* 1. Kernphase der Jugend + bürgerliche Jugend *oder:* 2. Schwellenphase der Jugend		bei Alters-Selbstfindung: def. Übertritt ins Alter
»Natur«	»Kultur«	»Natur«	»Kultur«

1 So Spranger 1949, S. 300.

Die absolute Vorliebe Schnitzlers gilt nun allerdings jener Konstellation, die zentral eine Selbstfindung an der oberen Grenze der Jugend thematisiert und in Opposition setzt zu einem parallel dazu verlaufenden Selbstfindungsprozeß an der unteren Grenze: In erster Linie sind hier *Frau Beate und ihr Sohn, Der Einsame Weg, Der Gang zum Weiher* und *Im Spiel der Sommerlüfte* zu nennen, aber auch *Paracelsus, Casanovas Heimfahrt* und *Das Weite Land.* Das Selbstfindungsproblem der Jugend kann dabei verschieden große Relevanz erhalten, am stärksten wohl im *Gang zum Weiher*, wo beide Selbstfindungsprozesse relativ gleichberechtigt an Bedeutung sind. Aber sowohl die Texte, die auf den ersten Blick ausschließlich die Alters-Selbstfindung thematisieren wie etwa *Frau Berta Garlan* oder *Paracelsus*, als auch diejenigen, die dominant eine Jugend-Selbstfindung thematisieren wie z. B. die *Komödie der Verführung*, tendieren dazu, die oppositionelle Selbstfindung wenigstens zu erwähnen oder am Rande mitzuthematisieren. Einen Spezialfall repräsentiert diesbezüglich die *Komödie der Verführung*, die mehr als nur zwei Selbstfindungs-Modelle aufweist. Die Hauptfiguren sind altersmäßig in eine 20-Jahr-Schichtung klassifiziert: Es gibt am unteren Ende der Altersskala die gerade an der Schwelle zur Jugend stehende 15jährige Gilda, sodann die Gruppe der zur Kernphase der Jugend Gehörenden – die drei weiblichen Hauptfiguren Aurelie, Judith, Seraphine Anfang 20, die drei männlichen Figuren Max, Arduin, Ambros Mitte 20 –, ferner die Gruppe der Anfang/Mitte 40jährigen – die drei männlichen Figuren Falkenir, Westerhaus, Gysar –, ferner Fenz, der Vater Seraphinens, als einziger Vertreter der 60jährigen, und schließlich das über 80jährige Sängerpaar.[1] Selbstfindung gibt es nur im Rahmen von Erotik, insofern fällt die letzte Gruppe weg; alle anderen Altersgruppen müssen jedoch einen bevorstehenden Lebenswechsel vollziehen und einen neuen Sinn gewinnen, als zentraler und krisenhafter Selbstfindungs-Prozeß ist dies allerdings nur bei der Gruppe der Jugend dargestellt. Zu interpretieren bleibt also noch diese auffällige Vorliebe für die Koppelung der dominanten, fokustragenden Alters-Selbstfindung mit einer Jugend-Selbstfindung: Dieses Problem wird allerdings erst im Zusammenhang mit dem überindividuellen ›Leben‹ als sinnstiftender Größe zu lösen sein (s. B 3.4).

2.34 Der erste Bewußtwerdungsprozeß und seine Etappen

In den folgenden Kapiteln werden die Etappen und die zentralen Aspekte der *erotischen psychischen Selbstfindung* des Helden/der Heldin rekonstruiert, wie sie als abstrakte Struktur dem Großteil der ausführlichen Selbstfindungstexte zugrunde liegt, freilich mit jeweils individueller Kombination und Gewichtung von Problemen. Ich illustriere dies zunächst an Hand von

1 Vgl. Rey 1978, S. 135, der aber eine z. T. falsche Altersklassenzuordnung vornimmt.

Frau Berta Garlan (1901), einem frühen Beispiel der weiblichen Selbstfindung, und anschließend an Hand der *Traumnovelle* (1926), einem späten Beispiel der männlichen Selbstfindung. Je nach Aspekt werden andere Texte in unterschiedlichem Ausmaß einbezogen.

2.341 Die erste Reinterpretation des eigenen Lebens

Die bloße Latenz der Krise in der Ausgangsphase impliziert, daß dem Subjekt nicht bewußt ist, in einem Zustand des »Nicht-Lebens« zu leben, ja, es ist in aller Regel mit seinem Zustand sogar zufrieden:

> So war sie denn, nachdem erst der Schmerz und dann die Traurigkeit über das Hinscheiden ihres Mannes überwunden war, wieder ganz zufrieden und heiter. Ihr bisheriges Leben war nicht so verflossen, daß sie jetzt irgend etwas zu entbehren glaubte. (EI, 395)

Dies gilt nicht nur für Berta, sondern mehr oder weniger für alle Figuren. So versichert Dionysia ihrem Ehemann Erasmus, »daß ich mich in meinem jetzigen Zustand vollkommen zufrieden und glücklich fühle« (EII, 13), und gibt ihm erst nach ihrer gescheiterten Selbstfindung zumindest insofern recht, als sie sich diesbezüglich getäuscht hat. Beate trauert zwar im Gegensatz zu Berta immer noch ihrem geliebten Ehepartner nach, aber genau diese Treue läßt sie mit ihrem aktuellen Witwendasein zufrieden sein, sie ist »keusch« und »ohne Wunsch« (EII, 92) und begehrt nicht nach einer Änderung ihres Lebens. Sogar Marie (*Ruf des Lebens*), deren Situation am radikalsten ein »Nicht-Leben« bedeutet, strebt am Anfang keine Änderung an: »Ich habe ja gar keine Lust fortzugehen. [...] Was soll ich anders?« (DI, 978f). Diese relative Zufriedenheit wird von den Texten immer auf das *Nicht-Bewußtsein einer Alternative* zurückgeführt: Marie hat »nicht nachgedacht« über ihr Leben und wird erst durch den Arzt daran erinnert, »daß ich auch andere Wünsche habe« (DI, 979), und Dionysia ist deshalb zufrieden, weil sie »bisher gar nie auf den Gedanken [kam], daß es anders sein könnte« (EII, 13). Erst die Bewußtwerdung einer Alternative führt zur Bewußtwerdung des »Nicht-Lebens« – in den Texten häufen sich Formulierungen in erlebter Rede wie »sie wußte plötzlich«, »sie besann sich« etc. – und damit zu einer *Reinterpretation* des eigenen aktuellen Daseins:

> Es war wie ein Schauer, der sie erfaßte, *als sie sich darauf besann*, daß sie nichts anderes war als die Witwe eines unansehnlichen Menschen, die in einer kleinen Stadt lebte, sich mit Klavierlektionen fortbrachte und langsam das Alter herankommen sah. [...] Und mit dem gleichen Schauer dachte sie daran, wie sie sich *immer an ihrem Schicksal hatte genügen lassen*, wie sie ohne Hoffnung, ja *ohne Sehnsucht* in einer Dumpfheit, die ihr in diesem Augenblick unerklärlich erschien, ihr ganzes Dasein hingebracht. (EI, 421)

Erst jetzt bricht bei der A-Figur eine manifeste Sinnkrise aus: Bertas »Dasein« ist ihr »zerronnen«, sie ist »durstig und arm«, lebt ein »schreckliches Los«, »Jammer«, »dumpfer Unwille« und »Erbitterung« gegen dieses Leben tauchen auf (EI, 428f, 490) – mehr oder weniger drastische Formulierungen dieser Art finden sich in den meisten der genannten Texte. *Diese Reinterpretation ist äquivalent mit der Kategorisierung der Welt in die zwei oben rekonstruierten disjunkten semantischen Räume bzw. Systeme* sR_A/S_A *und* sR_B/S_B. Das latente »Nicht-Leben« ist immer zugleich ein nicht-klassifiziertes,[1] und die erste zentrale Voraussetzung für eine Selbstfindung ist sozusagen die Konstitution bzw. »Herstellung« der Basiskodierung.

2.342 Die Katalysatoren

Um den Bewußtwerdungsprozeß auszulösen, bedarf es nun prinzipiell katalysatorischer Ereignisse.[2] Als solche fungieren in den Texten:

1. das Auftreten bestimmter »Katalysatorfiguren«. Unter all den Figuren, die katalysatorische Wirkung auf den Helden ausüben können, läßt sich eine kleine Anzahl von »echten«, »reinen« Katalysator-Figuren isolieren. Es sind dies erstens prinzipiell B-Figuren, die zweitens jene »andere, fremde Welt« in ganz besonderem Ausmaß metonymisch repräsentieren,[3] und die drittens dem oder der Protagonistin aus der Vergangenheit bereits bekannt sind und jetzt in der Gegenwart unvermittelt auftauchen, für die sich also ein 3-Phasen-Modell der »Präsenz in der Vergangenheit/Absenz/erneute Präsenz« rekonstruieren läßt. Damit repräsentieren sie viertens zugleich für die an der Schwelle zum Alter stehende Figur deren eigene vergangene Jugend. Diese Katalysatorbedingungen erfüllen eigentlich nur Emil (*Berta Garlan*), Fortunata (*Frau Beate*), Paracelsus, Julian (*Der einsame Weg*), Nachtigall (*Traumnovelle*) und Sylvester (*Der Gang zum Weiher*). Katalysator-Figuren können also männlich oder weiblich sein – die privilegierte Kombination ist allerdings die von männlicher Katalysatorfigur und weiblicher Heldin. Für Gräsler oder Casanova beispielsweise existieren keine solchen ausgeprägten Bezugspersonen von katalysatorischer Relevanz wie etwa für Justina, Berta, Leonilda (*Gang zum Weiher*), und auch Nachtigall in der *Traumnovelle* hat

1 Vgl. analog zum Selbstfindungsprozeß in der fantastischen Literatur der Epoche Wünsch 1989, S. 170.

2 Dies postuliert auch die zeitgenössische Psychologie/Personkonzeption, vgl. Simmel 1922, S. 117: »Damit es aber zu einer singular bestimmten Wirklichkeit aus unseren unbegrenzten Möglichkeiten heraus käme, bedarf es ersichtlich der Entwicklungsreize, die die umgebende Welt [...] auf uns ausübt.«

3 Der vermutlich erste Versuch, ansatzweise ein Modell der Katalysatorfiguren am Beispiel von naturalistischen Dramen zu formulieren, dürfte der von Bleich 1936 über die »Boten aus der Fremde« sein, der richtige Beobachtungen freilich mit einem völlig ahistorischen Konzept verknüpft.

nicht diesen Status. Eine unmittelbare Wirkung auf die Transformation der weiblichen Person üben aber auch sie nur dann aus, wenn sie zugleich deren potentielle erotische Partner sind bzw. waren: Das Auftauchen Sylvesters ist insofern von erheblich größerem Einfluß auf Leonilda als etwa das Auftauchen Julians auf Johanna (*Der einsame Weg*). Ihre katalysatorische Wirkung können diese hervorgehobenen Figuren schließlich durch erneute reale Präsenz oder erst durch sprachliche/zeichenhafte Präsenz (Emil) entfalten.

2. Davon zu unterscheiden sind hervorgehobene, wiederum primär männliche Figuren, die ebenfalls einen Bewußtwerdungs- und Selbstfindungsprozeß der weiblichen Heldin auslösen. Sie sind jedoch keine echten Katalysator-Figuren und wirken demnach nicht allein durch ihre Präsenz und als Person, die zeichenhaft für den fremden Raum sRв stünde, sondern katalysatorisch wirkt nur deren direkte verbale Intervention: so die psychologisierenden Interpretationen und direkten Aufforderungen zur Selbstfindung, die die (faktischen bzw. geplanten) Ehemänner Erasmus/Amadeus/Falkenir an ihre Partnerinnen Dionysia/Cäcilie/Aurelie oder der Arzt Schindler (*Ruf des Lebens*) an Marie ergehen lassen.

3. Als katalysatorisches Ereignis eigens hervorzuheben ist der Tod – sowohl der dem Helden selbst bevorstehende eigene als auch der von nahestehenden Personen –, der generell, also nicht nur für die Selbstfindungs-Texte im engeren Sinne, einen Bewußtwerdungsprozeß auslöst und sowohl zur persönlichen Sinnkrise wie auch allgemeinen Normenkrise führen *kann*.[1] Das Modell des bevorstehenden eigenen potentiellen Todes tritt dabei nur bei männlichen Protagonisten auf, so in *Leutnant Gustl*, *Sterben*, *Die letzten Masken*, *Abenteurernovelle* (der zu Textanfang drohende Pesttod!), und peripher thematisiert im *Ruf des Lebens*.[2] Es ist explizit »*die Psychologie der Sterbenden*« (*Sterben* EI, 143), die zur Aufhebung der alten Moral und zum Entwurf eines alternativen Lebens bzw. Systems führt.[3] Nicht die hier the-

---

1 Auch dies ist natürlich ein epochales Modell, vgl. etwa Beer-Hofmanns *Der Tod Georgs* (1900).

2 Die Aufhebung der Moral am Vorabend des Krieges im *Schleier der Beatrice* ist ein kollektives Phänomen und wird nicht als Bewußtwerdungsprozeß einer Einzelfigur thematisiert. Die Konfrontation mit dem eigenen Tod ist offensichtlich ein traditionell männliches Problem, was ja auch die Literatur des Realismus belegen würde.

3 Vgl. Reik 1914, S. 351, der das gleiche Modell der Funktionalisierung des Todes für die Aufhebung der alten Moral bei einem seiner Patienten als Symptom zitiert: »Er bildete gerne eine Tagesphantasie, welche von der Frage ausging, was er wohl beginnen würde, wenn ein Arzt ihm versicherte, daß er in einer bestimmten Zeit sterben müsse. Er stellte sich vor, daß er dann alle Genüsse durchkosten würde [...].« Vgl. auch Reik 1913a, S. 65, der – als Zeitgenosse! – Schnitzlers Modelle nicht selten bestätigend mitvollzieht: »Gut und Böse schwinden seltsam angesichts des Todes«. Schader 1987, S. 80 (und Anm. 157) leitet die Lebensgier des Helden Felix in *Sterben* von der Tuberkulose ab: Es ist zwar richtig, daß dies zeitgenössisch als typisches Symptom der Schwindsüchtigen gilt, kann freilich nicht darauf zurückgeführt werden. Die spezifische Krankheit kann allenfalls als akzidenteller zusätzlicher Faktor funktionalisiert werden, das übergeordnete Modell indes ist, wie die anderen Textbeispiele zeigen, das des bevorstehenden Todes gleich aus welchem Grunde, der allein schon das Streben nach

matisierte katalysatorische Wirkung und somit eine andere Bedeutung besitzt der bevorstehende Tod hingegen in *Spiel im Morgengrauen, Die Weissagung* und *Abenteurernovelle* (der prophezeite Tod!). Der Tod von nahestehenden Personen besitzt sowohl für männliche als auch für weibliche Figuren Relevanz, eine unmittelbare katalysatorische Wirkung übt er allerdings nur in der *Abenteurernovelle* und im *Doktor Gräsler* aus, wo der Tod der Angehörigen bzw. der Schwester, die den Status einer Quasi-Partnerin besaß, den krisenhaften Aufbruch zur erotischen Selbstfindung des Helden auslöst. Auch in der *Traumnovelle* ist die Erfahrung des Todes *zu Beginn* – hier eines Patienten des Helden – ein katalysatorisch wirksames Ereignis.[1]

4. Katalysatorische Wirkung auf die Selbstfindung können schließlich bestimmte sonstige Ereignisse bzw. Personen oder gar Objekte ausüben. So ist es bei männlichen Figuren eben weniger die hervorgehobene Katalysator-Figur, zu der eine privilegierte Beziehung besteht, sondern ein Ereignis, das den Wunsch nach einem »Leben« auslöst: bei Casanova etwa die unerwartete Begegnung mit Olivo, der indirekt mit seiner besseren Jugendzeit korreliert ist, oder in der *Traumnovelle* die Ballnacht, die dem Paar nicht nur die latente Krise bewußt werden läßt, sondern für Fridolin auch explizit die nicht-bürgerliche, voreheliche Jugend wiederauferstehen läßt. Beim Fräulein Else kommt katalysatorische Funktion dem mütterlichen Brief an die Titelheldin zu, also die indirekte Präsenz des Vaters, der ja auch wiederum ein erotischer Quasi-Partner ist. In *Die Frau mit dem Dolche* ist es das eine junge Mörderin darstellende venezianische Tafelbild im Museum, welches für die weibliche Heldin Pauline analogen Status hat wie die Katalysatorfigur in den anderen Texten: Ein fremdes abweichendes »Leben«, sei es das der Katalysator-Figur oder das der im Bild dargestellten fiktiven Frau, löst die Bewußtwerdung eines eigenen potentiellen »Lebens« aus.

Katalysatorische Ereignisse bzw. Figuren sind also generell solche, die in irgendeiner und sei es noch so indirekten Weise mit jener fremden, anderen Welt korreliert sind. In der Regel finden sich Kombinationen der verschiedenen katalysatorischen Größen: So spielt für Berta neben Emil auch Frau Rupius eine nicht unwesentliche Rolle, und für Beate z. B. auch die erotische Mannwerdung des Sohnes und die Ankunft Fritzens, wenn auch die primäre und klassische Rolle eines Katalysators Emil bzw. Fortunata zukommt.

---

einem »Mehr-Leben« auslöst. Die Auflösung der Moral durch den potentiellen bevorstehenden Tod im Krieg ist z. B. auch die untersuchungsleitende Prämisse von Hirschfelds großangelegter *Sittengeschichte des Weltkrieges* 1930.

1 Die gegen Textende gemachte Erfahrung des Todes nahestehender Personen wie v.a. in *Berta Garlan, Traumnovelle* und *Doktor Gräsler* besitzt hingegen wieder eine gänzlich andere Bedeutung, vgl. hierzu Kap. B 3.3.

2.343 Das Auftauchen der eigenen Vergangenheit und des Unbewußten

Der Bewußtwerdungsprozeß in *Berta Garlan* und *Frau Beate*, aber auch in den meisten anderen Fällen, umfaßt nun inhaltlich *zwei voneinander zu unterscheidende Teilprozesse:* Die Bewußtwerdung des im Subjekt angelegten normverletzenden *Unbewußten* wird begleitet vom gleichzeitigen Auftauchen einer mit »Leben« und Normverletzung korrelierten *Vergangenheit* – ob diese Abweichung nun faktisch gelebt wurde wie bei den männlichen Helden Casanova, Fridolin, Doktor Gräsler, ob sie im Spezialfall der Beate als phantasierte Ebene innerhalb der legitimen Erotik existierte, oder ob sie, wie bei Berta der Fall, bloße Potentialität war. Es häufen sich Formulierungen wie z. B. »Berta erinnerte sich noch deutlich«, »dachte sie an die Zeit zurück«, »Wie sonderbar, daß ihr das jetzt wieder einfiel!« (EI, 391, 400f, 404) usw. Sowohl auf der Ebene der *psychischen* wie auch schließlich auf der Ebene der *faktischen* Realität nimmt das Subjekt die notwendige Grenzüberschreitung in den semantischen Raum sRB vor und begibt sich wörtlich/metaphorisch in den Raum seiner Jugend/Vergangenheit. Dies gilt nicht nur für Berta, die in ihre Jugendstadt Wien fährt – nicht zufällig entdeckt sie ihre Jugenderinnerungen ja in einer jetzt eben »verstaubte[n] Reise(!)tasche« (EI, 425), die für ihre vergangene B-Existenz steht und explizit mit ihrer »Seele« äquivalent gesetzt wird[1] –, sondern auch für Gräsler, der ein kurzfristiges gesteigertes »Leben« mit Katharina in seiner Jugendstadt Hamburg verlebt, für Fridolin (*Traumnovelle*), der auf seinem Selbstfindungsweg erstmalig seit seiner Jugend wieder ins Prostituiertenviertel gerät (»Geriet er plötzlich in seine Knabenjahre zurück?« EII, 449), oder auch für Beate, die sich zu Textbeginn bereits an dem mit emphatischer »Jugend« korrelierten alternativen Ort befindet, der Erinnerungen an diese Vergangenheit »stets mit besonderer Lebendigkeit« (EII, 42) weckt. Die von der zeitgenössischen Anthropologie für das Subjekt an der Schwelle zum Alter entworfene *prinzipielle* Situation – nämlich die Unmöglichkeit, »sich satt gelebt« zu haben und das notwendige »Verkümmern« der unzähligen potentiellen Leben – wird bei Berta ganz drastisch realisiert im damaligen Abbruch der Beziehung mit Emil vor deren sexueller Erfüllung. Insofern handelt es sich bei ihr im wörtlichsten Sinne um »verkümmerte Schicksale« und »uneingelöste Versprechungen« (EI, 427). Wenn auch weniger stark ausgeprägt, so gilt dies doch wiederum in der Tendenz für alle: Auch Beate sucht in ihrem Sohn den verstorbenen Partner so, wie sie ihn in ihrer Jugend nie haben konnte, Gräsler erlebt mit Katharina »eine wunderschöne Zeit, wie er sie auch in seiner Jugend kaum jemals erlebt hatte« (EII, 175), Casanova sucht bei Marcolina »Entzückungen [...] von neuer, andrer Art [...], als er jemals genossen« (EII, 307) etc. Das Streben nach einem gesteigerten »Leben« hat für das alternde Subjekt also nicht nur den

1 Vgl.: »[...] daß alle diese Erinnerungen so lang in der alten Reisetasche *und* in ihrer Seele geschlafen hatten ...« (EI, 425)

Status des Wiederholens, Noch-einmal-Realisierens, sondern mehr oder weniger stark immer auch den Status des *Nachholens* von etwas noch nie Erlebtem, des endlichen Stillens eines auch in der vergangenen Jugend nicht befriedigten Bedürfnisses.

Im Unterschied zu den harmlosen Jugenderinnerungen, die einmal im Bewußtsein präsent waren und dann vergessen wurden, kommt mit den sexuellen Wünschen etwas *erstmalig* zum Bewußtsein, was aber gleichwohl immer schon im Subjekt angelegt war: Zumindest bei Berta und Beate *nähern* sich diese Wünsche einem Unbewußten im psychoanalytischen Sinne des Verdrängten an. Als solche werden sie konflikthaft bewußt und als ein Fremdes, ja Bedrohliches erlebt. Geradezu beschwörend – ›discours‹-technisch zumeist in präsentischer erlebter Rede – versucht Berta, ihre alte, über die tradierte Moral und das Bewußte definierte Identität zu restituieren und sich eine regelrechte Denkgrenze aufzuerlegen:[1]

> Sie schämte sich *vor sich selbst*, aber immer wieder träumte sie sich in Emils Armen. Warum denn nur? Daran hatte sie doch noch gar nicht gedacht! Nein ... daran wird sie auch nie denken ... sie ist keine solche Frau ... [...]. Aber es half nichts, sie konnte nichts anderes mehr denken. Immer zudringlicher kamen ihre Träume, und endlich gab sie den *Kampf* auf [...]. (EI, 442)

In beiden Texten findet sich auch die bereits rekonstruierte fakultative räumliche Metaphorik für psychische Sachverhalte, besonders ausgeprägt in *Frau Beate*. Ob Beate sich der harmloseren erotischen Wünsche oder ob sie sich ihrer inzestuösen Wünsche bewußt wird: Jeweils steigt dieses zunächst noch Unbewußte »aus der Tiefe ihrer Seele« auf, steigt »aus ihrer Seele mit einemmal empor« etc. (EII, 111, 76). Raumsemantisch abgebildet wird dies dadurch, daß dieses psychische Ereignis gerne an einem topographisch-wörtlich oben lokalisierten Ort stattfindet: Bei Berta ist dies der Friedhof, auf dem ihr Gatte begraben liegt, bei Beate die Almwiese, die sie in der Vergangenheit zusammen mit ihrem Gatten bestiegen hat – Orte also, an denen in privilegierter Weise jeweils der legitime Partner zeichenhaft und psychisch »präsent« ist. Hier kommt also ganz sinnfällig das »Unten« nach oben, manifestiert sich die Tiefe an der Oberfläche, die ihrerseits zeichenhaft für die Moral, die »realisierte Person« und das Bewußte steht. Umgekehrt ist das Aufsteigen des psychischen Fremden aus der Tiefe an die Oberfläche auch äquivalent einer gedachten Bewegung des Individuums in die Tiefe. Und auch hier gilt, daß die psychische und metaphorische Grenzüberschreitung des Individuums vom Bewußten/dem psychischen Raum sR_A in sein Unbewußtes/den psychischen Raum sR_B gerne abgebildet wird als räumlich-konkrete und wörtliche Grenzüberschreitung vom subjektexternen Raum sR_A in den subjektexternen Raum sR_B. So begibt sich Berta nach Wien,

1 Vgl. Driver 1971, S. 294.

welches explizit in der »Tiefe« liegt, und Beate macht katalysatorisch relevante Erfahrungen unten am See.

2.344 Umkodierung und die Konstitution einer neuen Moral

Der psychische Bewußtwerdungsprozeß führt zu einer *doppelten Umkodierung:* Das Fremde wird zusehends (partiell) zu einem Eigenen, und in genau diesem Maße wird das alte Vertraute zugleich fremd. D. h., die tradierten Normen, die das Subjekt interiorisiert und mit denen es sich identifiziert hat, werden nun *exteriorisiert*, und im Gegenzug dazu wird das bislang Ausgegrenzte in die Person *integriert.*[1] Indikator für diesen Prozeß ist z. B. bei Berta die Veränderung der Wahrnehmung von Wien, das metonymisch für das fremde System steht. In der Ausgangsphase, da sie ihr Selbst noch ausschließlich über die bürgerliche Normalität definiert und da ihr eigenes Potential noch als »*fremde* Macht« (EI, 446) kodiert ist, erlebt sie Wien »wie etwas Unangenehmes, beinahe Gefährliches« (EI, 394). Mit Einsetzen des Bewußtwerdungsprozesses transformiert sich diese Wahrnehmung: Wien erscheint ihr nun als »ersehnte Heimat« (EI, 413). Bei der zweiten Reise nimmt sie die Umkodierung explizit vor:

> Hatte sie denn bisher gar nicht daran gedacht? Sie kam nicht vom Hause, – nein, jetzt war sie zu Hause angelangt. (EI, 450)

– um schließlich bei der definitiven Grenzüberschreitung in sR$_B$, beim Sexualakt mit Emil, »ein Gefühl von Zuhausesein« (EI, 474) zu erleben. Die Ambivalenz und der Konflikt zwischen Psychologie und Moral werden immer auch über die Bewertung/Kodierung der topographischen Räume abgebildet, so etwa, wenn der zwischenzeitliche Sieg der Moral über die auftauchenden »egoistischen« Sehnsüchte sich bemerkbar macht als »Sehnsucht nach dem Frieden ihres kleinen Hauses« und nach ihrem »traulichen Zimmer« (EI, 422, 465), aus dem sie zuvor als beengendem Raum geflohen war. Die Entfremdung vom Vertrauten betrifft ihrerseits zum einen den topographischen Raum und die mit diesem Raum verknüpften Personen, allen voran ihren Gatten, der ihr zu einem »ganz fremde[n] Menschen« wird, zum anderen zentral die eigene frühere Person und frühere Existenz, die ihr nun gänzlich »unbegreiflich« werden (EI, 462, 428). Auch Beate ist »nicht dieselbe, [...] die sie war« (EII, 91). Die Transformation der Person ist bei beiden Figuren auch mit der Befreiung von der bürgerlichen Mutterrolle verknüpft: Berta ist jetzt »kaum mehr eine Mutter [...] ... nein, nichts als seine Geliebte« (EI, 478). Es kommt zur Substitution der alten »altruistischen« Rolle/Person durch die neue »egoistische« Rolle/Person. Das zentrale Ereignis E$_1$ ist dabei aber immer die Umkodierung bzw. Exteriorisierung und

---

1 Vgl. Titzmann 1989a.

Integration, die sich auf einer innerlichen, psychischen und ideologischen Ebene abspielt – die bürgerliche Existenz und Person werden der Figur fremd, »trotzdem sich ihr Dasein *äußerlich kaum anders* abgespielt hatte als in diesem Sommer« (*Frau Beate* EII, 75). Der faktische Vollzug des illegitimen Sexualakts als äußeres konkretes Ereignis schließt das innere abstrakte Ereignis der Umkodierung also bloß noch ab. Im Extremfall kann diese Transformation der Person als metaphorischer »Tod« und anschließende Wiedergeburt zu neuem »Leben« modelliert werden. Im Gegensatz zu anderen Autoren der Epoche[1] taucht bei Schnitzler mit Ausnahme von *Fräulein Else* diese Metaphorik nicht auf: Nur hier kommt es zum »Tod« der »frühere[n] Else«, die anschließend in der als gesteigertes »Leben« erfahrenen Nacktpräsentation »zum zweitenmal auf die Welt [kommt]« (EII, 364f). Diese Selbstfindung ist jedoch eigentlich ein Selbstverlust – Schnitzler reserviert also das explizite Modell von metaphorischem »Tod« und »Wiedergeburt« als Extremvariante für die scheiternde Selbstfindung. Daraus läßt sich hier bereits ableiten, daß sich der Selbstverlust immer auch als Radikalisierung von Merkmalen rekonstruieren läßt, die für die Selbstfindung selbst gelten (vgl. dazu B 3.23).

Mit der Transformation der Person und der Umkodierung ist schließlich notwendig die Aufhebung der alten Moral und die Konstitution einer neuen verknüpft. Zusammen mit dem Gefühl der Entfremdung vom Ehemann löst die Erinnerung an »die *kühle* Bereitwilligkeit, mit der sie sich einem Manne hingegeben, den sie nie geliebt hatte« ein »peinvolle[s] Schamgefühl« bei Berta aus; nach der Liebesnacht mit Emil fehlt ihr explizit jegliche Reue, und »Worte wie: Sünde« sind völlig sinnentleert (EI, 428, 477). Die ideologische Umwertung der tradierten Werte und Normen, die bereits die frühen Dramen vornahmen, ist hier also ungleich radikaler.

2.35 Selbstfindung als Weg: das Beispiel der *Traumnovelle*

2.351 Die paradigmatische Ordnung der »Welt der Abweichung«

Jeder Selbstfindungsprozeß erfordert mindestens den einmaligen Raumwechsel, in der *Traumnovelle* wird er im Modell von Weg und Ziel abgebildet, wobei mehrere Stationen durchlaufen werden, also ein mehrmaliger Raumwechsel erfolgt. Selbstfindung als Weg-Ziel-Modell ist wiederum ein epochales Modell,[2] bei Schnitzler findet es sich in verschiedensten Texten dargestellt bzw. thematisiert, am deutlichsten in der *Traumnovelle*, *Hirtenflöte* und *Abenteurernovelle*.

Die einzelnen Stationen, die der Held in der *Traumnovelle* auf seinem

1 Vgl. die Beispiele bei Wünsch 1983.
2 Vgl. Wünsch 1989 und 1991c, S. 227ff am Beispiel der fantastischen Literatur.

Selbstfindungsweg durchläuft, bestehen jeweils in einem (potentiellen) Abenteuer, das Erotik und Lebensgefahr kombiniert. Die vier potentiellen weiblichen Partnerinnen bilden eine Skala der zunehmenden Abweichung von der Welt der bürgerlichen Normalität, wobei u. a. die folgenden Kriterien relevant werden:

– Das der *Raumsemantik:* in seinem ersten nächtlichen Abenteuerdurchlauf vollzieht Fridolin eine Bewegung sowohl in ein zunehmendes »Außen«/eine zunehmende Ferne als auch in ein zunehmendes »Unten«: Er beginnt in der nahe seiner eigenen Wohnung gelegenen bürgerlichen Wohnung des Hofrats im 2. Stock, entfernt sich vom bürgerlichen Stadtviertel und begibt sich in zwielichtige nicht-bürgerliche Gegenden zur Prostituierten Mizzi und zur Tochter des Maskenverleihers, die beide im 1. Stock bzw. Parterre wohnen, um schließlich mit Wien den gesamten bürgerlichen Innenraum zu verlassen und in der in einer »Schlucht« (EII, 462) gelegenen Villa den Extrempunkt zu erreichen.[1] Die Skalierung ergibt sich dabei durch rekursive Anwendung ein und derselben topologischen Opposition auf sich selbst: So ist die Wohnung des Hofrats ein »Außen« in bezug auf Fridolins Wohnung, ein »Innen« aber in bezug auf die folgenden Stationen, und diese wiederum ein »Innen« in bezug auf die außerhalb Wiens liegende Villa. Dasselbe gilt logischerweise auch für die semantische Opposition »bürgerliche Normalität« vs »Abweichung«.

– *Körpermerkmale der Frauen* wie v.a. die olfaktorischen Eindrücke: Je ferner und abweichender die Frauen, desto fremdartiger, aber zugleich auch desto besser riechen sie bzw. der ihnen zugeordnete Raum. Generell machen sich der Raum der Abweichung und die mit ihm verknüpften B-Figuren olfaktorisch bemerkbar, wie bereits im *Vermächtnis* die AA-Figur Ferdinand thematisiert: »ihr [Tonis] Dasein allein strömt einen Duft aus, der mich ängstigt« (DI, 437).[2] Als weiteres relevantes Körpermerkmal wird die Lippenfarbe/Gesichtsfarbe thematisiert: von den schmalen Lippen der »blassen« Marianne über das »natürliche Rot« der Lippen Mizzis bis zum schließlich »rotglühenden Mund« der Unbekannten (EII, 441, 450, 466).

– *Die Namen der Frauen:* Je abweichender die Frau, desto entindividualisierter und unüblicher, fremder ist ihr Name. Die bürgerliche Marianne erhält noch einen normalen Eigennamen, die Prostituierte zwar einen üblichen Eigennamen, der aber zugleich als Gattungsname einer Prostituierten fungiert (»No, wie wir i denn heißen? Mizzi natürlich.« EII, 449); »Pierrette« erhält zwar einen Eigennamen, doch ist es zum einen der ihrer Maske, zum

1 Zum Problem der Überlagerung dieses räumlichen Kodes durch einen zweiten s.o. A 1.114.

2 Vgl. auch die zeitgenössische Sexualpsychologie, die Sexualität privilegiert mit dem Geruchssinn in Zusammenhang bringt (so z. B. Krafft-Ebing 1984, S. 24ff und Freud 1930a, S. 235f). Krotkoff 1972 und 1971, S. 39 konstatiert ebenfalls die olfaktorische Charakterisierung der weiblichen Figuren in der *Traumnovelle*, führt dies aber auf Fridolins »überwache[s] Geruchsempfinden« zurück und wundert sich dementsprechend, daß dieses »eigenartigerweise« bei seiner Rückkehr verschwindet.

anderen wiederum ein Gattungsname, und ihr Nachname wird verfremdend ausgesprochen (EII, 460); die Unbekannte erhält schließlich überhaupt keinen Vornamen mehr, sondern nur einen mutmaßlichen und zudem als falsch deklarierten, wiederum fremdländischen Nachnamen.

– Die *Information* allgemein über die Frauen nimmt ab, ihre Rätselhaftigkeit und ihr Geheimnischarakter hingegen zu.

– *Jahreszeit:* Der Text situiert sich zeitlich an der Schwelle vom mit »Nicht-Leben« korrelierten Winter zum mit »Leben« korrelierten Frühling; je mehr sich Fridolin dem Ziel nähert, desto betont frühlingshafter wird es, wobei diese Wärme aber zugleich als »unnatürlich« (EII, 461) ausgewiesen wird und somit auch zeichenhaft wiederum für das Abweichende steht.

– *Gesteigertes »Leben« und potentieller biologischer Tod:* Je abweichender und nicht-bürgerlicher die Frau, desto größer werden einerseits die erotische Versuchung sowie das potentielle »Leben«, das sie verspricht, desto größer wird aber auch die drohende Gefahr – vom potentiellen Duell mit einem Couleurstudenten über die Ansteckung mit Syphilis bis zum archaischen Opferritual in der Geheimgesellschaft.[1]

Die fremde Welt erweist sich also als streng durchstrukturiert. Die syntagmatische Abfolge der weiblichen Stationen bildet ein Paradigma der progressiven Abweichung, parallel zur räumlichen Progression Fridolins. Nicht alle Frauen sind jeweils über alle Kriterien klassifiziert, immer aber bilden die bürgerliche Marianne als Ausgangspunkt und die Unbekannte als Zielpunkt des Selbstfindungsweges die Extremwerte. Ein ähnliches System der progressiven Abweichung, wenn auch nicht so maximal strukturiert wie hier, läßt sich auch in der *Hirtenflöte* rekonstruieren.

2.352 Die »Regression« in die individuelle und kollektive Vergangenheit

Die Merkmale der Geheimgesellschaft als Extremum an Abweichung und Zielpunkt wurden bereits rekonstruiert: Sie wird als archaische, vorkulturelle Gesellschaft modelliert und repräsentiert eine Variante der zeitgenössischen Konzeption einer kollektiven Vergangenheit.[2] Es gilt nun in der Epoche

1 Weiner 1989 weist Anspielungen auf die *Zauberflöte* nach, überschätzt diese Ebene jedoch maßlos: Die Todesgefahr kann ebensowenig auf die *Zauberflöte* »zurückgeführt« werden wie die Katalysatorfunktion Nachtigalls auf Papagenos Führerfunktion. Beide Elemente bzw. Modelle finden ihren historischen und systematischen Ort zunächst einmal in den rekonstruierten zeitgenössischen Modellen von Lebenswechsel und Selbstfindung. Diese können dann ihrerseits freilich mit zusätzlichen Konnotationen verknüpft werden.

2 Darüber hinaus scheint die Schnitzlersche Geheimgesellschaft auch auf ein zeitgenössisches – ob faktisches oder bloß angenommenes – Phänomen anzuspielen: Hirschfeld etwa berichtet in seiner *Sittengeschichte des Weltkrieges* von Orgien und Nacktänzen in Geheimclubs, in denen »die erlauchtesten Namen der [...] Gesellschaft« verkehrten, als einer neuen Entartung der Sitten, die während des Krieges in europäischen Großstädten entstanden sei (Hirschfeld 1930, II, S. 29).

darüber hinaus ein prinzipieller *Isomorphismus von Ontogenese und Phylogenese:* Dasselbe Phasenschema, wie es oben in A 2.33 für das bürgerliche Individuum rekonstruiert werden konnte, wird auch für die Entwicklung der Menschheit postuliert. Die Phase X der Jugend bei Schnitzler und der »Kindheit« der Menschheitsgeschichte bilden ein gemeinsames Paradigma von zueinander homologen Phasen der fernen Vergangenheit auf jeweils verschiedenen Ebenen. Die kollektive Vergangenheit kann in der Epoche ihrerseits in verschiedensten inhaltlichen Varianten mehr historischer oder mehr mythischer Art aufgefüllt sein: das mythische Urmenschentum bei Freud, das Mittelalter bei Elias, die präglaziale Phase bei Nordau, der »Tiermensch« bei Nietzsche etc.[1] Weitere Varianten ließen sich problemlos finden. *Gemeinsames Basismerkmal dieser Vergangenheiten ist, daß sie jeweils eine vorkulturelle Phase vor einem als entscheidend klassifizierten Übergang in eine Phase der Normierung und der kulturellen »Zähmung« repräsentieren.* Als solche wird sie als sRB modelliert insbesondere mit den Merkmalen des intensiven »Lebens« und der ungezähmten Leidenschaften, sei es positiver – Sexualität – oder negativer – Gewalt/Grausamkeit – Art. Es ist in der Konzeption der Epoche der Prozeß der Zivilisation, der das Individuum/die Menschheit sowohl auf der Ebene der Ontogenese wie der der Phylogenese von ihrer »amoralischen Kindheit« trennt und *erst dadurch* so etwas wie einen psychischen Innenraum im allgemeinen und ein Unbewußtes im besonderen anlegt[2] – in der suggestiven Formulierung Nietzsches:

> Alle Instinkte, welche sich nicht nach außen entladen, *wenden sich nach innen* – dies ist das, was ich die *Verinnerlichung* des Menschen nenne: damit wächst erst das an den Menschen heran, was man später seine ›Seele‹ nennt. Die ganze innere Welt, ursprünglich dünn wie zwischen zwei Häute eingespannt, ist in dem Maße auseinander- und aufgegangen, hat Tiefe, Breite, Höhe bekommen, als die Entladung des Menschen nach außen *gehemmt* worden ist.[3]

Nur über die Moral konstituiert sich die Psychologie als solche, und *sie ist prinzipiell Symptom einer Krise:* Der »Urmensch« oder seine halb mythischen, halb historischen Verwandten »bedurften« gewissermaßen keines Unbewußten, da sie noch nicht dem Ausgrenzungs- bzw. Verdrängungsprozeß unterworfen waren. Erst das zivilisierte bürgerliche Subjekt, welches von seinem eigentlichen Lebensursprung entfremdet ist, ist genötigt, dieses normverletzende intensive »Leben« auf der Ebene der psychischen Realität zu leben.[4] Erst *im Übergang von der Phase X zur Phase A* konstituieren sich

1 Vgl. Nordau 1920, Freud 1930a, Elias 1982 (1939),II, S. 312-351, Nietzsche 1969b, III, S. 279, 270ff. Damit soll, was Elias betrifft, natürlich nicht etwa der These vom »Mythos des Zivilisationsprozesses« das Wort geredet werden! Die eindeutig mythischen Elemente bei Elias tangieren nicht den zentralen historischen Kern seiner Thesen als solcher.

2 Vgl. auch Ebrecht 1991, S. 41f.

3 Nietzsche 1969b, S. 271 (Hervorh. i .O.)

4 Eine hübsche, wenn auch etwas verharmlosende Version dieser Konzeption findet sich z. B.

also ein autonomer psychischer Innenraum im allgemeinen und ein Unbewußtes im besonderen, die nun sowohl die kollektive als auch die individuelle Vergangenheit gleichsam konservieren. Das Unbewußte existiert allerdings vorerst, d. h. in Phase A, nur latent aufgrund der Dominanz der Moral, die eben dafür sorgt, daß die B-Existenz dem Subjekt unbewußt und verborgen bleibt. Erst jetzt, *im Übergang von Phase A zu B,* wird diese Ausgrenzung aufgehoben, und es kommt im Streben nach dem verlorenen »Leben« zur doppelten »Regression« in die individuelle und – zeichenhaft mit der Geheimgesellschaft abgebildet – kollektive Vergangenheit. Wenn die Geheimgesellschaft in der *Traumnovelle* also Merkmale aufweist, wie sie die zeitgenössischen Konzeptionen den im Unbewußten gespeicherten Inhalten zuschreiben, dann bedeutet dies weder eine direkte Gleichsetzung der Geheimgesellschaft mit dem Unbewußten,[1] noch soll damit behauptet werden, diese Merkmalszuordnung ließe sich etwa auf eine Rezeption der Psychoanalyse durch Schnitzler zurückführen (die als solche ja unbestritten ist). Vielmehr lassen sich umgekehrt *beide* Modelle, das Schnitzlersche wie das psychoanalytische, ihrerseits zurückführen auf ein übergeordnetes epochales Strukturmodell, das spätestens seit den 90er Jahren sowohl in der Literatur wie auch in den theoretischen Diskursen gehäuft auftritt. Die *Traumnovelle* präsentiert sich diesbezüglich als ein Text, der virtuos eine Art »Summa« der *allgemeinen* kulturellen Annahmen zum Problem des Unbewußten in Szene setzt.

Noch auf einer weiteren Ebene nimmt die *Traumnovelle* eine Systematisierung von bereits Angelegtem vor, womit sich auch exemplarisch ein Aspekt des werkinternen Strukturwandels festhalten läßt. Im Gegensatz zur einfachen Grenzüberschreitung, die das erste Ereignis E1 in der präpsychologisch-»naturalistischen« Phase darstellt, findet die Grenzüberschreitung in der psychologisch-lebensideologischen Phase prinzipiell auf einer *doppelten Ebene* statt, auf einer *äußerlichen* durch das ideologische »Betreten« des Raums der Abweichung – im faktischen Verhalten bzw. der expliziten Bereitschaft dazu –, und auf einer *psychischen* durch das »Betreten« des Raums

in Sudermanns Novelle *Der Wunsch* (1888). Die Heldin Olga begehrt – inzestuös – den Mann ihrer Schwester und bringt sich nach Bewußtwerdung ihrer heimlichen, die Schwester betreffenden Todeswünsche um. Der ideologische Schlußkommentar des Physikus führt dazu aus: »In alten roheren Zeiten half dem Gedanken die Tat. Und fand es sich, daß im Schoße der Familie einer dem andern zu viel wurde, so traten ganz einfach Gift und Dolch in ihre Rechte. [...] Heute ist man zahmer geworden, und schleicht sich heute der Kampf ums Dasein in den heiligen Kreis der Familie hinein, so begnügt man sich, den Lästigen zur finsteren Stunde sechs Fuß tief in die Erde hinein zu wünschen. – Dieser Wunsch ist der alte Mord, gezähmt durch die neue Sitte.« (in: H. Sudermann, *Romane und Novellen. Gesamtausgabe in sechs Bänden*, Stuttgart u. a. 1920, S. 493).

1 Vgl. dagegen die Allegorese bei Kluge 1982, S. 327, der von vornherein und ohne die hier geleistete Rekonstruktion identischer Merkmale die realen Räume des nächtlichen Abenteuers mit »psychischen Lokalitäten« einfach gleichsetzt und Fridolin »in der trüben und dunklen Landschaft seiner Seele [herumirren]« läßt.

der Abweichung innerhalb der Person – eben dem Akt der Bewußtwerdung. Es existieren jetzt zwei voneinander unterschiedene Ebenen: die ideologische des *Systems* und die psychische der *Person,* die zueinander in Bezug gesetzt werden. Was das *Vermächtnis* erstmalig einführt und was die späteren Texte, wie gezeigt, praktizieren, wird in der *Traumnovelle* mit einem völlig neuen Grad an Explizitheit realisiert. Das Lexem »Bezirk« z. B. wird hier in drei unterschiedlichen Bedeutungen verwendet: In seiner wörtlichen Bedeutung als übliche Bezeichnung für die Wiener Stadtviertel steht es zugleich zeichenhaft für zwei nicht-räumliche Sachverhalte, zum einen für die Opposition der zwei semantischen Räume sRA vs sRB auf der *subjektexternen* Ebene, vgl.:

> rückte er immer weiter fort aus dem gewohnten *Bezirk* seines Daseins in irgendeine andere, ferne, fremde Welt. (EII, 451)

und zum anderen für ebendiese Opposition auf der *subjektinternen* psychischen Ebene, vgl.:

> gerieten sie [Fridolin u. Albertine] in ein ernsteres Gespräch über jene verborgenen, kaum geahnten Wünsche, [...] und sie redeten von den geheimen *Bezirken,* [...] wohin der unfaßbare Wind des Schicksals sie doch einmal, und wär's auch nur im Traum, verschlagen könnte. (EII, 435f)

Erst mit der expliziten Etablierung dieser zwei Ebenen ist das erste Ereignis zugleich auch ein *Metaereignis:* In dem Maße, wie das Subjekt das Fremde nun selbst in sich entdeckt, wird nicht nur der semantische Raum gewechselt, sondern der Raum *wird als solcher transformiert*; mit dem Akt der Überschreitung der Grenze wird auf einer Metaebene diese Grenze zugleich selbst getilgt.[1] Erstmalig thematisiert dies im *Vermächtnis* die Vertreterin der neuen Moral gegenüber dem Vertreter der alten Moral: »Die Grenzen wären ja sehr bequem für Sie – nur existieren sie nicht« (DI, 437).[2] Hier tritt die zweite B-Existenz übrigens noch in der harmlosen Version der »Sehnsucht nach Glück« auf – die *Traumnovelle* nimmt auch diesbezüglich eine Radikalisierung vor.

2.353 Transformation der Person und Realisierung der Doppelexistenz

Ist die realisierte Person bei Berta und Beate v.a. über die bürgerliche Rolle der Mutter definiert, so bei Fridolin zum einen über die familiären Rollen des Vaters und Ehegatten, zum anderen aber, besonders thematisiert, über die altruistische Helferrolle als Arzt. Auch diesbezüglich ist der Stationen-

1 Zur Konzeption des Metaereignisses vgl. Renner 1983, S. 47ff.

2 Die frühen Texte bereiten dieses Metaereignis aber gleichsam vor mit den oben rekonstruierten Überlagerungen der Klassifikationsebenen, die innerhalb der eigenen biologischen Familie und innerhalb der eigenen sozialen Schicht bereits ein Fremdes existieren lassen.

weg durchstrukturiert. Denn jede erotische Station stellt eine Kombination von erotischer/»egoistischer« und »altruistischer« Versuchung dar, bzw. erstere wird überlagert durch letztere: Jede dieser Frauen ist in gewisser Weise eine zu Rettende. Das Maximum der »altruistischen« wie auch der »egoistischen« Versuchung repräsentiert die Unbekannte, die ein emphatisches »Leben« bedeutet und zugleich vom Tode zu erretten ist – hier aber tritt schließlich auch die Wende ein. Denn die Rollen vertauschen sich, nicht Fridolin ist es, der als Arzt anderen das Leben rettet und dabei potentiell sein eigenes Leben aufs Spiel setzt (vgl. EII, 473), sondern die Unbekannte opfert sich für ihn. Bereits bei der Begegnung mit dem Stadtstreicher unmittelbar nach der ersten Station wird sich Fridolin des Wunsches bewußt, »jeder Art von Verantwortung und Versuchung so rasch als möglich zu entfliehen« (EII, 446). Die zunehmende Befreiung von der »altruistischen« Rolle wird dabei erfahren als maximale psychische Entfremdung von der eigenen vertrauten Welt, die den Helden hier nicht nur »heimatlos« macht wie etwa bei Berta, sondern die Personen der jeweils vorhergehenden Station »ihm völlig ins Gespenstische entrückt« und »unwirklich« werden läßt (EII, 449, 446) – eine »Empfindung«, in der:

> zugleich etwas Beruhigendes [war], das ihn von aller Verantwortung zu befreien, ja aus jeder menschlichen Beziehung zu lösen schien. (EII, 449)

»Menschliche Beziehung« heißt hier soziale Verantwortung und stete potentielle altruistische Verpflichtung anderen Menschen gegenüber. Am Ende des nächtlichen Abenteuers ist die »Wandlung« (EII, 467) seiner Person explizit vollzogen: Er hat sich von bürgerlichen Werten wie Verantwortung, »Pflicht«, »Opfermut« (EII, 473) etc. befreit, neben der alten, »realisierten Person« als Helfer, »brave[r] Gatte und Familienvater« die neue, »potentielle Person« als »Zyniker«, »Wüstling« und »Verführer« entdeckt und ist zur Realisierung eines – seines – »Doppelleben[s]« (EII, 489) bereit.[1] Parallel und zeitgleich hat auch Albertine, die »hausfraulich-mütterlich[e]« Partnerin »mit engelhaftem Blick«, auf der Ebene der psychischen Realität ihr zweites Ich als »treulos[e], grausam[e] und verräterisch[e]« Quasi-Hure (EII, 488,481) gleichsam realisiert.

---

1 Daß dies vom Text *zunächst* nicht im entferntesten moralisch negativ bewertet wird, sondern als notwendige Bedingung für eine gelingende Selbstfindung gilt (aber auch die Relativierung im 2. Kursus ist keine moralische!, vgl. Kap B 4.15), ist z. T. überhaupt nicht verstanden worden. Statt dessen hat man in der Forschung zum schweren moralisierenden und psychopathologisierenden Schlag gegen den Helden ausgeholt: Kluge 1982, S. 322ff beispielsweise attestiert Fridolin »Feigheit«, »Angsthysterie«, »Phobien« etc. und einen »schwächliche[n] Charakter«, der zur »sittlichen Überwindung« unfähig sei. Ein besonders eklatantes Beispiel von Fehlinterpretation bietet Perlmann 1987, S. 184, die der Meinung ist, der Text führe im ersten Kursus vor, »daß Fridolin den moralischen Anforderungen seines Berufes nicht gewachsen [sei]« (!!) (vgl. auch S. 182, 200f); ähnlich auch Knorr 1988, S. 189ff.

2.36 Die neue Sinnstiftung über das Individuum

2.361 Die gesteigerte Intensität des neuen »Lebens«

Das »neue Dasein« (EI, 482) der bürgerlichen Figur manifestiert sich nun ganz allgemein bereits äußerlich durch Merkmale, wie sie das Leben der B-Figuren aufwies: Die alte Statik/Immobilität wird substituiert durch eine neue Dynamik und Mobilität, die alte Heteronomie durch eine neue Autonomie etc. – Berta z. B. hat »ein Gefühl des Verfügungsrechtes über ihre Person und ihre Zeit wie nie zuvor« (EI, 462). Dem korrespondiert die psychische Ebene: Das neue Leben wird vom Subjekt – zunächst, d. h. zumindest im Augenblick der Realisierung des eigenen Potentials – als Selbstfindung und maximales Glück erlebt. Erst jetzt auch wird die Sinnfrage positiv beantwortet, Bertas Leben hat ganz explizit »zum erstenmal [...] einen Sinn« (EI, 482). Diese neue Glücks- und Sinnerfahrung resultiert dabei in erster Linie aus einer gesteigerten Intensität des Erlebens in der erotischen Begegnung. Hier machen die Texte in der Regel besonders deutlich, daß es sich um eine qualitative Steigerung, um ein *Mehr*-Leben handelt. Berta erlebt ihre Liebesnacht mit Emil als »große Fülle ihres Lebens«, als »Seligkeit«, »Liebesrausch« und »Taumel« (EI, 479f, 487); Fridolin ist »wie trunken« und »berauscht [...] von all den Erlebnissen dieser Nacht« (EII, 466f), und auch für Albertines Traum gilt ausdrücklich, daß im normalen bürgerlichen Leben »nichts« der in diesem Traum erlebten »Gelöstheit, der Freiheit, dem Glück gleichkommt« (EII, 478). Casanova schließlich erlebt mit Marcolina eine »ungeahnte Seelenwonne« und »Entzückungen«,

> die ihm als höhere, ja von neuer, andrer Art erschienen, als er jemals genossen. Lust ward zur Andacht, tiefster Rausch ward Wachsein ohnegleichen; hier endlich war, die er schon so oft, töricht genug zu erleben geglaubt, und die er noch niemals wirklich erlebt hatte – Erfüllung war an Marcolinens Herzen. (EII, 307)

Unverkennbar ist in allen zitierten Beispielen der stark euphorische Charakter dieses intensiven Erlebens. In *Casanovas Heimfahrt* manifestiert sich darüber hinaus am deutlichsten eine typische Korrelation, die die faktische Abweichung mit der sprachlichen – bei Schnitzler allerdings eher dezenten – Abweichung verknüpft. Das ›*histoire*‹-Ereignis des neuen »Lebens« wird auch als ›*discours*‹-Ereignis[1] abgebildet mit einer zur Emphase tendierenden, durch Metaphorik und Stilisierungen wie gehäufte Parallelismen oder v.a. ternäre Syntax hervorgehobenen abweichenden Sprache:

> War an diesen Lippen nicht Leben und Sterben, Zeit und Ewigkeit eines? War er nicht ein Gott –? Jugend und Alter nur eine Fabel, von Menschen erfunden? – Heimat und Fremde, Glanz und Elend, Ruhm und Vergessensein – wesenlose

1 Zu den erzähltheoretischen Begriffen ›histoire‹ und ›discours‹ vgl. Todorov 1981.

Unterscheidungen zum Gebrauch von Ruhelosen, von Einsamen, von Eiteln – und sinnlos geworden, wenn man Casanova war und Marcolina gefunden? (EII, 307)

Die beiden Dramen *Der Schleier der Beatrice* und *Die Frau mit dem Dolche* weisen diesbezüglich eine Spezialvariante auf: Durch das Alternieren von Vers und Prosa machen sie beide bedeutungshaltig und thematisieren zugleich diese sekundäre Semantisierung. *Prosa verhält sich zu Vers wie homolog Normalität zu Abweichung:* Wenn Pauline im *Dolch* ihr Potential als Paola realisiert – auch auf der Ebene der Namensgebung erfolgt eine Transformation[1] –, dann transformiert sich der Text insgesamt in Verssprache und thematisiert damit auf einer Metaebene zugleich seinen Status der Literarität. Es entsteht »Kunst«, die sich ihrerseits zur Realität verhält wie Abweichung zu Normalität. Ein höchst komplexes System von Distributionsregeln bezüglich Vers und Prosa entwirft *Der Schleier der Beatrice*, wovon hier nur folgendes festgehalten sei: Die extremen B-Figuren wie Filippo und Beatrice sprechen prinzipiell nur Vers, die AA-Figur Vittorino nur Prosa, und wiederum andere Figuren wechseln genau in dem Augenblick von der Normalsprache in die abweichende Verssprache über, da sie sich der eigenen in ihnen angelegten Abweichung bewußt werden (vgl. z. B. Rosina im IV. Akt DI, 657).

2.362 Die latente narzißtische Dimension

Der maximale Wert und Sinn dieses neuen Lebens bemißt sich nun gerne auch daran, daß das Individuum zum Opfer nicht nur der bisherigen bürgerlichen Existenz, sondern sogar des eigenen biologischen Lebens bereit ist:

> Sie fühlt sich ganz als Emils Geschöpf, alles, was vor ihm da war, scheint ausgelöscht. Wenn er von ihr verlangen möchte: lebe ein Jahr, lebe diesen Sommer mit mir, dann aber mußt du sterben, – sie würde es tun. (EI, 477)

Das Modell der Frau als »Geschöpf« des exzeptionellen Mannes ist freilich ein geschlechtsspezifisches und als solches zugleich epochales.[2] Nicht geschlechtsspezifisch ist hingegen das Modell der Bereitschaft zum Selbstopfer. Auch in der *Traumnovelle* ist der Erwerb der Unbekannten Fridolin ausdrücklich »mein Leben [...] wert«, ein künftiges Leben ohne sie »hat keinen Wert mehr für mich« (EII, 466, 469). Desgleichen ist Casanova der potentielle

---

1 Auch die zeitgenössische Psychopathologie kennt dieses Modell, vgl. das hübsche Beispiel, welches Dessoir in seiner Kasuistik der pathologischen Doppelexistenzen referiert: Die mehrmalige psychische Transformation der Patientin (ein Fall Janets) wird auch als mehrmalige Transformation ihres Namens Léonie in Léontine und Léonore abgebildet (Dessoir 1896, S. 23, 31f).

2 So schon im *Märchen*; besonders ausgeprägt beispielsweise auch in Hofmannsthals *Der Abenteurer und die Sängerin oder die Geschenke des Lebens* (1898).

Duelltod durch Lorenzi als Preis für das kurzfristige neue »Leben« »wohlfeil genug« (EII, 312). Die Bereitschaft zum Selbstopfer verlangte bereits die alte Moral – mit der Substitution des »altruistischen«/überindividuellen durch den »egoistischen«/individuellen Wert kehrt sich das alte Modell aber völlig um: Im Opfer für die anderen/die Norm negiert das Subjekt seinen Selbstwert und die Relevanz eines eigenen emphatischen »Lebens«, im Opfer für das Ich hingegen setzt das Subjekt seinen Selbstwert sowie die Relevanz eines emphatischen, eben über das bloße biologische Leben hinausgehenden »Lebens«. Die alte Sinnstiftung basierte auf überindividuellen und sozialen Werten wie der Normerfüllung – die neue, alternative Sinnstiftung dagegen auf dem neuen Wert des Individuums und der radikalen Abwertung der alten sozialen Werte.

Dieser neue Selbstwert des Individuums und seiner Psychologie tendiert nun dazu, auch eine unzweideutig narzißtische Dimension zu entfalten. Ein neuer Selbstwert resultiert zum einen aus der neuen Körpererfahrung der – hier ausnahmslos weiblichen – Figuren. In dem Maße, wie das unbewußte Potential privilegiert die sexuellen Wünsche des Individuums enthält, betrifft die Transformation der Person immer auch die Relation des Individuums zu seinem Körper. Der Körper ist also ebenso ein Fremdes wie das psychische Potential und gehört im Ausgangszustand quasi nicht zur Person.[1] So nimmt Berta etwa ihren Körper zunächst im Rahmen einer Quasi-Krankheit als eines eben nicht normalen, sondern fremden Zustandes wahr; die Bewußtwerdung des Potentials beginnt mit körperlichen Symptomen, die sie »an eine ganz frühe Epoche ihrer Mädchenzeit erinner[n]« (EI, 395), die also als eine Art zweiter Pubertät gesetzt werden und zeichenhaft ihre erneute Initiation in die Erotik auf Handlungsebene ankündigen. Allgemein kann sich der einsetzende Bewußtwerdungsprozeß durch eine Transformation des sichtbaren körperlichen Ausdrucks signalisieren, so bei Dionysia in der *Hirtenflöte* in »einem seltsam schwebenden Gang, den er [Erasmus] nie an ihr gekannt hatte« (EII, 15), ähnlich auch im Tanz der Aurelie in der *Komödie der Verführung*.[2]

Die neue Körpererfahrung betrifft privilegiert den nackten Körper: Die verhüllte, offizielle, sichtbare Person verhält sich zum unsichtbaren, nackten Körper wie homolog die realisierte bürgerliche Person zur potentiellen nicht-bürgerlichen. Beides ist dem Subjekt zunächst nicht bewußt, und beides liegt unter einer Oberfläche des Sichtbaren und unter einer »Hülle«. Die wörtliche Hülle des Kleides steht zugleich zeichenhaft für die »Hüllen« der Kultur und der Moral. Besonders explizit in *Fräulein Else*: Unter der Hülle ist »nichts [...] als ich, ich selber« (EII, 367) – eine Formulierung, die

1 Vgl. Titzmann 1989a.

2 Vgl. auch Johanna (*Der einsame Weg*) und Leonilda (*Der Gang zum Weiher*). Der (weibliche) Tanz erfährt in der Frühen Moderne bekanntlich allgemein eine neue Relevanz und wird mit Sexualität und »Leben« korreliert, vgl. Rasch 1967c.

eine metaphorische Lesung der »Hülle« erzwingt. Signifikant ist diesbezüglich auch die sich rekurrent findende Art der Wahrnehmung des eigenen Körpers über dessen »Linien«, so etwa bei Beate:[1]

> plötzlich merkte sie, daß sie die Linien ihres Körpers wie lockend spielen ließ. [...] mit einem Male, quälend deutlich und doch mit einer schmerzlichen Lust, vermochte sie unter ihrer leichten Hülle die Umrisse ihres Körpers zu fühlen (EII, 71, 80).

»Umrisse« und »Linien« des Körpers konstituieren seine Grenze nach außen, sind also das, was den Körper überhaupt als solchen bewußt macht und wahrnehmen läßt. Hier ist der zeitgenössische vestimentäre Kode miteinzubeziehen. Stefan Zweig etwa thematisiert in *Die Welt von gestern* die den weiblichen Körper maximal verhüllende Mode der zweiten Hälfte des 19. Jahrhunderts und formuliert deren »geheimen Sinn«[2] folgendermaßen: »die *Körperlinie* einer Frau sollte [...] verheimlicht werden«.[3] In Familie und Gesellschaft gilt das »pädagogische Ziel der Entkörperlichung« der Frau.[4] Logisch konsequent sind es daher die Körperlinien, die nun der weiblichen Heldin neu bewußt werden und dem Körper als solchem überhaupt erst eine Existenz verschaffen. In den zeitgenössischen Geschlechtercharakteristiken, die noch weitgehend dem alten Modell der zweiten Hälfte des 19. Jahrhunderts verpflichtet sind, wie z. B. bei Krafft-Ebing, findet sich die explizite Korrelation der sozialen und der psychischen Ebene: Das Verbot der öffentlichen Existenz ihres Körpers wird korreliert mit einem Verbot der Bewußtheit der Frau in bezug auf ihren Körper; sie soll gefallen und schön sein, ohne sich dessen bewußt zu sein. Insofern unterliegt auch die Schminke als bewußtes Signalisieren körperlicher Merkmale im 19. Jahrhundert dem Tabu und rückt eine Frau bereits in die Nähe der Hure – an der Opposition von Beate und Fortunata wird dieser Kode auch bei Schnitzler noch thematisiert;[5] das gleiche Tabu gilt auch der Betrachtung des eigenen nackten Körpers im Spiegelbild – Elses Selbstbetrachtung ist auf dem Hintergrund des alten Systems eindeutig als Normverstoß zu werten.[6] Dieses traditionelle Verbot

---

1 Eine weitere rekurrente Körpersensation ist die Wahrnehmung des Blutes, welches metonymisch für Erotik/Sexualität steht – Beates sexuelle Wünsche werden als »Sehnsucht ihres Blutes« bezeichnet (EII, 92), Berta spürt besonders intensiv »das Kreisen des Blutes in ihrem ganzen Körper« (EI, 395). Blut ist bekanntlich in der Frühen Moderne ein zentraler metaphorischer, wiederum mit »Leben« korrelierter Komplex, vgl. z. B. Titzmann 1989a.

2 Zweig 1970, S. 92.

3 Ebd.. Zu den vestimentären Kodes vgl. auch Sennett 1986, S. 193ff und Corbin 1992, S. 455f.

4 Corbin 1992, S. 460.

5 Vgl. Krafft-Ebing 1984, S. 15 und Sennett 1986, S. 245.

6 Spiegel waren nur in Bordellen gebräuchlich, erst um 1900 beginnt die allmähliche Verbreitung des Spiegels auch in der bürgerlichen Wohnung (vgl. Corbin 1992, S. 430f). Vgl. auch M. Wolf in seiner Kritik an der »sittlichen Entartung des modernen Weibes«: »[...] und vor dem nächsten Schaufenster berauscht sie sich an dem unwiderstehlichen Reiz ihrer eigenen Gestalt« (Wolf 1894, S. 111).

des narzißtischen Bewußtseins des eigenen weiblichen Körpers ist bei Schnitzler ex negativo noch exakt rekonstruierbar, so etwa aus Anselmas Bericht über Leonildas erotische Bewußtwerdung im *Gang zum Weiher*:

> ANSELMA Hätt's du geseh'n,
> Wie schön sie war, und *wie sie's wußte*, und
> Wie sie *berauscht von diesem Wissen* war [...]. (DII, 749)

Der Tabuisierung alles Körperlichen liegt also eine Abwertung zugrunde, die nun von einer neuen Aufwertung abgelöst wird. Bei allen weiblichen Figuren wird das neue narzißtische Wohlgefallen am eigenen Körper betont. Berta etwa genießt »mit einem angenehmen Schauer« die »leise Berührung«, die Emils Brief unter ihrem Mieder verursacht, und fühlt nach der Liebesnacht »eine ganz neue Zärtlichkeit für ihren eigenen Leib« (EI, 435, 488). Beates Wahrnehmung ihres Körpers ist zwar ambivalent, aber eben doch auch mit »Lust« (EII, 80) verknüpft, und bei Else erfährt die narzißtische Dimension ihre maximale Steigerung, wenn der eigene nackte Körper als »heißgeliebtes Spiegelbild« (EII, 367) wahrgenommen wird.

Vergleichbare Körpererfahrungen werden von männlichen Figuren nicht gemacht. Hier nimmt der gesteigerte Selbstwert statt dessen gern die Form einer narzißtischen Phantasie vom Totalbesitz der Frau an. In der *Traumnovelle* wird die rätselhafte Opferbereitschaft jener Unbekannten für Fridolin einfach gesetzt, sie bleibt den ganzen Text hindurch eine – allerdings thematisierte – Leerstelle. Fridolin, »berauscht [...] von sich selbst«, führt die Opferbereitschaft zurück auf einen eventuellen »seltsame[n], unwiderstehliche[n] Zauber« und die »Macht« seiner Person »über das andere Geschlecht« (EII, 467, 471). Casanova phantasiert, er habe mit Marcolina

> die Jüngste, die Schönste, die Klügste durch die ungeheure Macht seines unverlöschlichen Wesens gewonnen und sie für alle Zeit zur Seinen gemacht [...]. Denn diese war sein, wie keine vor ihr. (EII, 308)

Casanova ist ein »Gott« (EII, 307), und den »Literaten« macht die exzeptionelle Liebesbeziehung mit Maria zu einem »höheren, überlegenen, gottnäheren Menschen« (*Der letzte Brief eines Literaten* EII, 223).

Die latente narzißtische Dimension offenbart sich nun aber gerade auch in der Selbstabwertung im Falle der Defizienz von Körper und Jugend. Berta etwa ist, »als müßte sie sich ihres allmählichen Älterwerdens *schämen*« (EI, 399) – Alter und biologische Defizienz generell werden geächtet, dem immerhin erst 53jährigen Casanova beispielsweise gilt sein bevorstehendes Leben als »ein paar Greisenjahre – in Elend und Niedrigkeit« (EII, 312). Alter und biologische Defizienz erhalten geradezu den Rang des *moralischen* Makels der Person, bzw. sie treten im neuen System an die Stelle, die das »Laster« im alten einnahm. Casanovas gealtertes Gesicht ist »ein *böses* Antlitz« (EII, 310), und Rupius, dessen Lähmung einem Wechsel in die Altersklasse des Greisentums äquivalent ist, nimmt diese Umwertung explizit vor, wenn die karitative Pflege durch seine Frau nicht mehr als altruistische Pflicht, wie sie die alte Moral als selbstverständlich setzt, sondern umgekehrt geradezu als Akt der Gnade erscheint und die eigene biologische Defizienz zur Schuld wird (EI, 448). Wenn er seine Lähmung zudem als schlimmer bewertet als den eigenen Tod, dann ist dies eine exemplarische Überlagerung der Ebene des bloßen biologischen wörtlichen Lebens durch eine dominant gesetzte Ebene des metaphorischen emphatischen »Lebens«, die hier ihre ganze Ambivalenz offenbart: So sehr dieses neue Wertsystem erhebend und den Selbstwert der Person steigernd sein kann, wie etwa im Falle des neuen Wohlgefallens am eigenen schönen Körper, so sehr kann es autoaggressive und destruktive Tendenzen entfalten im Falle der biologischen Defizienz. Berta hat zwar keinen Anlaß zu solcher Selbstvernichtung wie Rupius, aber allein das Bewußtsein der schwindenden Jugend und des defizienten, provinziellen Aussehens führt zu einer massiven Selbstwertkrise. Die Selbstabwertung ist im Text schließlich mit mangelnder sozialer Kompetenz, Selbstunsicherheit und »Verlegenheit« (EI, 420) korreliert. Umgekehrt bilden bei der besseren Alternative die Merkmale »jung«, »hübsch«, »unbefangen« und »stolz« (EI, 420) ein gemeinsames Paradigma – so nicht nur, was Bertas eigene vergangene Jugend, sondern insbesondere auch Emil und den alternativen Raum Wien selbst betrifft, wo sie selektiv nur junge, hübsche und gutgekleidete Leute wahrnimmt, die ihr »alle viel glücklicher« erscheinen »als daheim« (EI, 414). Die radikalste Abwertung, ja regelrechte Vernichtung der Person erfolgt freilich in *Casanovas Heimfahrt*, als die betrogene Marcolina den alten Casanova »mit einem Blick unnennbaren Grauens« wahrnimmt:[1]

> Und Casanova *wußte, wie sie ihn sah*; denn *er sah sich selbst gleichsam im Spiegel der Luft* und erblickte sich so, wie er sich gestern in dem Spiegel gesehen [...]: ein gelbes böses Antlitz mit tiefgegrabenen Falten, schmalen Lippen, stechenden Augen [...]. Und was *er in Marcolinens Blick las*, war nicht, was er tausendmal lieber darin gelesen: Dieb – Wüstling – Schurke –; er las nur dies eine –, das ihn schmachvoller zu Boden schlug als alle andern Beschimpfungen vermocht hätten – er las das Wort, das ihm von allen das furchtbarste war, da es sein endgültiges Urteil sprach: Alter Mann. – Wäre es in diesem Augenblick in seiner Macht gestanden, *sich selbst durch ein Zauberwort zu vernichten* – er hätte es getan, nur um nicht [...] sich Marcolinen in seiner Blöße zeigen zu müssen, die ihr verabscheuungswürdiger *dünken mußte* als der Anblick eines ekelhaften Tieres. (EII, 310)

Die Wahrnehmung durch Marcolina erfolgt aber in der Perspektive Casanovas: Er selbst projiziert letztlich, wie die hervorgehobenen Stellen andeuten, seine Selbstabwertung in die wahrnehmende Marcolina hinein; primär nicht der andere, sondern das Subjekt selbst »vernichtet« sich.

---

1 Im Vergleich zu anderen Autoren der Epoche aber eher noch harmlos, vgl. etwa Hofmannsthals *Der Abenteurer und die Sängerin* oder Beer-Hofmanns *Der Tod Georgs*.

Doch auch jenseits der unmittelbaren körperlich-biologischen Ebene kommt es zur Selbstauf- bzw. -abwertung. Wenn etwa allein die neue Zugehörigkeit zu sRB Berta fühlen läßt, »daß sie *viel mehr geworden*« ist, und regelrechte Verachtung gegenüber den (anscheinend) so »tugendhaften Leute[n]« ihres eigenen Raums auslöst (EI, 445f), dann verrät sich hierin auch, in welchem Ausmaß der semantische Raum des Fremden als solcher von der bürgerlichen Figur narzißtisch besetzt ist. Dabei beruht nicht nur die Abwertung des Eigenen, sondern auch diese Idealisierung des Fremden zu weiten Teilen auf Projektion. So projiziert Berta alle nur erdenklichen Positivwerte auf die abweichende B-Figur. Die fiktiven Versatzstücke aus Romanen und Phantasien (vgl. etwa EI, 420f) machen deutlich, daß die maximale Differenz zwischen beiden Figuren und Leben zunächst weniger auf einem Faktum beruht, als vielmehr und primär ein Phänomen der projektiven Setzung durch das Subjekt selbst ist. Diese Differenz ist daher in der Tendenz immer auch vom Subjekt *selbst hergestellt*, ja dieses hat ein regelrechtes *psychisches Bedürfnis* danach – am Ende muß sie denn auch einer desillusionierenden Realitätsprüfung weichen. Insofern die epochale radikale Oppositionsbildung von »Nicht-Leben« vs »Leben« selbst bereits auf der Abwertung des Eigenen und der projektiven Idealisierung des Fremden beruht und das eigentliche, wahre »Leben« in einem steten Anderswo situiert, korrespondiert dem latenten Narzißmus auf der Ebene der Figurenpsychologie auch ein gewisser latenter Narzißmus auf Systemebene.[1]

2.37 Die neue Psychologie und die »Semiotik« der erotischen Beziehungen

2.371 Der »neue Blick«

Die Entdeckung der Psychologie, die E1 inszeniert, umfaßt in der Regel neben der Bewußtwerdung des eigenen psychischen Potentials auch den Erwerb eines neuen psychologischen Blicks der Figur für ihre menschliche Umwelt. Wie die neue Körpererfahrung, so wird auch diese Transformation der Person dominant an Hand von weiblichen Figuren vorgeführt. Berta z. B. sieht »deutlicher, als oftmals vorher«, und nach der Liebesnacht mit Emil ist ihr, »als verstünde sie wie etwas Neues die *Sprache der Blicke*« (EI, 402, 478). Desgleichen kann Beate plötzlich »zum erstenmal« etwas sehen, »was ihren harmlosen Augen sonst immer entgangen war« und erhält ebenfalls einen »schmerzlich geschärften Blick für menschliche Beziehungen« (EII, 61f., 83). Die A-Figuren erwerben sich hiermit etwas, was den B-Figuren in gesteigertem Maße eignet. Diese – primär die männlichen – haben ohnehin

---

1 Sennett 1986 hat gezeigt, wie sehr sich bereits im 19. Jahrhundert eine Kultur mit »pränarzißtischen« Strukturen herausbildet, in deren Rahmen auch die heimliche Fixierung auf die Abweichung gehört.

nicht selten eine Nähe zum Quasi-Therapeuten und sind dementsprechend durch ein außergewöhnliches psychologisches Wissen gekennzeichnet, wobei diese exzeptionelle psychologische Sehschärfe gern ganz wörtlich abgebildet wird als exzeptionelle physische Sehschärfe.[1] Neben Paracelsus dürfte die ausführlichste Darstellung dieser Fähigkeit wohl die des Casanova sein. Zahlreich sind die Textstellen, die seine Gabe demonstrieren, verbale und nonverbale Zeichen auf eine verborgene psychische Realität hin zu dekodieren. »Nur für Casanova, den Wissenden« (EII, 280) existiert eine zusätzliche Bedeutung da, wo alle anderen nichts sehen. Marcolina ist ihm zwar an wissenschaftlicher Geistesschärfe und an Jugend, nicht aber an psychologischem Wissen überlegen – hier steht seine Überlegenheit außer Frage. Ausnahmslos handelt es sich um erotische Inhalte bzw. Realitäten, die Casanova zu sehen vermag – eine Extremvariante ist seine Vorausahnung und antizipierende Konstruktion eines Liebesverhältnisses zwischen Marcolina und Lorenzi, bevor er diese beiden überhaupt gesehen hat und bevor dieses Verhältnis überhaupt realisiert worden ist. Die Sehschärfe im erotischen Bereich setzt freilich die eigene maximale Sexualisierung, d. h. die *eigene Bereitschaft*, überall erotische Signifikate zu sehen, voraus und kommt damit wiederum in die Nähe der projektiven Setzung.

Die Wahrnehmung der Außenwelt ist somit in gewisser Weise eine Funktion der eigenen Psyche, und die neue Wahrnehmung der Umwelt korrespondiert mit der neuen Selbstwahrnehmung, zwischen beiden besteht eine notwendige Beziehung. Das in der Psyche verborgene Abweichende kann bei *anderen* Menschen erst in dem Maße wahrgenommen werden, wie das Subjekt es bei *sich selbst* entdeckt hat.[2] So weiß Beate von Ferdinands Ehebrüchen nur darum »mit einemmal«, »weil sie nicht anders, nicht besser gewesen war als er!« (EII, 94), und Berta weiß bei ihrem ersten Wienaufenthalt just »in diesem Augenblick [...] ganz bestimmt« (EI, 121) von Frau Rupius' Liebesverhältnis, da sie selbst sich ihrer eigenen erotischen Wünsche

1 So etwa Paracelsus, Casanova, die Weissagergestalten Marco Polo (*Weissagung*) und Geronte (*Abenteurernovelle*). Psychologisches Wissen wird beim männlichen Individuum dabei mit Erotik und Macht korreliert, alle drei Komplexe werden optisch kodiert. Der hypnotische Blick des Paracelsus auf ein weibliches Objekt hat äquivalenten Status wie die den Tod weissagenden Blicke der okkulten Magiergestalten auf ein männliches Objekt: Beides sind Akte der Besitzergreifung und metaphorischen »Tötung« (s. auch B 4.31). Dies wäre natürlich auch mit zeitgenössischen sozialgeschichtlichen Phänomenen zu korrelieren wie der offensichtlich stark geschlechterdifferenzierenden Kodierung des Blickverhaltens in der Kultur um 1900. Ich thematisiere diesen Komplex hier nicht weiter; zum Problem der Tötung durch Blicke vgl. auch Reik 1981, S. 26, 92.

2 Generell entdeckt die Epoche, zumal im Umkreis der Lebensphilosophie, die das Problem der Erkennbarkeit des Fremdpsychischen bekanntlich zentral theoretisiert, daß »Fremdichwissen am eigenen Ich gewonnenes Ichbewußtsein überhaupt voraussetzt« (Scheler 1923, S. 249). Vgl. auch Th. Lessing: »Wir nehmen (bildlich gesprochen) von allen Tönen außer uns immer nur die in uns auf, für welche wir ›gestimmt‹ sind« (Lessing 1907, S. 39). Auf einer höheren Ebene geht es dabei immer um das Problem, wie Realitätserkenntnis überhaupt möglich sei, vgl. Scheler 1923, S. 290.

bewußt geworden ist. Der Bewußtwerdungsprozeß der Figur umfaßt also nicht nur ein Unbewußtes, sondern auch ein Nicht-Gewußtes. Freilich nähert der Text Unbewußtes und Nicht-Gewußtes einander an, wenn z. B. für Bertas neues Wissen über die anderen gilt, daß sie letztlich »alles längst geahnt« (EI, 499) hat – dieses Wissen über die fremde normverletzende Erotik war also eigentlich bereits ebenso in der Psyche gespeichert und verdrängt wie die eigene normverletzende Erotik.

2.372 Die Konstitution von (non)verbalen Sekundärkodes

Die Entdeckung der Psychologie ist äquivalent der Entdeckung bzw. dem Postulat, daß das unsichtbare Psychische der Person sich in sichtbaren, primär nonverbalen Zeichen kundtut. Ab dem Augenblick, da eine psychische Realität als eine weitere, eigenständige Realitätsebene jenseits der sichtbaren postuliert wird, wird letztere zugleich zeichenhaft auf erstere hin. Das Psychische ist zwar einerseits unsichtbar, verborgen, aber es manifestiert sich jetzt – indirekt – auf der Oberfläche, seine *faktische Absenz* korrespondiert notwendig mit seiner *zeichenhaften Präsenz*. In dem Maße, wie Berta oder Beate den neuen psychologischen Blick erwerben, konstituiert sich also im Text gehäuft und explizit nonverbale Kommunikation, wie etwa im folgenden Beispiel eines wörtlichen gedachten Dialogs aus *Frau Beate und ihr Sohn*:

> Der Direktor küßte Beate die Hand. Was immer dir begegnen mag, so zitterte es jetzt in seinem Schweigen, ich werde es verstehen und du wirst einen Freund an mir haben. – Laß mich in Frieden, erwiderte Beate wortlos wie er. (EII, 79)

Vergleichbare Thematisierungen der Existenz von nonverbalen Kodes gibt es bei männlichen Helden eher selten, und wenn, dann viel schwächer ausgeprägt. Beispiele hierfür wären *Die Frau des Weisen* und *Der Sekundant*, wo ein expliziter Bedeutungswandel von äußerlich identischen, bislang als harmlos und ohne erotische Bedeutung wahrgenommenen Gesten in Funktion der Psyche der erlebenden Figur erfolgt. Auch hier handelt es sich übrigens jeweils um einen Prozeß der Initiation in Erotik.

Neben der herkömmlichen verbalen Sprache wird somit die nonverbale als eine alternative Sprache entdeckt, und es kommt zur Umhierarchisierung zwischen beiden: Die Sprache der Gesten und Blicke, die bislang keine oder nur untergeordneten Rang hatte, wird nun für bestimmte – nämlich eben jene erotischen – Kommunikationen zur eigentlichen Sprache, die ihre Bedeutungen »untrüglich« und »deutlicher als alle Worte« vermittelt (*Beate* EII, 74). Sennett hat in seiner großen historisch-soziologischen Studie zum »Verfall des öffentlichen Lebens« gezeigt, wie die Annahme der »unwillkürlichen Charakteroffenbarung«[1] im 19. Jahrhundert, insbesondere in der zweiten

1 Sennett 1986. Die notwendige Korrelation zwischen der Konstitution einer expliziten Indi-

Jahrhunderthälfte, zur Ausbildung von nonverbalen Kodes geführt hat, die alles Private/Psychische im öffentlichen Raum zeichenhaft präsent sein lassen. Dazu gehört u. a. auch der vestimentäre Kode, der nun als »Ausdruck des Selbst« fungiert.[1] Schnitzlers Texte sind nicht zuletzt auch ein Dokument für die extrem hohe Elaboriertheit der nonverbalen – wie auch indirekten verbalen – Kodes in der bürgerlichen Gesellschaft um 1900. Es konstituiert sich nun, so Sennett, eine regelrechte »Welt, deren Gesetze nur den Eingeweihten zugänglich sind«.[2] *Frau Berta Garlan* ist auch hierfür wiederum ein exzellentes Beispiel. Der Eintritt in den semantischen Raum sRB wird abgebildet als regelrechte *»semiotische Initiation«*. Mit dem Erwerb eines exklusiven Wissens und Kodes ist sie nun keine »Ausgeschlossene« mehr, »vor der alle anderen Geheimnisse hatten« (EI, 479). Doch dieses neue Wissen erweist sich schließlich als bloß partielles und letztlich ungenügendes. Bertas psychisches und erotisches Problem mit Emil – und hiermit greife ich bereits auf Teil B vor – wird abgebildet als Problem der mangelnden Kenntnis der Kodes, wobei hier nicht nur nonverbale, sondern auch verbale, aber eben indirekte und sekundäre Kodes relevant werden. Wiederholt hat sie erhebliche Schwierigkeiten sowohl beim Verfassen eigener Briefe, ist »unfähig [...], sich auszudrücken« – welche indirekte, zusätzliche Bedeutung könnte welches Wort in welchem Kontext annehmen? –, als auch beim Dekodieren von Emils Briefen – ist es nun ein Abschiedsbrief oder nicht?: »was sollte das alles bedeuten? War es zu Ende?« Welches ist schließlich der Status dieser Beziehung – »Hat sie denn nun ein ›Liebesverhältnis‹ mit ihm?« (EI, 491f, 485) –, und welche eventuelle unwillkürliche und sekundäre Bedeutung hatten ihre eigenen Handlungen, Gesten, Worte?

> *Was konnte sie wissen*? [...] wer weiß, was für eine Ungeschicklichkeit oder Dummheit sie begangen ... ob sie nicht in irgendeinem Moment, wo sie hingebend, zärtlich, beseligt und beseligend zu sein glaubte, lächerlich und abstoßend gewesen ist? ... *Was weiß sie denn von allen diesen Dingen*? (EI, 485)

Die illegitime Erotik und die Welt der Abweichung als solche erweisen sich als ein durch höchst komplexe Zeichensysteme und Sekundärkodes geregelter Bereich. Um einen Partner erfolgreich zu erobern, zu halten oder loszuwerden, bedarf es nun der Kenntnis bestimmter indirekter verbaler und nonverbaler Kodes. »Große Erfahrung« (EI, 491), Vorbereitung und Wissen sind vonnöten, um sich in diesem fremden semiotischen Raum zurechtzufinden. Der erfolgreiche Umgang mit dem Abweichenden setzt in dieser Welt also eine besondere soziale Kompetenz voraus. Damit ergibt sich freilich ein

vidualpsychologie und der Konstitution eines expliziten nonverbalen Kodes für Psychisches läßt sich bereits da verfolgen, wo die moderne literarische Psychologie gewissermaßen ihre Wurzeln hat, nämlich in der Literatur der unmittelbaren Nach-Goethezeit zwischen 1830 und 1850, vgl. Lukas 1995b.

1 Sennett 1986, S. 193.

2 Ebd., S. 214.

Paradoxon: Denn gerade derjenige Bereich, der emphatisch als das »Wahre« und Authentische der Person gesetzt wird, gerät hier zugleich als stark sozial geregelter in den Blick; gerade derjenige semantische Raum, der die offiziellen Normen der Partnerfindung aufhebt, installiert seinerseits neue Normen – allerdings implizite, unbekannte, versteckte neue Normen, deren Kenntnis erheblich schwieriger ist, da sie inoffiziell und nicht mehr vorgegeben sind. Ein bewundertes Merkmal der B-Figuren ist denn nicht zuletzt auch ihre Überlegenheit und überdurchschnittliche soziale Kompetenz genau in diesem nun allgemein so schwierig gewordenen Bereich der zwischenmenschlichen intimen Beziehungen.

A 3. Hypothesen zum Strukturwandel vom Realismus zur Frühen Moderne

Ein kurzer Blick auf den Epochenwandel vom Realismus zur Frühen Moderne soll Teil A abschließen. Das erste Ereignis E_1 besitzt eine unmittelbare literarhistorische Dimension, denn das in den Texten thematisierte alte System S_A entspricht in seinen zentralen Aspekten dem des Realismus bzw. sozialgeschichtlich dem »viktorianischen« Wert- und Normensystem der zweiten Hälfte des 19. Jahrhunderts. Sowohl die alte Moral mit den bislang rekonstruierten Normen zur Erotik als auch die mit ihr notwendig korrelierte alte Personkonzeption bzw. Psychologie, die das Subjekt auf die »soziale Person« und das Bewußte beschränkt, sind nachweisbar die im Literatur- und Denksystem des Realismus – *offiziell* – gültige Moral und Personkonzeption/Psychologie.[1] Die maximale Interiorisierung vorgegebener tradierter Normen, die zur Identifikation des Subjekts mit überindividuellen Werten führt auf Kosten der – zu verdrängenden – individuellen psychischen Bedürfnisse, die also den Verzicht auf Glück und das Selbstopfer des eigenen gesteigerten, ja gar des biologischen Lebens verlangt – *Leutnant Gustl* etwa inszeniert all diese Implikationen in ironisch-grotesker Übersteigerung: Dies ist nicht nur jene alte Moral, von der sich die Schnitzlerschen Figuren zu befreien trachten, sondern zugleich jene, die das Literatursystem des Realismus – wenn auch heimlich gebrochen – als Ideal propagiert und seinerseits in einem Prozeß der Abgrenzung von Goethezeit und Biedermeier als neue Moral erst installiert. *Die Schnitzlerschen Texte bilden mit der vorgenommenen Substitution eines gegebenen durch ein alternatives oppositionelles Wert- und Normensystem also immer auch textintern den literarhistorischen und denkgeschichtlichen Systemwandel ab, dessen Produkt sie selbst zugleich sind.* Der Ausgangspunkt, der textintern für die dargestellte Figur gesetzt wird, korrespondiert dem Ausgangspunkt des Textes auf der Ebene des Systems: das jeweils eigene, vertraute System S_A des Realismus bzw. der zweiten Hälfte des 19. Jahrhunderts. Zentrales Thema der Texte ist der *Prozeß der Transformation des alten Systems:* Das neue System bedarf zu seiner Konstitution, wie gezeigt, notwendig der Negativfolie des alten.

Am Beispiel von Stefan Zweigs *Die Welt von gestern* sei kurz illustriert, in welchem Ausmaß das Selbstverständnis der Zeitgenossen in der Frühen Moderne der vergangenen Epoche des Realismus dieselben Merkmale attribuiert, wie sie bei Schnitzler das bürgerliche System S_A kennzeichnen. Zweigs Text entwirft bereits im Titel die Opposition zweier Systeme bzw. »Welten«. Die »Welt von gestern« meint dabei zunächst im weiten Sinne und

1 Ich verweise hierzu auf die Forschung: Zur Psychologie des Realismus s. z. B. Meyer 1991 und 1992, zum Strukturwandel vom Realismus zur Frühen Moderne allgemein s. Wünsch 1991a.

aus der Perspektive des Anfang der 40er Jahre schreibenden Autors die Welt vor dem II. Weltkrieg, die somit den Zeitraum der Frühen Moderne inkludieren würde; sie meint im engeren Sinne aber die Welt der 2. Hälfte des 19. Jahrhunderts, also die des Realismus bzw. des viktorianischen Zeitalters. Denn Zweig erkennt historisch ganz korrekt, daß 1890 die entscheidende Zäsur zweier Epochen darstellt, und daß sich hier die Fundamente für die neue Welt und die Katastrophe des II. Weltkriegs konstituieren.[1] Folgende Merkmale ordnet er diesen zwei »völlig verschiedenen Welten«[2] zu: Die alte Welt ist eine »windstille Epoche« und durch Statik, Immobilität, Konstanz und Erstarrung gekennzeichnet, die neue Welt hingegen durch Dynamik, Mobilität, Beschleunigung und Wandel. Der Nicht-Intensität des Lebens in der alten Welt – »kein Jahrhundert der Leidenschaft«[3] – sowie einer allgemeinen Nicht-Ereignishaftigkeit und Monotonie – »in dieser bürgerlich stabilisierten Welt [...] geschah niemals etwas Plötzliches«[4] – stehen die Intensität des Lebens in der neuen Welt mit dem typischen Doppelaspekt von extremen negativen (»leidend«) und extremen positiven (»lustvoll«[5]) emotionalen Zuständen sowie eine maximale Ereignishaftigkeit gegenüber, es herrscht nun ein »dramatisch überraschungsreiches Leben«.[6] Die alte Welt ist zentriert um die Werte »Alter« und »Kultur«, die neue um die Werte »Jugend« und »Natur«: Es ist eine Zeit, die insbesondere eine neue Sexualmoral im Zeichen von »Natur« hervorbringt, und »in der endlich Jugend zu ihrem Recht kam«.[7] Die alte Moral ist zudem ausdrücklich eine »unpsychologische«, die von der neuen Moral mit Psychologie aufgehoben wird.[8] In der alten Welt herrschte laut Zweig – sozialgeschichtlich wiederum ganz korrekt – eine weitgehende Trennung des öffentlichen und des privaten Lebens, in der neuen hingegen kommt es zur Privatisierung des öffentlichen Lebens und zum tendenziellen Zusammenfall beider Bereiche. In der alten Welt lebte das Individuum nur »ein einziges Leben vom Anfang bis zum Ende«, in der neuen Welt hingegen nun »verschiedene Existenzen« und mehrere Leben.[9] Die Bewertung beider Welten ist schließlich jeweils ambivalent: Die alte Welt ist exemplarisch »die Welt der Sicherheit«, eine maximal zivilisierte Welt, die einerseits Schutz vor wörtlichem Tod bietet, aber andererseits eindeutig als »Nicht-Leben« erscheint – die neue Welt hingegen wird mit emphatischem »Leben« korreliert, zugleich aber auch mit Gefahr, die hier primär als eine

1 Vgl.: »In Wirklichkeit hatte in jenem letzten Jahrzehnt vor dem neuen Jahrhundert der Krieg aller gegen alle in Österreich schon begonnen« (Zweig 1970, S. 84).
2 Ebd., S. 9.
3 Ebd., S. 40.
4 Ebd., S. 41.
5 Ebd., S. 43.
6 Ebd., S. 11.
7 Ebd., S. 62.
8 Ebd., S. 90.
9 Ebd., S. 9.

solche des atavistischen Rückfalls in vorkulturelle Zeiten erscheint.[1] Es ließen sich noch weitere Merkmalszuordnungen abstrahieren, aber ich breche hier ab. Zweig modelliert also die »Welt von gestern« als A-Welt, die neue Welt als B-Welt. Dies mag zunächst nicht so erstaunlich erscheinen, da es sich bei diesem Text ja weniger um einen wissenschaftlichen historiographischen Text als vielmehr um einen quasi literarischen handelt. Es ging aber hier v.a. darum, zu zeigen, daß die Zeitgenossen den Wandel ihrer sozialen Realität in denselben Modellen und Kategorien denken, wie sie die Literatur für individuelle und fiktive Lebensläufe entwirft. Der Epochenwechsel läßt sich somit rekonstruieren als *»kollektiver Lebenswechsel«*, der exakt dieselben Merkmale aufweist wie der dargestellte individuelle Lebenswechsel der literarischen Figuren. Das Individuum rekapituliert gleichsam mit seinem persönlichen Lebenswechsel und Wandel homolog den historischen überindividuellen Wandel, dessen Produkt es selbst ist. Das Denksystem der Frühen Moderne entwirft somit einen *systematischen Isomorphismus zwischen Individuum und System bzw. Kollektiv* – ein Aspekt der zeitgenössischen Isomorphismus-Konzeption von Onto- und Phylogenese, der weitreichendste, hier allerdings nicht mehr zu diskutierende Konsequenzen hat.

---

1 Ebd., S. 14 ff.

TEIL B

DIE AUFLÖSUNG DES BASISKODES

B 1. Die »zweite Texthälfte«: die prinzipielle Desillusionierung

1.1 Die zyklische Restitution des »Nicht-Lebens«

Alle bisherigen Ausführungen zum ersten Ereignis bezogen sich jeweils nur auf die ca. erste Hälfte bzw. die ersten zwei Drittel der Texte. Mit der faktischen Realisierung oder dem verbalen Entwurf eines alternativen Lebens enden die von mir zugrundegelegten 3-Phasen-Texte aber nicht, die Krise ist damit erst vorläufig und/oder scheinbar gelöst. Das alternative Leben wird in einer Zwischenphase entworfen, die in eine Zielphase mündet, die auf das »Leben« wieder ein »Nicht-Leben« folgen läßt und in der Regel wieder – in einer gewissen, noch genauer zu definierenden Weise – zum Ausgangszustand zurückkehrt. Insofern das »Leben« meist über intensive Erotik definiert ist, steht am Ende also das Scheitern dieser Beziehung, wobei dieses »Scheitern« auf der Textoberfläche in den verschiedensten Varianten realisiert sein bzw. die verschiedensten Ursachen haben kann: Es kann zum »Rückfall« des männlichen Partners auf (scheinbar) traditionelle Moralpositionen kommen wie im *Märchen*, in *Freiwild*, oder zu einem analogen »Rückfall« im *Vermächtnis*; einer der Partner kann sterben, wie in *Freiwild* und *Liebelei*, *Doktor Gräsler*, *Traumnovelle*, *Der einsame Weg*, *Der Schleier der Beatrice*, *Der Ruf des Lebens* oder *Der letzte Brief eines Literaten* der Fall, wobei dieser Tod seinerseits auf einem Quasi-»Rückfall« in alte Moralpositionen beruhen kann; einer der Partner, zumeist die Frau, kann sich freiwillig trennen oder abwenden vom anderen Partner, vor oder nach der Realisierung dieser Beziehung, wobei alle möglichen Varianten der minimalen oder maximalen Desillusionierung durch den Partner oder durch andere Größen gegeben sein können: *Die Frau des Weisen*, *Frau Berta Garlan*, *Frau Beate und ihr Sohn*, *Komödie der Verführung*, *Zwischenspiel*, *Der Sekundant*; der – zumeist wieder weibliche – Protagonist kann freiwillig auf die Realisierung seines Potentials verzichten, mit mehr oder weniger desillusionierender Komponente: *Paracelsus*, *Komödie der Verführung*, *Spiel der Sommerlüfte*. Bereits die geringe Zahl von genannten Texten (aus dem Korpus der 3-Phasen-Texte) soll die ungeheure Variationsbreite zumindest andeuten, die auf der Textoberfläche herrscht, hier werden alle nur erdenklichen Varianten durchgespielt, die alle zunächst nur das eine gemeinsame Merkmal haben, daß ein in einer Zwischenphase entworfenes alternatives »Leben« nicht lebbar ist.

Auch ob der Protagonist am Ende ebenso partnerlos ist wie zu Anfang – *Ruf des Lebens*, *Frau Berta Garlan*, die frühen Dramen –, oder ob er einen Partner gewinnt wie in *Doktor Gräsler*; ob eine in der Ausgangsphase A bereits bestehende Beziehung am Ende weitergeführt werden kann – wie in *Paracelsus*, *Traumnovelle*, *Spiel der Sommerlüfte* – oder nicht – *Hirtenflöte*,

Zwischenspiel, Das weite Land etc.; ob der Protagonist in Selbstfindung – u. a. *Traumnovelle, Berta Garlan, Doktor Gräsler, Paracelsus, Casanovas Heimfahrt, Ruf des Lebens* – oder Selbstverlust – u. a. *Frau Beate, Fräulein Else, Komödie der Verführung* endet –, ja überhaupt, ob ein Text »gut« endet – z. B. die *Traumnovelle, Paracelsus* – oder »schlecht« wie die Mehrzahl der Texte, konstitutiert *auf dieser Ebene* kein relevantes distinktives Merkmal. Auch die *Traumnovelle* endet zunächst einmal insofern im »Nicht-Leben«, als sich dasjenige gesteigerte und exzeptionelle Leben, das die Zwischenphase entwirft und demgegenüber das bürgerliche Leben als ein »Nicht-Leben« erschien, als nicht realisierbar erweist, Analoges gilt für andere Texte. Es gilt also die *prinzipielle Nicht-Realisierbarkeit des vom Helden ursprünglich dauerhaft angestrebten neuen Lebens.* Die Texte weisen allesamt eine resignative und desillusionierende Tendenz auf, die an der Oberfläche mehr oder weniger stark ausgeführt sein kann.

Die Nicht-Lebbarkeit des neuen »Lebens« impliziert damit immer auch eine *zyklische Restitution des defizienten Ausgangszustandes.* Denn auch diejenigen Texte, die mit der definitiven Trennung einer zu Anfang bestehenden (*Hirtenflöte, Zwischenspiel, Das weite Land*) oder quasi-bestehenden (*Komödie der Verführung*) ehelichen Beziehung enden, in dieser Hinsicht also in C einen Wandel und einen neuen – defizienten – Zustand herbeiführen, führen doch zugleich insofern zum Ausgangszustand zurück, als dieser seinerseits bereits als ein »Nicht-Leben« galt bzw. von einem Partner als ein solches postuliert und vom anderen zumindest partiell bestätigt wurde. Analoges gilt für den umgekehrten Fall der definitiven Partnerfindung wie in *Doktor Gräsler* z. B., die – in dem Maße, wie sie letztlich und tendenziell immer auch resignativ ist – ebenfalls in den Ausgangszustand eines »Nicht-Lebens« zurückführt. Auch wenn das am Ende erreichte »Nicht-Leben« niemals bzw. allenfalls auf der Oberfläche genau *das* »Nicht-Leben« der Ausgangsphase ist, so impliziert doch zunächst einmal allein das Scheitern des Lebenswechsels die Rückkehr in *ein* »Nicht-Leben«.

In jedem Text ist der Protagonist in der Ausgangsphase in die bürgerliche Ordnung integriert, aber nicht in jedem Text kehrt er dahin zurück. Von der zyklischen Restitution des Zustandes eines »Nicht-Lebens« zu unterscheiden ist also zunächst einmal die zyklische Restitution der bürgerlichen Ausgangsordnung auf der Ebene der faktischen Realität, die nur in einer Teilmenge der Texte realisiert wird. Das »Nicht-Leben« der Phase C kann als Wiedereingliederung in das bürgerliche Leben oder als totaler Ausstieg aus diesem realisiert sein. Der Totalausstieg aus der bürgerlichen Ordnung im eigentlichen Sinn existiert als Modell erst in der psychologischen Phase – der geplante Selbstmord der Protagonistin in den frühen Dramen hat damit nichts zu tun. Dieser Totalausstieg ist aber nun ausnahmslos einem psychischen Selbstverlust äquivalent: *Die Hirtenflöte, Komödie der Verführung, Frau Beate und ihr Sohn, Flucht in die Finsternis, Fräulein Else* u. a. sind Beispiele hierfür. Umgekehrt wird die Rückkehr in die bürgerliche Ordnung jeweils mit Selbstfindung korreliert, ja sie gilt nun, wie zu zeigen sein wird, als *eine Bedingung für das Gelingen der Selbstfindung.* Ob diese Rückkehr dabei faktisch gelingt oder nicht, wird auf einer höheren Ebene allerdings neutralisiert. Denn auch da, ja gerade da, wo die Reintegration in eine bürgerliche Ordnung in der Praxis scheitert, werden doch immer die Bedingungen der Wiedereingliederung bzw. der Rückkehr thematisiert. In der Regel werden diese Bedingungen von den Protagonisten selbst formuliert, auch von denen, die definitiv scheitern (vgl. Aurelie und Dionysia). Dann ist die (mehr oder weniger desillusionierende) *Selbsterkenntnis* das übergeordnete psychische Ereignis zu Selbstfindung und Selbstverlust.

Wenn die Rückführung des Subjekts in eine bürgerliche Ordnung letztlich das Ziel der Texte ist, dann ist die Nicht-Realisierbarkeit des neuen »Lebens« prinzipiell auch einem Akt der neuen Grenzsetzung äquivalent. Hinter dem Scheitern des »Lebens« steht immer auch die implizite »Ideologie« des Textes, bzw. genauer gesagt, es wird für eine solche funktionalisiert. Für die Selbstfindungstexte läßt sich somit die allgemeine Formel aufstellen: Das Programm der ersten Texthälfte ist die *Aufhebung der alten Grenzen und der Ausstieg aus der bürgerlichen Ordnung/aus der Kultur im Zeichen des optimistischen Aufbruchs zu einem neuen Leben*, auf der Ebene des narrativen Phasenschemas entspricht dies dem Übergang von Phase A zu B. Das Programm der zweiten Hälfte ist das *Setzen von neuen Grenzen und die Rückkehr in die bürgerliche Ordnung im Zeichen der Desillusionierung*, dies entspricht dem Übergang von B in C. Diese neue Grenzziehung umfaßt dabei immer zwei Aspekte. Zum einen geht es um die neue *moralisch-ideologische* Grenze im Sinne einer Differenzierung zwischen dem akzeptablen und dem inakzeptablen, weil zu großen Normverstoß, zum anderen um die Konstitution von neuen *innerpsychischen* Schranken gegenüber der Abweichung, die das Subjekt nun im Raum der bürgerlichen Kultur zu halten vermögen. Ungeachtet der prinzipiell desillusionierenden Komponente hat die Restitution des »Nicht-Lebens« immer auch einen wesenhaft positiven Aspekt. Der gesamte zweite Teil der Texte widmet sich nun dem Problem, die Rückkehr in die bürgerliche Ordnung *neu zu legitimieren.* Es kommt somit im Übergang von B zu C auch zu einer abermaligen Sinnstiftung, die die im Übergang von A zu B entworfene ihrerseits substituiert. Wenn die erste Sinnstiftung im Herstellen eines Antagonismus zwischen Individuum und Norm/Gesellschaft bestand, wenn aber andererseits der Totalausstieg aus der Gesellschaft einem psychischen Selbstverlust gleichkommt, dann geht es jetzt in der zweiten Sinnstiftung, ganz pauschal gesagt, darum, die beiden Größen des Individuums und der Gesellschaft, der »Natur« und der »Kultur«, der ›Psychologie‹ und der ›Moral‹ wieder miteinander zu »versöhnen« bzw. eine neue mögliche Vermittlung zu entwerfen.

Wie auch in der ersten »Hälfte« der Fall, so ist diese erneute Sinnstiftung das eigentliche – semantisch ideologische – Ereignis, und zwar nun nicht nur der zweiten Hälfte, sondern es repräsentiert *das hochrangigste Ereignis des*

Textes insgesamt. Wie E1 läßt sich auch E2 als abstrakte Substitutionsoperation rekonstruieren, freilich als ungleich komplexere Substitution, die sich nun auf einer *Meta-Ebene* abspielt. Die folgenden Kapitel versuchen die Rekonstruktion von E2, wobei ich wiederum mit der präpsychologisch-»naturalistischen« Werkphase beginne, um dann zur psychologisch-lebensideologischen Phase überzugehen.

1.2 Präzisierung des Phasen-Schemas

Zunächst sei das 3-Phasen-Schema präzisiert und ein weiterer Beleg für die behauptete Zweiteilung dieser Texte geliefert. Bislang war sehr pauschal und ungenau von der ersten »Hälfte« des Textes die Rede. Damit konnte allenfalls die »ideologische Hälfte« gemeint sein, d. h. der Prozeß der Realisierung des Potentials der Person und der Aufhebung der tradierten Normen, der auf der Textoberfläche z. B. mit dem Vollzug des illegitimen Sexualakts abgeschlossen wird, gleichsam als »ideologische Halbzeit« des Textes. Eine Teilmenge der 3-Phasen-Texte zerfällt nun tatsächlich annäherungsweise in zwei Hälften, indem sie auffällige Äquivalenzstrukturen auf der Ebene der Zeit aufbauen, am deutlichsten von allen *Spiel im Morgengrauen* und die *Traumnovelle*.[1] Ich illustriere dies zunächst am Beispiel des letztgenannten Textes. Hier steht am Anfang und am Ende ein zentraler Dialog mit der Ehefrau, der erste führt von A nach B und zum Ausbruch der latenten Krise, der letzte wiederum von B nach C, indem er die Krise – wenn auch für das Paar vorläufig, so doch bezogen auf den vom Text dargestellten Realitätsausschnitt definitiv – löst. Die Mittelphase B zerfällt ihrerseits in zwei Hälften, die als zwei regelrechte Durchgänge, Kursus, organisiert sind, wiederum unterbrochen von einem Dialog mit Albertine. Der erste Kursus steht im Zeichen der Bewußtwerdung der »potentiellen Person«, der psychischen Transformation Fridolins, und der Entfremdung vom bürgerlichen vertrauten Raum sR_A – die Heimkehr zu Albertine und die Erzählung von deren Parallel-Abenteuer auf der Ebene des Traums schließen den ersten Kursus ab und markieren sowohl den Höhepunkt der Entfremdung und der Krise als auch – im nun definitiven Entschluß zu einem anderen Leben – zugleich die Wende. Am folgenden Tag werden die vier erotischen Stationen nochmals durchlaufen, nun aber im Zeichen der Desillusionierung und der Nicht-Realisierbarkeit dieses »Lebens«. Der erste Kursus ist seinerseits aber nur der Abschluß einer Krise, die am Vorabend mit dem Karnevalsball katalysatorisch einsetzte und am Abend darauf erstmalig explizit verbalisiert wird – dreimal also kommt es zu einer Heimkehr in den frühen Morgenstunden. Die Zeiträume vom Einsetzen bis zum Höhepunkt der Krise und der gleichzeitigen Wende einerseits, und von dieser wiederum bis zur Lösung andererseits sind also in etwa gleich lang. Vergleicht man nun dieses Modell der Halbierung der Zwischenphase mit der *Hirtenflöte* beispielsweise, so scheint es sich um ein gänzlich verschiedenes Modell zu handeln: Wo hier ein einmaliger Zyklus realisiert wird, handelt es sich bei der *Traumnovelle* um einen doppelten Zyklus. Das konstituiert ohne Zweifel einen relevanten Unterschied, der auch mit weiteren verschiedenen Merkmalen dieser beiden

1 In diesen beiden Texten ist dies auch bereits gesehen worden, vgl. Rey 1968, Lindken 1970, Thomé 1986, S. 966ff.

Selbstfindungsprozesse korreliert ist. Meine These geht aber nun dahin, daß die *Traumnovelle* hier nur etwas als regelrechten zweiten Durchgang realisiert und damit besonders ausbaut, was alle Texte kennen, nämlich den *ideologischen* zweiten Teil und die in ihm stattfindende »Entzauberung« des »Lebens« und desillusionierende zweite Bewußtwerdung. Denn mit der *Traumnovelle* tendieren auch andere Texte, und dies bereits in der Frühphase, dazu, diesen ideologischen zweiten Teil genau dadurch als solchen bewußt zu machen, daß sie auf der Zeitebene zwei annähernd gleiche Intervalle setzen. So umfaßt *Berta Garlan* einen Zeitraum von 12 Tagen, vom Samstag bis zum übernächsten Donnerstag, und das entscheidende Ereignis, in dem Höhepunkt der Krise und gleichzeitige Wende zusammenfallen, die zweite Wienfahrt, ereignet sich ungefähr in der Mitte, von Freitag bis Sonntag; der definitive Abschied vom »Leben« findet somit zeitlich gesehen in etwa ebenso lange nach dem Lebenswechsel statt wie seinerseits dieser nach dem Einsetzen der Krise. In *Casanovas Heimfahrt* findet der Lebenswechsel zwar erst gegen Textende statt, dafür findet sich jedoch eine auffällige zeitliche Halbierung: Nach zwei Tagen, am Morgen des dritten Tags, findet der Sexualakt mit Marcolina statt, und wiederum zwei Tage darauf erfolgt die desillusionierende Heimkehr nach Venedig. Explizit weist der Text auf diese Äquivalenz hin, wenn für die erste Hälfte die Dauer von »zweimal vierundzwanzig Stunden« und kurz darauf für die zweite Hälfte die Dauer von »zwei Tage und zwei Nächte« (EII, 315, 317) angegeben wird. Eine sehr exakte Halbierung findet sich schließlich auch in *Spiel im Morgengrauen*: Der dargestellte Zeitraum umfaßt genau zwei Tage, vom Sonntag morgen bis zum Dienstag morgen; jeder Tag spielt an einem anderen Ort und schließt jeweils mit einem Spiel bzw. metaphorischen »Duell« als Höhepunkt: das Spiel-Duell mit dem Konsul im Morgengrauen zum Montag, in dem durch den Gewinn der Wechsel zu einem »Leben« und sogleich unmittelbar darauf mit dem Verlust die Anzeichen für das »Nicht-Leben« gesetzt werden, und das zweite erotische »Duell« mit Leopoldine im Morgengrauen zum Dienstag.

Die *binäre* zeitliche Strukturierung auf der ›histoire‹-Ebene wird dabei gern auch mit einer *ternären* Strukturierung auf der ›discours‹-Ebene – Segmentierung des Textes in drei Kapitel bzw. Akte – gekoppelt, wodurch die erstere nicht etwa konterkariert, sondern noch zusätzlich betont wird. So liegen in den dreiaktigen Dramen *Märchen* und *Vermächtnis* jeweils exakt 8 Tage zwischen den Akten, in *Komödie der Verführung* jeweils 1 1/2 Monate, in *Frau Beate* zwischen erstem und zweitem Kapitel 2 Wochen, zwischen zweitem und drittem Kapitel mindestens 10 Tage. Diese drei Segmente sind mit den drei Phasen korreliert, aber sie entsprechen ihnen nicht direkt: Denn der Übergang von Phase A zu B setzt im ersten Segment ein, wird aber erst gegen Ende des zweiten Segments abgeschlossen: mit der Konstituierung der illegitimen Liebesbeziehung des Protagonistenpaars in *Liebelei, Märchen, Freiwild* bzw. von Beate und Fritz in *Frau Beate*, der illegitimen Liebesbeziehungen der drei jungen Frauen in *Komödie der Verführung*, der definitiven Aufnahme des Fremdelements Toni in die bürgerliche Familie im *Vermächtnis* etc. Der Übergang von Phase B zu C setzt entweder bereits direkt am Ende des zweiten Segments ein – mit dem abrupten Ende der intimen Begegnung von Fritz und Christine in *Liebelei*, mit dem sich ankündigenden Tod des Kindes im *Vermächtnis*, mit der zweiten Unterredung von Paul mit dem gegnerischen Sekundanten in *Freiwild* – oder erst zu Beginn des dritten Segments wie in *Frau Beate, Märchen, Komödie der Verführung*. In jedem Fall aber wird dieser Übergang von B zu C erst im dritten Segment gegen Textende abgeschlossen, und er situiert sich in den genannten Texten wiederum im *annähernd* oder *exakt gleichen* zeitlichen Abstand nach der ersten Krise/Wende wie diese ihrerseits nach dem beginnenden Übergang von A zu B.

Sogar in den Texten, die weder eine zeitliche Halbierung der Zwischenphase vornehmen noch eine Gliederung in drei ›discours‹-Segmente, lassen sich die beiden Teilphasen der zentralen Zwischenphase isolieren. So vollziehen im *Gang zum Weiher* der Freiherr und der junge Konrad ihren jeweiligen Lebenswechsel im politischen bzw. erotischen Bereich zwischen dem III. und IV. Akt; im *Einsamen Weg* scheint sich am Ende des III. Aktes für Julian ein neues »Leben« zu ergeben, dessen Desillusionierung sich jedoch hier bereits andeutet in der distanzierenden Reaktion von Felix; Sala und Johanna realisieren ihre Beziehung ebenfalls zwischen III. und IV. Akt – die ersten drei Akte gelten also dem Übergang zu einem neuen (potentiellen) »Leben«, die zwei letzten dessen Desillusionierung. Bei Drei-Gliedrigkeit wird der Übergang von A zu B nach dem zweiten Segment abgeschlossen, bei Fünfgliedrigkeit nach dem dritten – die Relationen entsprechen also einander.

Auch in Einaktern läßt sich die Zweiteilung der Zwischenphase entdekken. So steht in *Literatur* am Anfang wie auch am Ende der Dialog der Protagonistin mit dem legitimen (zukünftigen) Partner, im Mittelteil der Dialog mit dem illegitimen nicht-bürgerlichen (Ex-)Partner. Der Entwurf einer Alternative zum bürgerlichen Leben, der in diesem Mitteldialog stattfindet, zerfällt seinerseits in einen ersten Teil, der das Bohème-Leben als ein gesteigertes gegenüber dem bürgerlichen setzt und mit dem Angebot zur Wiederaufnahme dieses alternativen Lebens endet; der zweite Teil hingegen »entzaubert« dieses Leben zum letztlichen »Nicht-Leben«. Desgleichen in den *Letzten Masken*: In A besteht das »Nicht-Leben« des todkranken Helden sowohl im bevorstehenden Tod als auch in einem äußerlich armselig verlaufenen Dasein, im Gegensatz zum glanzvollen Leben des Freundes und Rivalen. In der Gewißheit des bevorstehenden Todes erscheint die endliche verbale und bislang immer unterdrückte Abrechnung mit diesem Rivalen als ein »Leben« – in C steht schließlich der Tod. Die Zwischenphase B zerfällt in zwei Teile: In einem ersten wird dieses erstrebte »Leben« realisiert in der gespielten Abrechnung mit dem Mitpatienten, der den Rivalen vertritt; im zweiten Teil, da der Rivale nun real anwesend ist, wird desillusionierend

Abschied genommen von diesem »Leben« und die erste Sinnstiftung substituiert durch eine zweite.

Ich breche hier ab und resümiere. Es koexistieren also eine prinzipielle Dreiteilung – die drei Phasen – und eine Zweiteilung der Zwischenphase, die *fakultativ* als zeitliche »Halbierung« besonders hervorgehoben werden kann. Die »Halbierung« als solche ist dabei nicht das eigentliche »Ziel« der Texte, sondern sie dient der Herstellung einer Opposition und Vergleichbarkeit: *Durch die Halbierung bilden die zwei zentralen ideologischen Ereignisse E_1 und E_2 als Prozesse von zeitlich äquivalenter Extension ein gemeinsames Paradigma, innerhalb dessen sie oppositionelle Varianten – optimistischer Lebenswechsel vs desillusionierender Abschied – repräsentieren.* Ich bezeichne die erste Teilphase, die von A in B überführt und mit dem Höhepunkt der Krise/Wende und E_1 abgeschlossen ist, mit B_A, die zweite Teilphase, die desillusionierend von B zu C führt und E_2 inszeniert, mit B_B – die Logik dieser bewußt gewählten Indizierung soll in den folgenden Kapiteln deutlich werden. Im Schema:

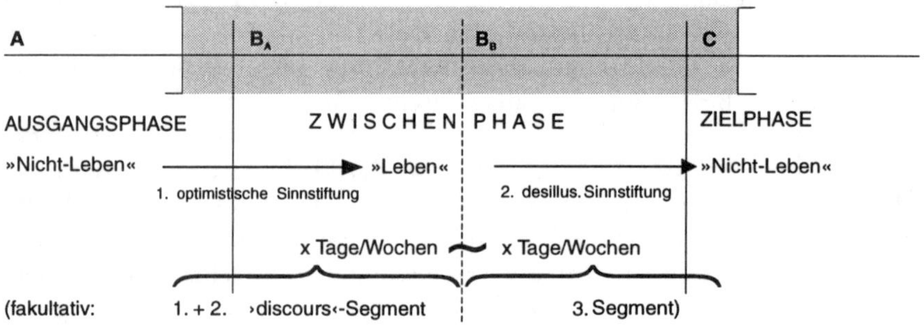

B 2. *Die präpsychologisch-»naturalistische« Frühphase*

2.1 Die neue intrapsychische »Naturgrenze«

Daß in der zweiten Texthälfte eine neuerliche Sinnstiftung angeboten und formuliert wird, wird in den Selbstfindungstexten auf den ersten Blick deutlich, insofern die scheiternden oder erfolgreich zurückkehrenden Figuren in der Regel einen Akt der Selbsterkenntnis durchmachen. Ganz anders in den frühen Dramen: Inwiefern sollte sich hinter dem extrem pessimistischen, ja fatalistischen Scheitern des neuen »Lebens« eine neue Sinnstiftung verbergen? Im folgenden möchte ich in einem ersten Schritt zeigen, daß dem so ist; in einem zweiten Schritt (s. B 4.1), im Vergleich mit späteren Texten, wird sich zeigen lassen, daß sich das präpsychologische Modell wiederum als »Vorstufe« zu dem in der psychologischen Phase gültigen rekonstruieren läßt. Diese Zwischenposition der frühen Schnitzlerschen Dramen zwischen dem einerseits nur noch mehr rudimentär praktizierten »naturalistischen« und dem andererseits noch nicht voll ausgebildeten psychologisch-lebensideologischen Modell macht sowohl eine gewisse Schwierigkeit dieser Texte als auch ihren interpretatorischen Reiz aus. Wie bereits in Teil A, so gilt auch hier, daß sich beide Modelle bzw. Werkphasen gegenseitig erhellen können: Worauf das präpsychologische Modell hinaus will, wird so richtig erst auf dem Hintergrund des psychologischen Modells klar, so wie umgekehrt das erstere die Basiskategorien für das letztere bereitstellt.

Ich rekonstruiere nun das gemeinsame Modell des Scheiterns der Liebesbeziehungen der Protagonistenpaare im *Märchen*, *Freiwild* und *Vermächtnis*.[1]

1. Das Märchen:

Nach der Realisierung der Liebesbeziehung zwischen den beiden Protagonisten kommt es im III. Akt zu einer Art Rückfall des männlichen Partners. Am Ende, da die Entscheidung zur definitiven Beziehung ansteht, wird Fanny für Fedor wieder eine »Gefallene«, und er beschwört die »unabänderliche Schmach« (DI, 199) angesichts ihrer Normverletzung. Doch wie wird dieser plötzliche Gesinnungswandel motiviert gerade bei demjenigen, der als Hauptvertreter der neuen Moral aufgetreten ist? Bereits in den zwei Dialogen mit Fanny im II. Akt deutet sich sein Problem an, welches am Ende dann

---

1 *Liebelei* funktioniert im Prinzip ähnlich, nimmt aber im Vergleich zu den anderen drei Texten dieses Vierer-Paradigmas eine Sonderposition ein. An Fritz wird nicht so deutlich jene neue psychische Schranke problematisiert wie an Fedor, Paul und Agnes. Im Gegenzug dazu wird in *Liebelei* noch ein Hauch von Tragik spürbar, die in den anderen Texten durch die Psychologisierung weitgehend getilgt ist (Vgl. Urbach 1974, S. 154).

Gestalt annehmen wird. Auf die sich selbst gestellte Frage, ob es plötzlich »die alten Vorurteile [seien], die in mir lebendig werden?«, gibt er sich folgende Antwort:

> FEDOR Nein, ich habe mit ihnen abgerechnet .... *etwas anderes* muß es sein, irgend etwas, das *tief in meiner Natur* steckt ... [...]. (DI, 162)

und auf Fannys Aufforderung zur Beziehung:

> FEDOR (hastig) Ich kann nicht! – Etwas Qualvolles geht in meiner Seele vor – ich lehne mich vergebens dagegen auf ... (DI, 172)

Nicht um ein Sollen oder Nicht-Sollen geht es, sondern um Können oder Nicht-Können; nicht mehr um eine Frage der *Moral*, sondern um eine der *Psychologie*. Dieses »etwas«, das »tief in meiner Natur steckt«, ist letztlich zwar nichts anderes als die maximal verinnerlichte Geschlechterrollennorm, die in der typischen und von Fedor über Filippo (*Beatrice*) und Erasmus (*Hirtenflöte*) bis hin zu Falkenir (*Komödie der Verführung*) sich findenden Form des extremen Besitzanspruchs auf die Frau auftritt: »Kannst du deinen Träumen gebieten, daß sie immer nur mein Bild vor dein Auge zaubern?« (DI, 198). Aber sie tritt eben nicht als ein Problem von Norm oder Rolle auf, sondern als ein zutiefst psychologisches Problem der männlichen Rivalität – und ein solches besteht hier für die Kultur um 1900, die dem Mann das »Recht zu posthumer Eifersucht auf alles vor der Ehe Vorgefallene« einräumt.[1] Nicht »die Meinung der Welt« ist es, die plötzlich wieder ausschlaggebend würde, diese »gilt mir auch heute nichts!« (DI, 179), und es gibt keinerlei Indiz im Text, welches erlauben würde, dieser Behauptung Fedors keinen Glauben zu schenken. Nicht weil die alte Moral diese Beziehung etwa ächtet, kann Fedor sie nicht eingehen, sondern aus der ganz *persönlichen* und *psychischen* Unfähigkeit, die Existenz des männlichen Rivalen ertragen zu können. Er beugt sich keiner überindividuellen Norm, sondern ist ganz explizit »nicht stark genug, es zu ertragen« (DI, 200).

2. Freiwild:

Auch in *Freiwild* fällt Paul mit seinem Entschluß, dem männlichen Rivalen, der auch hier der erotische Rivale ist, am Ende entgegenzutreten, auf der Oberfläche auf alte Positionen zurück. Doch auch hier widerspricht der

1 So C. Bleibtreu in seiner »Modernen Auffassung der Liebe« (Bleibtreu 1890, S. 273). Vgl. hierzu auch Reiks Interpretation zum *Märchen* in seinem Aufsatz »Das Geschlechterverhältnis bei Arthur Schnitzler« in der Zeitschrift *Neue Generation* (1913) sowie den Kommentar der Redaktion in Parenthese: Fedors Problem, so Reik, habe »mit Moral so gar nichts zu tun, sondern eher mit Äußerungen eines besonderen, heutigen, verfeinerten Liebesgefühles. (Oder nicht vielmehr mit einer Zurückgebliebenheit uralter Instinkte, eines groben äußeren Besitzwillens neben einer bloßen Fortgeschrittenheit des Kopfes? Die Red.)« (Reik 1913b, S. 129f). Vgl. auch Wiesmayr 1986, S. 139.

Held der Behauptung seiner Partnerin, seine Gegner, die den traditionellen Ehrenkodex vertreten, hätten dadurch »ja recht behalten« (DI, 323), und auch hier wird Anna nur scheinbar bestätigt. Denn das Bleiben ist nicht dadurch motiviert, daß er nun etwa die traditionelle Rolle des Duellanten spielen will, sondern dadurch, daß er nicht »davongejagt« und als »Flüchtling behandelt [...] werden« will (DI, 323f) – Kriterien und Werte, die nur auf dem Hintergrund einer Auseinandersetzung einen Sinn erhalten, die nun auf sehr viel unmittelbarere Weise den Selbstwert des männlichen Individuums tangiert. Nicht auf die im Rahmen des Ehrenkodex formulierte regelkonforme Aufforderung zur Satisfaktion reagiert er,[1] wohl aber auf die außerhalb des Komments formulierte direkte männliche Drohung. Nun greift derjenige, der in BA die Möglichkeit der Satisfaktion weit von sich gewiesen und eine neue Ehre im Zeichen von Menschlichkeit propagiert hatte, *von selbst* zur Waffe. Genau hierin liegt der »Clou« – und die Ambivalenz – dieses Textes. Das moralische Problem wird substituiert durch ein rein psychologisches; auf der Oberfläche besehen wird die alte moralische Norm damit aber doch wieder – scheinbar – erfüllt.

3. Das Vermächtnis:

Den analogen Fall präsentiert *Das Vermächtnis*. Am Ende des II. Aktes war es zur Aufnahme des Fremdelements Toni in die Familie gekommen, die alte Moral wurde damit – zunächst – außer Kraft gesetzt. Mit dem Tod des Kindes nach dem II. Akt ändert sich jedoch die Situation. Zum einen war der biologische Sproß des Sohnes der eigentliche Grund, der die Aufnahme seiner Partnerin in die Familie legitimierte – »Dieses Kind ist von unserem Blute« (DI, 432) –, zum anderen galt die Bedingung, daß Toni nur »Mutter« war; jetzt hingegen ist sie wieder potentielle erotische Partnerin und »Geliebte« geworden, die Erotik macht sie nun erneut fremd. Mit der Ausgrenzung dieser »ganz ander[en]« Toni (DI, 456) wird auch deutlich, daß es letztlich die illegitime Erotik ist, welche die bürgerliche Gesellschaft als Fremdelement betrachtet. Doch der Text endet hiermit noch nicht. Es muß erst noch die Aussicht auf erneute Integration Tonis in den bürgerlichen Kreis – die Familie Emmas – und schließlich deren definitive Ablehnung durch Emmas Tochter Agnes gesetzt werden. Welche Funktion besitzt nun diese zweite Ablehnung? Auf der Oberfläche wird damit die schließliche Entscheidung der Eltern ebenso bestätigt wie die Ausgangssituation des gesamten Textes: Was zu Anfang galt – die Ausgrenzung Tonis – wiederholt sich zyklisch. Diejenige Partnerin, die emotional-psychisch das Recht auf Zugehörigkeit hätte, wird ausgegrenzt, während derjenige Partner es erhält, der sich nach diesen neuen Kriterien noch gar kein Anrecht auf die Tochter der Familie erworben hat. Doch der *Status* der Ausgrenzung ist ein völlig

1 Vgl. dagegen die Fehldeutung bei Janz/Laermann 1977, S. 142. Auch Höger 1982 sieht den Substitutionsmechanismus nicht.

anderer: Das zunächst gesetzte Motiv, die tradierte, v.a. von Ferdinand vertretene subjektexterne moralische Norm, wird substituiert durch ein völlig neues Motiv, nämlich das der erotischen Rivalität und der Eifersucht derjenigen Frau, die selbst den Sohn des Hauses geliebt hatte, mithin ein psychisches/subjektinternes Motiv.[1] Wenn der Text schließlich von Ferdinand die Absage an Toni mit den Worten kommentieren läßt: »Es gibt doch Grenzen, gnädige Frau« (DI, 456), so ist dies eine geniale Ironie: Denn es handelt sich nicht mehr um die alte Grenze – deren faktische Wirksamkeit wurde durch Emmas Angebot definitiv aufgehoben. Die neue Grenze wurzelt in der Psyche der Person und ist im Gegensatz zur alten eine *unaufhebbare* Grenze, die für Agnes die einstige »Freundin« Toni ganz explizit ebenso zur »Fremde[n]« (DI, 456) macht, wie dies die bürgerliche Norm aus Ferdinands Perspektive tut. Wie bei den vorigen Beispielen signalisiert sich dieser neue psychische Status der Grenze über ein »Nicht-Können«:

> EMMA Gegen deinen Willen kann ich sie nicht zu mir nehmen. – (Wartet auf Antwort) Sage, du willst nicht.
> AGNES (nimmt die Hand ihrer Mama, küßt sie) *Ich kann nicht. Mich schaudert vor ihr.* (DI, 456)

Es läßt sich nun ein erstes Fazit ziehen. Zunächst wird das Scheitern des neuen Lebens auf einen »Rückfall« zurückgeführt, der in den Dramen *Märchen* und *Freiwild* als Rückfall in alte Moralpositionen erscheint. Diese Texte thematisieren das Problem der »Übergänglinge«, d. h. derjenigen »Männer, die schon das Wahre ahnen, aber selbst eigentlich den Mut ihrer Überzeugung nicht haben« (*Märchen* DI, 141). Diese im Oberflächen-Kontext auf den bürgerlichen Künstler Leo bezogene Äußerung gilt freilich eigentlich für Fedor, und mit ihm ebenso für Paul (*Freiwild*). Beide Protagonisten sind »Übergänglinge«, die noch Residuen alter Moral aufweisen und denen die Überwindung des alten Systems letztlich nicht gelingt. Doch die Moral ist nur die eine Ebene – wer nur sie sieht, dem entgeht notgedrungen die ganze Ambivalenz und Raffinesse dieser frühen Dramen.[2] Die andere Ebene – nämlich die der Psychologie – wird erst im *Vermächtnis* explizit deutlich. Auch hier kommt es zum Rückfall, doch dieser hat nun mit alter Moral definitiv nichts mehr zu tun. Es ist die ganz individuelle Psychologie des Subjekts, die an die Stelle der überindividuellen Norm tritt und ihrerseits das neue »Leben« scheitern läßt. Genau dadurch aber erfüllt sich *auf der Oberfläche* paradoxerweise just die alte Norm, die die Beziehung mit der Gefallenen oder die Aufnahme der Unterschichtsfrau verbietet. In allen drei

1 Ringel 1982, S. 35 reduziert dies fälschlich auf »die menschliche Urproblematik« der eifersüchtigen Liebe zur Mutter. Der Text weist hier im übrigen einen nicht bereinigten Widerspruch auf: Emma kann nicht ernsthaft eine Verbindung ihrer Tochter mit Hugo erwägen und gleichzeitig von dessen Beziehung mit Toni wissen (vgl. DI, 395, 431).

2 Exemplarisch ist diesbezüglich die reduktionistische Interpretation von Stroka 1967, die denn auch konsequent zu einer Minderwertung dieser Stücke kommt.

Texten wird also eine *Neumotivation der alten Moral* entworfen, und genau dies ist das heimliche Ziel der Texte: zu zeigen, wie es wider Erwarten nun doch, aber aus ganz anderen Motiven, zur faktischen Erfüllung der tradierten Norm kommt. Die alte *kulturelle* und *moralische* Grenze wird dabei aufgehoben und substituiert durch eine neue unaufhebbare *»Naturgrenze«*, d. h. eine Grenze, die nun in der psychischen »Natur« des Subjekts verankert ist. Diese »Naturgrenze« gilt allerdings ausschließlich für das bürgerliche Subjekt – Fedor, Paul und Agnes bilden diesbezüglich ein gemeinsames Paradigma –, niemals für das nicht-bürgerliche Subjekt – Fanny, Anna und Toni –, welches für das Scheitern des »Lebens« nicht verantwortlich ist. Die oben konstatierte Kombination zweier verschiedener Perspektiven im frühen Drama bestätigt sich hier also nochmals: Das Modell der *Restitution des »Nicht-Lebens«* wird dominant an die weibliche Unterschichtsfigur gebunden, das Modell der *Restitution und Neulegitimierung der Moral* an die bürgerliche (zumeist männliche) Figur, beides ist hier noch dissoziiert und wird erst in der psychologischen Phase zusammenfallen.

2.2 Die neue moralische Grenzziehung

2.21 Das Problem der inhaltlichen Rekonstruktion der neuen Werte und Normen

In B_A geht es primär darum, mit Hilfe des emphatischen Lebensbegriffs die moralische Abweichung als solche zu legitimieren. Ist dies mit E_1 einmal erreicht, so geht es jetzt, in B_B, primär um die Ausdifferenzierung *innerhalb* des Bereichs der Abweichung und um das Setzen einer neuen moralischen Grenze: Nicht jede Abweichung von der tradierten Norm bedeutet bereits ein gesteigertes »Leben«. Hatte in B_A der Bereich der Abweichung mehr oder weniger pauschal das Prädikat »Leben« erhalten, so wird dieses jetzt bestimmten, zu großen Normverstößen entzogen. Die von den Texten hochbewertete Abweichung situiert sich also irgendwo – je nach Text bzw. Werkphase verschieden – in der Mitte. Es werden somit prinzipiell zwei Klassen von Normverstößen unterschieden, die *akzeptablen* und die *inakzeptablen*. Das Schnitzlersche Werk läßt sich als ein gigantisches Unternehmen begreifen, den gesamten Bereich der in den Texten thematischen sozialen Praxis und zwischenmenschlichen Interaktion neu zu normieren. Dabei sind die Texte unerschöpflich im Erfinden und Variieren von Situationen und Konstellationen, in denen es – offensichtlich – zur Verletzung der neuen Werte und Normen gekommen ist. Deren inhaltliche Rekonstruktion ist dabei z. T. gar nicht so einfach, da sie im Text oft nicht expliziert werden, und somit z. B. nur aus dem Scheitern einer erotischen Beziehung geschlossen werden muß, daß ein solcher *neuer Normverstoß* zugrunde liegt. Swales stellt denn diesbezüglich auch die sehr treffende Frage:

> Does he [Schnitzler] in fact ever define his basic moral principles, or are they simply left as implicit ›Selbstverständlichkeiten‹?[1]

Man kann, um sich auf den Bereich der Erotik zu beschränken, solche neuen Basiswerte bzw. –normen durchaus isolieren: Es sind z. B. immer wieder die der Individualisierung des Partners, der geforderten Unbedingtheit der Beziehung und der Opfer- und Risikobereitschaft, gegen die weibliche Promiskuität ebenso verstößt wie männliche »Bequemlichkeit« oder »Halbheit«.[2] Es lassen sich auch übergeordnete Werte wie »Aufrichtigkeit«, »Verantwortlichkeit« oder »Bewußtheit« ausfindig machen – aber bereits hier gerät man in die höchst unbefriedigende Lage, nur die bekannten Schnitzlerschen »absolute[n] Tugenden«[3] und allgemeinmenschlichen Werte paraphrasieren

---

1 Swales 1967, S. 470.

2 So wörtlich in *Komtesse Mizzi* die Protagonistin zu ihrem (Ex-)Partner (DI, 1044).

3 AuB, 48. Vgl. auch Thomé 1986, S. 871ff zur »Schwundstufe der liberalen Anthropologie« des 19. Jahrhunderts bei Schnitzler.

zu müssen. Gerade auch in der scheinbaren Selbstverständlichkeit dieser neuen Basis-Werte/Normen liegt also das Problem. Zum Teil sind sie unserer Kultur selbst noch zu nahe, zu sehr konsensfähig – nicht zuletzt auch dies erschwert ihre Erkennbarkeit. Weder mit Kategorien wie »impressionistisches Weltverhalten«[1] noch mit dem Ausweichen auf die Schnitzlersche Aphoristik[2] ist diesem Problem beizukommen. Die präzise Rekonstruktion der vom Schnitzlerschen Werk unermüdlich propagierten neuen Normen und Werte steht noch aus – auch die vorliegende Arbeit wird sich diesem Problem nur partiell widmen: Nicht deren erschöpfende inhaltliche Rekonstruktion ist das Ziel dieser Arbeit, sondern die Rekonstruktion der übergeordneten abstrakten Modelle der Grenzziehung und Neulegitimation.

2.22 Das Modell der Überlagerung der Klassifikationsebenen

Die neue Grenzziehung wird grundsätzlich nicht etwa durch eine Restitution der alten Ordnung geleistet, *sondern die Abweichung als solche bleibt als positiver Wert erhalten*. Die Negativwertung der zu großen Abweichung wird vielmehr dadurch geleistet, daß diese nun, in BB, zugleich als bloß *scheinbare Abweichung*, die hochbewertete hingegen als die *wahre Abweichung* klassifiziert wird. Letztere repräsentiert zugleich die bereits oben definierte Abweichung2 im Sinn des Individuellen, erstere hingegen entspricht der bloß moralischen Abweichung1. Die Texte setzen also in BB grundsätzlich zu einer Neudefinition von »Abweichung« auf einer höheren Ebene an. Die neue moralische Grenzziehung erfolgt paradoxerweise im Zeichen der Abweichung – ein für das gesamte Schnitzlersche Werk gültiges Modell. Ich illustriere es nachstehend zunächst für die Frühphase am Beispiel des *Marchen*.

Beim Problem der Konstitution einer neuen innerpsychischen Schranke im Subjekt standen die Protagonisten untereinander in Opposition. Hier stehen sie nun beide zusammen als Paar und als ein spezifisches Erotikmodell in Opposition zu den anderen Paaren und den von ihnen gelebten Erotikmodellen. Insgesamt drei[3] Paare/Erotikmodelle werden unterschieden: Fanny/Fedor und das Modell der *»wahren« bzw. der »absoluten*[4] *Liebe«*,

1 Allerdissen 1985. Vgl. auch Offermanns 1973 sowie die – eher unentschiedene – Kritik bei Werner 1981 oder Gleisenstein 1981. Die Kategorie des »Impressionismus« hat sich definitiv diskreditiert, daran werden auch die Versuche der Neubelebung und Neudefinition – vgl. Johnston 1985 sowie v.a. Thomé 1986, S. 899, 914 und 1984, S. 65f, der eine Aufwertung des Begriffs zum »impressionistischen Syndrom« mit Hilfe der zeitgenössischen Psychopathologie vornimmt – nichts ändern können.

2 Dies versucht z. B. Swales 1967.

3 Eigentlich vier, doch erhält das vierte – Fannys Expartner und seine nicht als Figur auftretende Ehefrau – im vorliegenden Kontext nur sekundäre Relevanz.

4 Vgl. Simmel 1923a.

Wandel/Klara und das Modell der traditionellen *Versorgungs-/Konvenienzehe*, der Künstlerkollege Robert mit seiner Partnerin Ninette und das Modell der *Liebelei*. In BA wurde die dominante Opposition zwischen der moralischen Normalität – dem Paar Wandel/Klara als einem A-Paar – und der moralischen Abweichung – den B-Paaren Fedor/Fanny und Robert/Ninette – etabliert. Auf dieser primären Ebene besteht noch *kein Unterschied* zwischen dem Modell des Protagonistenpaars und dem Roberts/Ninettes. So zählt etwa Robert ebenso zu den »Jungen« und zur Wiener Künstler-Bohème und vertritt ebenso eine neue Sexualmoral wie Fedor: sowohl verbal als auch praktisch mit seiner Beziehung mit Ninette. Auch diese Beziehung wird also zunächst einmal mit »Natur« und innerlichen Werten korreliert, allein aufgrund der faktisch realisierten illegitimen Sexualität sowie einer zumindest minimalen Emotionalisierung. Die beiden abweichenden Paaren *gemeinsame Negativfolie* ist die der traditionellen Versorgungsehe. Der Liebelei fehlen jedoch zwei entscheidende Merkmale der neuen Liebeskonzeption, nämlich zum einen die maximale *Individualisierung* des Partners, zum anderen der *existentielle* Status der Beziehung. Genau diese Kriterien werden erst auf einer zweiten Ebene und erst in der zweiten Teilphase BB relevant.

Betrachtet man zunächst ganz allgemein das Kriterium der *Individualisiertheit* des Partners, dann ergibt sich diesbezüglich zwischen der locker-unverbindlichen Liebelei und der ernsthaft-verbindlichen traditionellen Ehe kein Unterschied. Nur bei Fedor/Fanny ist die Rede von der »Tiefe Ihrer Liebe« und von »den zwei Menschen, die für einander bestimmt sind und sich endlich finden müssen«; Fanny »betet« Fedor »an«, sie wird ihn »ewig lieben«, und auch er weiß, »daß du es warst, die ich geliebt vom Beginn aller Tage an« (DI, 171f, 174f). Nur hier sind die Partner füreinander jeweils unverwechselbare, einzigartige Individuen, wohingegen sie bei *beiden* anderen Beziehungen tendenziell austauschbar sind. Die neue Norm des existentiellen Engagements impliziert zudem, daß sich die Person in ihrer *Totalität* dem Partner hingibt. Auch in der zeitgenössischen außerliterarischen Diskussion werden das »Sich-Geben des ganzen Menschen«, die Beteiligung des »ganze[n] Ich« etc. für die echte Liebe gefordert – demgegenüber wird die Prostitution darüber definiert, daß nur ein Teil der Person beteiligt ist.[1] Mit diesem Kriterium wird nicht nur die traditionelle Ehe (s.o. A 2.2) – dies im Text explizit –, sondern nun auch die Liebelei zumindest implizit in die Nähe der Prostitution gebracht. Denn bei Robert/Ninette ist nicht die Totalität der Person beteiligt, sowohl was den Liebenden als auch den geliebten Partner betrifft. Ninette ist für Robert »ein herziges Ding«, aber »blitzdumm«, ihre »Schönheit« explizit »der einzige Grund, um den ich dich liebe« (DI, 168f). Die Beziehung ist also eine oberflächliche und primär rein sexuelle, womit sie zugleich das Merkmal der verbotenen Funktionalisierung des Partners

1 S. z. B. Simmel 1906, S. 155 und Simmel 1901, S. 143.

aufweist.[1] Fanny und Fedor hingegen führen eine »Tiefen-Beziehung«, die Sexualität selbstverständlich mit einschließt, aber sich zentral über das Gefühl für die »unersetzbare Persönlichkeit als solcher«[2] definiert. Wie Robert nur eine Dimension seiner Partnerin liebt, so ist schließlich auch nur ein Teil seiner eigenen Person involviert. Private erotische Probleme haben keinerlei Einfluß auf seine Arbeit, er trennt explizit beide Bereiche, »Empfindungen« läßt er nur in der Kunst zu (DI, 141) – ein Merkmal, das er mit Leo, dem dritten aus dem Künstlerparadigma teilt, der seinerseits überhaupt keine Erotik kennt (und somit innerhalb der Künstler die homologe Position zu Wandels Position innerhalb der erotischen Partner einnimmt, s.u. B 2.3). Fedor hingegen erleidet eine Arbeitsstörung, die privaten Probleme können nicht abgespalten werden von der übrigen Person.

Ein weiteres Kriterium ist das der *Problematisierung sowohl der vorgegebenen Normen als auch der eigenen Beziehung*. Für das Paar Robert/Ninette gilt die Maxime »die Dinge nehmen, wie sie sind« (DI, 146); Robert ist kein »Grübler« (DI, 154), was ihn zwar einerseits auf einer primären Ebene in extreme Opposition setzt zum ernsthaften, stets die »Sorge« des Lebens im Munde führenden Paar Wandel/Klara, auf einer höheren Ebene aber doch mit diesem Paar gleichsetzt: Denn beide problematisieren nicht die vorgegebenen Normen – die einen erfüllen sie ebenso selbstverständlich wie die anderen sie übertreten –, Problematisierung und Reflexion finden sich nur bei Fedor/Fanny. In bezug auf die (Nicht-)Problematisierung der eigenen Beziehung zeigen sich die Unterschiede gerade am Ende des III. Aktes, da die zwei legitimen Beziehungen definitiv geknüpft und die beiden illegitimen gelöst werden. Robert propagiert das Modell der »schmerzlose[n] Liebe« (DI, 146), das Protagonistenpaar hingegen lebt eine Problembeziehung. Was für Fanny und Fedor ein quälerischer – sowohl für den Partner als auch jeweils für sich selbst – Abschied ist, gerät für Robert und Ninette zu einem lockeren »Fest«: »Wir waren lustig wie noch nie!« (DI, 189). Gerade das (Selbst-)Quälerische des Protagonistenpaars, das letztlich das Scheitern dieser Beziehung zur Folge hat, fungiert hier also als Ausweis der wahren Liebe – *gerade im Scheitern beweist diese paradoxerweise ihre wahre Qualität.*

Die Intensität der Beziehung bemißt sich auch nach dem *Wechsel der emotionalen Zustände*: Das traditionelle Paar Wandel/Klara ist immer ernst und humorlos, Robert/Ninette stets lustig und fröhlich. Auf der ersten Ebene herrscht wiederum die maximale Opposition, die auf der zweiten neutralisiert wird. Beide Paare sind letztlich durch emotionale/psychische Konstanz gekennzeichnet, das Protagonistenpaar hingegen durch den *Wech-*

---

1 »Absolute Liebe« und »Selbstzwecksetzung des sinnlichen Genusses« schließen, so Simmel, ebenso einander aus wie »absolute Liebe« und »das Gattungsinteresse an der Fortpflanzung« (Simmel 1923a, S. 69, 71f).

2 Ebd., S. 78.

sel von Extremzuständen, von Höhen und Tiefen. Dies wird bereits auf der Ebene des Nebentextes deutlich, wenn für Fedor beispielsweise »[hervorbrechende] Nervosität«, »Zorn«, »tief schmerzliche Erregung« angegeben wird, für Robert hingegen lediglich »frisch liebenswürdig« (DI, 126).

Ein weiteres relevantes Kriterium ist die Art der *Kommunikation* zwischen den jeweiligen Partnern. Sie wird im Text wiederum nach den Unterkriterien der *Anredeform*, der eventuellen uneigentlichen, *metaphorischen Sprachverwendung* und der eventuellen *nonverbalen Kommunikation* klassifiziert. Die Kommunikation des traditionellen Erotikmodells befolgt streng die offiziellen Konversationsregeln, das Modell der Liebelei verstößt im saloppen, respektlosen Umgangston maximal dagegen. Doch auf der höheren Ebene wird der Unterschied wieder neutralisiert: Die einzige wahre Abweichung ist die sprachlich rhetorisch stark uneigentliche Rede der Protagonisten. Nur hier existiert Metaphorik, die bis zum Pathos gehen kann (vgl. z. B. DI, 175). Generell gilt, daß nur bei diesen Paaren überhaupt Liebeserklärungen stattfinden. Auch die Existenz von non-verbaler Kommunikation ist ein exklusives Merkmal des Protagonistenpaars (so im *Märchen* im I. und III. Akt). Non-verbale Kommunikation als solche bringt dabei nur radikalisiert das zum Ausdruck, was auch sonst im verbalen Verhalten der Protagonisten gilt: Hier wird nicht nur mit unkonventioneller, nicht-offizieller Rede, sondern überhaupt auch ohne Sprache, die ihrerseits der gesamten Epoche als ein Offizielles gilt und mit Konvention korreliert ist, kommuniziert. Non-verbale Kommunikation ist somit auch als maximal individualisierende Kommunikation semantisiert.[1]

Besonders hervorgehoben wird in den frühen Dramen das Problem der Anrede. Die brav bürgerlichen Paare begrüßen einander extrem steif (vgl. etwa *Vermächtnis* DI, 397 und *Märchen* DI, 132) und verkehren sogar nach der Verlobung nur mit »Sie«, da die Partnerinnen ihren Partnern das intime »Du« verweigern.[2] Auch das von den männlichen Partnern gewünschte »Du« selbst hat nicht die Bedeutung von Intimität, sondern die einer vorgegebenen Konvention, die zu erfüllen ist:

> WANDEL Darf ich denn nicht endlich Klara zu Ihnen sagen? Sie werden sich ja doch daran gewöhnen müssen, es zu hören. (DI, 184)

Erotik als Redegegenstand ist absolut tabuisiert. In Extremopposition dazu stehen die Liebelei-Paare. Dem lockeren, ungezwungenen Kommunikationston entsprechen auch das selbstverständliche Du vor anderen Menschen – von Mizzi in *Liebelei* etwa heißt es zeichenhaft, sie habe »ein Talent zum Dusagen« (DI, 238) – sowie die selbstverständliche öffentliche Verbali-

1 Zur nonverbalen Kommunikation und den damit verknüpften dramatischen Problemen vgl. Scheible 1982, S. 247ff.

2 Vgl. *Vermächtnis* DI, 460 und *Märchen* DI, 184. Hierin liegen im übrigen auch die oben (Kap. A 2.32) bereits erwähnten latenten B-Anteile der AA-Frauen.

sierung von Erotik. Beiden genannten Modellen gegenüber pflegen nun die Protagonistenpaare im *Märchen* und in *Freiwild sowohl* das »Du« *als auch* das »Sie«, sowohl die intime als auch die offizielle Kommunikation, und zwar in doppelter Hinsicht. Zum einen gehen sie, sofern die Beziehung im Entstehen gezeigt wird wie in *Märchen* und *Freiwild* der Fall, vom »Sie« zum »Du« über: Nur bei ihnen wird eine *psychische Transformation* der Beziehung vorgeführt, und nur hier, auf dem Hintergrund der zunächst herrschenden Distanz, erhält die Intimität überhaupt ihre Bedeutung als Alternative und Abweichung. Und zum anderen alternieren diese Paare – dies ist allerdings nur im *Märchen* der Fall – die Art der Kommunikation: im privaten Raum der intime Ton, im öffentlichen hingegen der offizielle.[1] Hinter dem Problem der Anrede steht als übergeordnetes Problem die Relation von öffentlicher und privater Person, die die jeweiligen Modelle entwerfen. Das traditionelle Modell tilgt tendenziell die private Person, die auch im privaten Umgang untereinander nicht zum Vorschein kommen darf; die extreme Gegenposition dazu tilgt tendenziell die öffentliche Person, indem sie das Private in die Öffentlichkeit trägt. Auf einer höheren Ebene werden aber beide wiederum neutralisiert. Denn die private Person kann es nur in der notwendigen Antithese zur öffentlichen geben, somit kennen beide Paare keine echte Privatheit/Intimität: Die Konvenienzehe baut eine solche erst gar nicht auf, die Liebelei inszeniert nur eine Pseudo-Intimität. So gilt z. B. auch das öffentliche Ausstellen des Aktbildes von Roberts Partnerin dem Protagonisten Fedor als »Profanation« und Ausweis mangelnder Liebe, was von Robert wiederum als »antiquierte Logik« (DI, 145) klassifiziert wird. Doch was auf der primären Ebene und oberflächlich besehen tatsächlich ein Merkmal von Bürgerlichkeit ist, erweist sich auf der zweiten Ebene als die wahre Abweichung$_2$.

Ich resümiere:
1. Der Text unterscheidet *zwei verschiedene Ebenen der Klassifikation und Definition von Abweichung* bzw. von Liebe. Innerhalb der ersten stehen sowohl das Protagonistenmodell als auch das Modell der Liebelei als Abweichung$_1$ undifferenziert dem traditionellen Modell der Versorgungsehe gegenüber. Innerhalb der zweiten hingegen werden die beiden abweichenden B-Paare ihrerseits differenziert, und es kommt zur *rekursiven Anwendung der Basisopposition »Normalität« vs »Abweichung« auf einer höheren Ebene:* Welches Erotikmodell repräsentiert nun, innerhalb der moralischen Abweichung$_1$, das *eigentliche* Neue/Abweichende$_2$ oder letztlich doch nur wieder die Normalität$_2$, d. h. die nur oberflächliche Abweichung$_1$? Die erste Klassifikationsebene ist die des Basiskodes K_A, innerhalb dessen, wie bereits oben ausgeführt, die Differenzierung zwischen »wahrer Liebe« und Liebelei keine

1 Zum Problem der privaten Dimension im Konversationsdialog vgl. auch Söhnlein 1986, S. 60ff am Beispiel des *Weiten Lands*.

Rolle spielt (s.o. A 1.112); die zweite Ebene etabliert demgegenüber *eine neue Kodierung*, sie sei mit K_B benannt.

2. Die Opposition zwischen der individualisierenden Liebe des Protagonistenpaars und der Liebelei ist zwar einerseits immer schon in B_A angelegt und sogar thematisch. Doch was andererseits die *definitive* Abgrenzung beider abweichender Modelle voneinander leistet, ist letztlich erst das desillusionierende Scheitern dieser Beziehung durch die (selbst)quälerische Auseinandersetzung der beiden Partner am Ende des III. Aktes. Auch wenn somit in B_B nichts völlig Neues hinzukommt, so handelt es sich dennoch um eine neue Akzentuierung und Fokussierung: Der Text nimmt jetzt dominant ein anderes Problem ins Visier als in B_A. Die Überlagerung bzw. Substitution der beiden Klassifikationsebenen wird also auf der Ebene der narrativen Sukzession der zwei oppositionellen Teilphasen der Zwischenphase abgebildet, und es gilt die Homologie: $B_A : B_B :: K_A : K_B$. *Die Substitution/Überlagerung von K_A durch K_B konstituiert damit auch das (ranghöchste) Textereignis E_2.*

3. Die erste Ebene K_A ist eine Oberflächenebene, die die Relevanz der *inhaltlichen* Abweichung von der Norm setzt: Auf dieser Ebene ist es eben relevant, *ob* die illegitime Sexualität als neuer Wert postuliert wird oder nicht, ob tatsächlich »Du« oder »Sie« gesagt wird, etc. Die zweite Ebene ist dagegen eine abstrakte Tiefen- bzw. Meta-Ebene, die von den »Inhalten« abstrahiert und das Merkmal der emotionalen Intensität und der extremen Abweichung von einem Normalmaß als hierarchisch höheres Kriterium setzt, *gleich welcher inhaltlicher Auffüllung*: Fedor und Fanny machen emotionale Höhen *und* Tiefen durch, sie praktizieren das intime »Du« *und* das distanzierende »Sie« etc., und jeweils ist dies Ausdruck einer emotional intensiven und leidenschaftlichen Interaktion. Die wahre Abweichung definiert sich auf dieser höheren Ebene gewissermaßen »unsichtbar« und rein psychisch nach ihrem *Status*, ein unkonventionelles »Du« oder faktisch praktizierte illegitime Sexualität sind nun *keine hinreichende Bedingung* mehr für die echte Liebe. Die bloße moralische Abweichung$_1$ garantiert noch nicht die vom Text hochbewertete Abweichung$_2$, die dominant eine solche auf der psychischen Ebene ist. ›Psychologie‹ wird damit insgesamt in zwei Etappen definiert bzw. ereignishaft »entdeckt«: in einer ersten Etappe (B_A/E_1) und auf einer primären Ebene K_A gleichsam als konkreter *»Inhalt«*, in einer zweiten Etappe (B_B/E_2) und auf einer Meta-Ebene K_B als *autonome Realitätsebene unter Abstraktion der sichtbaren »Inhalte«*. In B_A steht die Psychologie in Opposition zur tradierten Moral und ihren äußerlichen Werten wie ökonomische Versorgung, Legalisierung etc. In B_B hingegen sind diese Probleme überhaupt nicht mehr thematisch, es geht jetzt nicht mehr darum, die bislang tabuisierte »Natur« des Individuums zu entdecken und zu legitimieren. Das Psychische steht jetzt nicht mehr als ein Verbotenes dominant in Opposition zur Moral, sondern als ein Unsichtbares in Opposition zur Ebene der sichtbaren Realität (s. B 4.16 und B 4.32).

4. Die erste Ebene ist ferner eine *quantitative* und *skalierende*, insofern sie ein Kontinuum der zu- bzw. abnehmenden Abweichung entwirft (z. B.: nur »Sie« – »Sie«/»Du« – nur »Du«, etc.). Auf dieser Ebene situiert sich das Protagonistenmodell in der Mitte, erscheint also gegenüber dem radikal abweichenden Modell als bürgerlich. Die zweite Ebene ist hingegen eine *qualitative* und *diskontinuierliche:* Das Protagonistenmodell hat einen Positionswechsel vollzogen, es hat sich aus der Ebene der graduellen und relativen Unterschiede klassifikatorisch gesehen gleichsam »befreit« und jetzt erst, auf der Ebene von K_B, eine *ontologische Differenz* zu den anderen Modellen aufgebaut.

5. E2 neutralisiert die in K_A aufgebaute Maximalopposition und setzt auf einer Meta-Ebene neue Grenzen. Das höchstbewertete Erotikmodell muß also erstens in zwei Schritten definiert werden und zweitens jeweils dominant ex negativo, sowohl in Phase B_A auf der Ebene K_A wie auch in Phase B_B auf der Ebene K_B benötigt es jeweils eine Negativfolie:

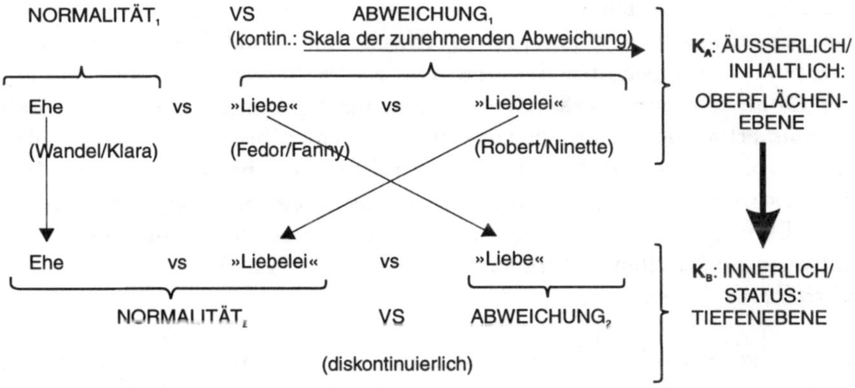

6. Innerhalb der möglichen Modelle der Abweichung unterscheidet der Text also eine positiv bewertete und *akzeptable* Abweichung von einer negativ bewerteten und *inakzeptablen* Abweichung. In dem Maße, wie letztere auf einer höheren Ebene äquivalent gesetzt wird mit der ohnehin negativ bewerteten Position der extremen Normeinhaltung, *erweist sich die Extremvariante des Neuen eigentlich als ein Altes* – das höchstbewertete Modell hat umgekehrt denselben Doppelstatus, aber eben in komplementärer Distribution: Auf der Tiefenebene das radikal Neue, muß es auf der Oberfläche zugleich partiell ein Altes sein, also bürgerliche Merkmale aufweisen. Auf der Ebene K_A der Skala der zunehmenden Normverletzung definiert es sich als eine Art *Kompromiß*, definierbar als ein semantischer Raum sR_K, der sowohl am Raum der bürgerlichen Normalität sR_A wie auch an dem der Abweichung sR_B partizipiert:

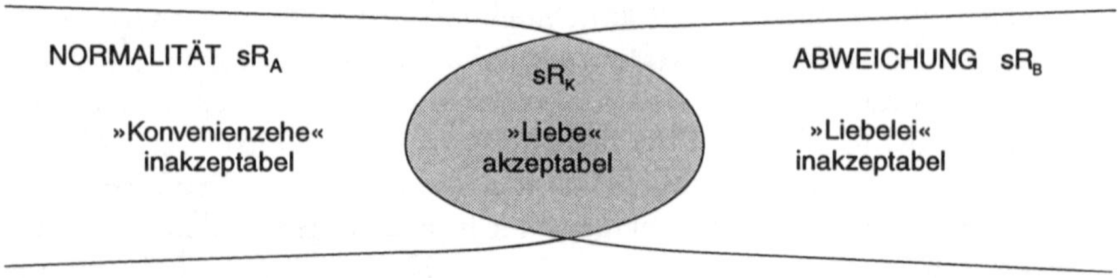

7. Das rekonstruierte Modell ist also insgesamt ein höchst paradoxes. Denn zum einen handelt es sich letztlich immer auch um eine implizite *moralische* Grenzziehung, die intendiert ist. Zum anderen aber wird diese Grenzziehung auf der Ebene KB zugleich legitimiert als wahre Abweichung, und zwar im Sinne der *Überwindung* der tradierten Moral. Denn tatsächlich bleibt die bloße moralische Abweichung1 insofern stets auf die alte Moral – wenn auch negativ – bezogen, als sie die Relevanz der inhaltlichen Abweichung von ihr setzt. Erst die Abweichung2 überwindet diese Fixierung auf die alte Norm, indem sie sich gleichsam abkoppelt von der Ebene der faktischen/inhaltlichen/äußerlichen Abweichungen und sich nun rein innerlich/psychisch/unsichtbar definiert: Die wahre Abweichung kann nun auf der Oberfläche mit Merkmalen der scheinbaren bürgerlichen Normalität kombiniert auftreten, sie »bedarf« gewissermaßen nicht mehr des inhaltlichen Normverstoßes. Aber just diese raffinierte Überwindung der alten Moral wird nun zugleich funktionalisiert als deren (partielle) Neulegitimation. Es findet sich somit der gleiche Mechanismus wie beim Modell der Substitution der alten kulturellen durch die neue »Naturgrenze«: *Die Moral überlebt als Psychologie.*

Die hier rekonstruierte Substitution mit der Umdefinition der Abweichung, die sich im Positionstausch von Figuren bzw. Paaren manifestiert, findet sich analog in den anderen frühen Dramen, also z. B. in *Freiwild*, *Liebelei*, *Die letzten Masken*, aber ebenso deutlich auch in *Der einsame Weg*, *Der grüne Kakadu*, in *Professor Bernhardi*, *Der junge Medardus* oder *Fink und Fliederbusch*. Immer geht es darum, in einem ersten Schritt Normalität und Abweichung gewissermaßen inhaltlich zu definieren, so z. B. im *Einsamen Weg* dem bürgerlichen und legitimen erotischen Partner Wegrat den extrem nicht-bürgerlichen illegitimen Partner Julian gegenüberzustellen, die beide hinsichtlich der bekannten Merkmale des Basiskodes wie Erotik, Mobilität, Beruf etc. als maximal oppositionell klassifiziert werden –, um in einem zweiten Schritt dieselbe Opposition noch einmal, auf höherer Ebene zu definieren, wobei sich die Positionen invertieren: Nun, v.a. beim Problem des Festhaltens am (echten bzw. vermeintlichen) biologischen Sohn ist es Wegrat, der – nahezu wortgleich mit Sala – die neue, abweichende Position vertreten darf, demgegenüber Julian als traditionell erscheint. Fakultativ kann in den Texten, wie oben im *Märchen*, noch eine dritte Figur existieren, die mit den beiden oppositionellen Figuren ein gemeinsames ternäres Figurenparadigma bildet: Dann gilt analog zum *Märchen*, daß die beiden Extrempositionen neutralisiert werden und sich als die wahre Abweichung jene konstituiert, die auf der primären Ebene K_A eine Mittelposition einnimmt, wie sie im *Einsamen Weg* Sala z. B. repräsentiert.[1] Es handelt sich also um ein generelles übergeordnetes abstraktes Modell, *die Erotik ist nur eine der möglichen inhaltlichen Besetzungen.* Das Kernproblem der Umdefinition der Abweichung auf höherer Ebene und der Substitution der zwei Kodes findet sich ausnahmslos in jedem Text; als ausgeprägtes Modell der Überlagerung einer ersten Figurenklassifikation durch eine zweite tritt es allerdings vorwiegend in Dramen auf. Hier kann es zur Bildung von höchst komplexen Strukturen kommen, wie etwa in *Professor Bernhardi* der Fall, wo ein zahlenmäßig sehr umfangreiches Figurenensemble nach den verschiedensten Kriterien klassifiziert wird.

Mit diesen Ausführungen zur Überlagerung zweier Klassifikationsebenen ist das komplexe zweite Ereignis der Auflösung des Basiskodes auf höherer Ebene in einem ersten Annäherungsversuch grob skizziert – den weiteren Implikationen dieses Mechanismus wird sich B 4. noch ausführlicher widmen.

1 Doppler 1991 sieht die Überlagerung der Figurenklassifikation nicht und kommt daher zu einer einseitigen (und moralisierenden) Interpretation der Figur Salas.

2.3 Der Isomorphismus von Liebe und Kunst

Im folgenden sei das Modell der Überlagerung der Klassifikationsebenen an einem nicht-erotischen Beispiel demonstriert, nämlich dem der *Kunstkonzeption*, wie sie im *Märchen* entworfen wird. Sie erweist sich als engstens korreliert mit der oben rekonstruierten *Liebeskonzeption*. Wie im Bereich der Erotik, so ist auch hier das relevante Figurenensemble in signifikanter Weise in ternäre Figurenparadigmen strukturiert: drei männlichen Künstlern – Leo, Fedor, Robert – stehen drei Künstlerinnen – Agathe, Fanny, Emmi – gegenüber. Den drei erotischen Modellen korrespondieren nun sowohl bei den männlichen als auch bei den weiblichen Künstlerfiguren jeweils homolog drei verschiedene praktizierte Modelle einer Künstlerexistenz. Zunächst zum *männlichen Künstlerparadigma:*

Leo, Fedor und Robert sind alle zwischen 26 und 30 Jahre alt, die ersten beiden Schriftsteller, der letztere Maler. Nach den folgenden drei Kriterien wird der jeweilige Umgang mit Kunst im Text klassifiziert:

1. existentielles Künstlertum vs Beruf:

Leo ist Schriftsteller und Herausgeber einer Zeitung zugleich. Kunstproduktion ist bei ihm also nur eine Tätigkeit neben einer anderen und tendiert dazu, Beruf zu sein. Die beiden anderen hingegen sind sozusagen »wesenhaft« Künstler, eine andere Tätigkeit ist nicht vorstellbar. Leo postuliert zudem die Relevanz äußerlicher, ökonomischer Werte mit demselben Schlagwort der »Sorgen«, wie Klara dies gegenüber Fanny im Bereich der Erotik tut (DI, 141).

2. neue »naturalistische« vs alte »idealistische« Kunst:

Leo produziert »kleine, zarte Novellen für Familienblätter« (DI, 141), also »bürgerliche« Kunst, während Robert mit seinem Aktbild maximal abweichende Kunst produziert. Zudem »idealisiert« er, anstatt, wie Robert fordert, »das Wahre [zu] schildern« (DI, 140f). Robert vertritt also die neue, »naturalistische« Position in einer Extremvariante: Seine Kunst bildet das Leben selbst ab, unverhüllt, wofür zeichenhaft der Akt steht, Leo hingegen vertritt die alte, »nicht-naturalistische« Position. Beide bilden eine Frau in ihrer Kunst ab: Robert seine eigene erotische Partnerin, noch dazu nackt, Leo hingegen eine Frau, die nicht seine erotische Partnerin ist, und noch dazu in idealisierender »Verhüllung« (vgl. DI, 140). Für Fedor existieren diesbezüglich keine Angaben: Seine Position muß ex negativo und implizit als die höchstbewertete Mittelposition rekonstruiert werden.

3. die Relation erotisches Privatleben/Kunst:

Im Bereich der Erotik stellt Robert das Aktbild seiner Geliebten öffentlich aus, macht also das private erotische Leben zum Thema seiner Kunst und trennt damit nicht zwischen Privatheit und Öffentlichkeit. Diesbezüglich trennen Fedor und Leo, denen Roberts Praxis als »Profanation« (DI, 145) und Beweis von Nicht-Liebe gilt. Im Bereich der Kunstproduktion jedoch gilt für ihn die Opposition und Trennung von »in der Kunst« vs »ich persönlich freilich«: Problematische »Empfindungen« sind nur für die Kunst reserviert, im Privatleben »überwinde[t]« er sie (DI, 141). Fedor indes leidet durch seine Beziehung zu Fanny an einer Arbeitsstörung, Privatexistenz und Künstlerexistenz fallen bei ihm diesbezüglich untrennbar zusammen. Die höchstbewertete Künstlerexistenz repräsentiert offensichtlich Fedor: So zelebriert er denn auch regelrecht seinen »Schmerz« am Anfang des II. Aktes, und das Merkmal der Arbeitsstörung fungiert als Beweis für den maximal existentiellen Status sowohl der Erotik als auch der Kunst.[1] Beides sind Bereiche, die jeweils die Totalität der Person umfassen und absolute Unbedingtheit erfordern, und sowohl das Erotik- als auch das Kunstmodell definieren sich somit jeweils auch über ihre gegenseitige Relation zueinander.[2]

Die Opposition »bürgerliche Normalität« vs »Abweichung« wird also rekursiv auch innerhalb der Gruppe der Abweichler und »Neuen« angewandt. Leo ist der Bürgerliche unter den Künstlern, der nach Eigenaussage selbst »nie ein *wahrer Künstler* sein [wird]« (DI, 141) – im Kontext dieser Äußerung zwar eine ironische, jedoch zugleich wahre Bemerkung, postuliert er doch partiell dieselben bürgerlichen äußerlichen Werte wie Wandel, dessen Position in der Erotik er homolog im Bereich der Kunst einnimmt. Die Opposition »Normalbürger« vs »Künstler« existiert somit auf einer wörtlichen und einer metaphorischen/emphatischen Bedeutungsebene, wobei die im rhetorischen Sinn uneigentliche Bedeutungsebene wiederum als die im ideologischen Sinn eigentliche hierarchisch übergeordnet wird: Wörtliche Kunstproduktion ist noch keine hinreichende Bedingung für echtes Künstlertum.

Analog zum Bereich der Erotik wird also auch hier zunächst wieder eine erste skalierende Ebene KA der zunehmenden Abweichung gesetzt mit dem bürgerlichen Künstler Leo als dem einen und dem maximal die Normen verletzenden Aktmaler Robert als dem anderen Extrem; Fedor situiert sich ex negativo in der Mitte. Auf einer zweiten Ebene KB jedoch, die nicht nach dem äußerlichen/inhaltlichen Kriterium des Grades der moralischen Abweichung fragt, sondern nach dem innerlichen des existentiellen Status, wie er insbesondere in der Relation von erotischem Privatleben und Arbeit zum

1 Hier deutet sich bereits ein Merkmal an, das in der psychologischen Phase extreme Form annehmen wird, so z. B. im *Schleier der Beatrice* bei Filippo: Die maximal leidenschaftliche Liebe impliziert ein totales Desinteresse an der Außenwelt und an allen anderen Tätigkeiten und birgt somit notwendig immer die Gefahr des Selbstverlusts. Vgl. auch Danville 1894, S. 895ff zu diesem notwendigen Merkmal des leidenschaftlich Liebenden.

2 Vgl. hierzu auch Schnitzlers Unterscheidung des »Dichters« vom »Literaten« in seinem Essay »Der Geist im Wort und der Geist in der Tat« (AuB,150f).

Ausdruck kommt, ist es offensichtlich Fedor, der die vom Text höchstbewertete Position einnimmt. Insgesamt erweisen sich damit die Bereiche der Erotik und der Kunst als *isomorph strukturiert:*

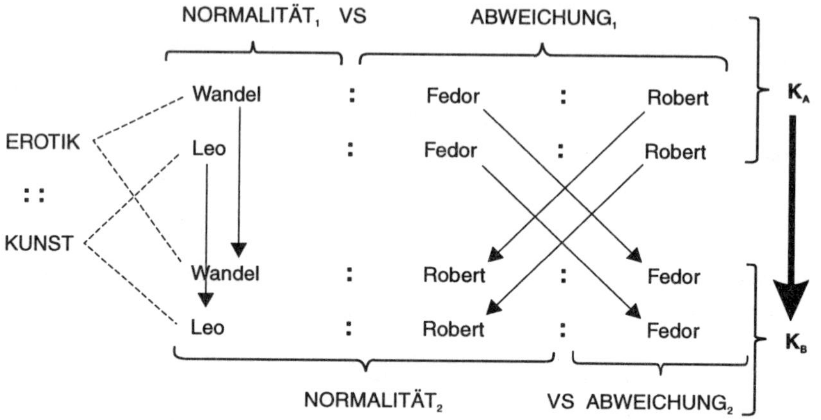

Zum weiblichen Künstlerparadigma:
Im Gegensatz zu den männlichen Künstlern, bei denen sich verschiedene Künste finden, sind alle drei Frauen dieses Paradigmas typischerweise Schauspielerinnen (s. o. A 1.112). Auf der primären skalierenden Ebene nimmt Fanny zunächst in mehrfacher Hinsicht eine Mittelposition ein. So steht sie sowohl bezüglich des Alters als auch bezüglich der Position innerhalb ihrer Laufbahn als gerade angehende Künstlerin zwischen der älteren und bereits etablierten Agathe Müller und der jüngeren Schauspielschülerin Emmi. Auch hier spielt wieder die Relation von Erotik und Kunst selbst eine Rolle. Zwischen den Extrempositionen von Agathe Müller einerseits, für die die Karriere von vornherein wichtiger ist als der erotische Partner, und von Emmi andererseits, die umgekehrt nur »darum zur Bühne [geht]«, um eine »gute Partie« zu machen (DI, 137), steht Fanny, deren »Begeisterung für die Kunst« im Gegensatz zu der Emmis »echt« ist (DI, 138), und die dieses Merkmal mit Agathe teilt, andererseits aber bereit ist, ihre Karriere der Erotik zu opfern – ein Merkmal, das sie umgekehrt, auch wenn es sich um jeweils verschiedene Erotik handelt, mit Emmi teilt. Auf der höheren, diskontinuierlich klassifizierenden und qualitativen Ebene KB jedoch wird die Maximalopposition zwischen Emmi und Agathe neutralisiert. Fanny vertritt demgegenüber die höchstbewertete Kunstposition, denn sowohl das Motiv der »guten Partie« als auch das der »Karriere« gelten beide letztlich als von äußerlicher Art. Die Bereitschaft, die Kunst der Erotik unterzuordnen, ist freilich ein geschlechtsspezifisches Merkmal, allerdings nur in der spezifischen Variante des Opfers der *Karriere*, denn andererseits handelt es sich homolog um dasselbe Merkmal wie die Produktionsstörung bei Fedor.

Die Bereiche Kunst und Erotik sind also erstens isomorph strukturiert durch jeweils ternäre Figurenparadigmen mit homologen Positionen, und zweitens wird zwischen den jeweiligen homologen Positionen eine *notwendige Beziehung* im Sinne der logischen Äquivalenzrelation entworfen: Die höchstbewertete Kunstposition und die höchstbewertete Erotikkonzeption bedingen einander notwendig; wo ein existentielles Liebesmodell vorliegt, muß diesem ein existentielles Kunstmodell entsprechen und vice versa. Nicht nur wird die zentrale Position, auf die es dem Text in beiden Bereichen ankommt, bei den männlichen wie weiblichen Figuren jeweils von derselben Person vertreten, sondern es gilt damit auch, daß in der Logik des Textes die höchstbewertete Position im einen der beiden Bereiche *nicht kombinierbar* ist mit einer weniger hoch bewerteten – also der nicht-homologen – Position im anderen Bereich.

Das vom Text propagierte Modell des wahren Künstlers ist wiederum nachweisbar ein epochentypisches. So verlangt Hermann Bahr, daß Kunst nicht etwa ein beliebiger austauschbarer Beruf sein dürfe, nicht »bloß eines von den vielen Mitteln«, sondern daß:

> Kunst die notwendige, unvermeidliche und natürliche Lebensweise ist, außer welcher eine erträgliche Existenz überhaupt nicht gedacht werden kann.[1]

Er fordert vom Künstler die »exklusive Nurkünstlerschaft, in welche der ganze Rest seiner Lebenskraft aufgelöst ist«.[2] Hofmannsthal fordert entsprechend, die Künstler müßten genötigt sein, »zu schaffen aus keinem anderen Antrieb heraus als aus dem Grundtrieb ihres Wesens«.[3] Die Äquivalenz zur neuen Liebeskonzeption ist offenkundig. Jeweils geht es um den absolut existentiellen, das ganze Wesen der Person in seiner Totalität umfassenden Status von Kunst/Erotik; jeweils hat dies eine absolut nicht-funktionalisierte, zweckfreie Tätigkeit zu sein, die nicht aus ihr äußerlichen Motiven heraus betrieben werden darf. Wie die erotischen Partner einander »notwendig« werden (s. *Freiwild* DI, 307), so muß auch die Kunstproduktion quasi notwendig erfolgen, eine Alternative darf es weder zum Partner noch zur Kunstproduktion geben, da dies sowohl tendenzielle Austauschbarkeit wie auch nicht-existentiellen Status bedeuten würde. Liebe und Kunstproduktion werden schließlich beide mit Leidenschaftlichkeit und mit diskontinuierlichen emotionalen Extremzuständen der Person verknüpft, repräsentieren also ein intensives »Leben« jenseits eines kontinuierlichen Normal-

1 Bahr 1968, S. 65f.
2 Ebd.
3 Hofmannsthal, »Der Dichter und diese Zeit« 1906, in: Hofmannsthal 1979, S. 75. Vgl. ganz analoge Konzeptionen bei Ludwig Klages (»Aus der Seelenlehre des Künstlers« 1899, in: Ruprecht/Bänsch 1970, S. 243ff) oder Wilhelm v. Scholz (»Die Entwicklung der Kunst« 1905, in: Ruprecht/Bänsch 1970, S. 448ff). Vgl. auch Simmel 1923b, S. 297.

maßes.[1] Beide vereinigen schließlich exemplarisch in sich die zwei Kategorien der *Wahl/Autonomie* und der *Notwendigkeit/Heteronomie*. Wie der leidenschaftlich Liebende einerseits maximal individualisiert und keinerlei vorgegebene subjektexterne Normen der Partnerwahl kennt, andererseits aber genau dies unter dem Zwang der inneren Notwendigkeit tut, so gilt auch für den idealen Künstler, daß er einerseits maximal autonom von vorgegebenen poetologischen Regeln, andererseits aber ebenfalls aus »eingeborenen Trieben«[2] produzieren muß:

> wenn es ihn [den Künstler] nicht mit ehrnem Zwange starrer Notwendigkeit überwältigt, [...] dann ist's überhaupt keine Kunst [...].[3]

– und, analog, auch keine Liebe. Mir scheint die Hypothese vertretbar, daß hier am Beispiel von Liebe und Kunst ein generelles übergeordnetes Problem abgehandelt wird. Beide scheinen als privilegierte Bereiche zu fungieren, an denen u.a. die Kombination einer maximalen Autonomie gegenüber der Kultur und ihren Regeln einerseits und einer Heteronomie gegenüber der eigenen psychischen Natur andererseits vorgeführt werden können.[4] Wie der Basiskode bereits deutlich macht, fungieren jene exzeptionelle Erotik und Kunst schließlich auch als zwei, letztlich als *die* zwei privilegierten Bereiche der idealisierten Abweichung von der bürgerlichen Normalität. Das Merkmal des geforderten absoluten, existentiellen Status von Liebe und Kunstproduktion stiftet zugleich das Merkmal der ontologischen Differenz zum Normalmenschen.

---

1 Vgl. z. B. Naumann 1899, S. 160, der für den Nachweis der »Verwandtschaft« von Künstler und Liebendem u.a. genau dieses Merkmal postuliert.

2 Bahr 1968, S. 45.

3 Ebd., S. 43.

4 Literar- und denkgeschichtlich ließen sich die hier propagierte Liebes- und Kunstkonzeption rekonstruieren als Transformation von Basiskonzepten, die erstmalig die Goethezeit entworfen hat.

B 3. *Die psychologisch-lebensideologische Phase: das überindividuelle ›Leben‹ als neue sinnstiftende Größe*

3.1 Die allgemeine »Entzauberung« des neuen »Lebens«

3.11 Die Reduktion auf das Allgemeinmenschliche

Zwei zentrale Unterschiede lassen sich in bezug auf die Phase B_B zwischen präpsychologisch-»naturalistischer« und psychologisch-lebensideologischer Werkphase konstatieren. Der erste besteht in der Motivierung der Nicht-Realisierbarkeit des neuen »Lebens«. Die späteren Texte kennen das Problem des »Übergänglings« nicht mehr. Hier ist es demgegenüber privilegiert das vom lebensideologischen Denken postulierte ›Gesamtleben‹ selbst, an dem das individuelle emphatische »Leben« scheitert. Dieses Scheitern erhält damit einen ganz anderen Status: Es ist einerseits von fundamentalerer Art, während es in der Frühphase harmloser ist, insofern dort im Prinzip behebbare Motive gesetzt werden; es ist andererseits aber zugleich weniger pessimistisch, da es immer mit einer möglichen neuen Sinnstiftung verknüpft wird, die es für die Protagonistin der frühen Dramen noch nicht gibt. Das *Vermächtnis* führt als erster Text das neue Modell der Aufhebung des gesteigerten individuellen »Lebens« durch das ›Leben‹ ein – und ist zugleich der erste Text, der das Rückfall-Modell nicht mehr kennt, beide Neuerungen bedingen einander also notwendig.

Vier Phänomene des ›Lebens‹ sind es, die bei Schnitzler privilegiert die Desillusionierung leisten: 1. der entindividualisierende (animalische) Sexualtrieb im Individuum, 2. der ewige Zyklus der Generationen bzw. der Prozeß des Alterns, 3. der Tod, 4. die politische Geschichte – letztere wird in dieser Funktion erst in den 20er Jahren relevant (*Der Gang zum Weiher, Komödie der Verführung*). In den folgenden Kapiteln werde ich Beispiele für die ersten drei genannten Fälle geben.

Die zentrale Operation, die das ›Leben‹ nun leistet, ist immer die einer allgemeinen *Entindividualisierung*. In A erfährt sich das Individuum den überindividuellen Normen unterworfen und erlebt dies als defizienten Zustand. In B_A tritt demgegenüber das emphatische individuelle »Leben« L_A als eine neue sinnstiftende Größe auf: Es geht darum, ein individuelles »Mehr« an Leben zu erreichen. Das neue angestrebte/realisierte »Leben« ist dabei in mehrfacher Hinsicht mit »Individualisierung« korreliert: Erstens wird sich das Subjekt seines Potentials bewußt und entdeckt sich selbst erst als Individuum, zweitens ist dieses neue Leben immer mit einer individualisierenden Liebe verknüpft, drittens kann es mit Macht und Einflußnahme des Individuums auf die Realität korreliert sein – vornehmlich in den narzißtischen Omnipotenzphantasien der Liebenden kommen sie zum Ausdruck, aber auch z.B. im (Wieder-)Erwerb von politischer Macht (z.B. im *Gang zum Weiher*) –, und viertens schließlich stellt es ein individuelles Leben dar, das sich nun vom Durchschnitts- und Alltagsleben unterscheidet. In BB tritt demgegenüber das überindividuelle ›Gesamtleben‹ LB als neue sinnstiftende Größe auf. Es geht nun um ein ganz neues Ziel, nämlich darum, das in BA »freigesetzte« Individuum in allgemeinmenschliche Zusammenhänge einzuordnen. Der *Individualisierung* und der *Entdeckung des Individuums* in BA wird in BB die *Entindividualisierung* und die *Einbettung des Individuums und seines individuellen Lebens in den überindividuellen Zusammenhang des ›Gesamtlebens‹* entgegengesetzt. Die Entindividualisierung als solche wird also restituiert, sie wird jedoch nicht mehr durch Kultur/Moral wie im Ausgangszustand, sondern durch das ›Leben‹ geleistet, und die *aufhebbare* Unterwerfung unter die Normen wird substituiert durch eine *unaufhebbare* Unterwerfung unter das ›Leben‹. *Genau indem* das überindividuelle ›Leben‹ das individuelle emphatische »Leben« aufhebt, zerstört es zwar einerseits die in BA entworfene Sinnstiftung, es stiftet aber, wie zu zeigen sein wird, seinerseits einen neuen, nun freilich radikal anderen Sinn.

3.12 Die zweite Krise

Der zweite zentrale Unterschied zur Frühphase besteht darin, daß die desillusionierende Erfahrung der Einordnung in das überindividuelle ›Leben‹ in der Regel im Rahmen eines eigenen Bewußtwerdungsprozesses erfolgt. Generell, d.h. für beide Werkphasen gilt, daß die zu machende erneute Erfahrung eines gegebenen »Nicht-Lebens« eine erneute Krise von nicht minderer, ja sogar gesteigerter Heftigkeit auslösen kann, und dies wiederum unabhängig davon, ob Selbstfindung oder Selbstverlust der Figur vorliegt. Die Protagonistinnen der frühen Dramen tendieren nach dem Scheitern der Liebesbeziehung (bzw. allgemein des neuen »Lebens«: *Vermächtnis*) zum Selbstmord, so in *Liebelei* und *Vermächtnis*; auch Beate denkt an Selbstmord und vollzieht ihn dann, Berta kann Selbstmörder »zum erstenmal in ihrem Leben« verstehen (EI, 486), Marie (*Der Ruf des Lebens*) hat keinen Lebenswillen mehr, Gräsler bricht weinend zusammen, der »Literat« bringt sich um. Die konkreten Motive variieren natürlich: Bei Beate ist es die unauslöschliche Schande durch das Öffentlichwerden ihrer illegitimen Beziehung, bei Berta die »Verzweiflung« (EI, 486) im Kampf um Emil, bei Gräsler die Trauer um den Tod Katharinas, beim »Literaten« v.a. der nicht bewältigbare Verlust des narzißtischen Merkmals der Exklusivität seines Lebens – allen gemeinsam ist jedoch die Krise aufgrund des Scheiterns des am Ende der ersten »Hälfte« erreichten neuen Lebens. In der präpsychologischen Phase hingegen wird die Desillusionierung der Protagonistin niemals als ein eigener psychischer Prozeß der Bewußtwerdung dargestellt, ja, sie ist selbst niemals als eigenständige Krise thematisch. Es gibt hier auch letztlich nichts, dessen die

Protagonistin sich konflikthaft bewußt zu werden hätte. Das Scheitern selbst ist das Problem der männlichen Partner; sie wird vor vollendete Tatsachen gestellt und hat eine defiziente Realität, an deren Entstehen sie keinen Anteil hat, allenfalls zur Kenntnis zu nehmen. In der psychologischen Phase hingegen tendieren die Hoffnungen, die sich das Subjekt in bezug auf das neue Leben macht, dazu, Elemente der echten Illusion und Realitätsverkennung aufzuweisen. Der Bewußtwerdungsprozeß impliziert insofern in der Regel einen Akt der *Selbsterkenntnis*. Dem Subjekt werden jetzt die notwendige *Korrektur von Illusionen* und die *Überwindung von Bedürfnissen* auferlegt. Die Auseinandersetzung mit dem »Nicht-Leben« wird im Gegensatz zur Frühphase jetzt als eigene zweite Krise und als zentrales *psychisches Problem der Bewältigung einer Defizienz* thematisiert und rückt in den Mittelpunkt des Interesses des Textes. Sei es, daß das in BA entworfene/erreichte »Leben« niemals ein solches gewesen ist, oder sei es, daß es nicht auf Dauer realisiert werden kann: In jedem Fall kommt es zu einer korrigierenden *zweiten Reinterpretation*, diesmal des neuen »Lebens«, welches durch den Akt dieser Reinterpretation aufhört, ein solches gesteigertes »Leben« zu sein. Dabei kann auch gelten, daß in der zweiten Bewußtwerdung eine Erkenntnis zum definitiven Abschluß gelangt, die sich bereits in der ersten Hälfte immer wieder angedeutet hat, vom Protagonisten aber nicht bewußt vollzogen wurde. Der Inhalt dieser zweiten Bewußtwerdung ist dann also zumindest partiell – besonders kraß etwa bei Berta Garlan[1] – eigentlich kein gänzlich neuer, sondern war, ähnlich wie die in der ersten »Hälfte« bewußt gewordenen Tatsachen bereits in A angelegt waren, seinerseits bereits in BA latent angelegt; dennoch läßt sich diese desillusionierende Bewußtwerdung als eine zweite eigenständige isolieren.

3.13 Die Neutralisierung der Opposition von »Leben« vs »Nicht-Leben«

Die in BA erstrebte Abweichung umfaßt die genannten zwei Aspekte der moralischen Abweichung (= Abweichung1) als einer Voraussetzung für das »Leben« einerseits, und seiner Individualisiertheit (= Abweichung2), die es eben aus der Masse der alltäglichen Durchschnitts-Leben heraushebt, andererseits. In ihrer Extremform tritt diese Individualisiertheit des Lebens als absolute Einmaligkeit und Exklusivität auf, die dem Subjekt das »traumhaft stolze Bewußtsein eines unerhörten Geschicks« (*Hirtenflöte* EI, 32) bescheren kann. In BA fielen diese zwei Abweichungen selbstverständlich zusammen, mit der moralischen Abweichung war immer schon die andere erstrebte Abweichung gegeben; jetzt hingegen werden beide Abweichungen voneinander abgekoppelt: Das Subjekt hat sich zwar in den semantischen Raum der moralischen Abweichung begeben, aber sein neues »Leben« wird nun des

1 Vgl. Driver 1971, S. 295.

Merkmals der sinnstiftenden Abweichung2 beraubt. Die Desillusionierung durch Entindividualisierung bedeutet somit immer eine Art Relativierung und *»Entzauberung«* des »Lebens«, das Merkmal des Besonderen, Exzeptionellen wird getilgt. Damit unterscheidet sich das neue Leben nun nicht mehr wesentlich von demjenigen Leben, das der Durchschnitt der anderen Menschen lebt. Die Entindivualisierung dieses »Lebens« ist also äquivalent einer *Neutralisierung der Opposition »Leben« vs »Nicht-Leben«*, bzw. genauer: der Opposition zwischen altem und neuem Leben. Neues Leben und gesteigertes »Leben« werden nun dissoziiert; das Konzept des gesteigerten »Lebens« als solches wird nicht aufgegeben, es kommt wie bereits in der Frühphase zu einer Umformulierung und Neudefinition auf höherer Ebene. Ich illustriere diese Neutralisierung im folgenden wieder primär am Beispiel von *Frau Berta Garlan* und der *Traumnovelle*.

Zunächst zur *Traumnovelle*. Hier wird die in BB stattfindende Entzauberung besonders augenfällig, da sie als eigenständiger zweiter Kursus organisiert ist, der sich auf den verschiedensten Ebenen als oppositionell zum ersten Kursus signalisiert.[1] Dabei kommt es zur regelrechten »Verbürgerlichung« und systematischen Trivialisierung des fremden Raums sRB. Der auffälligste Unterschied zum ersten Kursus ist zunächst, daß der zweite Kursus nicht bei Nacht und spontan abläuft, sondern die vier Frauen sozusagen in den bürgerlichen Berufsalltag integriert, und Fridolin »sorgfältig, ja mit einiger Pedanterie« ein regelrechtes »Programm« entwirft (EII, 482) – das Merkmal der geregelten Zeiteinteilung wurde seinerseits zu Beginn des Textes aber als bürgerliches gesetzt. Bereits auf dieser Ebene der äußeren Organisation resultiert also eine Art »Verbürgerlichung«. Zudem erweist sich nun, daß das, was in der Nacht von Geheimnischarakter umgeben war und ein gesteigertes »Leben« schien, jetzt, sozusagen bei Tageslicht besehen, als nüchterne Alltäglichkeit erscheint. Dies beginnt bereits bei der geheimnisvollen Villa: Sie liegt zwar in der Tiefe, »aber keineswegs so steil, als es ihn nachts im Fahren gedünkt hatte«. Es handelt sich um ein eher »bescheidene[s]« Haus, »keineswegs groß oder prächtig«, und in nächster Umgebung finden sich die allerbürgerlichsten Requisiten: ein »Kinderwägelchen« und »Rosenstöcke, sorgfältig in Stroh gehüllt« (EII, 486). Die angenommene extreme Abweichung vom Normalmaß, die der erste Kursus in BA als privilegiertes Merkmal des fremden Lebens entworfen hatte, entpuppt sich entweder als nicht so groß oder als gar nicht gegeben. In jedem Kursus findet ferner der Besuch eines Kaffeehauses statt. Jedesmal liest Fridolin dort in der Zeitung eine Serie von Ereignissen, darunter jeweils ein Giftselbstmord, jeweils einer jungen Frau. Im ersten Kursus erhalten diese Ereignisse das Merkmal der »trockenen Alltäglichkeit« (EII, 452) und werden somit in Opposition gesetzt zum eigenen Abenteuer und gesteigerten »Leben«. Im zweiten Kursus hingegen

1 Kluge 1982, S. 339 »erklärt« dagegen die Notwendigkeit des zweiten Kursus mit einer völlig spekulativen Psychologisierung.

wird mit dem Giftselbstmord der jungen fremden Baronin, deren Identität mit der Unbekannten in der Villa suggeriert wird, das eigene Abenteuer indirekt in diese Ereignisserie und damit auch in einen überindividuellen Lebenskontext integriert und verliert dadurch seinen Ereignischarakter. Jede der vier weiblichen Stationen wird schließlich entzaubert und ihres geheimnisvollen, vielversprechenden Charakters beraubt: Von der ohnehin uninteressanten Marianne abgesehen, ist Mizzi tatsächlich geschlechtskrank und im Spital, die Pierrette-Geschichte hat sich völlig ins Trivial-Banale aufgelöst, und als der größte Entzauberer des »Lebens« fungiert der biologische Tod (der Unbekannten), der gesondert zu betrachten sein wird. *Der zweite Kursus nimmt also insgesamt die systematische Neutralisierung genau jener Opposition zwischen* sR_A*/»Nicht-Leben« vs* sR_B*/»Leben« vor, die der erste Kursus aufbaute.*

Wie der nicht-bürgerliche Raum Merkmale der Normalität, so kann umgekehrt der bürgerliche Raum nun seinerseits Merkmale der moralischen Abweichung erhalten. So erfahren etwa Berta und Beate im Rahmen ihres zweiten Bewußtwerdungsprozesses auch von bislang nicht gewußten erotischen Normverstößen in ihrer unmittelbaren Umgebung. Generell gilt, daß wie in Phase B_A so auch jetzt in B_B die Bewußtwerdung der *eigenen* Erotik mit der Bewußtwerdung der Erotik *anderer* verknüpft ist, doch mit einem deutlichen Unterschied. In B_A wird Berta sich der Erotik jeweils unter dem positiven Vorzeichen der »Liebe« bewußt: So weiß sie plötzlich, »daß Frau Rupius jetzt mit jemandem zusammen war, *den sie lieb hatte*« (EI, 421). In B_B hingegen wird nicht nur die eigene (s. u.), sondern auch die fremde Erotik unter dem desillusionierenden Vorzeichen der Nicht-Liebe wahrgenommen. Die Desillusionierung ist dabei eine umfassende. Denn nicht nur haben die scheinbar so »guten, anständigen, tugendhaften Leute« (EI, 446) – v.a. die Frauen – ihrer Provinzstadt alle ebenfalls illegitime Abenteuer gehabt, sondern von diesen war auch keines ein gesteigertes »Leben«. Die Schwägerin Albertine, die Cousine Agathe aus Wien und Frau Anna Rupius bilden gegenüber Berta ein gemeinsames Paradigma von drei verheirateten Frauen – die A-Namen weisen sinnfällig darauf hin –, innerhalb dessen sie verschiedene oppositionelle Varianten darstellen. Aber ob sie in resignativer Langeweile, in Depression oder gar im Extremfall im Tod durch Abtreibung enden – alle Frauen führen ein »Nicht-Leben«, und Bertas Variante erscheint im Text noch als eine der besten.[1] Auch in dieser Hinsicht wird das scheinbar so individuelle eigene Schicksal entindividualisiert und in einen überindividuellen Kontext eingeordnet. Damit wird wiederum ein Merkmal der Ausgangsphase restituiert, freilich unter anderen Vorzeichen: Bestand in Phase A eine Nicht-Individualisierung im Zeichen der (vermeintlichen) allgemeinen bürgerlichen Moralität, aus der Berta ausbrechen wollte, so jetzt im Zeichen der allgemein herrschenden und trivialisierten Abweichung.

1 Vgl. auch Thomé 1986, S. 963.

Je mehr das neue Leben sein Merkmal der Steigerung daraus bezieht, daß es sich von dem anderer Menschen abhebt, um so größer muß die narzißtische Krise sein, die die Entzauberung beim Subjekt auslöst. Oder, anders formuliert, die latente narzißtische Komponente dieser begehrten Abweichung vom Normalmaß kann sich gerade auch in der Reaktion des Subjekts auf den Verlust dieses Merkmals manifestieren. Zu nennen sind hier insbesondere Berta, die nun nicht mehr ein »Gefühl der Überlegenheit« daraus beziehen kann, »etwas Besonderes« erlebt zu haben, was sie über alle Frauen ihrer Stadt hinaushebt (EI, 492, 495), sowie Casanova (*Casanovas Heimfahrt*), dessen Krise allerdings primär im definitiven Verlust des Merkmals der Jugend gründet. Am deutlichsten wird die hier gemeinte Dimension in *Der letzte Brief eines Literaten*, wobei freilich eine solch extreme Steigerung, wie sie dort entworfen wird, bei Schnitzler typischerweise nur im Modus der Ironisierung präsentiert werden kann. Hier wird das Grundmodell insofern transformiert, als es in der Zwischenphase zu wiederholten Teilphasen kommt, in denen der Held mit seiner Geliebten eine absolut exzeptionelle Beziehung herzustellen versucht. Die Sukzession von $A \Rightarrow B_A$ und $B_B \Rightarrow C$ wird in einen iterativen Ablauf transformiert, nach jeder Desillusionierung wird erneut aufgebrochen zu einem neuen »Leben«, das sich jeweils als eine ungeahnte Steigerung des vorhergehenden präsentiert. In dem Maße, wie das – jeweilige – »Leben« sich hier dominant als exklusiver Zustand definiert, der »mit allem, was je [...] in Menschenseelen vorgegangen war, [...] nicht das geringste gemein [hatte]« (EII, 222f), besteht auch das »Nicht-Leben« dominant in der Erfahrung, »ein Mensch wie andere [...], ein Liebender wie andere auch, dem Ewig-Alltäglichen verfallen [zu sein]« etc. Dem Ich, das sich ein »höhere[r], überlegene[r], gottnähere[r] Mensch« dünkte, erscheint der (narzißtische) Selbstmord konsequent als der »einzig gerechte Abschluß meines Daseins« (EII, 223f).

3.2 Der entindividualisierende Sexualtrieb

3.21 Die zweite Bewußtwerdung eines Unbewußten

Sowohl in *Frau Beate und ihr Sohn* als auch in *Frau Berta Garlan* wird die Desillusionierung und Entzauberung des »Lebens« in BB dominant dadurch geleistet, daß hinter der vermeintlichen leidenschaftlichen und individualisierenden Liebe jeweils die tatsächlich herrschende Praxis der Entindividualisierung zum Vorschein kommt.[1] Letztere gilt dabei *in beiderlei Richtung*. Denn wie für Emil, so gilt auch für Berta, daß es nicht Liebe war, die sie zu ihm führte, sondern die bloße sexuelle Lust: »alle anderen Wünsche und Hoffnungen hatten ihre Begierde nur flüchtig umschwebt« (EI, 486). Dies wird bereits während der Begegnung mit Emil deutlich. Das ganze Paradigma der anderen potentiellen erotischen Partner Bertas – Richard, Klingemann, Rupius – ist implizit, psychisch und/oder zeichenhaft, bei der Begegnung mit Emil präsent.[2] So trifft sie Emil im Museum »gerade vor dem Falckenborghischen Bild« (EI, 502), welches mit Rupius verknüpft ist; im Hotelzimmer, in dem der Liebesakt stattfindet, hängt ein ebenso »laszive[s] Bild« (EI, 473) wie bei Klingemann, vor dem sie ebenso Klavier gespielt hat wie jetzt vor Emil. Sein Kuß erinnert sie an den ihres Neffen Richard (EI, 470), ja seine Person verschwimmt für die bereits leicht angetrunkene Berta abwechselnd mit der Richards und der des jungen Kellners, seine Identität wird zu etwas Nicht-Faßbarem:

> Wer ist denn dieser Emil?... [...] Wie sieht denn nur Emil aus? ... So-? ... Nein, nein, das ist ja Richard ... Aber fort ... Fort ... Ist sie denn so gemein, daß sie an lauter andere Männer denkt, während sie ... mit ihm ... (EI, 471)

Der Alkoholrausch Bertas in der Liebesnacht ist also auch insofern funktionalisiert, als er die entindividualisierende Tendenz ihrer »Liebe« verstärkt hervortreten läßt.

Das gleiche Modell findet sich bei Beate, mit einer anderen Akzentuierung. Hier gibt es zwei mit »Leben« korrelierte Beziehungen, die nun in BB zur Desillusionierung anstehen, die vergangene Ehe mit Ferdinand und das gegenwärtige Abenteuer mit Fritz. Mit der aposteriorischen Reinterpretation Ferdinands, »jenes Einzigen« (EII, 72), erfolgt notwendig auch eine Reinterpretation dieser für so exzeptionell gehaltenen Beziehung. Doch auch hier ist es nicht nur der männliche Partner, der sie betrogen und damit gegen

1 Vgl. die ausführliche Analyse von Bertas Illusion bei Thomé 1986, S. 939ff; vgl. auch Driver 1971, S. 296 und Weinberger 1992, S. 65. Eine absolute Fehldeutung hingegen bei Doppler 1985, S. 51, der aus einer identifikatorischen Perspektive zur Protagonistin heraus Emil »Verdinglichung der Frau« und deren »Degradierung zum Sexualobjekt« vorwirft.

2 Als ein solches Paradigma wird es gleich zu Textanfang gesetzt, vgl. EI, 396ff.

die Norm der Individualisierung verstoßen hat, sondern auch sie selbst hat ihn durch andere Partner substituiert. Das Merkmal des Schauspielers wird mehrfach funktionalisiert: So wie Ferdinand sie auf der Ebene der *faktischen* Realität vorzugsweise mit Theaterkolleginnen betrogen hat und ihr damit auch im privaten Leben etwas vorspielte, so hat sie ihrerseits ihn auf der Ebene der *gedachten psychischen* Realität mit seinen Theaterrollen betrogen:

> War es denn Ferdinand gewesen, den sie in ihren Armen hielt, der Komödiant [...]? [...] Nein, den hatte sie niemals geliebt. [...] Der, den sie liebte, war nicht Ferdinand Heinold gewesen; Hamlet war es, und Cyrano und der königliche Richard und der und jener, Helden und Verbrecher [...]. So hatte sie ihn immer betrogen, wie er sie [...]. (EII, 94f)

Auch wenn die Beziehung mit Fritz für Beate explizit nie jenen Stellenwert der exzeptionellen Liebe, sondern den eines jederzeit beendbaren »Spiels« mit einem »hübschen frischen Knaben« besitzt, so ist es doch auch »ihre und seine Seligkeit« (EII, 83, 99), also eine zumindest minimal individualisierte Beziehung. Erst die »ausführliche Schilderung der seligen Nächte« (EII, 99) durch Fritz gegenüber dem Freund Beratoner zerstört diese »Seligkeit« und hebt die Ebene der Individualisierung auf. Dahinter kommt das rein Sexuelle zum Vorschein, das Beate einordnet in die Reihe aller Partnerinnen und die individuellen Unterschiede neutralisiert:

> die jungen Herren [...] kannten die Weiber und durften kühn behaupten, daß eine war wie die andere. (EII, 100)

Doch wiederum findet sich die Entindividualisierung auch bei Beate selbst. Wie bei Berta wird die faktische Sexualität mit Fritz von Anfang an gekoppelt mit phantasierter Sexualität mit anderen potentiellen Partnern:

> Und nun weiß sie auch, gequält und beseligt zugleich, daß der Jüngling, dem sie sich gegeben, nicht ihr letzter Geliebter sein wird. Aber schon regt es sich in ihr mit heißer Neugier: wer wird der nächste sein? Doktor Bertram? [...] Mit einemmal [...] hatte dem Antlitz Bertrams sich ein anderes untergeschoben, das jenes Kunstreiters oder Hochstaplers oder Mexikaners, der sie neulich so frech angestarrt hatte [...]. (EII, 90f)

Die Protagonistin muß also erkennen, daß in ihr ein dem Konzept der individualisierenden Liebe zuwiderlaufender Sexualtrieb ist, aufgrund dessen sie den anderen nicht als einmaligen, unaustauschbaren Partner, wie es die neue Moral verlangt, sondern als Vertreter der biologischen Gattung Mann begehrt. Sie macht zum zweiten Mal die Bewußtwerdung eines bislang Unbewußten, diesmal jedoch in radikalisierter Form. Sexualität hat also insgesamt einen Doppelstatus als exemplarisch *Individuelles* und zugleich *Überindividuelles*; des ersteren wird sich die Heldin in B_A, des letzteren in B_B bewußt. Der Status des Überindividuellen kommt auch in der Metaphorik zum Ausdruck, mit der die Texte diesen Sexualtrieb zugleich als etwas Interpersonales abbilden:[1]

> die dunklen, ewigen Ströme, die unaufhörlich fließen von Mann zu Weib und von Weib zu Mann, zwischen Geschlecht und Geschlecht. (*Komödie der Verführung* DII, 872)

Wie das Zitat deutlich macht, erhält dieses Triebhafte in der Person mit der Metaphorik der Tiefe und des Strömens die Merkmale des übergeordneten Lebens LB – es ist also jenes ›Leben‹ und seine »ewigen Gesetze« (*Der letzte Brief eines Literaten* EII, 222), die das Subjekt jetzt desillusionierend in sich entdecken muß – *eine Entdeckung, die zugleich äquivalent ist einer Einordnung des Individuums in das übergeordnete ›Leben‹ selbst.*

Mit der Entdeckung dieses biologischen Überindividuellen in der Person wird zudem der Basiskode aufgehoben, der eine notwendige Beziehung etablierte zwischen Kultur und Überindividuellem einerseits, zwischen Natur und Individuellem andererseits. Auf dieser höheren Ebene ergibt sich exakt die umgekehrte Zuordnung. So konzipiert denn auch die zeitgenössische theoretische Diskussion über Liebe die individualisierende Liebe als eine *kulturelle* Leistung, die phylogenetisch gesehen den Menschen aus dem undifferenzierten Naturreich heraushebe.[2] Damit ist auch die fundamentale Ambivalenz der Epoche gegenüber der Natur – und somit auch der Kultur – korreliert. Die zunächst einer als negativ erfahrenen Kultur so emphatisch entgegengesetzte *individuelle* Natur wird letztlich immer auch als etwas Bedrohliches erfahren, nun allerdings im Zeichen einer *überindividuellen* Natur bzw. einer Natur, die beide Kategorien in sich vereinigt. Bei Schnitzler ist die in der Epoche so beliebte Mythisierung und Dämonisierung des Sexuellen zwar eher diskret ausgeprägt, gleichwohl partizipiert auch er daran. Das Triebhafte im Subjekt ist, wie der »Literat« explizit ausführt, zwar einerseits »von der Natur selbst gewollt«, zugleich aber »graut« (EII, 222) es die Liebenden vor ihm als einer zerstörerischen Kraft. Die maximale Hochschätzung der neuen individualisierenden und existentiellen Liebe bleibt bestehen, auch wenn sie sich als nicht lebbar erweist – und somit vollziehen die Texte eine doppelte Bewegung: Zum einen wird das »Nicht-Leben« neu legitimiert über eine sinnstiftende überindividuelle *Natur bzw. das ›Leben‹*, zum anderen wird aber die neue Liebe und mit ihr das individuelle gesteigerte »Leben« auf höherer Ebene neu klassifiziert als *»Kultur«*.

Die Entdeckung des entindividualisierenden Sexualtriebs im Subjekt ist schließlich einer Reinterpretation der in BA erfolgten moralischen Abweichung äquivalent. Denn Berta war mit der Realisierung der Normverletzung

1 Das unterscheidet ihn insofern von der psychoanalytischen Triebkonzeption. Vgl. hierzu auch Titzmann 1989a, S. 41.

2 Vgl. Th. Lessing 1910, S. 108: Die individualisierende Liebe ist »Produkt der Kultur«. Ebenso beispielsweise Danville 1894, S. 143ff und Ribot 1896, S. 244ff.

in B_A zwar keine »Mutter« mehr, aber sie war immerhin noch »Geliebte« – jetzt hingegen erkennt sie, daß »sie nicht besser gewesen [war] als eine von der Straße« (EI, 512). Sie macht also eine zweite Transformation der Person durch, von der »Geliebten« zur »Hure«. Bereits in B_A fand eine Neutralisierung der Opposition von »bürgerlicher Normalität« vs »Abweichung« statt, in dem Maße, wie die A-Figur in sich selbst die potentielle B-Figur entdeckt. Diese Neutralisierung wird nun in B_B radikalisiert. Jetzt erst ist die Grenze vollständig aufgehoben zwischen sR_A und sR_B, jetzt erst ist Beate zur »Schwester« Fortunatas (EII, 107) geworden und weiß:

> daß ihre ganze bürgerliche Wohlanständigkeit eine Lüge war, daß sie um nichts besser ist als Fortunata [...] und all die andern, die sie bis heute verachtet hat. (EII, 95)

So sehr sich die in der Zwischenphase realisierten Beziehungen im einzelnen unterscheiden mögen, so gilt doch immer, daß die Bewußtwerdung und Zulassung der »egoistischen« und erotischen Motivationen des Individuums in B_A an den neuen Wert der individualisierenden Liebe gebunden ist.[1] Nur unter dieser Voraussetzung auch wird die Zugehörigkeit zum fremden Raum als »Leben« erfahren – jetzt, in B_B, da die Bewußtwerdung des Fremden unter dem negativen Zeichen der Entindividualisierung erfolgt, ist diese Zugehörigkeit vollständig: Sie wird jetzt aber nicht mehr als »Leben«, sondern als »Nicht-Leben« erfahren.

Der Raum sR_B zerfällt also auch hier wiederum in einen Teilraum der positiv bewerteten und einen der negativ bewerteten Abweichung. Die inhaltliche Besetzung ist im Vergleich zu den frühen Dramen natürlich unterschiedlich, homolog aber dieselbe. Der »wahren Liebe« der zwei füreinander bestimmten Partner entspricht hier bei Berta die vermeintliche »wahre Liebe« bzw. bei Beate die immerhin in einem gewissem Maße individualisierende Liebe, der Liebelei entspricht hier die radikale Abweichung als Quasi-Hure:

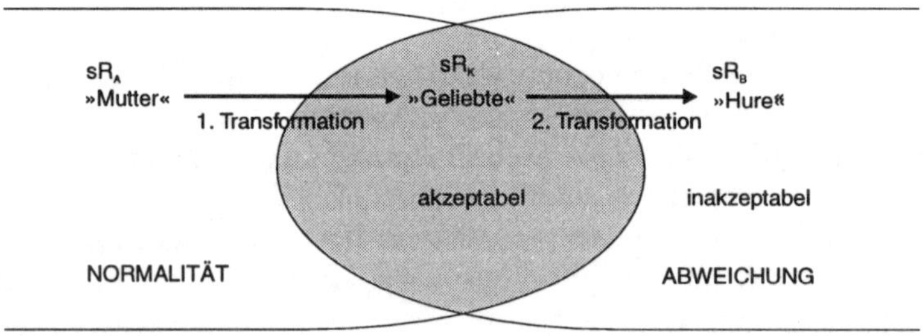

Die frühen Texte kennen den entindividualisierenden Sexualtrieb noch nicht; er ist hier erstens – eher verharmlosend – im negativ bewerteten Modell der

1 Vgl. Thomé 1986, S. 939 ff.

Liebelei enthalten, und tritt zweitens immer nur beim alternativen Paar auf, niemals beim Protagonist(enpaar). Die Ausgangssituation ist in den späteren Texten identisch: Jeweils existiert für die beiden Frauen ein Negativbeispiel der entindividualisierenden Erotik, Fortunata für Beate, Klingemann für Berta. Doch bereits in B_A finden sich erste Anzeichen für die Ambivalenz beider Protagonistinnen. So verbirgt sich hinter der offiziellen Negativwertung Fortunatas durch Beate deren heimliche Faszination und damit die eigentliche Korrelierung mit »Leben«, die sich unmittelbar nach dem Besuch jener »gesetzlose[n] Welt« manifestiert (vgl. EII, 61). Desgleichen löst auch der verachtete Klingemann in Berta bereits in B_A »zu ihrem eigenen Staunen und zu ihrer Beschämung« »eine Welle von Verlangen« aus (EI, 445). Der Unterschied zwischen der akzeptablen Abweichung der Liebe und der inakzeptablen der Liebelei wird also zum einen radikalisiert, zum anderen nicht mehr an verschiedenen Paaren abgehandelt, sondern als *innerpsychischer Konflikt* inszeniert, die Person hat nun gewissermaßen das Modell der Liebelei bzw. der extremeren Variante in sich. Die Desillusionierung ist damit eine ganz andere: Jetzt muß das Subjekt die Ursachen des »Nicht-Lebens« in sich selbst entdecken. Analog zu den frühen Dramen bleibt auch in den Selbstfindungstexten demgegenüber das eigentliche, wahre »Leben« reserviert für den – faktisch nicht lebbaren – Raum sR_K der individualisierenden Liebe. Auch hier findet sich somit das Modell, daß, was das eigentliche »Leben« ausmacht, erst a posteriori und dadurch bewußt wird, daß es nicht gegeben ist.

Die Konstitution einer neuen *ideologischen* Grenze zwischen dem akzeptablen und dem inakzeptablen Normverstoß auf der Ebene des Systems ist nun in *Berta Garlan* korreliert mit der Entdeckung bzw. Konstitution einer doppelten Grenze zwischen dem Individuum und dem Raum der Abweichung: Zum einen bildet sich eine neue *innerpsychische* Grenze im bürgerlichen Subjekt – dies wird Gegenstand in B 4.1 sein –, zum anderen kommt es, katalysatorisch durch den Tod von Frau Rupius ausgelöst, zur Bewußtwerdung einer *biologischen* Grenze zwischen ihr und Emil. Berta erfährt sich nun als Glied der übergeordneten biologischen Gattung Frau, deren »Sehnsucht nach Wonne« (EI, 513) ungewünschte und tödliche Folgen haben kann.[1] Auch aus dieser Erkenntnis heraus erfolgt eine explizite Abwendung vom Raum der Abweichung, der seinerseits dadurch als männlicher Bereich erscheint. Die Opposition »weiblich« vs »männlich« zieht sich ihrerseits durch den ganzen Text, und zwar dergestalt semantisiert, daß sich »weiblich« zu »männlich« verhält wie homolog Normalität zu Abweichung. Bereits in B_A wird der Raum der Abweichung sR_B als dominant männlicher Bereich gesetzt, so u. a., wenn Berta ihre neue Zugehörigkeit zu sR_B in der Form des

1 Nur sekundär geht es dabei, wie Thomé 1986, S. 961 meint, um eine heuchlerische Sexualmoral, die die Folgen der stillschweigend geduldeten illegitimen Sexualität nicht akzeptiert, sondern primär um die der Heldin selbst fehlende »Sehnsucht nach dem Kinde« (EI, 513).

Satzes in männliche Passanten projiziert, sie sei »gestern abend [...] mit *einem von uns* im Bett gelegen« (EI, 478). Am Ende hingegen ist sie wieder eine Ausgeschlossene. Das Trennende zwischen A- und B-Figur konstituiert sich von neuem, jetzt aber als stärkere und gleichsam vom ›Leben‹ vorgegebene Grenze. Dies läßt sich mit Thomé auf die »Tendenz der Jahrhundertwende« zurückführen, »Geschlechtsrelationen als ›Naturverhältnisse‹ zu begreifen«,[1] wobei dem allerdings hinzuzufügen ist, daß diese Biologisierung *nur eine mögliche*, in diesem Text akzidentell thematisierte und sonst bei Schnitzler nicht mehr in dieser Form auftauchende Variante eines übergeordneten Modells der Einordnung des Individuums in ein ›Gesamtleben‹ darstellt. Die Motivation für die Nicht-Lebbarkeit des gesteigerten »Lebens« wird auch damit wiederum substituiert: In A sind die Grenzen, die die Kultur – zumal der Frau – auferlegt, verantwortlich; an deren Stelle treten in C die neuen und höheren, weil unaufhebbaren Grenzen, die die Natur/das ›Leben‹ der bürgerlichen A-Figur – nun direkt geschlechtsspezifisch – setzt, und die die Protagonistin in einem Prozeß der desillusionierenden Bewußtwerdung akzeptieren muß. Die definitive und ranghöchste Sinnstiftung, die der Text anbietet, gründet im ›Leben‹.[2]

3.22 Die Entdeckung des eigenen Sexualtriebs als geschlechtsspezifisches Ereignis

Die Entdeckung, daß sie vom anderen Partner entindividualisiert wurden bzw. werden, müssen sowohl männliche wie weibliche Figuren machen. Es handelt sich hierbei um eine der fundamentalsten Erfahrungen überhaupt, der Schnitzler im Bereich der Erotik seine Figuren unterwirft und an Hand deren er unermüdlich die neue Norm der Individualisierung vorführt. Es existieren jedoch geschlechtsspezifische Formen der Erfahrung der Entindividualisierung, die der traditionellen Geschlechterrollenideologie der Epoche weitgehend entsprechen. Die Bewußtwerdung, daß das Subjekt selbst in sich dieses entindividualisierende Triebhafte trägt, wird von männlichen Figuren prinzipiell nicht gemacht. Zwar muß auch Casanova nach seiner Nacht mit Marcolina erkennen, daß sich »Lust gegen Liebe [...] unsühnbar vergangen [hat]« (EII, 311), doch jene ausgeprägte desillusionierende Selbsterkenntnis wird für weibliche Figuren reserviert, und dies aus demselben Grund, warum bereits die erotische Selbstfindung als solche, d. h. in der

1 Thomé 1986, S. 964.

2 Es ist zwar richtig, daß es, so Thomé 1986, S. 964, »für die Konstitutionsprobleme der individuellen Autonomie relativ gleichgültig [ist], ob die Negativität der Umwelt in der Natur oder in der Geschichte begründet ist«, insofern sich in jedem Fall Heteronomie und »Nicht-Leben« ergeben – es ist aber eben auf der Ebene der ideologischen Sinnstiftung keineswegs gleichgültig, durch welche Größe die Heteronomie geleistet wird. Thomé sieht zwar beide Determinanten, aber nicht deren vom Text vorgenommene und inszenierte systematische Substitution.

Form der ausführlichen Bewußtwerdung erotischer Wünsche in der Phase BA, privilegiert an weiblichen Figuren abgehandelt wird. Zum einen besitzt Sexualität gemäß den zeitgenössischen Geschlechterkonzeptionen generell eine größere existentielle Relevanz für die Frau: Diese erlebt, so z. B. Breuer und Freud in den *Studien*, Sexualität als eine »furchtbare Macht, die ihr Schicksal beherrscht und entscheidet«.[1] Und dies gilt zum anderen genau deshalb auch, weil die Epoche der Frau eine viel höhere Verhaftung und Gebundenheit an die tradierte Sexualmoral zuspricht, es gilt, mit Stefan Zweig formuliert, das »Axiom [...], daß ein weibliches Wesen keinerlei körperliches Verlangen habe.«[2] Der Konflikt zwischen Moral und Psychologie/Sexualität bricht hier demnach viel stärker aus – das prädestiniert die weiblichen Figuren zur Krise, in den literarischen Texten ebenso wie in der zeitgenössischen Psychopathologie.[3] Männliche Figuren müssen bei ihrer erotischen Selbstfindung immer auch andere Probleme bewältigen wie z. B. die Angst vor dem Verlust ihrer Männlichkeit oder die Ambivalenz gegenüber der Partnerin. Die illegitime Sexualität als solche ist aufgrund der herrschenden Doppelmoral und der mit ihr korrelierten zeitgenössischen Geschlechtercharakteristik für männliche Figuren nicht in diesem Ausmaß ein zentrales moralisch-ideologisches Problem. Entsprechendes gilt nun auch speziell für den entindividualisierenden Sexualtrieb. Die traditionelle Geschlechtercharakteristik ordnet dem Mann das entindividualisierende Triebhafte und der Frau die individualisierende Liebe zu[4] – was in der theoretischen Diskussion der Epoche nicht selten als Pseudolegitimation für die Doppelmoral ins Feld geführt wird.[5] Ereignishaft ist die Entdeckung des biologisch Triebhaften also nur bei der Frau. Entgegen dem tradierten Kode des alten Systems gibt es jetzt bei Schnitzler die rein triebhafte Sexualität auch bei der Frau. Ein analoger Wandel vollzieht sich in der zeitgenössischen Geschlechtercharakteristik: Spricht etwa Krafft-Ebing der Frau im Unterschied zum Mann noch den geringeren Sexualtrieb zu und postuliert für sie eine quasi angeborene »Schamhaftigkeit« als »erblich gezüchtete Frucht der Kulturentwicklung«,[6] so kehrt Weininger dieses Verhältnis mit der bekannten Formel »W ist nichts als Sexualität« explizit um.[7] Die heftigen morali-

1 Breuer/Freud 1991, S. 265.

2 Zweig 1970, S. 97. Laut Freud gilt für die Frau eine besonders »innige Verknüpfung zwischen Verbot und Sexualität« (Freud 1912d, S. 206). Vgl. auch Rosenbaum 1982, S. 348ff.

3 Die Frau ist laut Freud prinzipiell mehr zur Neurose disponiert, vgl. z. B. 1908d, S. 22ff. Vgl. auch Eder 1993, S. 169ff und Panke-Kochinke 1991, S. 11f, 127ff.

4 Vgl. z. B. Mantegazza o.J., S. 221ff, 262ff.

5 So z. B. bei Ehrenfels 1907.

6 Krafft-Ebing 1984, S. 14.

7 Weininger 1980, S. 113. Vgl. auch Eberhard 1927, S.167ff, der ebenfalls ausdrücklich gegen die frühere Generation Lombroso, Krafft-Ebing und Möbius Stellung bezieht. Dieser Wandel darf freilich nicht darüber hinwegtäuschen, daß mit der Sexualisierung der Frau um 1900 lediglich etwas explizit wird, was implizit in der 2. Hälfte des 19. Jahrhunderts immer schon angelegt war. Vgl. hierzu auch Foucault 1983, S. 126.

schen Abscheubekundungen der Heldinnen vor ihrem Sexualtrieb – so Berta, Beate, Dionysia, Aurelie – bestätigen den traditionellen Kode aber letztlich ex negativo. Auch im Zusammenhang mit dem Problem des Selbstverlusts wird sich zeigen, daß die faktische Realisierung ihrer triebhaften Sexualität bei weiblichen Figuren prinzipiell andere Konsequenzen nach sich zieht als bei männlichen Figuren.

Rekurrent wird die Entdeckung des entindividualisierenden Sexualtriebs der Frau auch aus der Perspektive des *männlichen* Partners gemacht. So muß im *Gang zum Weiher* Konrad erfahren, daß Leonilda in der vergangenen Nacht nicht ihn als unverwechselbares Individuum erwartet hat, sondern ganz einfach »den, der kam« (DII, 808), und auch dies ist einer Desillusionierung eines neuen »Lebens« äquivalent, die hier mit einer analogen Entindividualisierung des Freiherrn im politischen Bereich parallelisiert wird: Jeweils ist es ein Phänomen des übergeordneten ›Lebens‹, welches neue Macht und neues »Leben« wieder aufhebt. Im *Zwischenspiel* wird das für Amadeus vermeintliche neue Glück mit seiner Frau Cäcilie entlarvt als »Glück [...], das zur selben Stunde sich vielleicht auch ein anderer hätte holen können, wenn er nur dagewesen wäre« (DI, 956). Analoges geschieht im Einakter *Die Frau mit dem Dolche,* wenn Pauline dem jungen Leonhard, der ihr eine leidenschaftliche Liebeserklärung macht – »[...] daß ich bereit wäre, für Sie zu sterben« (DI, 705) –, ein nächtliches Rendezvous zwar zusagt, aber, wie der Nebentext am Schluß explizit vermerkt, »nicht mit dem Ausdruck der Liebe, sondern der Entschlossenheit« und mit der »Überzeugung [...], daß ein *Schicksal* über ihr ist, *dem sie nicht entrinnen kann.*« (DI, 718). Der männliche Partner ist bloßes Mittel – »erbärmliches, zufäll'ges Instrument« (DI, 716) – für die Realisierung des in der Frau angelegten Potentials. Die *Funktionalisierung für den Selbstfindungsprozeß der Partnerin* ist zweifellos eine der desillusionierendsten Erfahrungen, die Schnitzler für seine männlichen Figuren immer wieder bereithält; in einer Extremform kann sie vom Partner als Quasi-Kastration seiner Männlichkeit und als »Tötung« erfahren werden. So steht im *Dolch* die *phantasierte,* aber *wörtliche* Tötung Lionardos innerhalb der Binnengeschichte zugleich zeichenhaft für eine *reale,* aber *psychische* und *metaphorische* »Tötung« Leonhards.[1] Die neue Psychologie, die in einem ersten Schritt die Liebe und in einem zweiten Schritt den puren Sexualtrieb entdeckt und legitimiert, führt also insgesamt zu einer dilemmatischen Konstellation: Das neue Gebot der individualisierenden Liebe, das die Funktionalisierung des Partners verbietet, und das neue Gebot der Selbstfindung/-verwirklichung konfligieren miteinander.

1 Vgl. auch *Das Schicksal des Freiherrn von Leisenbohg* oder den »Empfindsamen«, der auf die Entdeckung, seiner an Stimmproblemen leidenden Partnerin quasi als Medizin »verschrieben« und von ihr »eingenommen« (*Der Empfindsame* EI, 260f) worden zu sein, mit Selbstmord reagiert.

3.23 Der »psychische Selbstverlust«

3.231 Neue Grenzziehung und die Reformulierung des Selbstfindungskonzepts

Die psychologische Werkphase demonstriert die Notwendigkeit der erneuten moralischen Grenzziehung mit Vorliebe an Hand des psychischen Selbstverlusts: Die zu große Normverletzung läßt den Selbstfindungsprozeß scheitern. Mit Titzmann läßt sich der Selbstverlust als »Herstellung einer Differenz und Unvereinbarkeit zwischen bislang angenommenem Selbstbild und potentieller oder realisierter Person« definieren.[1] Der Akzent liegt dabei auf der absoluten Unvereinbarkeit, weniger auf der Differenz als solcher, denn diese ergibt sich ja z. B. auch bei Berta. Diese kann ihre erotische Normverletzung gerade noch akzeptieren, denn auch wenn sie sich als Quasi-Hure erlebt, gilt doch, daß das Abenteuer »von allem, was sie erlebt hat, [...] noch immer das Beste gewesen [ist]« (EI, 486). Dies bedeutet umgekehrt für die Selbstfindung, daß sie die bewußte Akzeptanz und Integration des realisierten bzw. bloß bewußt gewordenen Potentials der Person erfordert. Die »akzeptierte Person« ist dabei allerdings vom Selbstbild nochmals zu unterscheiden: So situieren Aurelie (*Komödie der Verführung*) und Else (*Fräulein Else*) ihr Selbst am Ende ausschließlich und fälschlich im maximal normverletzenden Potential der Person – zeichenhaft abgebildet im Aktbild bzw. dem nackten Spiegelbild –, ohne dieses Potential jedoch zugleich akzeptieren zu können; seine faktische Realisierung zieht denn auch notwendig den Selbstverlust nach sich.[2]

Das Konzept der psychischen Selbstfindung bzw. des Selbstverlusts ist somit ein fundamental paradoxes. Immer nur das Subjekt selbst kann erkennen und konstatieren, sowohl wann als auch ob es sich selbst gefunden hat oder nicht. Insofern fallen Selbst und Selbstbild zusammen.[3] Die Texte tendieren aber andererseits dazu, das Selbst zugleich als eine eigene, dem Subjekt gewissermaßen bereits vorgegebene Größe zu setzen, die erkannt oder verkannt werden kann und insofern vom Selbstbild zu trennen ist. Das Selbst ist ein ungreifbares, tendenziell mythisches »Eigentliches« der Person, das die Relevanz der Kategorien »wahr« vs »falsch« setzt.[4] Es hat somit einen paradoxen Doppelstatus: Es wird als *objektive* und *apriorische* Größe postuliert – und insofern kann es eben gefunden oder verfehlt werden –, die als solche aber zugleich immer nur *subjektiv* und *a posteriori* erkannt werden kann. Diese Paradoxie ist im Kern eine lebensideologische, die weiter unten

1 Titzmann 1989a, S. 39.

2 Vgl. zum Selbstverlust der Aurelie Titzmann 1989a, Kluge 1984, S. 557ff, Rey 1978, Offermanns 1973, S. 148ff.

3 So auch von Titzmann 1989a, S. 37 in seiner Definition angesetzt.

4 Bei Titzmann finden sich diese Kategorien implizit im Konzept des Selbstverlusts als eines Quasi-»Personverlusts«: Das falsche Selbst liegt nun außerhalb der Grenzen der Person.

am Beispiel der Schicksalskonzeption noch gesondert zu betrachten sein wird (B 5.).

Der Selbstverlust wird gerne auch als quasi-psychopathologischer Zustand der Person abgebildet, der jedoch dominant den Status der zeichenhaften Setzung besitzt. Aurelie erhält einen »verlorenen Blick« (DII, 965), Beatrice ist »in immer stärkerer Erregung, wie dem Wahnsinn nah« (DI, 669), und Beate fragt sich gegen Ende lediglich »werd' ich wahnsinnig?« (EII, 107) – alle genannten Figuren weisen aber im sozialen Verhalten keinerlei Anzeichen einer Pathologie auf, allenfalls Katharina im *Ruf des Lebens* läßt in der Kommunikation ein tatsächlich abweichendes Verhalten erkennen. Mit Titzmann läßt sich also darauf hinweisen, daß es hier

> nicht um die Darstellung eines pathologischen Falles geht [...], sondern um einen Grenzfall der normalen Realität: um eine mögliche Bedrohung einer jeden Person und ihrer Identität.[1]

Mit dem psychischen Selbstverlust wird die Überschreitung dessen markiert, was an Normverletzung zum einen vom Subjekt selbst in seine Person, zum anderen vom Text in seine dargestellte Welt integrierbar ist. Figuren, die psychischen Selbstverlust erleiden, werden vom Text ausnahmslos getilgt, sei es durch Selbstmord (Aurelie, Beate, Else, Sylvester, Filippo in *Beatrice*), durch Mord (*Beatrice*) oder durch ein sonstiges funktionales Äquivalent: So verläßt Dionysia in der *Hirtenflöte* den dargestellten Raum und taucht als Stern auf, »der nach neuen, noch nicht erkundeten Gesetzen im weiten Raum umher*irrte*« (EII, 41) – zeichenhafte Repräsentation ihres psychischen Selbstverlustes, die exemplarisch deutlich macht, daß es letztlich um die ideologische (Nicht-)Integrierbarkeit geht. Im Erzähltext wird der Selbstverlust zudem mit gleichzeitigem Verlassen der Figurenperspektive gekoppelt, so z. B. in *Frau Beate und ihr Sohn*. Festzuhalten ist dabei allerdings, daß es sich bei diesen Tilgungen zwar um ideologische Grenzziehungen durch den *Text*, aber zugleich ausnahmslos um Akte der *Selbsttilgung* durch die *Figur* handelt. Auch wenn sie sich nicht selbst tötet, erkennt die Figur doch immer die zu große Normverletzung an und akzeptiert sie selbst nicht.

Wenn der Selbstverlust also eine generelle Gefahr repräsentiert für das Subjekt, das nach Selbstfindung strebt, dann bedeutet dies umgekehrt auch, daß letztere ihrerseits immer nur dort möglich ist, wo auch potentieller Selbstverlust droht. Beides, Selbstfindung und Selbstverlust, liegt nun nahe beieinander. Die Selbstfindungsprozesse zumal nicht weniger weiblicher Figuren werden denn auch als gefährliches Experiment abgebildet, so vor allem bei Dionysia, Aurelie und Cäcilie (*Zwischenspiel*). Ausnahmslos sind es absolute Basisnormen – die »hohen Gesetze göttlicher und menschlicher

---

1 Titzmann 1989a, S. 47. Sinngemäß auch Thomé 1986, S. 884. Vgl. dagegen den Versuch von Weiss 1968, das Gesamtwerk Schnitzlers auf eine psychopathologische Kasuistik zu reduzieren, sowie die Kritik von Thomé 1986, S. 1161, Anm. 48.

Ordnung« (*Hirtenflöte* EII, 40) –, deren Verletzung den Selbstverlust zur Folge hat. Deren inhaltliche Auffüllung durch die Texte wird sowohl geschlechtsspezifisch als auch altersklassenspezifisch vorgenommen. Ich gebe lediglich einen kursorischen Überblick: Bei weiblichen Figuren zieht promiskes Sexualverhalten generell den Selbstverlust und Tod nach sich, so Aurelie, Katharina (*Ruf des Lebens*) und Else, deren Nacktpräsentation auch den Status einer Quasi-Prostitution besitzt.[1] Hintergrund ist hier wiederum die zeitgenössische Geschlechtercharakteristik, die aufgrund der der Frau zugesprochenen »Einheitlichkeit des Wesens« die Möglichkeit einer bloß »partielle[n]« Hingabe grundsätzlich negiert.[2] Wo die weibliche Figur sich verlieren muß, kann der Mann sich umgekehrt bewahren, wie Filippo im *Schleier der Beatrice* explizit vor seiner Liebesnacht mit den *zwei* Kurtisanen thematisiert:

FILIPPO Hinnehmen mit Entzücken, was sich schenkt,
Und frei zu sein? Mit Macht an sich zu reißen,
Und selbst sich zu behalten, wär' es das,
Was diesen Augenblick so leicht emporträgt? (DI, 583f)

Die Gefahr für die männliche Figur besteht im Gegenteil in der totalen Hingabe.[3] Die zu große emotionale Abhängigkeit von einer maximal individualisierten Partnerin führt entweder zum Verlust der Männlichkeit (vgl. Konrad im *Gang zum Weiher*) oder zum völligen Desinteresse an der äußeren Realität und zum Verlust der »sozialen/öffentlichen Person«, wie der Fall des Filippo demonstriert. Einen geschlechtsspezifischen Fall von Selbstverlust thematisiert auch die *Hirtenflöte*: Der radikale Wandel Dionysias von der treuergebenen Ehefrau in der Ausgangsphase zur »kastrierenden« Frau in der Zwischenphase, die sich ihre wechselnden männlichen Partner unterwirft und deren öffentliche Machtposition zerstört – zeichenhaft antizipiert im Zerbrechen der Hirtenflöte zu Beginn ihres Weges –, stellt eine zu große Verletzung der weiblichen Geschlechterrollennorm dar, die denn auch in der Katastrophe endet. Den Selbstverlust ziehen ferner quasiinzestuöse Beziehungen nach sich, so in *Frau Beate* z. B. bereits vor dem wörtlichen Inzest die Beziehung mit dem *Freund* des Sohnes, die den komplementären Fall zur von Sylvester im *Gang zum Weiher* angestrebten Beziehung mit der Tochter seines Freundes darstellt. Auch spezielle Fälle von schwerwiegendem Treubruch, die den Tod oder Wahnsinn des verlassenen Partners quasi als Opfer für die eigene Selbstverwirklichung zur Folge haben – vgl. Beatrice, Filippo, Sylvester – münden notwendigerweise in Selbstver-

1 Vgl. Allerdissen 1985, S. 45.

2 Simmel 1989, S. 199. Der weibliche Ehebruch ist daher auch, so Simmel 1890, S. 31, »ein totalerer und schuldvollerer«.

3 Vgl. auch Gutjahr 1989, S. 57, die diesbezüglich eine Neufunktionalisierung des Don-Juan-Modells um 1900 behauptet.

lust. Auch altersklassenspezifische Unterschiede werden relevant (in Kombination mit geschlechtsspezifischen Kriterien): So kann für den jugendlichen Mann, nicht jedoch für den Mann, der sich bereits jenseits der Jugend befindet, die zu große Nähe zu einem anderen Mann derselben Altersklasse potentiellen Selbstverlust bedeuten, wie dies der *Gang zum Weiher* thematisiert. Unabhängig von Alter oder Geschlecht gilt schließlich ganz generell die *zu schnelle* Transformation der Person als Gefahr: Sie ist immer auch eine *zu große* (vgl. Beatrice oder Sylvester).

Die (Selbst-)Erkenntnis über den zu großen Normverstoß am Ende des Textes ist nun stets mit einer Revision des Selbstfindungskonzepts korreliert. Besonders deutlich wird dies in der *Hirtenflöte* und der *Komödie der Verführung*. Beide Texte stellen als Zwischenphase einen weiblichen Selbstfindungsprozeß dar, gerahmt von einer verbalen Auseinandersetzung zwischen beiden Partnern jeweils vorher und nachher: Der erste Dialog setzt die vorläufige Trennung der Beziehung und führt von A in B, der Schlußdialog setzt die definitive Trennung und führt von B in C. Jeweils postuliert der männliche Partner in der Ausgangssituation eine mangelnde Selbstfindung und damit ein »Nicht-Leben« seiner Partnerin, wobei er mit dem Anspruch eines exklusiven psychologischen Mehrwissens auftritt. Selbstfindung wird von ihm mit Bewußtwerdung und Realisierung des *gesamten* Potentials der Person gleichgesetzt: Aurelie, die »Vielfältige« und »Unerschöpfliche«, soll nicht »unter Hunderten« nur einen Partner wählen (DII, 887f), Dionysia soll »jeder Sehnsucht, die dich lockt, ohne Zögern Folge leiste[n], wohin sie dich auch führe« (EII, 14). Die Protagonistinnen machen sich dieses Fremdbild in der Zwischenphase zu eigen und erfüllen die männlichen Prophezeiungen. Sie bestätigen damit ihre Partner insofern, als das Leben in der bürgerlichen Ehe tatsächlich einen Zustand der »Beschränkung« (EII, 40) und der Selbstentfremdung bedeutete; sie falsifizieren sie aber, insofern diese eine Selbstfindung in der unbeschränkten Realisierung des Potentials erblickten, denn das Experiment ist gescheitert, statt Selbstfindung ist Selbstverlust eingetreten. Am Textende kommt es jeweils zum Rollentausch: Nun sind es die Protagonistinnen, die als überlegene Dialogpartner auftreten und ihrerseits die vom Partner nun gewünschte Beziehung verweigern, wobei sie dem ursprünglichen Selbstfindungskonzept ein alternatives konfrontieren. So hält Dionysia Erasmus entgegen:

> »Du ein Weiser? Und hast nicht erkannt, daß jedem menschlichen Dasein *nur ein schmaler Strich* gegönnt ist, sein Wesen zu verstehen und zu erfüllen? Dort, wo das einzige, mit ihm einmal geborene und niemals wiederkehrende Rätsel seines Wesens im gleichen Bett mit den hohen Gesetzen göttlicher und menschlicher Ordnung läuft?« (EII, 40)

Nur dort kann sich das *einmalige* Individuum selbst finden, wo es sich zugleich den ewigen *allgemein*menschlichen Gesetzen unterwirft, nur dort seine Individualität entfalten, wo es sich ins Überindividuelle einordnet. Es kommt also zu einer *Reformulierung des Selbstfindungskonzepts*, das zuerst entworfene Konzept wird als ein vorläufiges substituiert durch ein definitives. Das Subjekt enthält in sich prinzipiell eine unendliche Menge von »potentiellen Personen«, aber nicht alle davon dürfen auch realisiert werden. Das wahre Selbst konstituiert sich hier analog zum oben rekonstruierten Kompromißraum sRK sowie in Übereinstimmung mit zeitgenössischen lebensphilosophischen Konzeptionen als »Vermittlungs- und Kompromißbegriff«[1] zwischen dem Realisierten und dem Potential, zwischen den rationalen (bewußten) und den irrationalen (unbewußten) Anteilen des Subjekts. Notwendige Bedingung für das Gelingen der Selbstfindung ist also eine Begrenzung des in der Person angelegten Potentials. In den Texten mit gelingender Selbstfindung fungiert der bewußte Abschied vom nicht-realisierbaren »Leben« als eine solche. So sind auch die erotischen Beziehungen, die Berta, Fridolin, Gräsler, Justina, Casanova etc. in der Zwischenphase realisieren bzw. beinahe realisieren, jeweils (wie noch zu zeigen sein wird) mit einem potentiell zu großen Normverstoß verknüpft, wenngleich nicht in einem Grad, der den Selbstverlust nach sich zöge – in dem Maße, wie sie auf dieses »Leben« verzichten müssen, nehmen sie die erforderliche neue Grenzziehung vor. Wie das neue »Leben« der Zwischenphase sich als ein Schein-Leben herausstellt, so also auch die damit verknüpfte Selbstfindung als eine Schein-Selbstfindung. Da, wo die Figur sich ursprünglich euphorisch zu finden wähnte, hat sie sich prinzipiell nicht gefunden. Die wahre Selbstfindung ereignet sich immer erst im Übergang von B zu C, und sie steht notwendig im Zeichen des mehr oder weniger resignativen Verzichts: Dabei handelt es sich aber nicht mehr um die alte Ausgrenzung der Wünsche und Bedürfnisse des Individuums, sondern um den bewußt vollzogenen Abschied von ihnen und um deren Überwindung. An Hand der scheiternden Selbstfindungsprozesse thematisieren die Texte also die stets drohende Gefahr, daß der einmal initiierte Prozeß der Freisetzung des normverletzenden Potentials nicht mehr beendbar und damit weder in eine Beziehung noch in die dargestellte soziale Realität als solche integrierbar ist – eine Gefahr, die allerdings wiederum mit Vorliebe beim weiblichen Individuum beschworen wird:

> AURELIE Wenn *wir* zu gleiten beginnen, wissen *wir* denn – wohin? [...] *ungebändigt* durch mein Herz fließen, denen du mein Ohr geöffnet, Falkenir, die ewigen Ströme. (DII,961,964)

Hierin verrät sich eine tendenzielle Mythisierung der weiblichen Sexualität als einer bedrohlichen, nicht zu bändigenden »Natur«. In der *Komödie der Verführung* wie der *Hirtenflöte* handelt es sich denn immer auch um eine Projektion: In einer Art Self-fulfilling-prophecy-Modell erfüllt sich hier in

1 Ebrecht 1991, S. 192f sowie 200ff, 234f.

Realität das, was der männliche Partner – in einer Mischung aus Faszination und latenter Aggression – auf die Partnerin projiziert.[1]

3.232 Das Problem der (Nicht-)Dissoziation von Ich vs Nicht-Ich

Die desillusionierende Entzauberung des neuen »Lebens« und der scheinbaren Selbstfindung trägt in der Regel auch, worauf bereits Thomé hingewiesen hat,[2] den Charakter einer Art »Realitätsprüfung«. Die Figuren müssen rekurrent die Erfahrung machen, daß sich faktische Realität und eigene Realitätsannahme nicht mehr decken, z. B. eben in Form der Differenz zwischen dem, »was sie für Liebe *gehalten*« (*Berta Garlan* EI, 512) haben, und der faktischen Praxis der Entindividualisierung. Bertas gesteigertes neues »Leben« existiert letztlich nur auf der Ebene der psychischen gedachten Realität. In ähnlich extremer Form gilt dies auch für Casanova in *Casanovas Heimfahrt*. Aber bereits die Helden der früheren Texte wie insbesondere von *Der Witwer, Die Frau des Weisen, Die Gefährtin, Literatur* müssen diese Erfahrung der *Nicht-Kongruenz von Gedachtem und Realem* machen und somit die Dissoziation der zwei Realitätsebenen gewissermaßen selbst vornehmen. In den Selbstfindungs-Texten fungiert dies als notwendiger und ranghöchster Bestandteil der definitiven desillusionierenden Sinnstiftung und wird auch immer erst am Ende geleistet. Was zunächst ein »Nicht-Leben« bedeutet, beschert dem Subjekt allerdings zugleich auch eine neue Autonomie, die kompensatorische Züge trägt (s. dazu u. B 5). In BA entdeckt sich das Subjekt in Gestalt seines zweiten potentiellen Ichs, welches in Opposition zu den Normen und dem bislang realisierten Ich steht – in BB hingegen entdeckt und »findet« es sich auf höherer Ebene als epistemisches Subjekt und Ich, nun in Opposition zum Leben/zur Realität als einem Nicht-Ich. Erst durch den desillusionierenden Akt der Trennung zwischen Gedachtem und Realem konstituiert sich das Ich.[3]

Das bedeutet nun aber, daß die Nicht-Realisierbarkeit des gesteigerten »Lebens« aus prinzipiellen Gründen bestehen muß, geradezu als eine Bedingung der definitiven Selbstfindung. Dies ist wiederum auch epochales – lebensideologisches – Gedankengut. So postuliert Simmel ganz explizit das »Nein und das Zuwenig der Außenwelt« als konstitutiv für die Bildung des Ichs:

---

1 Vgl. zur Mythisierung der Aurelie durch Falkenir Offermanns 1973, S. 148ff und zum Phänomen der projektiven Dämonisierung der Frau um 1900 allgemein u. a. Rasch 1986, S. 74ff, Gutjahr 1989 und Taeger 1987 (letztere mit extrem ahistorischer Grundkonzeption).

2 Vgl. Thomé 1986, S. 958f.

3 Die fantastische Literatur der Epoche verknüpft die Selbstfindung ganz direkt mit der Rücknahme von Projektionen und einer neuen Macht des Subjekts, vgl. Wünsch 1989, S. 178. Auch in der zeitgenössischen Psychoanalyse ist die Rücknahme der Projektionen in Form der Realitätsprüfung bekanntlich eines der hierarchisch höchsten therapeutischen Ziele.

> Die Unzulänglichkeit, die zwischen unseren Trieben und Vermögen einerseits und den realen Erfüllungen, inneren und äußeren, andererseits besteht, muß zu den Motiven für die Bildung des kontinuierlichen Ich gehören. Wenn unsere Wünsche sich immer restlos erfüllten, so würde mit dieser Erfüllung der Willensakt sterben [...], *das Ich würde sich aus dieser Verflechtung mit der Wirklichkeit [...] nicht herausheben.* Ein harmonisches, durchgängig befriedigtes Verhältnis zwischen Wille und Wirklichkeit würde das Ichbewußtsein viel mehr in sich einsaugen, *würde das Ich in seinem Eigenlauf viel weniger erkennbar machen.*[1]

Theodor Lessing wird nicht müde, zwei Varianten von psychischem Selbstverlust zu unterscheiden und zu beschwören, die Erstarrung der Person durch den totalen Verlust des Lebensuntergrundes – dies entspricht bei Schnitzler dem Zustand der defizienten Person und der Krise in der Ausgangsphase – oder die Auflösung der Ichgrenzen zur Außenwelt – dies entspricht dem Selbstverlust bei Schnitzler:

> Der Mensch wird von zwei Toden umgraut. Er kann einmal sein Ich auflösen und verlieren an die Umwelt. Er kann zweitens im Ich verstarren gegenüber Umwelt (!). Er stirbt als Schwamm oder Bildsäule.[2]

Auch zeitgenössische psychoanalytische Konzeptionen sind hier natürlich einzuordnen. Nur über den Triebverzicht und die Überwindung des Stadiums des Lust-Ich, das Ich und Nicht-Ich zusammenfallen läßt, gelingt bekanntlich die Konstitution des Real-Ich auf der Ebene der Ontogenese. Erst das Real-Ich ist zur Unterscheidung von Vorgestelltem und Wirklichem fähig. *D. h. es besteht für die Epoche eine prinzipielle Korrelation zwischen dem Problem des Verzichts auf den zu großen sexuellen Normverstoß bei Schnitzler – homolog dem Triebverzicht bei Freud u. a. – und dem übergeordneten Problem der Realitätswahrnehmung und der Relation von Ich/Nicht-Ich.* Erst der Verzicht auf das angestrebte gesteigerte »Leben« und die Begrenzung des normverletzenden Potentials, welches das Subjekt in sich trägt, ermöglichen die Dissoziation von Ich und Nicht-Ich. Der psychische Selbstverlust wird denn bei Schnitzler auch gern als Aufhebung der Grenze zwischen Ich und Nicht-Ich dargestellt: z. B. an Hand der weiblichen Figuren Aurelie (*Komödie der Verführung*), Else und Paola (*Die Frau mit dem Dolche*), die jeweils ihr Selbst außerhalb der Person in einem realen Bild situieren, welches ihnen zugleich als ein fremdes gegenübertritt und mit maximalem Normverstoß korreliert ist. Einen dazu äquivalenten Status besitzt die durch die paranoiden Projektionen der Helden in *Flucht in die Finsternis* oder in *Die Nächste* vorgenommene Grenztilgung zwischen Ich und Nicht-Ich. Nicht zufällig wird daher der Selbstverlust der genannten weiblichen Figuren mit (quasi-)psychotischen Merkmalen versehen, so wie umgekehrt die Wahrnehmung des eigenen Spiegelbilds als ein fremdes auch

1 Simmel 1922, S. 110 (meine Hervorh.).

2 Lessing 1921, S. 227, Anm. 2.

zu den Symptomen des echten Wahnsinns in den beiden letztgenannten Texten gehört: Auf dieser Ebene neutralisiert sich also der Unterschied zwischen dem vom Text als echt gesetzten Wahnsinn und dem bloß zeichenhaften. Echter Wahnsinn einerseits und jener Selbstverlust aufgrund des zu großen sexuellen Normverstoßes andererseits sind nur zwei – bei Schnitzler offensichtlich geschlechtstypische – Versionen eines übergeordneten Modells von Selbstverlust, welches durch die Aufhebung der Grenze zwischen Ich und Nicht-Ich gekennzeichnet ist.

Was bei Schnitzler ein Merkmal des Selbstverlusts ist, das gilt der Epoche nun allgemein zugleich als Merkmal der *Regression*, und zwar auf den verschiedensten Ebenen. Denn die Fähigkeit zur Realitätsprüfung liegt gemäß den epochalen Annahmen erstens auf der *psychopathologischen* Ebene als Kriterium zur Unterscheidung von Normalität vs Pathologie/Neurose zugrunde,[1] zweitens auf der *sozialen* Ebene als Kriterium zur Unterscheidung von bürgerlicher Klasse vs Unterschicht, und drittens wird es auf die Zeitachse projiziert und fungiert da als Kriterium sowohl zur Unterscheidung von Erwachsener vs Kind – auf der Ebene der *Ontogenese* – als auch zur Unterscheidung von zivilisierter moderner Kulturmensch vs Wilder/Urmensch – auf der Achse der *Phylogenese*. Kinder/Neurotiker/Unterschichtler/der mythische »Urmensch«/der Wilde/der aktuelle Primitive bilden also ein gemeinsames Paradigma und repräsentieren nur verschiedene Varianten des übergeordneten Merkmals einer tieferen Entwicklungsstufe. Ob Freud oder Simmel, die Epoche ist sich darin einig, daß für diese prinzipiell »ein Mangel an Unterscheidung zwischen dem Wirklichen und dem blos (!) Vorgestellten«[2] besteht, sie kennzeichnet damit zudem tendenziell der magische Glaube an die »Allmacht der Gedanken« wie an die »Allmacht der Worte« (s. B 4.42). Das übergeordnete Merkmal dieser »Tieferentwickelten« ist eine *mangelnde Ausbildung der Grenze zwischen Ich und Nicht-Ich*. Dieses Merkmal wird nun mit dem Problem des »Triebverzichts« verknüpft, denn für alle »Tieferentwickelten« gilt im Vergleich zu den Höherstehenden zudem das Merkmal der *mangelnden Selbstkontrolle*, beides wird in der Epoche in notwendiger Korrelation gedacht:

PARADIGMA DER »HÖHERENTWICKELTEN«	PARADIGMA DER »TIEFERSTEHENDEN«
psychisch Normaler	psychisch Kranker
Erwachsener	Kind
Bildungsbürger	Unterschichtler

1 Der Unterschied zwischen Neurose und Psychose wird auf dieser Ebene noch nicht relevant!
2 Simmel 1989, S. 15f. Vgl. auch C. G. Jung 1931 und bereits Tylor 1868, S. 477ff.

zivilisierter Europäer	1.»Urmensch«, präsozialer Mensch 2. aktuelle Primitive
A.S.: Figur mit desillus. Selbstfindung	A.S.: Figur mit Selbstverlust
explizite Grenze: ICH – NICHT-ICH	mangelnde Grenze: ICH = NICHT-ICH
Selbstkontrolle/Triebverzicht/Begrenzung des Potentials der Person	mangelnde Selbstkontrolle/kein Triebverzicht/keine Begrenzung des Potentials

Wiederum ergibt sich damit allerdings eine fundamentale Paradoxie: Denn was hier als stete Gefahr des Selbstverlusts bzw. der Regression gesetzt wird, ist in letzter Instanz zugleich auch die Radikalisierung des eigenen neuen Systems. Wie bei Schnitzler die im Tod und Selbstverlust endenden Figuren nur Extremversionen von allgemein drohenden Gefahren repräsentieren, so gilt auch in der Epoche, daß z. B. der Neurotiker zwar einerseits dem »Kind« und dem Wilden gleichgesetzt wird, andererseits aber nur in Extremform das repräsentiert, was allen Normalen auch eignet. Im Selbstverlust vereinen sich also prinzipiell eine *progressive* und eine *regressive* Komponente. Die Texte und die Epoche beschwören in der Gefahr der regressiven Grenztilgung zwischen Ich und Nicht-Ich das, was für sie selbst eine heimliche und stete Versuchung darstellt.

3.3 Der Tod als Phänomen des ›Lebens‹

3.31 Ausgrenzung vs Integration von Tod

Der Tod nahestehender Figuren, meist des Partners, leistet neben der Erfahrung der entindividualisierenden Sexualität eine weitere rekurrente Desillusionierung und Transformation des »Lebens« in ein »Nicht-Leben«. Dabei ist freilich strikt zu unterscheiden zwischen dem Frühwerk und dem späteren Werk. Auch in den frühen Texten, z. B. eben den quasi-naturalistischen Dramen, kann das gesteigerte »Leben« der Protagonistin durch den Tod des Partners beendet werden, doch hat der Tod dort noch nicht die Bedeutung des übergeordneten Lebens L_B, um die es hier geht. Diese – lebensideologische – Bedeutung tritt erstmalig mit *Berta Garlan* (1901) in den Erzähltexten, mit den *Letzten Masken* (1902) in den Dramen auf. Tod kann somit zweimal und in je verschiedener Funktion als privilegiertes katalysatorisches Ereignis auftreten, einmal beim Übergang von Phase A zu B (s. A 2.342), das zweite Mal beim Übergang von B zu C. In B_A leitet der Tod eine Entwicklung ein, in B_B schließt er die gesamte Krise, indem er eine letzte entscheidende Bewußtwerdung auslöst, zugleich definitiv ab. Insofern der neue Sinn in B_A über eine emphatisch hochbewertete Erotik definiert wurde, zerstört der gegen Textende sich ereignende Tod des erotischen Partners der Zwischenphase den neuen Lebenssinn radikal und löst die maximale Krise aus: Für Gräsler ist das Leben nun »mit einem Male allen Inhalts bar« (EII, 198), und Marie erlebt »Verzweiflung, wie kein Mensch sie fassen kann. Was hab' ich auf Erden noch zu tun –?« (*Ruf des Lebens* DI, 1017). Die ausführlichste und unmittelbarste Erfahrung des Todes aber macht Fridolin in der *Traumnovelle* an der Leiche der mutmaßlichen Unbekannten. Der Tod transformiert die Person radikal: Das Antlitz mit den Augen, »die gestern so lebensheiß in die seinen geleuchtet«, ist nun »ein völlig nichtiges, leeres, [...] totes Antlitz«, das weibliche Genital ein »dunkle[r], nun geheimnis- und *sinnlos* gewordene[r] Schatten« (EII, 499f).

Der Tod, der den Sinn radikal zerstört, stiftet ihn jedoch zugleich neu, freilich handelt es sich um einen gänzlich anderen Lebenssinn. Denn der Tod erscheint nun als ein Phänomen des übergeordneten ›Gesamtlebens‹.[1] Zweimal wird der Gegensatz von biologischem Leben und Tod potentiell relevant, in B_A und in B_B, doch jeweils hat er unterschiedlichen Status. In der *Traumnovelle* wird dies wiederum besonders deutlich. Zweimal steht Fridolin an einer Leiche und wird mit dem Tod konfrontiert, jeweils exakt zu Beginn und am Ende seines Selbstfindungsweges. Die erste Begegnung mit dem Tod

1 Vgl. Simmel 1922, S. 139: »Der Tod ist [...] nur das Ende einer individuellen Form des Lebens, aber nicht des Lebens, das in ihr erschienen ist«. Zum Tod in der Literatur der Frühen Moderne vgl. auch Rasch 1967a, S. 24.

löst katalysatorisch den Wunsch nach einem emphatischen »Leben« aus und führt damit zur Überlagerung der biologischen Ebene durch eine dominant gesetzte metaphorische. Ein emphatisches »Leben« setzt voraus, daß Fridolin »noch mitten in seiner Jugend« steht und eben noch nicht den »ewigen Gesetzen« (EII, 446) unterworfen ist. Die zweite Begegnung mit dem Tod im Seziersaal neutralisiert die in BA aufgebaute Opposition, indem sie sie nun ihrerseits überlagert durch die höhere Ebene der ewigen Gesetze des ›Lebens‹, vor denen das Streben nach einem individuellen gesteigerten »Leben« all seine Bedeutung verliert. Die Tatsache, daß die Tote letztlich nicht identifizierbar bleibt, ist also funktionalisiert: Allein die Erfahrung des Todes »*macht*« jene Unbekannte für ihn zur Toten, hat also die Irrelevanz, ob sie nun noch lebt oder nicht, und damit die Irrelevanz jenes mit ihr verknüpften gesteigerten »Lebens« zur Folge:

> Und ihm war, als ob jetzt, eben erst in diesem Augenblick, dieses Weib gestorben sei. [...] er wußte: auch wenn das Weib noch am Leben war, das er gesucht, das er verlangt [...] – was da hinter ihm lag in der gewölbten Halle [...] – ihm bedeutete es, ihm konnte es nichts anderes mehr bedeuten als, zu unwiderruflicher Verwesung bestimmt, den bleichen Leichnam der vergangenen Nacht. (EII, 500, 502)

Auch Berta muß die Erfahrung der »Nähe eines grauenvollen Sterbens« (EI, 508) machen, hier bei ihrer Freundin Anna Rupius. Der Tod fungiert dabei zum einen als Katalysator für die Konstitution der bereits erwähnten definitiven Grenzziehung zum Raum der Abweichung: Jetzt erst, »an diesem Totenbette kniend« (EI, 512), wird sie sich des Trennenden zwischen ihr und Emil auf der psychischen wie auf der biologischen Ebene bewußt. Aber darüber hinaus führt der Tod auch zu einer fundamentalen Relativierung des erstrebten gesteigerten »Lebens«: Angesichts des potentiell eigenen Schicksals eines Todes durch Abtreibung »[verlieren] ihre eigenen Enttäuschungen und Leiden alle Wichtigkeit«, und ihre Wünsche »[beginnen], in nichts zu verströmen«. Berta ist »wie erlöst«, »eine Ruhe ohnegleichen [überkommt sie]« etc. (EI, 512) – jetzt erst, so signalisiert der Text, hat sie wahrhaft zu sich gefunden, in einer Art psychischem Gleichgewicht jenseits von Euphorie und Dysphorie. Die abermalige Umwertung der Werte wird vom Ehemann Rupius selbst explizit vorgenommen. Er, der in BA angesichts seiner Lähmung eine emphatische Idealisierung von biologischer Gesundheit und *genau damit* die Überlagerung des bloßen biologischen Lebens durch höhere Werte vornahm, formuliert jetzt:

> »Auf das Lebendigsein kommt es an – das ist es.« (EI, 512)

Exakt denselben Schlußkommentar formuliert im *Ruf des Lebens* der Arzt Schindler gegenüber Marie, auch hier ausgelöst durch den Tod einer nahestehenden Person (DI, 1026f). Das bloße biologische Leben bietet explizit »nicht minder«, ja sogar mehr Sinn als das emphatische:

> DER ARZT [...] wer weiß, ob Ihnen nicht später – viel später einmal – aus einem Tag wie der heutige der Ruf des Lebens *viel reiner und tiefer* in der Seele klingen wird als an jenem andern, an dem Sie Dinge erlebt haben, die so furchtbare und glühende Namen tragen wie Mord und Liebe. (DI, 1025)

Wie das emphatische Leben in *Berta Garlan* letztlich auf »*Worte* wie: Seligkeit ... Liebesrausch« etc. (EI, 487) reduziert wird, so hier auf »Namen«: Das wahre, eigentliche Leben ist jetzt anderswo.

Die Texte konfrontieren also zwei Sinnstiftungen miteinander, deren jede auf der Relevanz der Opposition von biologischem Leben und Tod basiert, aber jeweils unterschiedliche Grenzziehungen vornimmt. Die in BA angebotene Sinnstiftung beruht auf der ideologischen *Ausgrenzung* von Tod aus dem Leben und zusammen mit ihm von allen biologisch defizienten Zuständen wie Alter oder Krankheit, die als metaphorisches Todesäquivalent fungieren. Der »Drang nach [...] Mehr-Leben« ist, so Simmel explizit, äquivalent der »Flucht vor dem Tode«.[1] Genau da also, wo die maximale Relevanz des biologischen Lebens gegenüber dem Tod gilt, wird die wörtlich-biologische Ebene als solche logischerweise zugleich überlagert von der metaphorisch-emphatischen, da der Unterschied zwischen dem biologischen Tod und den äquivalenten Zuständen des metaphorischen »Nicht-Lebens« neutralisiert wird. Jetzt hingegen kehren sich diese Verhältnisse jeweils um. Die zweite Sinnstiftung beruht auf der ideologischen *Integration* des biologischen Todes in das Leben:

> DER ARZT Auch daß [...] hinter diesem Fenster eine Freundin Ihnen für ewig entschwindet, [...] ist Leben. (DI, 1025)

Erst jetzt, da der Tod zugleich als Element des übergeordneten ›Lebens‹ gilt, sich in diesem Sinne also die Opposition von »Tod« vs »Leben« aufhebt, wird die Ebene des bloßen biologischen Lebens als solchem aufgewertet und zugleich die Äquivalenz des biologischen Todes mit dem metaphorischen »Nicht-Leben« – Alter und Krankheit – aufgelöst. Ganz explizit formuliert dies der »Literat« angesichts des Todes seiner Partnerin:

> Alles übrige ist nur Gradunterschied, nicht Gegensatz: sogar Jugend und Alter, Gesundheit und Krankheit sind nur Gradunterschiede, Wesensunterschied gibt es nur einen einzigen – den zwischen Leben und Tod. (EII, 228)

Die fundamentale Grenze verläuft jetzt eben nicht mehr *innerhalb* des biologischen Lebens, sondern *zwischen* diesem und dem Tod. Die in BA entworfene alternative Sinnstiftung nahm den Tod, dadurch, daß sie ihn ideologisch ausgrenzte, gleichzeitig sozusagen »ins Leben mit hinein«, als metaphorischer ragte er ins wörtliche Leben hinein und löste auch jene erste Krise aus. Die jetzige definitive Sinnstiftung in BB hingegen drängt den Tod,

---

1 Simmel 1922, S. 106.

indem sie ihn ideologisch integriert, zugleich aus dem Leben wieder hinaus. Die wörtliche Zäsur, die durch die Sinnstiftung in B_A überlagert worden war, wird jetzt restituiert. Die erste Sinnstiftung erwies sich zudem, in eben dem Maße, wie sie auf der Idealisierung des emphatischen »Mehr-Lebens« und der Abwertung von Tod und seinen metaphorischen Äquivalenten beruhte, als eine latent narzißtische (s. A 2.362) – die nunmehrige Sinnstiftung löst, indem sie diese Radikalopposition neutralisiert, auch den narzißtischen Mechanismus von Abwertung und Idealisierung auf. *Das Ziel der definitiven Sinnstiftung ist die Bewältigung des – unvermeidlichen – »Nicht-Lebens«.* Die am Ende der Texte beginnende Zielphase C ist also eigentlich nur mehr auf der Oberfläche ein »Nicht-Leben« bzw. sie ist dieses nur mehr aus der Perspektive des alten Kodes. Es handelt sich jetzt wieder um ein nicht-klassifiziertes Leben, aber dies nun nicht aufgrund mangelnder Bewußtheit einer Alternative wie in A, sondern gerade auf der Basis des Wissens um die nicht lebbare Alternative. Bestand die erste alternative Sinnstiftung im Erwerb des Kodes K_A, so die definitive Sinnstiftung in dessen Auflösung auf höherer Ebene. Thomé hat im Zusammenhang mit der Realitätsprüfung, die in *Berta Garlan* der Heldin am Ende auferlegt wird, zu Recht hervorgehoben, daß »die Konstruktion der erzählten Welt [...] eine ›therapeutische‹ Komponente [bekommt].«[1] Dies gilt nun auch insbesondere bei der Erfahrung des Todes, die den Figuren auferlegt wird: Die »therapeutische Größe« ist dabei das ›Leben‹ selbst. In diesem Modell der Konstitution eines positiven Sinns *qua* Desillusionierung kommt – in Szenen, die vielleicht zu den bewegendsten des Œuvres zählen – wohl auch jener Schnitzlersche Grundzug am deutlichsten zum Ausdruck, den Reik treffend den »Fatalismus eines Lebensbejahers« genannt hat.[2]

3.32 Der Tod als »unsichtbare« ideologische Grenze

Die neue Sinnstiftung über den Tod bzw. das übergeordnete ›Leben‹ kann mit einer gänzlichen Relativierung der tradierten Moral verknüpft werden. Exemplarisch deutlich wird dies im *Ruf des Lebens*. Bereits im I. Akt, in B_A, wurde die Moral relativiert: Maries Vatermord wurde über das legitime Bedürfnis nach einem emphatischen »Leben« gerechtfertigt. Jetzt, im III. Akt, wird diese Relativierung gegenüber der an ihrem Lebenssinn verzweifelnden Marie radikalisiert, nun aber nicht mehr über das individuelle emphatische »Leben« L_A, sondern über das ›Gesamtleben‹ L_B. Auf den Dank Maries für sein konkretes Sinnstiftungsangebot in Form einer karitativ-altruistischen Tätigkeit als Krankenschwester an der Front, antwortet der Arzt folgendermaßen:

1 Thomé 1986, S. 958f.
2 Reik 1913b, S. 134.

> Marie (erhebt sich mit der Geste des Entschlusses, dann reicht sie ihm die Hand) Sie sind gut.
>
> Der Arzt Gut? ... Ich? – Ja! So wie Sie eine Verbrecherin sind. Und wie diese Entschwundene [Katharina] eine Sünderin gewesen ... Worte! – – Ihnen scheint die Sonne noch, und mir – und denen ... (weist auf die Kinder, die eben über die Wiese laufen). Der da nicht mehr. Ich weiß nichts andres auf Erden, das gewiß wäre. (DI, 1026f)

Dieser ideologische Schlußkommentar des Arztes entbehrt nun nicht einer gewissen Paradoxie. Angesichts der übergeordneten Gesetze des ›Lebens‹ verlieren moralische Kategorien wie »Sünderin« etc. zwar völlig ihren Sinn – de facto aber stirbt Katharina hier *auch* aus ideologischen Gründen, und mit ihrem Tod wird eine eindeutige moralische Hierarchisierung vorgenommen: Die Vatermörderin Marie überlebt, ihre Cousine hingegen endet in Wahnsinn und Tod – wie im Gesamtwerk, so stellt auch hier wahllos promiske Sexualität bei der bürgerlichen weiblichen Figur einen prinzipiell nicht mehr integrierbaren Fall von Normverletzung dar. Damit scheint mir tatsächlich genau *die* zentrale und irreduzible Ambivalenz im Werk Schnitzlers benannt zu sein, die in den folgenden Kapiteln noch eingehender zu rekonstruieren sein wird: Das ›Leben‹ hebt die alte Moral völlig auf – *genau damit* diese in ihrer Reduktionsform als Basis-Moral weiterwirken kann. Das, was die alte Moral aufhebt, garantiert hier zugleich deren »unsichtbares« Überleben. Vergleicht man schließlich die ideologische Funktion des Todes bei Schnitzler ganz pauschal mit jener ideologischen Funktion, die der Tod bekanntlich im System des Realismus innehat, dann ergibt sich sowohl ein Aspekt der Konstanz wie einer des Wandels: der Konstanz, weil auch bei Schnitzler der Tod noch ganz eindeutig die ideologische Grenze des Systems markiert bzw. weil bereits im Realismus die ideologische Sanktion an das ›Leben‹ delegiert wird – des Wandels, weil dies nun ungleich feiner und gleichsam raffinierter gehandhabt wird. Denn damit der Tod nun als ideologische Grenze fungieren kann, muß er paradoxerweise in einem ersten Schritt gleichsam »entideologisiert« werden: Indem sie in BA auf die Erfahrung des Todes mit dem heftigen Wunsch nach einem gesteigerten und normverletzenden »Leben« reagieren und dies explizit legitimieren, heben die Figuren immer auch die vom System des Realismus vorgenommene enge Koppelung von Normverletzung und Tod auf. Der *Status* der Funktionalisierung des Todes bzw. des ›Lebens‹ ist nun ein fundamental anderer.

3.4 Der Zyklus der Generationen

3.41 Die Bewußtwerdung von Zeit und Wandel

Die Bewußtwerdung des eigenen psychischen Potentials und die beginnende Transformation der Person ist in der Regel auch mit einer *Bewußtwerdung der Zeit* verknüpft. In *Berta Garlan* z. B. kündigt sich schon zu Beginn des Textes eine Änderung bzw. Störung der normalen Zeitwahrnehmung an. So muß Berta wiederholt die Erfahrung der Inkongruenz von objektiver und subjektiver Zeit, von faktischem und gedachtem/angenommenem Zeitverlauf machen. Diese zunächst allgemeine Erfahrung einer Inkongruenz mündet in die Erfahrung des Wandels und der Transformation der Realität durch die Zeit, so bereits bei Bertas erstem Wienbesuch: Die Orte, an denen die Begegnung mit dem Jugendgeliebten stattfand, sind »verändert« und z. T. »ganz zerstört« (EI, 420), und zu einst nahestehenden Personen ihrer Jugend wie z. B. ihrer Cousine und Freundin Agathe ist Entfremdung eingetreten.[1] Die zentrale und maximale psychische Entfremdung hat schließlich zwischen Berta und Emil stattgefunden. Der Wandel wird also als durchwegs negativ erfahren, und er betrifft die eigene Jugend und mit ihr korrelierte Größen. Es ist somit in letzter Instanz die Zeit – und mit ihr das ›Leben‹ selbst –, die generell das gesteigerte »Leben« des Individuums bedrohen und immer wieder in ein »Nicht-Leben« transformieren. Der »Literat« formuliert diese Gesetzmäßigkeit in bezug auf sein absolut einmaliges emphatisches »Leben« exemplarisch:

> Nur durch ein Gesetz sollte ich noch im allgemein Menschlichen verwurzelt bleiben, durch jenes einzige zugleich, dem *wir alle unweigerlich unterworfen* sind und das die übrigen in einem gewissen Sinne aufhebt, nämlich, daß jedem Seelenzustand *nur eine begrenzte Dauer* gegönnt ist, über deren Ausmaß unser Wille nicht entscheidet. (EII, 222f)

In allen Texten, die eine Alters-Selbstfindung zum Thema haben, wird von den an der Schwelle zum Alter stehenden Figuren eine negative Erfahrung von Zeit und Wandel gemacht, die neben dem eigenen Alterungsprozeß immer auch die Erfahrung der psychischen Entfremdung von einst nahestehenden Personen umfaßt – so neben *Frau Berta Garlan* v.a. in *Der einsame Weg, Frau Beate und ihr Sohn, Der Gang zum Weiher, Doktor Gräsler,*

---

1 Am Problem des negativ konnotierten Wandels in *Berta Garlan* ließe sich exemplarisch auch die Transformation des Systems des Realismus aufzeigen, das hier noch partiell zitiert wird. Desillusionierende Erfahrungen der Transformation der Realität durch den Prozeß der Zeit werden zwar in praktisch allen späteren Texten gemacht, doch nicht mehr in dieser sehr spezifischen Weise. Specht 1922, S. 286 hat denn auch sehr zutreffend Berta »die österreichische ›Madame Bovary‹« genannt – Gemeinsamkeiten ließen sich im übrigen noch an weiteren Merkmalen aufzeigen.

Badearzt und *Casanovas Heimfahrt*. Diese desillusionierende Bewußtwerdung gilt als notwendige Voraussetzung für die definitive Selbstfindung, sie wird daher grundsätzlich erst in BB gemacht. Denn wenn auch die illusionslose Wahrnehmung der Zeit in BA zwar theoretisch immer möglich ist und in Ansätzen bereits gemacht wird, so ist doch der feste Wunsch des Individuums, in die Jugend zurückzukehren und ein bislang Versäumtes endlich zu leben, mit einem Festhalten an der Vergangenheit und mit einer letztlichen *Annahme der Konstanz* der Zeit verknüpft. So leugnet Beate den eingetretenen Wandel in ihrer Beziehung zum nunmehr erwachsenen Sohn, so wiegt sich Berta, die zeichenhaft noch ihre »Schulmädchenschrift« (EI, 456) besitzt, wider besseres Wissen in der Illusion, Emil sei derselbe geblieben und in ihrer Beziehung keinerlei Wandel eingetreten, und so will Sylvester im *Gang zum Weiher* die Veränderung seines Verhältnisses zu Leonilda nicht wahrhaben. In seiner Liebesnacht mit Marcolina definiert Casanova schließlich das gesteigerte »Leben« über eine regelrechte Aufhebung der Zeit:

> War an diesen Lippen nicht Leben und Sterben, Zeit und Ewigkeit eines? War er nicht ein Gott –? Jugend und Alter nur eine Fabel, *von Menschen erfunden*? (EII, 307)

Die Leugnung der Zeit ist äquivalent der Nicht-Anerkennung des ›Lebens‹ und seiner Gesetze, sie setzt als sinnstiftend an seine Stelle die Macht des Individuums.[1] Sie bedeutet in den genannten Fällen immer auch die Weigerung des Protagonisten, den fälligen Altersklassenwechsel zu vollziehen.

Doch sogar unabhängig vom Alter der Figur kann es zur Aufhebung der Zeit kommen, wie Fridolin in der *Traumnovelle* belegt. Die Alters-Selbstfindung verdeutlicht nur besonders extrem ein generelles Problem der Relation der Gegenwart zur Vergangenheit, das sich für das nach emphatischer »Jugend« strebende Individuum ergibt. Im Text findet sich eine signifikante sprachliche Abweichung. Am Ende des zweiten Kursus nimmt Fridolin Abschied vom »bleichen Leichnam der vergangenen Nacht« (EII, 502) – in der vergangenen Nacht war aber die Unbekannte noch kein Leichnam. Es bieten sich nun zunächst zwei Möglichkeiten der Auflösung an: Entweder handelt es sich um eine metaphorische Lesart oder um jene Uneindeutigkeit, die im Deutschen für die zeitliche Referenz der Ausdrücke »heute nacht« vs »vergangene Nacht« besteht. Für die erste Interpretation gibt es keinerlei Anhaltspunkt, und die zweite wird vom Text ebenfalls ausgeschlossen. Denn

1 Im lebensideologischen Kontext wird die Erfahrung des gesteigerten »Lebens« gerne modelliert als »Austritt aus Raum und Zeit« (Lindner 1991, S. 72, 49), womit das Individuum ebenfalls bereits eine Erfahrung des überindividuellen ›Lebens‹ macht – diese *euphorische* Erfahrung des überindividuellen ›Lebens‹, die bei Schnitzler mit Ausnahme von Casanova lexikalisch so gut wie nicht belegt ist, gehört in BA und ist unbedingt zu unterscheiden von der in diesem Kapitel thematischen *desillusionierenden* Erfahrung des überindividuellen ›Lebens‹ in BB.

kurz zuvor – der Zeitpunkt des Sprechakts spielt also keine Rolle – wird in der Figurenperspektive Fridolins auf die vergangene Nacht dreimal explizit mit »heute nacht« (EII, 493f, 496) referiert. Somit bleibt bloß die Interpretation, daß die Wahl des sprachlichen Ausdrucks, die ja in erlebter Rede geschieht, eine Funktion der Psyche des Subjekts ist. Im Zeitempfinden drückt sich die psychische Beziehung des Helden zur Unbekannten und der mit ihr korrelierten emphatischen »Jugend« aus: Solange sie lebt und mit ihr die potentielle »Jugend« *psychisch* nah ist, ist sie auch *zeitlich* nah: die »*wunderbare* Frau von *heute* nacht«; sobald sie tot ist und mit ihr die emphatische »Jugend« definitiv nicht mehr realisierbar und in psychische Ferne gerückt ist, ist sie auch zeitlich fern: der »*Leichnam* der *vergangenen* Nacht«. Die zeitliche und psychische Ferne von »Jugend« hat am Ende freilich einen völlig anderen Status als am Anfang: In A ist die Ferne durch die *moralische Ausgrenzung* von »Jugend« bedingt, in C hingegen durch deren definitive *Überwindung*. Der Leichnam und die emphatische »Jugend« sind nun etwas, das im doppelten Sinn »hinter ihm [liegt]« (EII, 502). Ein analoger Fall von abweichendem Zeitempfinden in Funktion der Psyche findet sich auch in *Die Frau des Weisen*, wenn dem Helden die ferne, mit Friederike korrelierte Vergangenheit plötzlich »sogar näher« rückt als die jüngste, mit einer anderen Partnerin korrelierte Vergangenheit (EI, 267).

Drei Phänomene sind also privilegiert miteinander korreliert: die *Zeit*, die *Psychologie*, die *Moral*. Nicht um irgendeine beliebige, sondern immer um eine mit »Leben« und damit mit (potentieller) sexueller Normverletzung korrelierte Vergangenheit geht es bei den Bewußtwerdungsprozessen der Figuren. Voraussetzung für die psychische Entfremdung – im Extremfall eben die Unbewußtheit – zwischen Subjekt und seiner Jugend und den mit ihr korrelierten »jugendlichen Wünschen« (*Frau Berta Garlan* EI, 395) ist deren vorgängige Ausgrenzung/Tabuisierung. *Zeitliche Distanz* – Vergangenheit – und *räumliche Distanz* – Tiefe – sind nun die beiden Dimensionen, in denen sich zeichenhaft die *psychische Distanz* ausdrückt. In B_A korreliert die Aufhebung der ideologischen und psychischen Ausgrenzung/Verdrängung daher notwendig mit einer vorübergehenden Aufhebung von Raum- und Zeitdimension: Die »uneingelöste[n] Versprechungen« und »verkümmerte[n] Schicksale« (*Frau Berta Garlan* EI, 427) der Vergangenheit sollen nun realisiert werden, die Vergangenheit wird vergegenwärtigt, die Tiefe kommt an die Oberfläche. Das Subjekt begibt sich psychisch, zeitlich und räumlich an die Orte seiner Jugend bzw. an die Orte der mit potentieller emphatischer »Jugend« korrelierten Vergangenheit allgemein: Fridolin begibt sich zeichenhaft nach »Dänemark«, Berta nach Wien, Gräsler nach Hamburg, Beate in die Sommerfrische etc. *Die »Regression« in die Jugend und in die Vergangenheit will die Zeit aufheben.* Dieser Versuch scheitert jedoch: Die emphatische »Jugend« ist definitiv vergangen und letztlich nie bzw. allenfalls eben nur scheinbar wiederholbar. Mit der Erkenntnis der Irreversibilität der vergangenen Jugend – in wörtlicher und emphatischer

Bedeutung – erkennt die Figur den Prozeß der Zeit an, und erst jetzt konstituiert sich für sie gewissermaßen »Zeit« als solche.

3.42 Der Altersklassenwechsel

Am Ende von *Frau Berta Garlan* wird die durch die Erfahrung des Todes ausgelöste Bewußtwerdung der neuen vom ›Leben‹ vorgegebenen Grenze zwischen Berta und Emil korreliert mit der definitiven Loslösung von den »letzten Schauer[n] einer verlangenden Weiblichkeit« (EI, 512); d. h. jetzt erst, in dem Augenblick, da die »jugendlichen Wünsche« als »*letzte* Schauer« bewußt werden, wird zugleich der Altersklassenwechsel definitiv vollzogen. Das neue Trennende zwischen beiden Jugendgeliebten ist somit auch die Generationenschranke: Emil bleibt als Mann der Altersklasse der Jugend weiterhin zugehörig, während Berta daraus aussteigt (s. A 2.33). Prinzipiell alle Figuren an der oberen Schwelle von der Jugend zum Alter müssen am Ende ihres Selbstfindungsprozesses mehr oder weniger freiwillig den Altersklassenwechsel vollziehen. Friedrich im *Weiten Land* z. B. vollzieht ihn mit dem Verzicht auf das Beziehungsangebot von Erna:

> ERNA Ich fühl' es stärker als je, Friedrich, wir gehören zusammen.
> FRIEDRICH Irrtum. [...] Aus Erna, auch zwischen uns. Du bist zwanzig, du gehörst nicht zu mir. (DII, 319)

Auch Casanova gelingt der Altersklassenwechsel nur in dem Maße, wie er schließlich doch den notgedrungenen Verzicht auf Marcolina bewältigt. Einen Altersklassenwechsel vollziehen auch Doktor Gräsler mit dem ausdrücklichen Abschied von seiner »neuen Jugend« (EII, 200) sowie Justina (*Paracelsus*), deren Rückkehr in das bürgerliche Leben an der Seite ihres Ehegatten wie bei Berta mit der Bewußtwerdung erfolgt, daß es eben »meiner Jugend *letzte* Schauer« (DI, 494) sind, die sie gerade noch fühlt. Der Altersklassenwechsel ist generell Ziel der Alters-Selbstfindung und er gelingt immer erst im Doppelschritt: über die erste Phase B_A der Aufhebung der alten kulturellen Grenzen, die das Subjekt von der gesteigerten »Jugend« trennten, und der Integration des Fremden zumindest auf Bewußtseinsebene als vorläufige und euphorische Sinnstiftung und Selbstfindung – und über die zweite Phase B_B als erneute, nun definitive Grenzziehung zum Fremden/zur Jugend und als desillusionierende Sinnstiftung und Selbstfindung. Der Altersklassenwechsel im Werk Schnitzlers ist eindeutig der resignativste Aspekt der Selbstfindung und der für die Figuren am schwierigsten zu bewältigende, tendenziell schwieriger noch als etwa der Tod des Partners.

3.43 Die zwei Zeitachsen

Beim Altersklassenwechsel des Protagonisten wird nun auch immer das Alter des illegitimen Partners der Zwischenphase relevant. Ich illustriere dies zunächst am Beispiel des Einakters *Paracelsus.* Hier wurde bislang nur die Opposition zwischen Paracelsus und Cyprian, noch nicht aber die Beigabe des jungen Anselmo berücksichtigt: Was ändert sich durch ihn? Justina steht somit in einer doppelten Beziehung, einmal zu einem potentiellen erotischen Partner in der Gegenwart, das andere Mal zu einem potentiellen erotischen Partner der Vergangenheit. Beide potentiellen Verführungen, die aktuelle und die vergangene, werden miteinander korreliert. Ich behaupte nun, daß in *Paracelsus* nur etwas deutlicher wird, was auch in *Berta Garlan* und den meisten anderen Beispielen einer Alters-Selbstfindung angelegt ist. Bei Berta fallen in Emil vergangener erotischer (potentieller) Partner und gegenwärtiger Partner zusammen, bei Justina werden sie aufgespalten in Paracelsus und Anselmo. In allen Fällen von Alters-Selbstfindung muß der Altersklassenwechsel als *doppelte Trennung von der Jugend* vollzogen werden: zum einen von der eigenen Jugend als einer nunmehr definitiv abgeschlossenen Lebensphase, zum anderen von einer Person – dem aktuellen (potentiellen) Partner –, die jetzt in der Gegenwart noch selbst jung ist. Paracelsus »bedeutet«, wie es explizit heißt (DI, 496), Justinas *eigene vergangene* Jugend, Anselmo repräsentiert demgegenüber die *fremde und aktuelle* Jugend als Generationsphänomen, der die Protagonistin selbst nun nicht mehr angehört. Beide erotischen Relationen bzw. Partner repräsentieren also auch, so meine Hypothese, *zwei verschiedene Zeitebenen bzw. –achsen.* »Jugend« existiert somit zum einen als abgrenzbare und isolierbare Zeiteinheit auf der *linearen* Zeitachse der *individuellen* Lebensgeschichte – sie sei mit T_A bezeichnet –, zum anderen als *überindividuelles* Phänomen auf einer *zyklischen* Zeitachse der ewigen Wiederkehr der Generationen – sie sei mit T_B bezeichnet. Wie leicht ersichtlich, korrespondieren beide Zeitachsen den zwei von der Epoche unterschiedenen Klassen von ›Leben‹ L_A und L_B:

PARACELUS	ANSELMO
Jugend als abgeschlossener Abschnitt: Diskontinuität	Jugend als ewige Wiederkehr der Generationen: Kontinuität
lineare Zeitachse T_A	zyklische Zeitachse T_B
Ebene des individuellen Lebens L_A	Ebene des überindividuellen ›Gesamtlebens‹ L_B
eigene Jugend	fremde Jugend

Mithin läßt sich auch für die bereits konstatierte Tatsache der Parallelisierung der Alters-Selbstfindung mit einer Jugend-Selbstfindung eine erste Interpretation formulieren. Sie hat eben u.a. auch die Funktion, für die an der Grenze zum Alter befindlichen Figuren wörtliche und (potentielle) emphatische »Jugend« auf zwei Ebenen existieren zu lassen. Die Alters-Selbstfindung umfaßt somit einen doppelten Prozeß: Über den Umweg der Wiederbelebung/der erneuten Präsenz der *individuellen* Jugend-Phase (BA) kann zugleich bzw. im Anschluß daran (BB) auf der *überindividuellen* Achse die Loslösung von der Jugend als Generation vollzogen werden. Der definitive Altersklassenwechsel, der das Individuum als Element der überindividuellen Einheit »Alter« in Opposition setzt zu einer Figur als Element der überindividuellen Einheit »Jugend«, leistet die Einbettung des Individuums in den überindividuellen Zusammenhang des ›Gesamtlebens‹. Diese Einbettung fungiert wiederum als ranghöchste Sinnstiftung. Das Ziel der Alters-Selbstfindung ist also ein auf den ersten Blick widersprüchliches: Sie »will« in die Jugend zurückkehren und zugleich sich doch definitiv von ihr lösen – letzteres, das übergeordnete Ziel, kann aber nur in dem Maße gelingen, wie in einem *Umweg* die Jugend noch einmal »realisiert« wird.

3.44 Erotische Altersklassenregeln als Bestandteil der Sinnstiftung durch das ›Leben‹

Die Parallelisierung von Alters-Selbstfindung und Jugend-Selbstfindung besitzt eine weitere Funktion, nämlich die Thematisierung von erotischen Altersregeln für die Partnerfindung, wie sie partiell bereits in A 2.33 rekonstruiert wurden. Diese sind immer auch Bestandteil der übergeordneten Sinnstiftung durch das ›Leben‹, bzw. *deren Konstitution ist ein Aspekt von E2*.

In der Regel handelt es sich beim Vertreter der Jugend, der dem an der Grenze zum Alter befindlichen Protagonisten gegenübersteht, nicht um eine beliebige Figur, sondern um einen potentiellen erotischen Partner. In *Paracelsus* beispielsweise muß Anselmo nun selbst einen – im Text nur peripher, aber immerhin thematisierten – Selbstfindungsprozeß durchmachen, wobei er in Relation zu Justina den inversen Partnerwechsel vollzieht: von der altersklasseninadäquaten Partnerin Justina zur jüngeren Cäcilie, so wie Justina den Wechsel vom altersklasseninadäquaten Anselmo zum älteren Cyprian. Der notwendige Altersklassenwechsel wird immer korreliert mit einem notwendigen Abschied von einem altersklasseninadäquaten Partner, so auch in *Frau Beate und ihr Sohn, Casanovas Heimfahrt, Doktor Gräsler, Der Gang zum Weiher, Das weite Land. Moralische Legitimität* und *Altersklassenadäquatheit* werden also miteinander gekoppelt und fallen zusammen: Der von der tradierten Moral her verbotene außereheliche Partner ist hier raffinierterweise zugleich der von der Altersklasse her inadäquate. Zwei verschiedene Normen werden also unterschieden: eine *alte kulturelle* Norm, und eine *neue, scheinbar natürliche* Norm. Die erste, die den Ehebruch verbietet, wird in BA selbstverständlich aufgehoben; an ihre Stelle tritt aber in BB die höherrangige, weil den Status eines Lebensgesetzes einnehmende Norm, die die erotische Beziehung als altersklasseninadäquate untersagt. In einer Zwischenphase, in der sich das Subjekt die »Regression« in die Jugend gestattet, ist der altersklasseninadäquate Partner erlaubt, am Ende muß jedoch zum altersklassenadäquaten Partner zurückgekehrt werden, wobei die neue Grenze nun das ›Leben‹ selbst setzt. Das kulturelle Problem der moralischen Legitimität wird also substituiert durch das – scheinbar nichtkulturelle – Problem der Altersklassenadäquatheit. Insgesamt ergibt sich damit allerdings eine fundamentale *Paradoxie von Aufhebung und gleichzeitiger Affirmierung der alten Moral*, denn das Modell ist natürlich auch anders lesbar: Auf der Oberfläche wird letztlich doch die alte Normkonformität wiederhergestellt. Dies gelingt jedoch nur in dem Maße, wie die tradierten niederrangigen Normen in BA aufgehoben und in BB substituiert werden durch die höherrangigen Normen des ›Lebens‹; mit letzteren erfüllen sich zugleich erstere. Das eigentliche Ziel der Texte ist also die implizite *Neumotivierung und -legitimation just der tradierten Norm:* Diese kann jetzt wieder befolgt werden, da sie eine gänzlich andere Bedeutung erhalten hat.

Der alternde Protagonist und sein altersklasseninadäquater jugendlicher Partner verhalten sich nun immer auch zueinander wie die Eltern- zur Kindergeneration. Die erotische Beziehung zwischen den beiden Generationen wird denn auch in nicht wenigen Texten, die eine Alters-Selbstfindung zum Thema haben, explizit oder implizit mit einem *Problem des Inzests* verknüpft, so insbesondere in *Doktor Gräsler*, *Frau Beate und ihr Sohn* und *Der Gang zum Weiher*. Der Inzest stellt eines der komplexesten Probleme im Werk Schnitzlers dar, seine erschöpfende Behandlung würde eine eigene Arbeit erfordern. Ich thematisiere daher an dieser Stelle in Form einer abschließenden Interpretationshypothese lediglich jenen Aspekt des Inzests, der im Kontext der vorliegenden Fragestellung der *Alters-Selbstfindung* relevant wird: *Der wörtliche generationenübergreifende Inzest wie in ›Frau Beate und ihr Sohn‹ repräsentiert nur die Extremversion einer allgemeinen Tendenz des alternden Subjekts zum altersklasseninadäquaten Partner und signalisiert – von der alternden Figur aus gesehen – die nicht gelungene Verabschiedung von der Jugend und damit das Scheitern der Alters-Selbstfindung im Selbstverlust.*

B 4. Die neue Sinnstiftung über das menschliche Subjekt

Das ›Leben‹ entkleidet das Subjekt seiner Individualität, indem es eine Einordnung in allgemeinmenschliche und überindividuelle Zusammenhänge vornimmt; es beraubt das Individuum seiner vermeintlichen Macht und Autonomie, die es im Übergang von A zu B gewonnen hatte, indem es dieses den ewigen Gesetzen des ›Lebens‹ unterwirft. Parallel zu dieser desillusionierenden und resignativen Sinnstiftung über das *›Leben‹* verläuft nun eine andere Sinnstiftung über das *menschliche Subjekt*. Dieses wird dabei weniger in seinen individuellen Eigenschaften relevant, die es in Opposition zu anderen Individuen oder zu den überindividuellen Normen setzen, wie in BA, sondern als *menschliches* Subjekt und *Ich* in Opposition zur vorgefundenen subjektexternen Realität bzw. dem ›Leben‹ als einem *»Nicht-Ich«*. Es geht nun darum, daß alles, was das Subjekt außerhalb seiner selbst vorfindet, ganz privilegiert aber das defiziente Leben, in das es zurückkehren muß, *in bezug auf das Subjekt bedeutungshaft gemacht wird*. Diese Sinnstiftung zielt auf eine *Neumotivierung von bereits vorgegebenen Größen durch das Subjekt*. Zwei Größen sind es nun, die über das menschliche Subjekt solchermaßen mit neuem Sinn versehen werden: zum einen die Moral und ihre Normen, also die *Kultur* (B 4.1), zum anderen die *Realität* selbst (B 4.3). Hier kann, wie an beiden Beispielen zu zeigen sein wird, das Subjekt wieder eine – nun freilich gänzlich andersartige – Autonomie wiedergewinnen, die kompensatorische Züge trägt. Nicht die Sinnstiftung über das überindividuelle ›Leben‹, wohl aber die über das Subjekt kennt bereits die Frühphase, freilich auch in einer spezifischen Vorform.

Beide Sinnstiftungen, die über das ›Leben‹ und die über das Subjekt, sind gegenläufig und auf den ersten Blick widersprüchlich – sie sind freilich, wie v. a. am Beispiel des Schicksalsbegriffs zu zeigen sein wird (B 5.), systematisch miteinander korreliert.

4.1 Die Neulegitimation von Kultur und Moral

Das Subjekt muß am Ende zurückkehren in die alte kulturelle Ausgangsordnung – dies ist von allem Anfang an das übergeordnete Ziel und Gebot, das die Texte ihren Figuren auferlegen. Selbstfindung oder Selbstverlust bemessen sich, wie gezeigt, immer auch daran, ob diese Rückkehr gelingt oder scheitert. Im Falle des Gelingens aber stellt sich die Frage: Bedeutet die Rückkehr zugleich die Restitution des Ausgangs*systems*? Kehrt das Subjekt einfach so wieder in das alte Leben zurück, als wenn nichts gewesen wäre? Was hätte dann die Zwischenphase für einen Sinn gehabt? Die bisherigen Ausführungen zeigten bereits, daß dem nicht so ist. Die vielleicht zentralste

Frage des gesamten Schnitzlerschen Œuvres und der gesamten Epoche ist die folgende: Wenn das bürgerliche Subjekt einerseits die Kultur als ein ihm Feindliches, Antagonistisches erfährt, seine »Natur« nun entdeckt, sie explizit zuläßt und deren endliche Realisierung als sinnstiftend setzt – wenn aber andererseits der definitive Ausstieg aus der Kultur einem Selbstverlust äquivalent ist, da das Subjekt nun einmal innerhalb der Gesellschaft und ihrer Normen leben muß: Wie ist, so also die Frage, die Kultur dem Subjekt wieder »zu vermitteln«? Es geht also letztlich immer darum, einen neuen Sinn *gerade* für das bürgerliche, nicht-gesteigerte Normalleben zu finden, es geht, mit einem Wort, stets um die *Neulegitimation von Kultur und ihren bürgerlichen Normen*. Dies ist wohl *das* zentrale ideologische Programm des Schnitzlerschen Œuvres schlechthin. Das Programm der Sinnstiftung über das ›Leben‹ zielte auf die Aufhebung des individuellen gesteigerten »Lebens« und, damit korreliert, auf die Begrenzung des Ausmaßes der moralischen Abweichung. Eine neue Motivation zur Rückkehr in die Kultur ergab sich dabei immer nur resignativ und indirekt – nämlich dadurch, daß das ›Leben‹ schließlich das bürgerliche Subjekt vom Raum der Abweichung trennte: durch Tod, Alter oder biologische Geschlechtszugehörigkeit (Berta). Nun hingegen werden Kultur und Moral ganz *unmittelbar* Objekt einer neuen Sinnstiftung.

4.11 Die neue, stärkere Grenze zum Raum der Abweichung

Das alte System SA, das eine Sinnstiftung für Kultur/Moral auf der Basis der ideologischen Ausgrenzung des Individuums und seiner »Natur« vornahm, ist definitiv nicht mehr legitimierbar, seine Sinnstiftung erwies sich als Pseudo-Sinnstiftung. Die neue Sinnstiftung für den bürgerlichen Raum sRA kann also nur über die Integration der bislang ausgegrenzten Größen laufen. Somit kommt es scheinbar zu einem Paradox: *Genau in dem Maße*, wie die bürgerliche A-Figur das Fremde in sich integriert und die Grenzen zwischen sRA und sRB bzw. zwischen A- und B-Figur aufhebt, setzt sie zugleich neue und definitive Grenzen von *qualitativ anderer Art* zwischen beiden Größen. Exemplarisch wird dies in *Paracelsus* thematisiert. Nachdem sie in einer Zwischenphase sich ihr normverletzendes Potential nicht nur bewußt gemacht, sondern dieses im Experiment der posthypnotischen Suggestion quasi ausagiert hat, formuliert Justina die folgende Antwort auf die Angst ihres Ehegatten vor einem nun tatsächlichen Ehebruch mit Paracelsus:

> CYPRIAN Jetzt aber ist der Ferne wieder da ...
> JUSTINA Ja ... er ist da – doch ist's nicht er ... Fast scheint
> Von ihm mich *mehr und Tieferes zu scheiden*,
> Als mich von irgend einem Andern trennt,
> Wie einer, der bedeutet ... doch nicht ist,
> Steht er vor mir – ein Schatten meiner Jugend. (DI, 495f)

Die neue psychische Nähe zum legitimen Partner – »ich bin dein – und will es gerne bleiben« (DI, 495) – und der neue Sinn für das bürgerliche Leben lassen sich genau dadurch herstellen, daß zunächst die Annäherung an das Fremde und die Entfremdung vom Vertrauten/Eigenen vollzogen wird.

Auch für Berta konstituiert sich genau in dem Maße, wie die Grenze zwischen ihr und dem Raum der Amoral im Zeichen der Negativität gänzlich aufgehoben ist, zugleich eine neue Grenze zu eben diesem Raum der Amoral. Auch hier wiederum wird diese Grenze als eine innere, psychische Grenze zu der diesen Raum metonymisch repräsentierenden B-Figur abgebildet. Das Trennende ist in diesem Fall die bereits bekannte Eigenschaft des »leichten Sinns«:

> Und an diesem Totenbette kniend, wußte sie, daß sie nicht von denen war, die, mit leichtem Sinn beschenkt, die Freuden des Lebens ohne Zagen trinken dürfen. (EI, 512).

Hier wird schließlich auch die systematische Korrelation mit der sinnstiftenden Größe des ›Lebens‹ sichtbar. Es ist das ›Leben‹ selbst, in Gestalt des Todes, welches nun zur Konstitution dieser innerpsychischen Grenze führt und das bürgerliche Subjekt *freiwillig* auf das Verbotene verzichten läßt.[1]

4.12 Die Funktion der Zwischenphase

Die entscheidende Voraussetzung für das Gelingen der Neulegitimation des bürgerlichen Lebens ist die Zwischenphase B der Aufhebung der alten Moral – genau hier erhält sie nun ihren Platz und ihre Funktion. Denn die definitive Eingliederung des Subjekts in die bürgerliche Kultur kann nur über den *Umweg* eines zeitlich begrenzten Ausstiegs aus eben dieser Kultur gelingen. Dabei ist, wie bereits erwähnt, nicht der faktische Ausstieg aus der bürgerlichen Ordnung maßgebend, sondern eine ideologische Operation – die Herstellung des Antagonismus zwischen Individuum und Norm – und die damit korrelierte psychische Operation – die Exteriorisierung der Normen aus der Person. Nur insofern wird der Unterschied zwischen der faktischen Realisierung eines nicht-bürgerlichen Lebens und seiner bloßen Bewußtwerdung als einer potentiellen Alternative neutralisiert, als es um die *prinzipielle*

1 Thomé 1986, S. 963f attestiert Berta zwar »eine höhere Stufe des Bewußtseins«, läßt sie aber »zur Ausgrenzung ihrer Triebbedürfnisse zurück[kehren]« und zweifelt demzufolge an der »Stabilität« des Endzustandes. Wie auch immer die vita sexualis der Heldin in der Zukunft aussehen mag (worüber der Text keinerlei Angaben macht), so gilt doch, daß es sich um »die *letzten* Schauer einer verlangenden Weiblichkeit« (EI, 512) handelt. Daraus folgt wohl nicht notwendig die gänzliche Absenz sexueller Triebbedürfnisse für alle Zukunft, aber immerhin die Überwindung jenes heftigen Ausbruchsbedürfnisses, das nur auf dem Boden der Ausgrenzung gedeihen konnte – die neue innerpsychische Grenze zur Abweichung ist nun eine qualitativ ganz andere.

Bereitschaft zur faktischen Realisierung gehen muß: Justina muß dazu bereit sein, Paracelsus »alles [...]/Was Ihr verlangt, Euch freudig hinzugeben« (DI, 495), Berta muß bereit sein, »alles aufs Spiel [zu setzen] ... ihren guten Ruf, ja ihre ganze Zukunft« (EI, 464), Fridolin muß bereit sein, seine ganze bürgerliche Existenz und sogar sein Leben »aufs Spiel [zu]setzen« (EII, 473), etc. – *erst in der radikalen Bereitschaft zum Verlust und zur Aufgabe der Kultur kann diese wiedergewonnen werden, erst über die radikale Entfremdung vom bürgerlichen System gelingt die definitive Selbstzuordnung des Subjekts zu ebendiesem System.*

Das Problem der Neulegitimation von Kultur/Moral steht schließlich auch in systematischer Korrelation zu dem der Alters-Selbstfindung. Die Notwendigkeit des *Altersklassenwechsels* wird mit der Notwendigkeit der *Reintegration in die bürgerliche Ordnung* gekoppelt; Alter und bürgerliche Ordnung werden jeweils als »Nicht-Leben« erfahren und bedürfen gleichermaßen der neuen Sinnstiftung und »Neulegitimation« in einer auf Abweichung und Jugend fixierten Epoche. Beide Grenzüberschreitungen (im Lotmanschen Sinn) werden sowohl bei Schitzler als auch in der Epoche allgemein als Übergang aus einer (Zwischen-)Phase der »Natur« in eine Zielphase der »Kultur« modelliert. Laut C. G. Jung gilt der Altersklassenwechsel von der Jugend zum Alter explizit als »Übergang aus der biologischen Sphäre in die Kultursphäre«[1] sowie als:

> Verwandlung aus einem Zustand, wo der Mensch nur Werkzeug seiner Triebnatur ist, in einen andern Zustand, wo er nicht mehr Werkzeug, sondern sich selbst ist, eine Wandlung von Natur in Kultur, von Trieb in Geist.[2]

Der Übergang ins Alter wirft also nur homolog und in extremer Form jenes Problem auf, das generell bei der definitiven Integration des Individuums in eine kulturelle Ordnung, also z. B. die Ehe (und »bürgerliche Jugendphase«, s. A 2.332), auftritt. Der vom *Alter* aufgenötigte Verzicht auf die (wörtliche und metaphorische) »Jugend« kann zum Modellfall für den von der *Kultur* geforderten prinzipiellen »Triebverzicht« werden, der dann auf einer höheren Ebene auch positiv umfunktionalisiert werden kann – und bei Schnitzler auch wird – als notwendige Voraussetzung für die wahre und definitive Selbstfindung: Erst mit dieser Verzichtsleistung wird das Individuum laut obigem Zitat »sich selbst«. Dabei werden nun auch immer die zwei Klassen der Vergangenheit, die ferne Vergangenheit (Phase X) und die bis an die Gegenwart heranreichende nahe Vergangenheit (Phase A) relevant. Denn stets ist der Übertritt von der mit emphatischem »Leben«/»Jugend« korrelierten Phase X in die mit »Nicht-Leben« korrelierte Phase A *in der Vergangenheit bereits erfolgt.* Der Ausstieg aus der Kultur, den die Zwischenphase inszeniert, ist also immer ein Wiederausstieg, jeweils gilt, daß aus einer

1 Jung 1928, S. 66.
2 Jung, »Die Ehe als psychologische Beziehung«, in: Keyserling 1925, S. 302.

bestehenden und als defizient erlebten Phase des (beginnenden) Alters bzw. der bürgerlichen Ordnung *noch einmal* ausgebrochen werden muß, bevor eine definitive Sinnstiftung für dieses Leben möglich ist. Mentalitätsgeschichtlich gesehen läßt sich hieraus wohl auf eine zugrundeliegende resignative Erfahrung der bürgerlichen Kultur des 19. Jahrhunderts schließen: »Jugend« und die für sie vorgesehene normverletzende Erotik können nicht mehr richtig gelebt werden, die Übertritte in Kultur und Alter erfolgen für diese Gesellschaft daher immer schon »zu früh«.[1] Hier erhält die »Logik des Umwegs« ihren Platz: Die für diese Übertritte fällig werdende neue Sinnstiftung kann niemals direkt, sondern immer nur indirekt, über die Zwischenphase B geleistet werden. Vor dem definitiven Übertritt muß noch einmal emphatische »Jugend« gelebt werden, vorher ist das Subjekt weder bereit, sich auf neue, dem Alter spezifische Werte und Lebensformen einzulassen, noch sich in die bürgerliche Ordnung allgemein zu integrieren.

4.13 Die zeitgenössische Psychoanalyse als Modell der Neulegitimation von Kultur

Das Programm der Neulegitimation der Moral ist, wie gesagt, ein epochales; ich belege dies – wiederum in einer bloßen Skizze –, indem ich aus der Fülle der möglichen Beispiele der zeitgenössischen theoretischen Normendiskussion die Psychoanalyse herausgreife. Gerade an jenem Diskurs, der in der Epoche in bezug auf die tradierte Sexualmoral als einer der revolutionärsten auftritt, läßt sich exemplarisch das Programm der Neulegitimation von Moral demonstrieren.

Freud ist bekanntlich wiederholt dem Mißverständnis entgegengetreten, die Psychoanalyse bezwecke die Freisetzung der (Trieb-)Natur des Subjekts, und hat demgegenüber betont, die Psychoanalyse habe »niemals der Entfesselung unserer gemeinschädlichen Triebe das Wort geredet«.[2] Ziel ist ganz im Gegenteil die »Bändigung« der Triebe,[3] in der berühmten Formel:

> Wo Es war, soll Ich werden. Es ist Kulturarbeit etwa wie die Trockenlegung der Zuydersee.[4]

Wenn Freud hier mit der »Trockenlegung« jene bekannte Metaphorik zitiert, mit der insbesondere der Realismus die Ausgrenzung des bedrohlichen

---

1 Dies ist das Ergebnis eines mentalitätsgeschichtlichen Prozesses, der wohl mit dem Ausgang der Goethezeit einsetzt; im Realismus ist normverletzende »Jugend« allgemein nicht mehr lebbar. Zur exemplarischen Installierung dieses pessimistisch-resignativen Modells z. B. bei Stifter vgl. Lukas 1995a.

2 Freud 1925e, S. 106.

3 Freud 1937c, S. 365.

4 Freud 1933a, S. 516.

Fremden im Subjekt zeichenhaft abzubilden pflegte,[1] dann bedeutet dies aber eben nicht, daß diese Zähmung der Triebe durch Ausgrenzung, sprich Verdrängung, geschehen soll. Die Verdrängung bändigt die Triebe »in unzureichender und *psychologisch inkorrekter* Weise«[2] und bewirkt genau dadurch die Neurose. Jetzt hingegen müssen, wie auch bei Schnitzler, qualitativ neue Grenzen »aus soliderem Material«[3] gefunden werden:

> Diese *neuen Dämme* haben eine ganz andere Haltbarkeit als die früheren; ihnen darf man zutrauen, daß sie den Hochfluten der Triebsteigerung nicht so leicht nachgeben werden.[4]

Hier wird nun ganz evident – was sich bereits verschiedentlich andeutete –, daß zwischen dem Schnitzlerschen Modell der Krise und Selbstfindung des bürgerlichen Subjekts einerseits und dem zeitgenössischen psychoanalytischen Modell der Neurose und deren Therapie andererseits ein *partieller Isomorphismus* besteht. Beide Modelle lassen sich in ihren Basismerkmalen als zueinander strukturell homologe rekonstruieren und auf gemeinsame epochale Denkmodelle zurückführen. Ob es sich um die Krise der A-Figur bei Schnitzler, um die Krise des Neurotikers bei Freud oder um die Krise des bürgerlichen Subjekts bei Simmel handelt: Jeweils wird im fundamentalen Konflikt zwischen den zwei antagonistischen Klassen von Interessen/Motivationen/»Trieben« – den individuellen/»egoistischen« Interessen/den »Sexualtrieben« einerseits und den überindividuellen/»altruistischen« Interessen/den »Ichtrieben« andererseits – dieselbe *»strukturelle Ätiologie«* dieser Krise zugrunde gelegt.[5] Auch ein homologer Phasenverlauf läßt sich finden, es muß dabei freilich sehr sorgfältig unterschieden werden. Der latenten Krise der literarischen Figur entspricht die Neurose des Patienten *vor* der Therapie, der manifesten Krise die akute Zuspitzung der Neurose in der psychoanalytischen Übertragungssituation. Das bewußte Wiederauftauchen der Vergangenheit in Phase B darf also nicht gleichgesetzt werden mit der sogenannten »Wiederkehr des Verdrängten«, beides ist *nicht* zueinander homolog: Letztere bezeichnet die Symptombildung und gehört zur Phase A, insofern sie prinzipiell die Bewußtheit ausschließt. Die Phase X der fernen Vergangenheit existiert schließlich ebenfalls homolog in beiden Modellen mit der gleichen Basissemantisierung: Bei Schnitzler ist es die mit »Leben« korrelierte *Jugend*, bei Freud ist es die frühe *Kindheit*, die auftaucht und

1 Vgl. als ein Beispiel unter vielen: Storms *Schweigen* (1883). In der Frühen Moderne hat der Komplex »Wasser« (und »Sumpf«) bekanntlich insbesondere (aber nicht nur) in der faschistischen Literatur eine Neubelebung erfahren, vgl. Theweleit 1977 sowie Wünsch 1991c, S. 205ff zur fantastischen Literatur.

2 Freud 1925e, S. 107.

3 Freud 1937c, S. 368.

4 Ebd. (meine Hervorh.)

5 Zur Klassifikation der »Ichtriebe« als »altruistische« und überindividuelle Motivationen s.o. Kap. A 1.122.

ebenfalls eine Phase der Amoralität (hier die sexuellen »Perversionen«) und des »Lebens« vor dem als traumatisch erfahrenen infantilen Zivilisierungsprozeß als eines Eintritts in die Phase der »Kultur« darstellt. In beiden Modellen bedeutet die *bewußte* »Regression« (also nicht die Regression der neurotischen Symptombildung!) in die ferne Vergangenheit X eine endliche Zulassung von bislang Ausgegrenztem, die aber in der therapeutischen Situation ebensowenig bereits die definitive »Heilung« bedeutet wie das »neue Leben« bei Schnitzler bereits die definitive Selbstfindung – letzteres ist in beiden Modellen nur durch Abschied, »Trauerarbeit«, Verzicht etc. möglich. Die bekannte Freudsche Dämonisierung der Triebe, die sich, wie gezeigt, bei Schnitzler nur sehr reduziert belegt findet, ist in diesem Kontext also ein relatives Oberflächenphänomen. Entscheidend ist, daß es homolog auch in der Psychoanalyse um die »*nachträgliche* Korrektur des ursprünglichen Verdrängungsvorganges«[1] geht, d. h. um die Korrektur des bereits in der Vergangenheit erfolgten Übergangs in die Kultur X ⇒ A. Auch die Methode ist homolog partiell dieselbe: Es geht um die *Reinszenierung des in der Vergangenheit erfolgten »Zivilisationsprozesses«*, dieser muß neu aufgerollt werden, der Analytiker muß als Katalysatorfigur »die bösesten Dämonen, die unvollkommen gebändigt in einer menschlichen Brust wohnen, auf[wecken], um sie zu bekämpfen«[2] – nicht zufällig tendieren einige der Schnitzlerschen Katalysatorfiguren zum Quasi-Psychotherapeuten (s. A 2.342)[3] –, die latente Krise muß – in der Übertragungssituation – als manifeste und akute ausbrechen. Und auch hier gelingt die definitive neue *Grenzziehung* zum »Es« nur durch die *Grenzaufhebung* und Integration des Fremden in die Person. Die »Aufgabe« der Beherrschung der Triebe:

> gelingt dem Ich, wenn es stark ist und die betreffenden Triebregungen *in seine Organisation einbezogen hat.* Der Fall der Verdrängung ist aber der, daß die Triebregung noch dem Es angehört [...].[4]

Auch das bei Schnitzler rekonstruierte Kompromißmodell von partieller Normenaufhebung und partieller Normenbewahrung ist in analoger Weise erklärtermaßen das Ziel, das die zeitgenössische Psychoanalyse verfolgt:

> *Gewisse* Triebregungen, in deren Unterdrückung die Gesellschaft zu weit gegangen ist, sollen zu einem größeren Maß von Befriedigung zugelassen werden, bei

1 Freud 1937c, S. 368.
2 Freud 1905e, S. 175.
3 Vgl. Thomé 1986, S. 959, 970, 983, der bei Anna Rupius in *Frau Berta Garlan* sowie Konsul Schnabel und Leopoldine in *Spiel im Morgengrauen* ebenfalls eine Nähe zur Therapeutenfigur festhält. Die von ihm behauptete Gemeinsamkeit mit der Psychoanalyse besitzt allerdings einen etwas anderen Status, da sie weniger über gemeinsame Tiefenstrukturen als vielmehr über (z. T. etwas spekulative, vgl. S. 983) Charaktermerkmale der Figuren begründet wird.
4 Freud 1933a, S. 524 (meine Hervorh.).

anderen soll die unzweckmäßige Methode der Unterdrückung auf dem Wege der Verdrängung durch *ein besseres und gesicherteres Verfahren* ersetzt werden.[1]

Worin dieses »bessere Verfahren« genau besteht und in welcher Relation es zum Schnitzlerschen Modell der gelingenden Selbstfindung steht, wird in B 4.16 noch näher zu erörtern sein. Mit dem behaupteten Isomorphismus zwischen Psychoanalyse und dem Schnitzlerschen Modell jedenfalls, dies sei nochmals betont, wird selbstverständlich weder behauptet, daß die Krise der Figuren bei Schnitzler etwa »Neurosen« seien, noch wird damit eine Aussage über irgendwelche Rezeptionsabhängigkeiten getroffen! Auch hier wieder ergeben sich Gemeinsamkeiten *ausschließlich* auf einer relativ abstrakten Ebene im Sinne von zwei homologen Varianten eines allgemeinen übergeordneten denkgeschichtlichen Modells der Epoche.

4.14 Die Sinnstiftung über das Subjekt in der präpsychologisch-»naturalistischen« Frühphase

Die präpsychologisch-»naturalistische« Werkphase kennt zwar noch nicht das Modell der Sinnstiftung über das ›Leben‹ – das *Vermächtnis* führt es ansatzweise erstmalig ein –, wohl aber das der Sinnstiftung über das Subjekt. In den folgenden Kapiteln soll der Nachweis geführt werden, daß bereits in den frühen Dramen und Erzählungen das Programm der Neulegitimation der Normen zumindest in einer Vorform existiert.

4.141 Die Ambivalenz der frühen Dramen

In B 2.1 wurde die Ambivalenz rekonstruiert, die die männlichen Protagonisten in *Märchen* und *Freiwild* kennzeichnet, und die sich auf der Oberfläche als ein Problem der »Übergänglinge« präsentierte. Wie jedoch bereits die gemeinsamen Merkmale mit dem *Vermächtnis* nahelegen, welches keine solchen »Übergänglinge« kennt, ist diese Ambivalenz der Individuen Paul und Fedor letztlich immer eine des Textes, die seinem überindividuellen Modell der Neubegründung eines »Nicht-Lebens« zugrunde liegt. Auf der Ebene der Moral und der kulturellen Normen zur Abweichung und zum »Leben« selbstverständlich bereit, können die Figuren dieses gleichwohl nicht leben aus Gründen der Psychologie. Die Psychologie des Individuums, die in BA emphatisch entdeckt wurde, »schlägt« in BB sozusagen zurück, indem sie jenes »Leben«, das sie zunächst ermöglicht, zugleich und definitiv verhindert. Diese Ambivalenz ist ganz besonders charakteristisch für die Schnitzlerschen frühen Dramen, und dies resultiert, so meine Hypothese, aus

1 Freud 1925e, S. 107 (meine Hervorh.). Vgl. auch Thomé 1986, S. 881ff.

deren Sonderstellung zwischen dem alten naturalistischen und dem neuen lebensideologischen Modell. Signifikanterweise ist diese Ambivalenz am stärksten bei den zwei späteren Texten, *Freiwild* und *Vermächtnis*, bei letzterem noch einmal gesteigert. Hier kann man sich des Eindrucks eines gewissen »Sadismus« und einer regelrechten maliziösen Lust am Herbeiführen des »Nicht-Lebens« nicht erwehren: In Phase BA wird ein alternatives System entworfen und das alte damit auch überwunden – um dieses dann in BB scheitern zu lassen mit einem Argument, das seinerseits höchstes Anrecht auf Plausibilität und Legitimität erheben kann.[1] Aber bereits insofern ergibt sich allgemein ein gewisses »sadistisches« Moment, als die Überwindung des alten Systems in BA immer schon als möglich gesetzt wird und auch faktisch vollzogen wird – im Gegensatz zu einem Großteil der naturalistischen Dramen, die letztlich das ohnmächtige Verharren im alten System setzen. All die quälenden und z. T. larmoyanten Diskussionen über die gewünschte, aber immer verbotene Sexualität – um im Bereich der Erotik zu bleiben – kennt Schnitzler ja sympathischerweise nicht. Souverän und selbstverständlich werden illegitime Beziehungen eingegangen und einfach gesetzt. Gegenüber dem typischen naturalistischen Problem ist das zentrale Problem bei Schnitzler verschoben: Der Akzent liegt nicht auf dem Problem der Konstitution von Abweichung – dies ist letztlich immer möglich –, sondern auf dem der desillusionierenden Zersetzung des bereits erreichten neuen Systems. Nicht in BA, sondern prinzipiell in BB finden die zentralen ideologischen Auseinandersetzungen statt. Aber gerade weil diese frühen Texte das Modell der prinzipiellen Nicht-Überwindbarkeit des alten Sytems nicht mehr kennen, erhält das letztendliche Scheitern umso größeres Gewicht. Diese Ambivalenz, so meine Hypothese, resultiert aus der Funktionalisierung des pessimistisch-fatalistischen Modells des Naturalismus für das neue Modell der Neulegitimation. Die Überwindung des alten Systems, die im Naturalismus gewünscht wird, aber nicht möglich ist, ist jetzt prinzipiell möglich, wird aber umgekehrt auf höherer Ebene bereits nicht mehr gewünscht, und zwar zu Zwecken der definitiven Sinnstiftung. Hinter dem »Sadismus« der Texte bzw. ihrer Ambivalenz schimmert die implizite neue Sinnstiftung für die *bürgerliche* Kultur bereits durch. Vordergründig wird die »naturalistische« Rückkehr der Unterschichtsfrau in ein äußerliches »Nicht-Leben« inszeniert – eigentlich wird aber implizit bereits die »selbstbestimmte« Rückkehr des männlichen bürgerlichen Helden (bzw. allgemein des ideologischen

1 Signifikant erscheint mir diesbezüglich auch die problematische Rezeption dieser Dramen durch die Zeitgenossen. Das *Märchen* z. B. fiel nach den gefeierten ersten zwei Akten mit dem III. Akt völlig durch (s. Möhrmann 1985, S. 97ff), was wohl nicht ausschließlich an der normverletzenden und völlig neuen Figur der Fanny lag; vgl. eine ähnliche Kritik zur Uraufführung des *Vermächtnis* in Wunberg 1976, II, S. 814f. Die Zeitgenossen störten sich an dem pessimistischen Umschlag in diesen Texten just nach den bejubelten optimistischen zweiten Akten. Daran wird nicht zuletzt auch exemplarisch deutlich, daß die in BA inszenierte Aufhebung der alten Normen tatsächlich nur vordergründig revolutionär ist (s. B 4.16).

Abweichlers aus den Reihen des Bürgertums: Agnes) in die bürgerliche Kultur inszeniert. Die Texte lassen sich somit rekonstruieren als *Kontamination beider Modelle*, sie betreiben gleichsam »Vorübungen« zum Programm der Neulegitimation der Normen qua Psychologie, das die späteren Texte dann großangelegt und explizit durchführen werden.

Ich belasse es bei diesen Hinweisen zur Relation von Schnitzler zum Naturalismus. Die oberflächlichen Unterschiede liegen auf der Hand, die präzise Rekonstruktion der näheren Relationen würde aber eine eigene Arbeit erfordern. Denn evidenterweise müßten die »klassischen« naturalistischen Texte ihrerseits auf demselben Abstraktionsniveau untersucht werden, um überhaupt sinnvolle Aussagen zu treffen.[1] Das Ziel der vorliegenden Arbeit ist aber nur die Rekonstruktion der Relation der beiden werkinternen Phasen, nicht die Relation der Frühphase zum Naturalismus.

4.142 Die indirekte psychische Neuaneignung von Moral/Kultur

Die Restitution und Neumotivierung von Moral/Kultur wird von der Frühphase typischerweise in einem Modell realisiert, welches ich das der *»indirekten psychischen Neuaneignung der Moral durch das Subjekt«* nennen möchte. Die Sinnstiftung für die Rückkehr in den Ausgangszustand verbirgt sich hier nahezu unsichtbar hinter dem pessimistischen Scheitern des »Lebens«. Ich illustriere dies noch einmal im Zusammenhang, und zwar am Beispiel von zwei frühen kurzen Erzählungen – dem *Witwer* (1894) und der *Frau des Weisen* (1897).

1. Der Witwer:

Der – typisch für das erzählerische Frühwerk – ganz in Präsens und zumeist in präsentischer erlebter Rede verfaßte Text setzt nach dem Tod der Ehefrau des Helden ein und führt zur ebenfalls typischen Situation der Entdeckung eines Ehebruchs, hier mit dem besten Freund. Drei Phasen lassen sich im Text wiederum unterscheiden. In einer ersten Phase A steht die Reaktion der Empörung und der Wut, der Held will den ehebrecherischen Freund »niederschlagen wie einen Hund« (EI, 233). In einer unmittelbar darauffolgenden zweiten Phase B setzt ein Bewußtwerdungsprozeß ein, der den Helden ähnlich wie Berta eine ereignishafte »Entdeckung der Psychologie« machen läßt: Die neue Fähigkeit, »in andere Seelen [zu] schauen« (EI, 234), führt zur Verzeihung gegenüber beiden Ehebrechern und somit zur Relativierung der tradierten Normen. Verschiedene Bedingungen sind hierfür nötig, die alle darauf hinauslaufen, die Ereignishaftigkeit des Normverstoßes zu mildern

1 Die genaue Relation der frühen Schnitzlerschen Dramen zum Naturalismus ist auch in der bisherigen Forschung, wenn sie denn überhaupt thematisiert wurde, noch nicht gelöst, vgl. Rieckmann 1985, S. 149ff.

bzw. aufzuheben. Eine erste ist der Tod, der allgemein eine relativierende Funktion besitzt: Wenn er dem Subjekt als eigener Tod bevorsteht, löst er katalysatorisch die Normverletzung aus und legitimiert diese (s. A 2.342); wenn er als Tod eines anderen bereits erfolgt ist, führt er a posteriori zu einer Relativierung der vergangenen Normverstöße des Toten.[1] Hier »versöhnt« (EI, 234) der Tod und läßt die tradierten Normen als bloße »Phrasen«, die »gewaltigen und strafenden Worte« »wie eine lächerliche Wichtigtuerei irdischer Kleinlichkeit der Hoheit des Todes gegenüber« erscheinen (EI, 234). Es kommt nun zur bekannten Substitution (E1) der zwei Legitimationsebenen und der damit verknüpften Umhierarchisierung: Nur noch mehr auf einer äußerlichen Ebene ist der Held »der richtige Ehemann«, da die legitime Beziehung durch die »gedankenlose Müdigkeit der Ehe« (EI, 234f) gekennzeichnet war. Die wahre und neue Legitimation erhält die illegitime Beziehung, und zwar durch die innerlichen, emotional-psychischen Werte der intensiven Liebe und »Leidenschaft« (EI, 235). Diese Aufhebung der alten Moral ist des weiteren korreliert sowohl mit einer *Entindividualisierung* des Schicksals des Helden – dieses erscheint nicht mehr als einmaliges Ereignis, sondern als etwas, »was alle Tage geschieht« – als auch mit einer regelrechten *Entfremdung* von diesem Ereignis: »Es ist, als wäre es gar nicht mehr sein Erlebnis [...]« (EI, 233f). *Da also, wo das Subjekt sich nicht mehr identifizieren kann mit dem Fall, da kann es jetzt auch nicht mehr normadäquat (nach der alten Moral) mit einer Sanktion reagieren.* Am Ende des Textes steht nun aber dennoch überraschenderweise just jene in A erwogene aggressive und sanktionierende Reaktion. Damit diese aber schließlich eintreten kann im Übergang von B zu C, muß erst der Freund seinerseits nun die Frau des Helden betrogen haben. Dem alternativen Wertsystem, das den Ehebruch unter der Annahme von leidenschaftlicher Liebe und demzufolge intensivem Schmerz des Freundes – »der hat sie heute verloren, nicht ich« (EI, 248) – legitimiert, wird die faktische Praxis gegenübergestellt. Der alte Normverstoß des Ehebruchs muß substituiert werden durch den höherrangigen Verstoß gegen die neue Norm der Liebe. Die Ereignishaftigkeit ist damit restituiert, und jetzt erst können jene Affekte, die aufgrund einer Verletzung von rein äußerlichen Normen zu Beginn des Textes nicht mehr auslösbar waren, ausgelöst werden.

Das Modell muß nun aber wieder von zwei Seiten her gelesen werden. Zum einen gilt, daß nur noch mehr auf der Oberfläche der faktischen Realität die von der alten Moral vorgesehene Reaktion bzw. Sanktion eintritt. Denn diese gilt ja eigentlich nicht dem alten, sondern dem neuen Normverstoß. Zum anderen aber ist es unleugbar genau jene Sanktion, die der Text am Ende stattfinden läßt: C wiederholt zyklisch A. Der Text – und mit ihm praktisch alle anderen – verfolgt also immer *zwei Ziele*. Indem er auf einer *inhaltlichen* Ebene eine neue Grenzziehung zwischen akzeptablem und inakzeptablem

1 Exemplarisch in der Erzählung *Der Tod des Junggesellen* (1908).

Normverstoß vornimmt, diskutiert er auf höherer Ebene den *Status* von Normen generell und führt das faktische Funktionieren von Moral vor – *ganz unabhängig von den konkreten inhaltlichen Normen*. Und auf dieser höheren Ebene gilt: Moral wird substituiert und gleichzeitig neu motiviert/legitimiert durch Psychologie. Das Subjekt muß sich die ihm im Übergang von A zu BA »fremd gewordene Geschichte« erst wieder erneut *zur eigenen machen*, es muß gewissermaßen erst eine psychische Auffüllung der alten Norm vornehmen, damit es diese »befolgen« kann. Damit wird die alte Moral aber just mit ihrer faktischen Erfüllung auf der Oberfläche auf einer Tiefenebene radikal aufgehoben. Die neuen Normen erweisen sich ihrerseits zwar als bloß theoretische, aber eben im ganz anderen Sinne als die alten Normen. Diese sind theoretische sowohl in Hinsicht auf die Praxis als auch auf den Gültigkeitsanspruch. Die neue Norm hingegen wird zwar faktisch nicht eingehalten, aber sie besitzt praktische Gültigkeit. Und genau dieser Anspruch der neuen Normen auf nicht nur bloße theoretische, sondern auch auf praktische Relevanz und Gültigkeit erweist sich gerade darin, daß nun – im Gegensatz zur alten Moral – im Falle der Nichteinhaltung der neuen Normen auch tatsächlich sanktioniert wird. Die Nicht-Lebbarkeit der neuen Normen ist in diesem Sinne also geradezu konstitutiv für die neue Moral. Nicht die Frage nach faktischer Normeinhaltung vs –verletzung auf der Ebene der sichtbaren Oberflächenrealität ist die eigentlich zentrale und hierarchisch höchste, sondern die nach dem *Status* der Normen auf der Ebene einer unsichtbaren psychischen Tiefenrealität, d. h. dem *Grad der Aneignung dieser Normen durch das Subjekt*.

2. Die Frau des Weisen:

Bereits der erste oberflächliche Vergleich zwischen beiden ähnlichen Texten belegt wieder den ungeheuren Variationsreichtum des Schnitzlerschen Œuvres – durch Einbeziehung des Einakters *Die Gefährtin* ließe er sich noch deutlicher belegen. Wie *Der Witwer* entwirft auch dieser Text eine Dreierkonstellation: ein Ehepaar und ein männlicher Dritter als illegitimer Geliebter der Frau. Im *Witwer* wird die Perspektive des betrogenen Ehemannes gesetzt und damit jener Instanz, die im alten System als sanktionierende und die Normen repräsentierende auftritt. Nun wird die Perspektive des ehebrechenden Dritten gesetzt, und anstelle der Absenz der Frau steht die Absenz des Ehemannes – doch auch hier verläuft die zentrale Auseinandersetzung wieder zwischen den beiden erotischen Rivalen, dem Normbrecher und dem Normvertreter. Die Neumotivierung der alten Moral wird hier aber aus der Perspektive des Normbrechers vollzogen: Der Text führt also vor, wie es zum freiwilligen Verzicht auf das Verbotene kommt. *Die Frau des Weisen* ist der erste Erzähltext, der eine Dimension der Vergangenheit einführt, wie dies ungefähr zeitgleich auch *Das Vermächtnis* tut, und er nimmt damit in bezug auf den werkinternen Strukturwandel die homologe Position innerhalb des Erzählwerks ein wie dieses innerhalb des Dramenwerks. Wie in B 5.1 noch genauer zu zeigen sein wird, sind die *»Entdeckung der Zeit«* und die *»Entdeckung der expliziten Psychologie«* die zwei zentralen, miteinander im übrigen systematisch korrelierten Ereignisse, die den Übergang von der präpsychologischen zur psychologisch-lebensideologischen Phase leisten.

In der Vergangenheit situiert der Text den Versuch der erotischen Annäherung zwischen dem Helden, dem damaligen Abiturienten, und der jungen Ehefrau des Gymnasiallehrers, bei dem er Kost und Logis hatte. Diese potentielle Liebesbeziehung scheiterte durch die physische Präsenz des Ehemannes und besitzt damit analog wie in *Frau Berta Garlan* den Status der nicht erfüllten »Verheißung« (EI, 270). Jetzt, nach 7 Jahren, taucht mit Friederike für den Helden die Vergangenheit wieder auf, und es kommt zum erneuten und abermals scheiternden Versuch, die illegitime Erotik zu realisieren. Das Modell des *Wiederauftauchens der Vergangenheit* ist dabei mit dem – davon zu unterscheidenden – Modell der *Reinszenierung der Vergangenheit* gekoppelt (s. B 5.11): Jeweils hat der männliche Held eine abgeschlossene Lebensphase – Schulzeit damals und Studium jetzt – hinter sich gebracht; bei der zweiten Begegnung ist die Zäsur noch verstärkt durch die gleichzeitige Beendigung einer anderen erotischen Beziehung und das Begraben seiner »künstlerische[n] Illusion« (EI, 263). Diesem mehrfachen definitiven Abschluß in der Gegenwart – »ich hatte nichts Unvollendetes zurückgelassen« (EI, 263) – steht die Unabgeschlossenheit des vergangenen erotischen Abenteuers mit Friederike gegenüber.

Der vom Text dargestellte Ausschnitt aus der Gegenwartsrealität ist nun wieder hochgradig strukturiert.[1] In der Ausgangsphase A ist das Ich allein und die erotische Beziehung nicht realisiert, am Ende in C wird sich dieser Zustand zyklisch wiederholen. Die Zwischenphase B zerfällt wieder in zwei Hälften, in eine »optimistische« Teilphase BA, in der die Annäherung beider Partner von der anfänglichen Fremdheit bis zur gemeinsamen Liebeserklärung stattfindet, und eine desillusionierende Teilphase BB, die zu einer erneuten und nun definitiven Entfremdung führt. A ist als »Nicht-Leben« gesetzt – »schwermütige Langeweile«, »Einsamkeit«, »melancholisch« etc. sind die zentralen Schlagworte (EI, 262) – und ruft die semantischen Merkmale des bürgerlichen Raums sRA auf: Das aktuelle Dasein des Helden ohne intensive Erotik wird korreliert mit Sicherheit, der topographische Raum mit Stille und Absenz von Bewegung; in der Perspektive des Ich wird er zudem als metaphorischer Innenraum modelliert, aus dem die Außenwelt quasi ausgeschlossen ist. Der mit dem Wiederauftauchen Friederikes gegebene neue Zustand ist demgegenüber ein gesteigertes »Leben« – »heiß«, »lustig«, »lachen« etc. sind nun die Schlagworte (EI, 263) –, welches die Außenwelt wieder eindringen läßt und mit Bewegung, Wandel und Lärm korreliert wird: »Das Leben ist wieder laut für mich geworden« (EI, 263). Die veränderte Realitätswahrnehmung ist eine Funktion der Psyche des Subjekts. Am Ende

1 Vgl. auch Leroy/Pastor 1976, S. 489f.

wird mit der Absenz von Erotik auch die Stille und Immobilität des Raums bzw. des Lebens zyklisch restituiert, d. h. es findet die inverse Transformation der Realitätswahrnehmung statt, wiederum in Funktion der Psyche des wahrnehmenden Subjekts.

Das Scheitern der von beiden Partnern intendierten Beziehung wirft nun ein Problem der Motivierung auf. Auf der Oberfläche bietet der Text als Grund die Tatsache an, daß Friederike nichts weiß vom stillschweigenden Verzeihen ihres Ehemannes, der sich damals, nur vom Ich bemerkt, sofort zurückgezogen und niemals thematisiert hat, daß er von dieser Liebesszene weiß. Doch welche merkwürdige Logik verbirgt sich hinter dieser Motivation? Wiederum, so meine Behauptung, ist es die Transformation des akzeptablen Verstoßes gegen eine alte Norm in einen inakzeptablen Verstoß gegen eine neue Norm, die den Helden schließlich doch zur freiwilligen faktischen Erfüllung der alten Moral – hier nun der Verzicht auf den Ehebruch – führt. War die neue Norm im *Witwer* im Text selbst explizit gegeben – intensive Liebe –, so ist sie hier allerdings schwieriger zu rekonstruieren. Der Übergang von B_A zu B_B tritt zunächst wie im *Witwer* mit der Entdeckung der Differenz zwischen einer vom perspektivtragenden Subjekt gemachten Annahme und der faktischen Realität ein. Auch hier besteht die Annahme darin, daß der andere, hier Friederike, um des Normverstoßes willen leidet:

> Ich kann es ja gar nicht ermessen, was sie um meinetwillen hat erdulden müssen, und was sie vielleicht noch heute leiden muß. [...] Irgend etwas Ernstes mußte damals meinem stummen Abschied gefolgt sein [...]. Ich durfte glauben, daß sich zwischen Mann und Frau alles im stillen abgespielt, daß er ihr verziehen, daß sie bereut hatte. (EI, 266, 268, 270)

Und auch hier fungiert diese Annahme als implizite Bedingung für die Realisierung des Ehebruchs. Mit der Absenz von Reue und Leiden verstößt Friederike offensichtlich gegen eine neue Norm, die eine Art *emotionales »Opfer« für den Normverstoß* verlangt. Mit dem Schmerz um die tote Geliebte würde sich der Freund des »Witwers« a posteriori das Recht zum Ehebruch erwerben, und analog Friederike, wenn sie um des Ehebruchversuchs willen leiden mußte. Im Leiden um einen verbotenen Wert signalisiert das Subjekt eine nun geforderte psychische Besetzung dieses Wertes. Der Fall der »Frau des Weisen« ist allerdings komplexer, denn im Unterschied zum Freund des »Witwers« begeht Friederike diesen »Normverstoß« unwissentlich. Es ist nun diese Differenz des Wissens bezüglich jener Vergangenheit, die das Trennende zwischen beiden Partnern konstituiert – ein Trennendes, welches somit theoretisch aufhebbar wäre:

> Einen Augenblick fuhr es mir durch den Sinn: Sag es ihr. Nimm dieses Unheimliche von ihr; dann wird sie wieder ein Weib sein für dich wie andere, und du wirst sie begehren. *Aber ich durfte es nicht.* (EI, 276)

Auch diese Logik erscheint auf den ersten Blick wieder einigermaßen rätselhaft.[1] Ganz offenkundig aber würde mit dem *jetzigen* Vollzug des Ehebruchs vom Ich ein inakzeptabler Normverstoß begangen, durch den Akt der Verzeihung des Ehemannes hat der Normverstoß plötzlich eine neue Bedeutung erhalten. Zur Lösung dieses Problems bietet sich ein Blick auf die *Hirtenflöte* an, die einen analogen Fall thematisiert. Auch hier gibt es einen »weisen« Ehemann, der gerade durch sein allumfassendes Verzeihen von Dionysias Normverstößen die Wiederaufnahme der Beziehung verhindert. Es gilt also offensichtlich eine gewisse Paradoxie: Die alte Norm soll fraglos verletzt werden, aber sie soll als Grenze zugleich doch präsent bleiben, *die Legitimation des Normverstoßes lebt davon, daß es ein zu Überschreitendes gibt.* Es ist die durch den Akt der umfassenden Verzeihung vorgenommene Elimination der verbietenden Instanz und Autorität, die den jetzigen Vollzug des Ehebruchs verunmöglicht. Man kann das Problem umformulieren: Was müssen der Ehemann bzw. das alte System tun, um die Erfüllung ihrer Normen zu erreichen? Die Antwort lautet: Gerade der Verzicht auf die Sanktion nach der alten Moral vermag diese heimlich zu retten. Das erwartungsgemäße Verhalten des Ehemannes hätte unweigerlich den Ehebruch zur Folge gehabt – hingegen ist es seine Verzeihung, die den Helden wirksamer bindet und ihn stärker im Raum der Normkonformität hält, als es das Verbot vermocht hätte; seine »Weisheit« ist also letztlich genau dies.

Die neue, selbst aufgebaute psychische Schranke im Helden ist nun im Gegensatz zur alten kulturellen Grenze eine radikale und extreme Grenze, die das Ich nicht nur freiwillig auf das Verbotene verzichten läßt, sondern einhergeht mit einer völligen psychischen Entfremdung von der Partnerin und der Tilgung jeglichen Begehrens. Auf der ›discours‹-Ebene ruft sie drastische Wortwahl und geradezu rhetorisches Pathos hervor: So fühlt der Held, »wie irgend etwas in meinem Innern erstarrte«, er fällt wieder auf das distanzierte »Sie« zurück, ihn »schaudert [...] vor ihr«, so sehr, daß er die eben noch heftig begehrte Geliebte nicht mehr als Frau wahrzunehmen vermag (EI, 275ff). Es kommt statt dessen zu einer Solidarisierung und sogar zu einer Identifikation mit dem Ehemann. Der junge Held wiederholt nun in der Gegenwart das Verhalten des Ehemannes in der Vergangenheit: Wie dieser damals, so sagt auch er jetzt nichts und hüllt sich in Schweigen. Friederike erfährt wiederum nicht, was geschehen ist, sie bleibt ausgeschlossen, und an die Stelle der erotischen Beziehung, die ja ein Einverständnis gegen den Ehemann impliziert, tritt ein heimliches Bündnis zwischen diesem und dem Rivalen. Die freiwillige Bindung an die alte Moral wird hier sinnfällig abgebildet als intensive emotionale Bindung an deren offiziellen Vertreter:

1 Die von Leroy/Pastor 1976 vorgeschlagene Interpretation, hier handle es sich um die Internalisierung des Inzesttabus und die Überwindung des Ödipuskomplexes, scheint mir zu wenig zwingend und außerdem zu einfach: Die hier problematisierte Psychologie ist wohl komplexer.

»Ich dachte an ihn.« (EI, 275). Auf die höchst auffällige Individualpsychologie, die hier thematisiert wird, gehe ich im vorliegenden Kontext nicht weiter ein.[1]

Ich ziehe ein vorläufiges Fazit. Das alte System kann wiederum die faktische Erfüllung seiner Normen nur dadurch erzwingen, daß es dem Subjekt deren psychische Neuaneignung und die Substitution der kulturellen durch eine innerpsychische »Naturgrenze« erlaubt. Auf der inhaltlichen Ebene wird dies durch die Wahl einer raffinierten Konstellation erreicht, in der der alte und akzeptable Normverstoß zugleich als inakzeptabler und neuer erscheinen kann. Wiederum wird die Paradoxie des Modells der Neulegitimation deutlich. So wie die Präsenz des die Norm vertretenden Ehemannes genau dann am stärksten ist, wenn er physisch absent ist, so wirkt auch die alte Moral genau dann am stärksten, wenn sie sich unsichtbar macht, wenn sie sich aufhebt und das eigentlich zugrundeliegende moralische Problem durch ein psychisches zu substituieren weiß. Sie beweist hierin eine geradezu »tückische« Überlebensstrategie.

4.143 Zur Korrelation von psychischer »Naturgrenze« und ›Leben‹

Das *Vermächtnis* ist derjenige Text, der das Modell der Sinnstiftung über das ›Leben‹ erstmalig einführt und mit dem Modell der Sinnstiftung über das Subjekt verknüpft. Zunächst zu letzterem. Die in B 2.1 rekonstruierte psychische »Naturgrenze« wird hier explizit funktionalisiert für die Neumotivierung der Grenze zwischen dem bürgerlichen Subjekt und dem ideologisch Fremden. In der Ausgangsphase ist das Trennende zwischen der bürgerlichen Familie und dem Fremdelement Toni zunächst etwas Äußerliches, die fehlende Legitimität. Im Laufe von Ba wird ein Verbindendes gesetzt: Toni gehört jetzt »zu uns«, »als wären Sie seine Frau gewesen«, und wird zur »Schwester« Franziskas (DI, 444, 439). War Toni in A sowohl biologisches als auch ideologisches Fremdelement in bezug auf die bürgerliche Familie, so ist sie jetzt in BA wiederum auf beiden Ebenen quasi ein »Eigenes«. Am Ende von BB steht erneut ein Trennendes zwischen Familie und Toni, nun aber konstituiert es sich, wie gezeigt, allein über die Psychologie. Diese kann ihrerseits aber eben nur in dem Maße am Ende wirksam werden, wie sie in der Zwischenphase überhaupt erst als neue Größe eingeführt wurde. Es muß erst zur Überlagerung der alten, äußerlichen Legitimationsebene durch die neue innerliche, die Psychologie und Erotik des Individuums integrierende Legitimationsebene in BA kommen, damit diese dann in BB ihre ganze

1 Zweifelsohne liegt hier eine Identifikation mit einer Vaterfigur vor, doch deren homoerotische Komponente sowie die unverkennbare Aggression, die in der Distanzierung von Friederike zum Ausdruck kommt, läßt die von Leroy/Pastor 1976 vertretene These von der positiven Überwindung des Ödipuskomplexes wiederum fraglich erscheinen.

Wirksamkeit demonstrieren kann. Die ganze Paradoxie, ja »Perversität« dieses Modells liegt genau darin: *Damit Toni wirksam und definitiv ausgegrenzt werden kann, muß sie erst einmal integriert werden.* Das ist nichts anderes als das, was die späteren Selbstfindungs-Texte auf der Ebene der psychischen Bewußtwerdung *einer* Person inszenieren werden: Justina, Beate, Berta, Aurelie, Fridolin etc., sie alle müssen erst das Fremde in sich integrieren, *um* eine wirksame Grenze zu diesem errichten zu können. Genau dies wird im frühen Text zeichenhaft und noch vorpsychologisch am subjektexternen Fremdelement Toni abgebildet. Die entscheidende Psychologisierung, die jenes »fremde Fremde« nach innen verlegt und zu einem »eigenen Fremden« macht, ist aber gerade explizites Thema dieses Textes – das *Vermächtnis* ist also auch insofern der exemplarische Übergangstext zwischen beiden Systemen.

Die Substitution der kulturellen durch eine psychische Grenze ist nun auf doppelte Weise mit dem ›Leben‹ korreliert. Zum einen ist das *Vermächtnis* der erste Text, der den »Rückfall« in die alte Moral eigentlich nicht mehr als Rückfall, sondern *tendenziell* bereits als Phänomen des ›Lebens‹ inszeniert. Nicht mehr der männliche »Übergängling« ist für das Scheitern verantwortlich, sondern eine weibliche Figur, die zur Klasse der Jugend gehört und in Opposition steht zu Ferdinand, der, wie bereits dargelegt, zumindest metaphorisch, aber auch wörtlich tendenziell bereits zur Klasse des Alters gehört (s. A 1.23). Mit der Substitution der von Ferdinand und den Eltern vertretenen tradierten kulturellen Grenze durch die psychische »Naturgrenze« in Agnes wird somit in auffälliger Weise zugleich die Elterngeneration durch die Jugendgeneration substituiert. Die Neumotivierung und –legitimierung der tradierten Norm findet also auf einer doppelten Ebene statt: Auf der Ebene der Relation Individuum-Gesellschaft ist es das *Einzelsubjekt* und seine Psychologie, auf der Ebene des überindividuellen ›Lebens‹ und des Zyklus der Generationen ist es die *Jugend*, die nun jeweils als sinnstiftende und neumotivierende Größe auftreten. Wie das Subjekt sich eine von der Kultur vorgegebene Norm erneut zu eigen macht, so homolog dazu die Jugend eine von der Elterngeneration vorgegebene Norm. Bereits im *Märchen* spielt die Opposition der beiden Generationen eine Rolle, aber erst im *Vermächtnis* wird sie als Phänomen des überindividuellen ›Lebens‹ semantisiert. Hiermit ist schließlich auch eine völlig neue Zeitstruktur verknüpft, die in B 5.12 Gegenstand sein wird.

Ein Phänomen des ›Lebens‹ liegt noch einer weiteren Textstruktur zugrunde, und wiederum handelt es sich um ein Generationenproblem: Der Text formuliert nämlich implizit bereits eine erotische Altersklassenregel (s. B 3.44), und auch dies situiert ihn an der Schwelle zur lebensideologischen Phase. Denn die Konstellation ist raffiniert dergestalt gewählt, daß die Aufnahme Tonis durch Emma eine durch das ›Leben‹ vorgegebene Basisnorm verletzen würde. Die durch Agnes am Schluß vorgenommene Ausgrenzung Tonis, so meine Hypothese, leistet zugleich die Vermeidung einer inzestuösen Situation. Denn Emma ist nicht nur noch explizit jung und potentielle erotische Partnerin, sondern hatte darüber hinaus eine latent erotische Beziehung zu dem von Agnes begehrten Hugo, der seinerseits auf mehreren Ebenen mit ihrem verstorbenen Gatten gleichgesetzt wird; Mutter und Tochter hatten in Hugo also einen gemeinsamen potentiellen Sexualpartner.[1] Indem Agnes also die Aufnahme Tonis in die eigene Familie ablehnt, eliminiert sie zugleich die eigene erotische Rivalität zur Mutter. Denn sie begründet ihre Ablehnung damit, immer bei der Mutter bleiben zu wollen: Sie steigt also aus der Altersklasse der Jugend, an deren Schwelle sie sich befindet, aus und retransformiert sich zum »Kind«, als welches sie auch prompt von ihrer Mutter apostrophiert wird (DI, 455). Nur vordergründig – oder zumindest nicht nur – geht es um die erotische Rivalität zwischen den zwei jungen Frauen derselben Generation, eigentlich aber um eine drohende inzestuöse Situation. Daraus läßt sich als Regel das Verbot der Gleichzeitigkeit erotischer Aktivität von Kind und Elter ableiten, sofern sich beide schon bzw. noch in der Altersklasse der Jugend befinden und die oben definierte »definitive Partnereignung« (s. A 2.33) besitzen – ein Problem, welches z. B. auch in *Komtesse Mizzi oder der Familientag* und in *Frau Beate und ihr Sohn* im Mittelpunkt des Textes steht. Ironischerweise geht der virtuose Vater Losatti seinerseits von einer realisierten erotischen Beziehung zwischen seinem Sohn und Emma aus und würde sich an einer Ehe zwischen Hugo und Emmas Tochter nicht stören, sofern sie nur bürgerlich legitimiert wird – was bei der Vertreterin der neuen Moral Abscheubekundungen provoziert. Das Modell der Umwertung bzw. Umkehrung, welches die frühen Dramen betreiben, wird hier also auf die Spitze getrieben: Der Vertreter der alten Moral entlarvt sich als der unmoralischste von allen, der sogar vor der Verletzung eines ›Lebensgesetzes‹ nicht zurückscheut. *Hinter der tradierten Moral – die Ausgrenzung der illegitimen Partnerin und der Unterschichtsfrau – steht in diesem Text also die Psychologie des Individuums – die erotische Rivalität Agnes/Toni –, und hinter dieser steht wiederum die neue Basismoral – die erotischen Altersregeln – in Gestalt der Gesetze des ›Lebens‹ als der ranghöchsten sinnstiftenden Größe* – bzw. beide letztere situieren sich zumindest auf derselben Ebene. Beide das Endereignis motivierenden und legitimierenden Größen, das *Subjekt und seine ganz individuelle Psychologie* einerseits, das *›Leben‹ und seine Basisgesetze* andererseits, sind hierarchisch gleichwertig und nicht aufeinander reduzierbar.

1 Ein Inzesttyp, wie ihn Sudermann beispielsweise liebt: vgl. *Der Katzensteg*, *Der Wunsch*, *Die Mühle*.

4.15 Die direkte psychische Neuaneignung von Moral/Kultur in der psychologisch-lebensideologischen Phase

Die Neulegitimation von Kultur/Moral in den bislang skizzierten Beispielen aus der Frühphase ist gewissermaßen eine *indirekte* insofern, als immer nur auf der Oberfläche die alte Norm erfüllt wird, eigentlich aber eine neue. Dieses Modell wird über den gesamten Zeitraum hin beibehalten. Erst in der psychologisch-lebensideologischen Phase aber taucht das modifizierte Modell der *direkten* Neulegitimation von Kultur/Moral und damit der Neulegitimation im eigentlichen Sinne auf: Jetzt wird der von der tradierten Moral vorgegebene Zustand des »Nicht-Lebens« ganz unmittelbar Objekt einer neuen Aufwertung. Ich gebe drei Beispiele: *Frau Berta Garlan* (1901), *Der blinde Geronimo und sein Bruder* (1901) und die *Traumnovelle* (1926).

1. Frau Berta Garlan:

In *Frau Berta Garlan* war in B_A im Rahmen der ersten Bewußtwerdung eine Entfremdung vom vertrauten System S_A erfolgt, die sich u. a. als Umkodierung beschreiben ließ. Nun, in B_B, manifestiert sich die im Rahmen der zweiten Bewußtwerdung erfolgende Aneignung des alten Systems und erneute Selbstzuordnung zu diesem in einer neuerlichen Umkodierung, die das mittlerweile fremdgewordene bürgerliche Leben wieder zu einem eigenen macht. So ist bereits Bertas erste Enttäuschung über Emil in Wien mit einer neuen Sehnsucht nach ihrer Provinzstadt und ihrem Kind verknüpft. Doch erst die Erfahrung der Entindividualisierung sowie der Neutralisierung der beiden Leben führen zur definitiven Wiederaufwertung ihres eigenen bürgerlichen Raums und Lebens. Hatte sie dieses noch kurz zuvor als definitives »Nicht-Leben« erfahren – »Nein, es war nicht möglich, so weiter zu existieren, in keiner Hinsicht!« (EI, 491) –, so heißt es schließlich:

> Ja, so war es schön und gut. In der kleinen Stadt leben, die paar Lektionen geben, die doch keine große Anstrengung verursachten, den Buben aufziehen, ihn lesen, schreiben, rechnen lehren! [...] Es war ihr, als klänge ihr der Lärm der großen Stadt, der sie das letztemal nicht gestört, jetzt erst in den Ohren; und sie freute sich der schönen Stille, die sie hier umgab. (EI, 501)

Über den Lärm war Wien bereits in A negativ besetzt gewesen, der fremde Raum wird jetzt wieder ein fremder. Doch die Restitution dieser Ausgangskodierung bedeutet nicht einfach eine Rückkehr zum alten System.[1] Parallel zur Wiederaufwertung und Aneignung des bürgerlichen Raums findet eine Radikalisierung der Entfremdung von Bertas Ehemann statt, wie sie extremer nicht mehr sein kann:

1 Wie fälschlicherweise von Allerdissen 1985, S. 252 und Spycher-Braendli 1971, S. 80 behauptet.

> Berta ging den gewohnten Weg bis zum Grab ihres Mannes. Aber sie fühlte, daß sie hier gar nichts zu suchen hatte. Es war ihr *beinah peinlich*, die Worte auf dem Grabstein zu lesen, die ihr nicht das Geringste mehr bedeuteten [...]. (EI, 504)

Die Radikalentfremdung, die fast schon einer »Vernichtung« der Person gleichkommt, gilt also der AA-Figur, die die Ausgangsordnung stets ungefragt akzeptiert, ohne jemals den Drang nach Ausstieg zu entwickeln – nicht zuletzt auch hieran wird die »paradoxe« Logik der Neulegitimation nochmals deutlich.

Insgesamt wird in *Berta Garlan* die Neuaneignung des Vorgegebenen immer noch dominant indirekt – über die schaudernde Abwendung vor dem zu großen Normverstoß – geleistet, wenn sich auch bereits die direkte positive Aufwertung des Alten findet. Diese ist erwartungsgemäß in denjenigen Texten am größten, die »gut« enden, so z. B. im *Blinden Geronimo*.

2. *Der blinde Geronimo und sein Bruder:*

Carlo hat dem Bruder vor 20 Jahren durch einen unglücklichen Spielunfall das Augenlicht zerstört, was für beide ein »Nicht-Leben« zur Folge hat: für Geronimo aufgrund des defizienten biologischen Lebens, das ihn sozial auf ein Bettlerdasein mit weitgehender Absenz von Erotik reduziert, für Carlo aufgrund der altruistischen Verpflichtung, dem Bruder seinerseits sein Leben zu opfern und dessen »Nicht-Leben« zu teilen. Doch nicht der im Titel namentlich Genannte, sondern der Bruder und sein Problem stehen im Zentrum: Wie gelangt Carlo, so die Frage, die der Text sich stellt, zu einer neuen Sinnstiftung für dieses Leben? Auch hier gilt: Die bestehende latente Krise muß erst manifest ausbrechen, katalysatorisch ausgelöst durch einen aus dem Außenraum kommenden Fremden,[1] wobei diese Krise den in der Vergangenheit erfolgten »Diebstahl« an 20 Jahren von Geronimos Leben zeichenhaft reinszeniert im (vermeintlichen) Diebstahl von 20 Franken; Carlo muß wiederum ein »Leben« als Alternative zum gelebten »Nicht-Leben« entwerfen und zum Ausstieg bereit sein, bevor er definitiv zurückfinden kann in das Ausgangsleben. Die Rückkehr gelingt dabei aber nur in dem Maße, wie die *Umdefinition* der bisherigen Existenz gelingt. Was bislang als altruistische und vom Pfarrer auferlegte »Pflicht [...], sein Leben dem Bruder zu widmen« (EI, 369) definiert war, wird nun umdefiniert als gleichsam »egoistisch« motivierte, freiwillige Existenz:[2]

> Er verstand, daß die Liebe zu diesem Bruder der ganze Inhalt seines Lebens war [...]. Er fühlte, daß er den Bruder geradeso notwendig *brauchte* als der Bruder ihn. Er konnte nicht, er *wollte* ihn nicht verlassen. (EI, 380)

---

1 Vgl. Schrimpf 1982, S. 220f und Lindken 1970, S. 63ff.

2 Cook 1972, S. 124 behauptet statt dessen fälschlicherweise den umgekehrten Wandel von einer »basic egocentricity« zu einer Art höherer Sittlichkeit, ähnlich auch Leroy/Pastor 1976, S. 488 – Folge einer fehlenden Abstraktion historisch adäquater Kategorien.

Am Ende wird er die gestörte Beziehung nicht nur wiederhergestellt, sondern überhaupt »zum erstenmal« (EI, 389) realisiert haben. Die resignative Komponente ist hier nahezu gänzlich getilgt, bzw. genauer gesagt, sie wird kompensiert. Wenn Carlo am Ende so lächelt wie »seit den Kinderjahren nicht mehr« (EI, 389), die ihrerseits mit »Leben« korreliert sind, dann wird das äußerlich bestehende »Nicht-Leben« gänzlich umdefiniert zu einem »Leben«.[1] Nicht im Raum der Normabweichung und der Alternative ist nun das »Leben« zu suchen, sondern im alten Raum der Normkonformität, nicht in der wörtlichen Befreiung von äußerlichen Zwängen besteht es, sondern in deren emotional-psychischer Neubesetzung durch das Subjekt. Das, was äußerlich besehen ein »Nicht-Leben« darstellt, wird kompensiert gegen ein rein psychisch definiertes »Leben«. Damit das gegebene Leben aber als metaphorisches »Leben« neu legitimiert werden kann, muß es in einem ersten Schritt zuerst als ein explizites »Nicht-Leben« definiert werden. Die neue Sinnstiftung und Legitimation sind das Ziel, sie können aber erstens immer nur in zwei Etappen und über den Umweg der Krise, und zweitens immer nur als *Kompensation* erreicht werden. Die Herstellung eines stabilen neuen Systemzustandes erfolgt im Ausgleich zwischen den Prädikaten »Leben« vs »Nicht-Leben«, die komplementär auf zwei Ebenen verteilt werden:

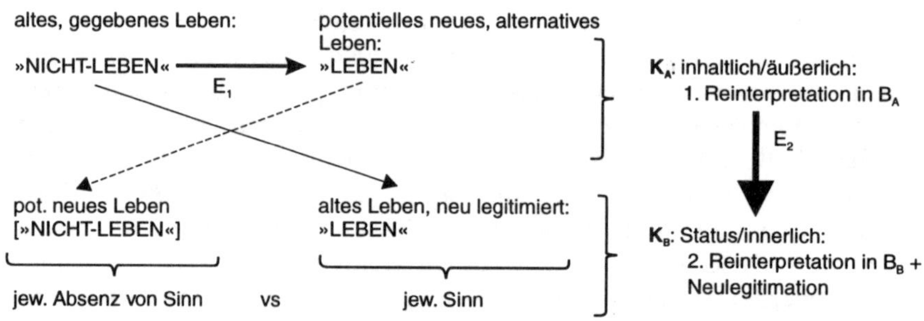

Dieses Modell gilt im Prinzip für alle 3-Phasen-Texte, die eine gelingende Rückkehr in den bürgerlichen Raum sRA entwerfen: Der *Blinde Geronimo* repräsentiert hier bloß insofern eine Extremvariante, als er – in diesem Ausmaß praktisch als einziger Text – die neue Ersatzsinnstiftung ganz explizit mit »Leben« korreliert. Offensichtlich ist dies auch nur außerhalb des Bereichs der Erotik möglich. Wenn auch nur implizit, so bieten jedoch auch die anderen Texte für das äußerliche erneute »Nicht-Leben« einen »versöhnenden« Ersatz an (s. u.).

1 Einige Interpreten haben sich hier zu grotesken theologischen (!) Deutungen hinreißen lassen: vgl. Lindken 1970, S. 75 und Cook 1972, S. 127ff.

Kompensationsstrukturen finden sich im *Geronimo* nun zeichenhaft auch auf anderen Ebenen. Zum einen auf der des *Raums:* Die beiden Brüder begeben sich zwar am Ende in den mit Wärme und »Leben« korrelierten Süden, die zentrale Lösung der Krise und die Sinnstiftung finden jedoch an einem höchst signifikanten Ort statt. Als Grenze zwischen Österreich und Italien befindet sich das Stilfserjoch zugleich, wie der Text hervorhebt, zwischen dem Süden des Nordens (Südtirol) und dem Norden des Südens (Veltlin): Jeder Teilraum trägt das oppositionelle Merkmal des anderen also in sich. Zum anderen auf der Ebene der *Zeit:* Carlo ist 40, vor 20 Jahren fand der entscheidende Unfall statt; somit stehen 20 Jahre vorhergehendes »Leben« exakt 20 Jahren »Nicht-Leben« gegenüber. Allein diese Zeitstruktur bedeutet im übrigen eine implizite und abstrakte Perspektivierung auf den im Titel nicht namentlich genannten Carlo als den eigentlichen Helden! Auffällige Kompensationsregularitäten gelten schließlich auch für die vermeintlichen wie faktischen Gelddiebstähle.

Ich breche die Analyse des Textes hier ab und wende mich der *Traumnovelle* zu, die wie kein zweiter Text im Schnitzlerschen Gesamtwerk die Neulegitimation als systematisches Programm realisiert. Auch und vor allem hinsichtlich des Modells der Neulegitimation gilt der bereits genannte Aspekt des werkinternen Wandels: Die 20er Jahre nehmen eine umfassende Systematisierung von Strukturen/Modellen vor, die bereits vorher existieren.

3. Traumnovelle:

Die Neulegitimation für das bürgerliche Leben des Helden umfaßt zwei Aspekte: Sowohl für den Beruf als auch für die Beziehung und die Partnerin muß ein neuer Sinn gestiftet werden, und beide Neulegitimationen folgen demselben abstrakten Modell.

Die Ehe gewinnt am Ende eine neue Qualität der Bewußtheit: »Nun sind wir wohl erwacht« (EII, 503). Sie hat damit die traditionellen Werte wie fraglose Sicherheit und Dauer eingebüßt – »niemals in die Zukunft fragen« (EII, 504) –, tauscht dafür aber auch an Stelle der Statik und Erstarrung die gefährliche Dynamisierung der Beziehung ein. Äußerlich bleibt das alte Modell erhalten, innerlich-psychisch jedoch erhält die Ehe Merkmale, wie sie sonst nur für die illegitime Liebesbeziehung gelten.[1] Sie legitimiert sich

1 Keyserlings »Ehe-Buch« (Keyserling 1925), das sich ausdrücklich dem Problem der »neuen Sinngebung« widmet, ist ein Dokument für den allgemeinen zeitgenössischen Bedarf an Neulegitimation, die nun in den 20er Jahren auch außerhalb der Literatur offensichtlich systematisch und explizit betrieben wird. So sehr sich die Beiträge der einzelnen Autoren (zumal in ihren z. T. sehr viel konservativeren Positionen) von der Position der *Traumnovelle* unterscheiden mögen, so gilt doch auch hier ganz explizit, so Keyserling, »daß die Ehe nie als statisches, sondern einzig als dynamisches Verhältnis aufgefaßt werden darf« und als »eine immer wieder neu zu erfüllende Aufgabe« postuliert wird (S. 32, 40); die gleiche Forderung auch bei Simmel 1906, S. 157f. Ganz analoge Konzepte finden sich im übrigen auch in der Frauenbewegung um 1900, vgl. Stoehr 1986, S. 165f. Es geht hier also weder um einen angeblichen »triumph of morality« (Segar 1973, S. 126) noch gar um die »Rettung der Gatten-

also neu als Kombination von ›Ehe + Liebesbeziehung‹. Was für die Beziehung als solche gilt, gilt nun in ganz besonderem Maße noch einmal für die Partnerin. Auch diese muß selbst sozusagen »neu legitimiert« werden über den Umweg über illegitime Partnerinnen. So heißt es am Ende des ersten Kursus nach dem Erlebnis in der Geheimgesellschaft:

> Und nun erst dachte er an Albertine, – doch so, als hätte er auch sie *erst zu erobern*, als könnte sie, als dürfte sie nicht früher wieder die Seine werden, ehe er sie mit all den andern von heute nacht [...] hintergangen. (EII, 473)

Und so sucht er am Ende nur auf der Oberfläche die Unbekannte, eigentlich – ihm selbst unbewußt – aber seine eigene Frau. Er kombiniert die Unbekannte, von der er nur den nackten Körper kennt, mit dem bekannten Gesicht Albertinens und wird sich erst am Ende bewußt, daß

> ihm [...] ununterbrochen seine Gattin als die Frau vor Augen geschwebt war, die er suchte. (EII, 497)

Auch Albertine selbst wird also neu legitimiert als Kombination von ›Ehefrau + Geliebte‹.[1]

Was nun den bereits in BA zentral thematisierten Beruf angeht, so findet in BB parallel und komplementär zur bereits rekonstruierten systematischen *Entzauberung* des Raums der Abweichung (s. B 3.13) eine ebensolche systematische *Aufwertung* des Raums der bürgerlichen Normalität statt. Rekurrent sind die Hinweise auf ein neues geradezu lustvolles Besetzen seiner bürgerlichen Arbeit, das sich bereits am Ende des ersten Kursus ankündigt, wenn Fridolin sich »freudig« (EII, 474) seines kommenden Arbeitstages bewußt wird. Der zweite Kursus bildet mit dem ersten ein auffällig strukturiertes Paradigma: Auf einer übergeordneten Ebene werden Äquivalenzen aufgebaut, über die der zweite Kursus explizit Bezug nimmt auf den ersten; innerhalb dieser Äquivalenzen repräsentieren jedoch beide zwei oppositionelle Varianten. So beginnt auch der zweite Kursus mit dem Besuch bei einem Privatpatienten, hier jedoch kommt Fridolin nicht zu spät, sondern findet als Erfolg seiner Tätigkeit eine Besserung vor. Auch jetzt kommt es zur Begegnung mit Studenten, aber nun ist Fridolin in der hierarchisch höheren Position als Stellvertreter des Chefarztes und genießt, »beinahe glücklich« (EII, 484), den Respekt, der ihm entgegengebracht wird. Was am Vorabend

---

liebe vor dem Angriff der seelischen Unterwelt« (Rey 1968, S. 99) – Merkmale, um derentwillen die *Traumnovelle* von diesen Autoren besonders hochgeschätzt wird. Das Merkmal der bloß relativen Stabilität und potentiellen Gefährdung halten dagegen richtig fest Kluge 1982, S. 336ff, Schrimpf 1982, S. 228 und Perlmann 1987, S. 201.

1 Kluge 1982, S. 328 behauptet eine Identifizierung von Albertine mit der Unbekannten fälschlicherweise bereits für den ersten Kursus: Genau da kann und darf sie natürlich noch nicht bestehen! Die Herstellung einer Synthese wird z. T. durchaus gesehen, ohne daß jedoch auch nur ansatzweise der Versuch einer dem Text angemessenen Kategorienbildung unternommen würde, vgl. Rey 1968, S. 113 oder Krotkoff 1973, S. 204.

noch wie das Erstrebenswerteste erschien, verliert jetzt an Wert gegenüber der bürgerlichen Arbeit. So vergißt er fast auf die Unbekannte, »[muß] sich gestehen, daß er lieber hier [in der Klinik, W. L.] geblieben [...] wäre«, anstatt die Villa aufzusuchen, und am Nachmittag »[zieht] es ihn doch unwiderstehlich auf die Abteilung«, und zwar aus eigenem Antrieb (EII, 485, 488). An Hand des Berufs wird abermals exemplarisch deutlich, daß es nicht etwa zur Restitution der tradierten bürgerlichen Werte wie Pflicht und altruistischem Opfer kommt, sondern daß die bürgerliche Existenz nur in genau dem Maße aufgewertet werden kann, wie deren *Umdefinition* gelingt. Äußerlich besehen bleibt die altruistische Helferrolle bestehen, aber zum einen wird jetzt das Merkmal der eigenen wissenschaftlichen Arbeit funktionalisiert, die potentiellen Ruhm und Karriere verspricht – also ein für die Epoche »egoistischer« Wert; und zum anderen wird die Arbeit damit auch als Stifter eines neuen Selbstwertes der Person semantisiert: Der Erfolg und die Freude an der eigenen geistigen Potenz bei der Arbeit (vgl. EII, 488) definieren zusammen mit dem neuerwachten wissenschaftlichen Interesse die bürgerliche Pflicht um als eine »egoistische« und selbstgewählte Tätigkeit. Einerseits ist die von Fridolin am Ende des ersten Kursus erwogene zweite Existenz (s. A 2.353) nicht realisierbar, andererseits ist aber auch die in BA vollzogene Abwertung und Sinnentleerung der altruistischen Rolle irreversibel – die Lösung dieses Problems ist die *Kombination* oder *Synthese* von »altruistischer« Existenz – äußerlich und auf der Oberfläche der faktischen Realität – und »egoistischer« Existenz – innerlich und auf der Ebene der psychischen Realität bzw. der Bedeutung.

Abgeschlossen wird diese Umdefinition und Neulegitimation sowohl der Partnerin als auch des Berufs an der Leiche der Unbekannten. Hier wird mit der Substitution des Blicks auf den nackten Frauenkörper durch den Blick ins Mikroskop die Verabschiedung von sRB und die Revalorisierung von sRA sinnfällig inszeniert. Bis in kleinste Details und mit einem Maximalaufwand an paradigmatisch-semantischer Strukturierung wird diese Neulegitimation durch Umdefinition durchgeführt. Bereits die jeweiligen finalen Höhepunktstationen der beiden Kursus/Teilphasen werden auf mehrfachen Ebenen äquivalent gesetzt. Die Villa und die Leichenhalle als die beiden hervorgehobenen Orte der Begegnung mit der Unbekannten bilden ein System von Oppositions- und Äquivalenzrelationen.[1] Beide befinden sich relativ gesehen unten (»Schlucht« bzw. »da herunten« EII, 462, 498) sowie außerhalb des bürgerlichen Innenraums: Die Leichenhalle repräsentiert ein solches »Außen« innerhalb der Grenzen der Stadt. Die Villa ist der von der eigenen bürgerlichen Wohnung räumlich entfernteste Ort, das anatomische Institut hingegen die von allen anderen Stationen nächstgelegene Lokalität. Herrscht in der Villa ein fremder, exotischer Geruch, so hier ein »vertrauter, gewissermaßen heimatlicher Geruch« (EII, 497) – zeichenhaft dafür, daß der Besuch

1 Zu den Anspielungen auf die Zauberflöte vgl. Weiner 1989 sowie meine Anm. 1, S. 105, dazu.

der Villa die maximale ideologische und psychische Entfernung vom eigenen System, der Besuch des Instituts hingegen die Wiederannäherung an dieses bedeuten. Ist der Eintritt in die Villa im Prinzip unmöglich bzw. streng geregelt, so der ins anatomische Institut unproblematisch, dessen Tor sogar unverschlossen ist. Beide Lokalitäten bestehen im wesentlichen aus zwei relevanten Räumen, jeweils einer Art Vorraum und einem Hauptraum. Der Vorraum in der Villa ist dunkel bzw. dämmerig, der mit »Leben« korrelierte Hauptraum, in dem sich die nackten Frauen befinden, hell erleuchtet; im anatomischen Institut herrscht die komplementär inverse Verteilung: Der Vorraum ist hier hell erleuchtet, der Hauptraum, die Leichenhalle, dunkel. In der Villa geht es um die von Fridolin schließlich zeichenhaft nicht vollständig vollzogene Grenzüberschreitung vom Dunkeln ins Helle – er dringt nur bis zum »Vorhof« (EII, 469) vor –, im anatomischen Institut hingegen zunächst um die inverse Grenzüberschreitung. Jeweils ist der Hauptraum derjenige, in dem sich ein Kollektiv von nackten Körpern befindet. Der mit »Leben« korrelierte Hauptraum in der Villa steht dem mit Tod korrelierten Hauptraum im anatomischen Institut gegenüber – doch jeweils existiert auch die oppositionelle Semantisierung. Denn wie im Raum des gesteigerten »Lebens« und der Natur zugleich der biologische Tod droht, so kann umgekehrt im Raum des biologischen Todes ein potentielles neues »Leben« innerhalb der Kultur entstehen: Das »geradezu festlich erhellte« wissenschaftliche Labor und das »farbenprächtige Bild« des Mikroskops (EII, 497, 501) nehmen paradigmatisch Bezug auf den »in blendender Helle« erstrahlenden Raum in der Villa und die »festlichen« bunten »Kavalierstrachten« (EII, 464f) und bieten eine neue Sinnstiftung für das bürgerliche Leben an. Jeweils ist es ein Exkommilitone, über den Fridolin Zugang zu diesen ausgezeichneten Räumen erhält, jeweils ein Jude, der jeweils nachts und jeweils solitär arbeitet und jeweils einen Vogelnamen trägt: Nachtigall und Adler.[1] Auch sie repräsentieren wiederum zwei oppositionelle Varianten: Nachtigall, der den abweichenden Namen trägt, repräsentiert die abweichende, nicht-bürgerliche Variante: ein gescheiterter Medizinstudent, mit musischen Fähigkeiten und in der Stimme einem »weichem Akzent« (EII, 457). Adler hingegen, ein ehemaliger Burschenschafter mit »scharfe[m] Ton« (EII, 497) und einem normalen Namen, repräsentiert die bürgerliche, strebsame Variante. Der nicht-bürgerliche Exkommilitone wird ihn in den nicht-bürgerlichen Raum führen, der bürgerliche Exkommilitone hinwiederum in den bürgerlichen.

Schließlich wird hier auch die Korrelation der zwei Sinnstiftungen über das ›Leben‹ und das Subjekt deutlich. Das ›Leben‹ – in Gestalt des Todes – ermöglicht die positive Neubesetzung des Raums der Kultur. In der Villa

1 Letzterer ist trotz ehemaliger Mitgliedschaft bei den Corpsstudenten aufgrund des Namens zumindest Halbjude. Vgl. auch den gleichnamigen Halbjuden (mit Schmiß) und ebenfalls Anatomen im *Professor Bernhardi*.

wird die erste alternative Sinnstiftung über ein emphatisches »Leben« angeboten – im Seziersaal die definitive über das ›Gesamtleben‹. Zweimal kommt es zur Begegnung mit dem nackten Körper der Unbekannten, zweimal will Fridolin ihre Identität wissen, wobei dieses Wissen jeweils einem Besitzergreifungsakt äquivalent ist, und zweimal scheitern Identifizierung und Besitzergreifung. Vereitelt es in B_A die in der Geheimgesellschaft herrschende soziale Regel der Anonymität als Ausdruck des entindividualisierenden Sexualtriebs, so in B_B der die Person transformierende und ebenfalls entindividualisierende Tod bzw. das ›Leben‹. Fridolin hingegen will *beides:* Er will die triebhafte entindividualisierende Sexualität – den Körper – *und* die individualisierende Liebe – das Gesicht/die Identität. Das ist nicht nur die in der Geheimgesellschaft verbotene, sondern auch in der Ideologie des Textes die unmögliche Kombination, die – das Schicksal der Unbekannten beweist es – nur im Selbstverlust und Tod enden kann. Erlaubt indes ist eine andere Kombination, nämlich die bereits erwähnte des fremden Körpers mit dem vertrauten Gesicht der bürgerlichen Partnerin.[1]

Ich resümiere: Die Neulegitimation konstituiert sich als Kombination/Synthese aus dem Fremden/Abweichenden und dem Vertrauten/Bürgerlichen. Das Problem kann offensichtlich nicht dadurch gelöst werden, daß beispielsweise das Labor, dem für die neue definitive Selbstfindung des Helden eine entscheidende und zeichenhafte Rolle zukommt, allgemein, d. h. auf andere Weise positiv konnotiert würde – was theoretisch immerhin denkbar wäre. Es müssen statt dessen ganz explizit *die in B_A bereits eingeführten und mit »Leben« korrelierten Merkmale* genommen werden, um sie nun dem oppositionellen Raum zu attribuieren. Die Kombinationen von ›Labor + festlich erhellt‹ oder ›anatomisches Präparat + farbenprächtiges Bild‹ (EII, 497, 501) repräsentieren homolog dieselbe Kombination wie ›Ehefrau/Gesicht + Geliebte/Körper‹ oder ›altruistische Arztrolle auf der Oberfläche + egoistische Motivation in der Tiefe‹. Es müssen alle bereits für den fremden Raum eingeführten Elemente, von der Topographie bis zum jüdischen Exkommilitonen, *wiederverwendet* werden, aber jeweils oppositionell semantisiert. Auch für *Doktor Gräsler* ließe sich en détail zeigen, daß die Zielpartnerin systematisch die Merkmale der Partnerinnen der B-Phase wieder aufnimmt und neu kombiniert. Nicht zuletzt wird hieran auch deutlich, daß die Neulegitimation auf der *Ebene der Ideologie/Moral* mit der Paradigmenbildung auf der Ebene der *abstrakten logisch-semantischen Ordnung des Textes* und damit mit einer allgemeinen »Bewußtmachung« und impliziten Selbstthematisierung des Textes korreliert ist. In dem Augenblick, da die bislang selbstverständliche bürgerliche Existenz in eine nicht-selbstverständliche transformiert wird und eine neue Bedeutung erhält, themati-

1 Der Inzest der Beate mit ihrem Sohn wird über eine ähnliche verbotene Kombination von Gesicht des Gatten und Körper des Sohnes abgebildet – *der psychische Selbstverlust nimmt auf einer abstrakten Ebene die inverse Operation zur Neulegitimation vor.*

siert der Text auf höherer Ebene zugleich auch immer, daß es überhaupt so etwas gibt wie »Bedeutung«.

4.16 Das »revolutionäre« Metaereignis: die Auflösung des Basiskodes

Das neue Legitimationsbedürfnis, auf das die tradierte Moral in der Epoche stößt, resultiert aus der Konzeption eines prinzipiellen Antagonismus zwischen Individuum und Norm, bzw. dieser ist immer zugleich Ausdruck eines Legitimationsbedürfnisses. Es gilt jetzt letztlich, so Simmel explizit, eine prinzipielle (logische) »Unbegründbarkeit der Moral«.[1] Moralische Setzungen sind rein kontingenter Natur und beruhen auf pragmatischen Nützlichkeitserwägungen, die das optimale Zusammenleben der Gesellschaft regeln sollen. Die Moral als solche hat also insofern »einen *außerhalb ihrer* liegenden Zweck zu verfolgen«.[2] Der sozialen und kollektiven Ebene korrespondiert eine psychologische und individuelle. Auch hier werden die Normen, den epochalen Konzeptionen gemäß, nicht mehr um ihrer selbst willen befolgt. Denn wenn diese etwas dem Subjekt wesenhaft Fremdes und Äußerliches sind: wie kommt es dann überhaupt zum faktischen moralischen Handeln? Es entsteht also ein neuer *psychologischer Erklärungsbedarf* und mit ihm eine ganz neue Frage:

> Mit welchem psychischen Mechanismus aber erzwingt sich dieses Gesetz im Bewußtsein des Menschen den Gehorsam? [3]

Nicht zufällig kommt es denn um 1900 zu einer erneuten Auseinandersetzung mit Kant auf diesem Hintergrund, wobei als Standardkritik der Vorwurf formuliert wird, seine Ableitung des moralischen Handelns aus der unbedingten Autonomie des Willens sei absolut unpsychologisch.[4] Mit dem neuen psychologischen Erklärungsbedarf hat die alte Moral ihre Selbstverständlichkeit verloren: Die vorgegebene Norm kann jetzt allenfalls *notwendige*, aber nicht mehr *hinreichende* Bedingung sein für faktisches moralisches Handeln. Für Kant muß umgekehrt (nach Simmel) »die Triebfeder der sittlichen Gesinnung [...] von aller sinnlichen Bedingung frei sein«,[5] d. h. eine altruistische Tat im engeren Sinne z. B. muß offiziell wiederum *um ihrer selbst willen* geschehen, aber nicht etwa aus Motiven des Mitleids mit einer Person. Jetzt hingegen ist Mitleid oder »Sympathie« notwendige *Zusatzbedingung* für faktisches moralisches Handeln, dieses kann nur noch mehr aus

---

1 Simmel 1989, S. 25ff. Vgl. auch Nordau 1884, S. 355 und Nietzsche 1969a, S. 90.

2 Nordau 1920, S. 50.

3 Nordau 1920, S. 20.

4 Der Kantsche kategorische Imperativ, so Durkheim, sei »chose psychologiquement impossible« (Durkheim 1906, S. 122), ebenso Nordau 1920, Simmel 1989.

5 Simmel 1989, S. 196; vgl. auch S. 153.

»Eingebung eigenen Gefühls« erfolgen.[1] Natürlich wurde dies schon früher vereinzelt postuliert,[2] doch der moralphilosophische Diskurs der Frühen Moderne geriert sich so, als hätte dies bislang offiziell gegolten: Z. T. erst jetzt kommt es zur *expliziten* Auseinandersetzung auf breiter Basis mit Positionen der Goethezeit. Die Epoche kann sich nun moralisches Handeln anders als über Psychologie nicht mehr erklären und postuliert die »Möglichkeit einer durchgehenden Reduktion des Handelns auf Egoismus«.[3] Da, wo das Gegenteil behauptet wird, wird die Epoche notgedrungen zur Psychologisierung neigen – der Fall Ferdinands im *Vermächtnis* ist ein Beispiel dafür. *Allein schon die psychologische Motivation als solche* – auch wenn sie inhaltlich stimmig ist –, d. h. allein schon die Rückführung einer moralischen Tat auf ein Gefühl als einem der Norm Äußerlichen hebt die alte Moral fundamental auf.

Es ist nun freilich zu unterscheiden zwischen bloßer psychologischer *Erklärung* von moralischem Handeln einerseits und dessen *Neulegitimierung* andererseits. Letztere hat zwar immer auch den Status der psychologischen »Erklärung«, impliziert aber darüber hinaus eine positive, sinnstiftende Neuauffüllung der tradierten Normen. Die Differenz zwischen offizieller »altruistischer« Existenz und dazu diskrepanter »egoistischer« Existenz, also jene Doppelexistenz des bürgerlichen Subjekts, zu der die nicht mehr legitimierbare alte Moral führt, wird prinzipiell negativ bewertet, da sie eben als Bruch zwischen kultureller »Form« und Lebens-»Inhalt« interpretiert wird und einem Zustand der Krise äquivalent ist (s. A 2.31). Es geht folglich genau darum, diesen Bruch zu beheben. In einem ersten Schritt – BA – wird versucht, dies durch die Exteriorisierung der Normen und die Realisierung/Integration der inoffiziellen, verborgenen Existenz zu leisten: Das Subjekt will den Bruch gänzlich beseitigen. In BB erfolgt die Desillusionierung: Das emphatische »Leben« erweist sich als scheinbares bzw. allenfalls kurzfristiges, der lebensideologische Antagonismus zwischen »Form« und ›Leben‹ als nicht behebbar. Eine Rückkehr in den Ausgangszustand der Nicht-Bewußtheit dieses Bruchs ist andererseits aber ebenfalls nicht möglich. Es bedarf folglich – in BB – einer Neuauffüllung und Neumotivierung der tradierten Normen. Im Modell der Neuaneignung der Moral und der psychischen »Naturgrenze« entwerfen die Texte den Ausweg aus dem skizzierten Dilemma. Auf die *Exteriorisierung* der Normen in BA folgt eine Art erneute *Interiorisierung* der Normen in BB. Diese »Verinnerlichung« ist freilich von grundsätzlich anderer Art als die alte. Bereits die alten Normen repräsentierten im Subjekt in der Ausgangsphase A eine intrapsychische Grenze, und zwar genau in dem Maße, wie sie eben verinnerlicht waren und

1 Nordau 1920, S. 27.

2 So etwa Büchner 1855 in *Kraft und Stoff* (vgl. Büchner o.J., S. 198), der auch eine explizite Diskrepanz zwischen theoretischem Normpostulat und Praxis konstatiert.

3 Simmel 1989, S. 97.

das Subjekt sich mit ihnen identifizierte. Das Neue an der psychischen »Naturgrenze« ist demgegenüber, daß sich die Psychologie des Subjekts nicht mehr an der vorgegebenen Moral als einem ihr Fremden/Non-Personalen ausrichtet und hinter dieser gleichsam verschwindet, sondern daß nun *exakt umgekehrt* letztere sich scheinbar nach der Psychologie des Subjekts ausrichtet: Die Motivation für moralisches Handeln gründet nun ausschließlich im Individuum und seiner als autonom gesetzten Psychologie, d. h. in einem den Normen völlig Äußerlichen. In der Extremform, wie im Modell der »indirekten Neuaneignung« der Fall, konstituiert sich faktisches moralisches Handeln paradoxerweise nur noch mehr zufällig, nur noch mehr dann, wenn es die rein persönliche/eigene »Geschichte« des Subjekts – z. B. die erotische Rivalität (vgl. *Das Vermächtnis*) – gewissermaßen »ergibt«. Auf der Oberfläche besehen restituiert die Endphase C die Koinzidenz von Sollen und Wollen,[1] die das Ausgangssystem in A – der Theorie nach – kennzeichnet, doch ihr Status ist ein fundamental anderer. Die vom alten System postulierte Autonomie des Subjekts qua *Verinnerlichung* der Normen kann jetzt, auf dem Hintergrund des eingetretenen Antagonismus zwischen Individuum und Norm nur mehr als Pseudo-Autonomie erscheinen. An ihre Stelle tritt nun die echte Autonomie, die aus der *psychischen Neuaneignung* der Normen resultiert. Damit Sollen und Wollen aber am Ende wieder zusammenfallen können, bedarf es zuvor deren expliziter und radikaler Abkoppelung voneinander in der Zwischenphase. Die alte Koinzidenz und Verinnerlichung beruht auf der Leugnung des Antagonismus zwischen Individuum/Psychologie und Norm/Moral – die neue hingegen *basiert auf diesem Antagonismus bzw. Bruch* – sie will nur eine Art Versöhnung/Synthese herbeiführen und die antagonistischen Größen wieder *kompatibel machen*, sie will und kann aber nicht den Antagonismus/Bruch als solchen wieder beseitigen.[2]

Die oben analysierten Texte demonstrierten exemplarisch die Herstellung einer solchen Synthese. Als *faktische Aktivitäten* darf das Subjekt seine »Natur« und seinen »Egoismus« nicht leben, da dies seine Eingliederung in die Kultur gefährdet. Der »Trick« besteht also darin, die in BA neu entdeckte Größe der »Natur«/des »Egoismus«/des Individuums auf der Ebene der *psychischen Motivationen* und Antriebe bzw. auf der Ebene der *Bedeutung* zu erhalten, um genau dadurch die faktischen »altruistischen«/kulturellen Aktivitäten neu zu legitimieren. Mit der *inneren Haltung* und *psychischen Motivation* des Ausstiegswillens aus dem bürgerlichen System wird nun plötzlich ein bürgerliches Ziel/Objekt angestrebt. D. h., das neue Ziel werden z. B. für Fridolin in der *Traumnovelle* die Ehefrau und die bürgerliche Arbeit

1 Vgl. o. das Zitat aus dem *Blinden Geronimo*.

2 Vgl. Ebrecht 1991, S. 319 zur »Neukonstitution der sozialen Bindungskräfte in der individuellen Innerlichkeit« als einem zentralen Ziel der zeitgenössischen Lebensphilosophie; zu den Varianten der von der Epoche entworfenen Vermittlungsmodelle s. v. a. Lindner 1991.

– und dies können sie in genau dem Maße werden, wie sie versehen werden mit Merkmalen aus sRB. Relevant ist nun, mit Simmel zu sprechen, nicht die faktische Realisierung eines Abenteurerdaseins, sondern die *»Attitüde«* des Abenteurers und »die *abenteuerliche Form* [des] Erlebens«.[1] Damit gelingt letztlich auch die *Umstrukturierung der Doppelexistenz*. Bestand diese in BA in zwei inkompatiblen Existenzen, so jetzt in deren Versöhnung/Synthese: Das bürgerliche Individuum lebt nun gewissermaßen seine »Doppelexistenz« genau dadurch, daß es die bürgerliche normale Existenz mit der Bedeutung der abweichenden versieht. *Jetzt ist es also möglich, in der äußerlichen und scheinbaren Unterwerfung unter die Normen diese zugleich zu überwinden;* der neue Zusammenfall auf der Oberfläche von Wollen und Sollen ist nun jene Form, in der sich die Überwindung der alten Moral manifestiert.

Dasselbe strukturelle Lösungsmodell läßt sich wiederum auch in Konzeptionen der zeitgenössischen Psychoanalyse finden, die sich, wie gezeigt, ebenfalls dem Problem der Überwindung des fundamentalen lebensideologischen Antagonismus widmet. Die alte Grenzziehung wurde durch die *Verdrängung* geleistet, die neue nun v. a. durch die sogenannte *»Sublimierung«*, die Freud der ersteren als oppositionelle psychische Operation explizit gegenüberstellt. Psychische Gesundheit/Normalität – und somit auch die feste Eingliederung des Subjekts in die Kultur – setzt die »Kunst, [die] Triebe zu sublimieren« voraus.[2] Freud hat das Konzept der Sublimierung im einzelnen bekanntlich nie hinreichend präzisiert und wiederholt signifikante Schwierigkeiten bei der Abgrenzung von der Verdrängung gehabt.[3] Diejenigen Merkmale, die hier für meine Argumentation relevant werden, lassen sich jedoch leicht rekonstruieren. Sublimierung heißt zunächst ganz einfach die Substitution des sexuellen Ziels bzw. Objekts der Libido durch ein nicht-sexuelles, kulturelles. Zwei Größen sind also zu unterscheiden, die in einer metonymischen Relation zueinander stehen: der Sexualtrieb/die Libido und das von ihr angestrebte Objekt/Ziel.[4] Wenn Sublimierung dem Sexualtrieb sozusagen ein nicht-sexuelles Objekt »unterschiebt«, dann läßt diese sich auch als eine Kombination von »Natur« und »Kultur« begreifen: Die Größe der »Natur« bleibt erhalten auf der Ebene des Triebs – der psychischen Realität –, sie wird getilgt auf der Ebene des Objekts – der faktischen Realität. Genau in diesem Maße also »[stellt] die Sublimierung [...] den *Ausweg* dar, wie die Anforderung [der Kultur, W. L.] erfüllt werden kann, *ohne* die Verdrängung herbeizuführen«,[5] d. h. sie repräsentiert die Lösung des dilemmatischen Problems, wie die Bedürfnisse der Gesellschaft und des Individu-

1 Simmel 1983, S. 29, 35.
2 Freud 1912e, S. 179.
3 Vgl. etwa Freud 1924d, S. 248 und Laplanche/Pontalis 1982, II, S. 478ff.
4 Die Unterscheidung zwischen Triebziel und -objekt spielt auf der hier gewählten Betrachtungsebene keine Rolle.
5 Freud 1914c, S. 62 (meine Hervorh.).

ums zugleich befriedigt werden können. Damit wird selbstverständlich wiederum nicht behauptet, die dargestellte psychische Selbstfindung der Schnitzlerschen Figuren sei identisch mit Sublimierung im psychoanalytischen Sinn. Das liefe letztlich auf eine Reduktion sowohl der Texte als auch der psychoanalytischen Kategorien hinaus. Behauptet wird vielmehr, daß »Sublimierung« nichts anderes darstellt als ein zur Kombination von »altruistischer« Rolle und »egoistischer« Motivation bei Schnitzler oder zu der von bürgerlichem Leben und Abenteurer-»Attitüde« bei Simmel *homologes* Modell der sinnstiftenden Neukombination von »Natur«/Individuum und Kultur/Gesellschaft.

Auf dem eben skizzierten Hintergrund läßt sich nun auch das zweite Ereignis E2 noch einmal genauer definieren. E1 konnte rekonstruiert werden als »Umkodierung« sowie als Umhierarchisierung und Umwertung der Werte. Mit dieser Substitution werden aber lediglich »Terme« auf derselben Ebene ersetzt: An die Stelle der überindividuellen Moral tritt das Individuum und seine Psychologie, an die Stelle von Kultur tritt Natur etc.; das, was früher das Fremde war, wird nun zum Eigenen und vice versa; bzw., es werden bloß Bewertungen ersetzt: Das, was im alten System offiziell negativ bewertet wurde – die intensive normverletzende Erotik –, wird jetzt explizit mit »Leben« korreliert, und im Gegenzug wird das mit »Nicht-Leben« korreliert – die bürgerlich normkonforme Existenz –, was dem alten System als höchster Wert galt. Der Kode *als solcher* ist damit aber, wie gezeigt, noch nicht aufgehoben, es kommt lediglich zu einer Umkodierung *innerhalb* des Kodes. Mit dem Antagonismus zwischen Individuum und Norm wird in B bloß etwas explizit, was für die Phase A implizit und latent immer schon galt – das gleiche ließe sich im übrigen auch für das Literatursystem des Realismus zeigen. E2 ist demgegenüber ein Metaereignis, allerdings im anderen Sinn als dies auf der Ebene der Raumsemantik bereits für E1 galt (vgl. o. A 2.352). E2 stellt auf einer bestimmten Ebene sozusagen die »wahre Revolution« dar, nämlich den Ausbruch aus dem System/Kode auf einer Metaebene. Beide Ereignisse nehmen zunächst eine *Substitution der Moral durch Psychologie* vor, jedoch jeweils von verschiedenem Status. Das erste Ereignis setzt die Relevanz der *inhaltlichen Normnegation*, es bleibt damit auf »Kultur«/Moral, wenn auch negativ, bezogen und bestätigt genau in diesem Maße unfreiwillig, aber implizit den Kode aufs neue. Indem es die Moral negieren/aufheben will bzw. muß, bleibt es auf einer höheren Ebene im Basiskode verhaftet. Nun, in E2, geht es nicht mehr um die Frage von faktischer Einhaltung oder Übertretung einer konkreten tradierten Norm, sondern um die Frage, wie sich *moralisches Handeln als solches*, gleich welchen »Inhalts«, *als eine faktische Realität konstituiert*. Es geht nun also um ein Problem der Realitätskonstitution. Erneut tritt die Psychologie des Subjekts an die Stelle der Moral, aber nicht mehr als »Inhalt« – z. B. bislang verdrängte sexuelle Wünsche –, sondern als unsichtbare handlungsmotivierende Größe. Entsprechend definiert sich auch »Moralität« auf beiden Ebenen jeweils verschieden: Innerhalb von K_A bedeutet Moralität die Einhaltung einer gegebenen Norm, z. B. der Verzicht auf illegitime Sexualität; innerhalb von K_B hingegen definiert sich Moralität unter Abstraktion von den konkreten inhaltlichen Normen als ein »Handeln um der Norm willen«, d. h. als Kongruenz von vorgegebener Norm und individueller Motivation. Das »Unmoralische« von E2 besteht sozusagen darin, daß jetzt eine tradierte Norm zwar befolgt wird, aber nur mehr auf der Oberfläche, wohingegen das wahre Motiv ein der Norm gänzlich Äußerliches ist. *Die Aufhebung der tradierten Moral wird jetzt nicht durch die Negation ihrer Normen geleistet, sondern genau dadurch, daß ihre faktische Erfüllung auf Psychologie zurückgeführt wird und in dieser nun ihre Voraussetzungen findet.* Ereignishaft und »revolutionär« ist also zum einen die *explizite Abkoppelung und Dissoziation* von zwei bislang nicht explizit getrennten/unterschiedenen Größen: einer Ebene des faktischen moralischen Handelns und einer Ebene der psychischen Motivationen dieses Handelns als autonomer unsichtbarer Realitätsebene. Ereignishaft und »revolutionär« ist zum anderen die *Kombination* von zwei bislang getrennten Größen: Moralität auf der Oberfläche kann nun mit ihrer Aufhebung auf einer psychischen Tiefenebene kombiniert werden. Oder anders formuliert: Es gilt in der Logik der Texte als revolutionärer, wenn es gelingt, die kulturellen (Basis-)Normen zu befolgen und sie zugleich als »egoistische« Werte psychisch neu zu besetzen, als wenn gegen diese Normen unbedingt faktisch verstoßen werden muß. *Die »egoistische« Neubesetzung/Neuaneignung in B_B hebt die Normen viel gründlicher auf als deren »simple« Negation in B_A.* E2 betreibt also auf einer Metaebene *die Auflösung des Basiskodes K_A* als solchem durch die Überwindung der alten Inkompatibilität und des unversöhnlichen Antagonismus zwischen Individuum/»Natur« und Norm/»Kultur« qua Konstruktion einer Synthese.

Im ganzen betrachtet, bleibt freilich jene irreduzible Ambivalenz und Paradoxie bestehen, daß das skizzierte Modell von zwei Seiten lesbar ist: Das System inszeniert nicht nur seine oberflächliche *inhaltliche Aufhebung* (B_A), sondern auch seine *Überwindung* auf einer Tiefenebene (B_B) – und genau in dem Augenblick, da dies geschieht, restituiert es sich. Es gibt sozusagen den Schlüssel selbst vor zur eigenen Überwindung, aber Überwindung und Restitution sind nun raffinierter- oder tückischerweise dasselbe:

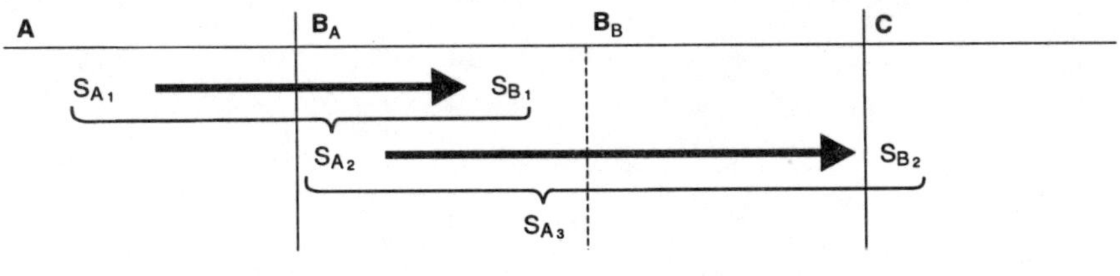

Das alte System überlebt im paradoxen Modell seiner impliziten Selbstaufhebung. Letztere ist die Bedingung für sein Überleben. Erst wenn den Normen jegliche Bedeutung, »Norm« zu sein, genommen ist, erst wenn die Moral völlig durch Psychologie substituiert worden ist, kann bzw. können sie wieder befolgt werden. Man kann diesen Sachverhalt positiv wie negativ interpretieren, je nachdem, ob man mehr auf den Aspekt der Überwindung der Moral auf der psychischen Ebene und die daraus resultierende neue Autonomie des Subjekts abhebt, oder mehr auf den Aspekt der Erfüllung der Moral auf der Ebene der faktischen Realität. Denk- und mentalitätsgeschichtlich gesehen findet jedenfalls damit, so meine Hypothese, nicht zuletzt auch die Fortsetzung des Programms der zunehmenden Selbstkontrolle des bürgerlichen Subjekts statt – die Frühe Moderne läßt sich diesbezüglich zweifellos als neuer »Schub« und als Radikalisierung dieser Selbstkontrolle in einem neuen ungeahnten Ausmaß begreifen. Auch und gerade die Psychoanalyse etwa setzt – indem sie die »Steigerung der Selbstbeherrschung« anstrebt[1] – *im Gestus der Befreiung* von der viktorianischen Moral und der für sie spezifischen, auf Verdrängung fußenden Selbstkontrolle jene andere übergeordnete, seit dem 18. Jahrhundert sich zunehmend konstituierende Selbstkontrolle fort. Das System überlebt, wenn auch in verfeinerter, raffinierterer Gestalt.[2]

1 Freud 1912e, S. 177.

2 Vgl. zu dieser epochalen Ambivalenz der Frühen Moderne Foucault 1983 und Sennett 1986.

4.2 Die heimliche »Aggression« gegen das »Leben«

Die positive Neubesetzung des bürgerlichen Raums durch das Subjekt, wie sie oben rekonstruiert wurde, kann im Zeichen einer bislang noch nicht thematisierten Ambivalenz auftreten: Sie erweist sich nämlich in nicht wenigen Texten als gekoppelt mit einer Art »Aggression« gegen den idealisierten Raum der Abweichung und die mit ihm verknüpften Figuren. Zwei Ebenen sind hierbei zu unterscheiden: ein rekonstruierbares abstraktes Regelsystem (4.21) und, in Korrelation damit, dessen inhaltliche Auffüllung durch eine je individuelle Figurenpsychologie (4.22).

4.21 Die Tilgung der eigenen »Jugend«

Die Toten, über die in *Frau Berta Garlan, Doktor Gräsler* und *Traumnovelle* im Übergang von B zu C für die Protagonisten die definitive Sinnstiftung geleistet wurde, besitzen ein gemeinsames Merkmal: Es handelt sich jeweils um B-Figuren, oder allgemeiner gesagt, um Figuren aus dem fremden Raum sR_B, nach dem das Subjekt in der Zwischenphase strebte. In *Doktor Gräsler* und der *Traumnovelle* ist dies offenkundig, *Berta Garlan* scheint dem zunächst zu widersprechen, doch auf den zweiten Blick gilt dies auch hier. Denn Frau Rupius wird mit Emil auffällig äquivalent gesetzt: Beide stellen die zwei emotional am höchsten besetzten Personen in Bertas Leben dar, und gegenüber beiden fühlt sie sich, was soziale Kompetenz und Lebenserfahrung betrifft, unterlegen.[1] Jeweils strebt sie nach Nähe und nach Wissen über deren Leben, das ihr beide vorenthalten, und bei beiden tritt das Problem der Kenntnis des sprachlichen Kodes auf, um den begehrten »Zugang« zur Person zu erhalten (vgl. EI, 437). Doch nicht nur psychische, sondern auch körperliche Nähe sucht Berta: Will sie mit Emil schlafen, so sehnt sie sich bei Anna Rupius danach, sich »von ihr auf die Stirne küssen [...] [zu] lassen« (EI, 436). Die Achtung dieser exzeptionellen Personen zu erringen, die zudem beide mit Kunst korreliert werden (vgl. EI, 438), verschafft einen gesteigerten Selbstwert. Mit Frau Rupius stirbt jedenfalls eine Figur, die zumindest zunächst ganz privilegiert all jene Merkmale aufweist, die aus der Perspektive Bertas eine begehrte Abweichung zum eigenen Normalleben repräsentieren.

M. Wünsch hat für die dargestellte Erotik in der Literatur der Frühen Moderne zwei generelle Regeln rekonstruiert: zum einen die *»Umwegregel«*, die besagt, daß ein (hochbewerteter) Zielpartner nur auf dem Umweg über einen oder mehrere andere Partner (wieder)gefunden werden kann; zum anderen die *»Tilgungsregel«*, nach welcher der Umwegpartner und zeichenhaft mit ihm der Umweg selbst mit bzw. nach Erreichen des Ziels »auf irgend

---

1 Vgl. Driver 1971, S. 292 und Thomé 1986, S. 957ff.

eine Weise« getilgt wird.[1] Der Umweg entspricht der von mir angesetzten Zwischenphase B, die Umwegpartner sind also die mit dem neuen »Leben« korrelierten Partner. Auch bei Schnitzler findet sich das Modell, daß die Protagonisten einen – immer legitimen, meist bereits gegebenen – Zielpartner auf dem Umweg über illegitime Partner anstreben. Das Ziel kann entweder erfolgreich in (mehr oder weniger desillusionierender) Selbstfindung erreicht werden – Fridolin, Justina, Gräsler, Josephine (*Im Spiel der Sommerlüfte*) –, oder es kann verfehlt werden, wobei der Protagonist in Selbstverlust enden kann – *Hirtenflöte, Komödie der Verführung, Frau Beate*[2] –, aber nicht muß – *Zwischenspiel.* Allerdings ergibt sich zumindest insofern ein deutlicher Unterschied, als das bei Wünsch zugrundegelegte Beispielmaterial den Zielpartner als den stets höchstbewerteten zu setzen scheint und ihn mit »Leben« korreliert, demgegenüber die Umwege den Status von »Störfaktoren«[3] erhalten – genau dies ist bei Schnitzler eben gerade (s. v. a. *Doktor Gräsler*) nicht der Fall: Es sind zunächst nur die Umwegpartner, die mit »Leben« korreliert werden, allenfalls sekundär die Zielpartner (wie in der *Traumnovelle*). Auch bei Schnitzler kommt es zu einer Tilgung des Umwegs, und zwar, wie der Fall der Berta zeigt, unabhängig davon, ob ein Zielpartner angestrebt/erreicht wird oder nicht. Entsprechend der genannten Modifikation geht es aber dabei immer um die Tilgung des emphatischen »Lebens«. Die Tilgungsregel gilt bei Schnitzler also in der folgenden Fassung:

1. Die definitive Rückkehr der Figur in sRA ist gekoppelt mit der *zeichenhaften Tilgung des Raums der Abweichung sRB und des mit ihm korrelierten gesteigerten »Lebens«*; diese Tilgung ist notwendiger Bestandteil der desillusionierenden Sinnstiftung. Genau in dem Maße, wie die getilgte Figur mit diesem Raum privilegiert korreliert wird und diesen tendenziell metonymisch repräsentiert, kann mit ihrer Tilgung zugleich die zeichenhafte Tilgung des Raums abgebildet werden.

2. Die Tilgung wird in der Regel von der Figur selbst vorgenommen und hat immer den Status einer zumindest metaphorischen »Tötung«. Fridolin *erklärt* die Unbekannte für tot, Gräsler *setzt* seine Schuld:

> Manchmal hatte er die Empfindung, als wären *beide* tot, Katharina und Sabine, und *er wäre es, der ihnen den Tod gebracht hätte.* [...] Ja, wenn man Sabine wieder zum Leben auferwecken könnte, – er verbesserte sich sofort innerlich – Katharina! Die andere lebt ja ... gewissermaßen. (EII, 200f)

---

1 Wünsch 1990, S. 157.

2 Das Modell des Selbstverlusts und des Inzests bei Beate wird hier rekonstruierbar als Kombination des bei Schnitzler für den legitimen Partner reservierten Umwegmodells mit einem maximal illegitimen Partner – so wie Beate denn auch im Zielpartner am Ende Ferdinand und Hugo zusammenfallen läßt.

3 Wünsch 1989, S. 171 zur fantastischen Literatur. Auf einer höheren Ebene sind beide Modelle wohl identisch: Die fantastische Literatur macht diesbezüglich nur deutlicher, daß es sich bei der ersten Selbstfindung in BA um eine Schein-Selbstfindung handelt. Sie tilgt aber offensichtlich den bei Schnitzler so dominanten Aspekt der Desillusionierung.

Die Gleichsetzung von Katharina und Sabine macht deutlich, daß die biologisch-wörtliche Ebene überlagert wird durch eine dominant gesetzte psychisch-metaphorische. Die Partnerin fällt als Opfer im Selbstfindungsprozeß des Protagonisten: Ihre »Tötung« fungiert zugleich als implizite Bedingung für eine gelingende Rückkehr in die bürgerliche Ordnung. Einen analogen Fall von Tilgung stellt die von Justina in *Paracelsus* vorgenommene »Entmachtung« des (potentiellen) illegitimen Partners dar, sozusagen das weibliche Pendant zum obigen männlichen Modell. Paracelsus wird zum bloßen *Zeichen* für die eigene Jugend transformiert und gilt Justina nur mehr »wie einer, der bedeutet ... doch *nicht ist*« (DI, 496). Auch hier gelingt der Protagonistin genau dadurch die innere psychische Loskoppelung vom Raum sRB.

3. In dem Maße, wie die getilgte Figur auch die Jugend des Protagonisten repräsentiert, erfordert die Rückkehr in die bürgerliche Ordnung *die symbolische »Tötung« der eigenen Jugend.* Dies gilt im Prinzip für alle genannten Fälle, wird freilich da besonders deutlich, wo die Rückkehr mit einem Altersklassenwechsel gekoppelt ist, so insbesondere in *Casanovas Heimfahrt.* Hier ist es der erotische Rivale Lorenzi, der für Casanova in privilegierter Weise mit sRB korreliert ist. Er wird mit dem vergangenen Casanova – und zwar dem Casanova der emphatischen Jugendphase – auf mehreren Ebenen gleichgesetzt, u. a. über das identische Alter. Casanova tötet also in Lorenzi zeichenhaft den jungen Casanova.[1] Auch Gräsler z. B. hat zusammen mit Katharina zeichenhaft seine »neue Jugend« (EII, 200) »getötet« und damit zugleich den Altersklassenwechsel vollzogen. Bei Casanova wird zudem eine latent homosexuelle Komponente sichtbar: Nicht Marcolina, sondern Lorenzi wird »herrlich in seiner Nacktheit wie ein junger Gott« wahrgenommen (EII, 313). Wie Casanova ihn »wie in traumhafter Benommenheit [...] auf die Stirn [küßt]« (EII, 314), so sucht aber auch Berta die körperliche Nähe zu Frau Rupius, und beide Toten besetzen strukturell dieselbe Position wie die erotischen Partnerinnen in *Doktor Gräsler* und der *Traumnovelle.* Ob es sich bei der getilgten Figur also direkt um den eroti-

1 Vgl. Lube 1985, S. 601, Koebner 1985b, S. 134, Allerdissen 1985, S. 213, Lebensaft 1972, S. 163f. Das gleiche Modell findet sich auch im *Weiten Land* mit der Tötung des jungen erotischen Rivalen Otto durch den alternden Hofreiter, es scheint aber zugleich auch speziell mit der Casanova-Problematik verknüpft zu sein. Neumair 1933, S. 78f gibt den interessanten, wenn auch nicht näher ausgeführten Hinweis, daß Casanova in beiden Casanova-Texten Schnitzlers jeweils einen »Doppelgänger« erhalte, Lorenzi in *Casanovas Heimfahrt*, Gudar in *Die Schwestern oder Casanova in Spa.* Ausschlaggebend scheint mir hier zu sein, daß Casanova in jeweils verschiedenen Altersklassen auftritt: In *Casanovas Heimfahrt* beispielsweise bilden Lorenzi, Casanova und Bragadino ein gemeinsames Paradigma männlicher Figuren, die jeweils durch den Altersabstand von ca. 30 Jahren voneinander getrennt sind. Das Modell der Tötung der Jugend wäre bei männlichen Figuren schließlich auch noch zu korrelieren mit den (ödipalen) Vater-Sohn-Konflikten: Vgl. etwa *Spiel im Morgengrauen, Abenteurernovelle, Der Gang zum Weiher*, sowie mit dem Modell der »enterbten Söhne« und der Bedrohung der Jugend durch das Alter (vgl. hierzu Koebner 1985a und 1985b und Vondung 1985).

schen Partner des Protagonisten handelt oder nicht, die A-Figuren tendieren offensichtlich dazu, die B-Figur erotisch zu besetzen. In der latenten homosexuellen Dimension manifestiert sich dabei zugleich besonders deutlich eine *narzißtische idealisierende Besetzung der B-Figur*, wie sie wiederum für alle Fälle gilt, von der Epoche aber offensichtlich privilegiert mit dem Phänomen des alternden Casanova verknüpft wird.[1]

4.22 Das handlungsrelevante psychische Unbewußte

Ich behaupte nun, daß die Texte *neben* der abstrakten und überindividuellen Ebene der Tilgungsregel – aber mit ihr systematisch korreliert – eine bislang noch nicht rekonstruierte Ebene der individuellen Figurenpsychologie aufbauen, mit der sie ebenfalls ein – nun rein psychologisches – Erklärungsangebot für die Nicht-Lebbarkeit des neuen »Lebens« machen. Es handelt sich dabei um eine heimliche Aggression gegen die mit dem neuen »Leben« bzw. mit sRB verknüpfte erotische Partnerin und somit um einen *Ambivalenzkonflikt:* Die offiziell begehrte Partnerin wird eigentlich, d. h. unbewußt, nicht begehrt. So weit ich sehe, existiert dieses Phänomen ausschließlich bei männlichen Figuren, die sich dieser ihrer Aggression in der Regel so gut wie nicht bewußt werden. Das (männliche) Subjekt erhält damit auch eine »negative Autonomie«: Es ist für das Scheitern der hochbewerteten Erotik in letzter Instanz selbst verantwortlich. Auch dieses Modell der »heimlichen Aggression« formuliert also eine implizite Sinnstiftung über das Subjekt (s. B 5.5). Zu nennen sind hier insbesondere die Erzählungen *Doktor Gräsler, Die Nächste, Die Frau des Weisen, Flucht in die Finsternis, Traumnovelle*. Ich skizziere zwei Beispiele:

1. Traumnovelle:

Offiziell steht der zweite Kursus im Zeichen der unbedingten Suche nach der Unbekannten:

> Er schwor sich zu, nicht eher zu ruhen, ehe er das schöne Weib wiedergefunden, dessen blendende Nacktheit ihn berauscht hatte. (EII, 473)

1 Vgl. das folgende Zitat aus Eduard v. Keyserlings Aufsatz »Über die Liebe«: »Dieses Ich suchte und sah er in allen, auch in all den Mädchen und Frauen, die er verführte und besiegte. Casanova, den Verführer und Allsieger suchte er in jedem Weibe. [...] Und als er, gealtert und verarmt [...] seine Memoiren schrieb, da blieb ihm nichts übrig, als anbetend vor seinem einst so bunt ausstaffierten Ich zu knien.« (Keyserling 1907, S. 134). Zum Problem der Homosexualität vgl. auch Lube 1985, S. 594ff, die eine direkte Korrelation von latenter Homosexualität mit der Erfahrung des Todes/Alters behauptet: Beides bedrohe die Männlichkeit des Helden. Ich würde es anders formulieren: Homosexualität hängt tatsächlich mit der Problematisierung von Jugend zusammen, hat aber m.E. einen zum Inzest homologen Status und repräsentiert wie dieser die Gefahr der »Total-Regression« in die Jugend (vgl. B 3.44). Zur Korrelation von Narzißmus und Homosexualität in der Wiener Moderne vgl. Le Rider 1990.

Demzufolge löst das Scheitern seiner geplanten Abenteuer zunehmend eine Krise aus, die sich beinahe bis zum »Versagen seiner Nerven« steigert, Fridolin fühlt sich »hilflos« und quasi als Opfer (EII, 493, 491). Doch zugleich finden sich dem widersprechende Hinweise: Gerade das Scheitern eines Abenteuers mit der Prostituierten Mizzi, das ihn fast zum Tränenausbruch veranlaßt, läßt ihn aufatmen. Nach ihrem Spitalaufenthalt erkundigt er sich so, »als wünschte er dringend eine Bestätigung zu erhalten« (EII, 492) für seinen Verdacht einer Geschlechtskrankheit – dieses im Text nicht weiter motivierte Bedürfnis legt die Hypothese nahe, Fridolin suche eigentlich nach einer Exkulpierung und einem Alibi für den mangelnden Wunsch, diese Frau zu erobern. Dies bestätigt sich, und zwar bei allen Frauen. So fühlt sich Fridolin bereits zu Beginn des zweiten Kursus »verpflichtet«, die Unbekannte zu suchen, vergißt ihrer bei der Arbeit und reagiert darauf wiederum mit »Schuldbewußtsein« (EII, 485). Doch dem nicht genug: Allen Begegnungen im zweiten Kursus liegt ein identisches Verhaltensmodell zugrunde. Fridolin tritt, sei es bei den Frauen direkt oder bei Erkundigungen nach der Unbekannten, stets als »Amtsperson« auf, so, »als wäre er [...] beauftragt«, »im Ton eines Untersuchungsrichters«, im »sachlichen Ton«, im »kühlen Ton« etc. (EII, 482f, 490, 493, 495). Illegitime Erotik ist hier zum einen zur Dienstsache, zum anderen zur »altruistischen« Rolle und Pflicht geworden. Ganz offensichtlich ist der Held also hochgradig ambivalent: Die Abenteuer und die Frauen, die er offiziell und bewußt so sehr anstrebt und die ihm den Sinn seiner gesamten Existenz zu stiften scheinen, will er heimlich – d. h. unbewußt – überhaupt nicht. Hinter dem Begehren steht Angst und Abwehr, die sich, wie bei Marianne der Fall, sogar bis zu sadistischen Verhaltensweisen steigern kann.[1]

Der Text führt damit implizit ein Unbewußtes der Person ein, das von dem im ersten Kursus relevant gewordenen Unbewußten strikt zu unterscheiden ist. In BA werden als ein Unbewußtes die bislang verbotenen sexuellen Wünsche gesetzt, die nun bewußt werden; in BB hingegen ist es *die psychische Repräsentanz des verinnerlichten Verbots selbst*, die sich als heimliche Aggression gegen die begehrten Frauen und das begehrte »Leben« manifestiert, selbst jedoch unbewußt bleibt. Titzmann hat darauf hingewiesen, daß ein Unbewußtes bei den Selbstfindungsprozessen in der Literatur der Frühen Moderne niemals als ein solches, sondern nur als ein Bewußtgewordenes handlungsrelevant würde[2] – dies ist nun mit einer Einschränkung zu versehen: Es gilt nur für dasjenige Unbewußte, das aus dem alten System

1 Psychoanalytisch gesehen kann man hier zweifellos mit Santner 1986, S. 43 eine im weitesten Sinne narzißtische Störung mit einer zugrundeliegenden Mutter-Problematik »diagnostizieren«. Dies ist aber einerseits fast trivial, da es auf der Hand liegt, andererseits freilich, wie auch Santner selbst hervorhebt, aus dem Text nicht belegbar, da überhaupt nicht thematisch. Im Rahmen einer Textinterpretation ist zunächst nur feststellbar, daß das Begehren überlagert wird durch ein latentes Gefühl der Verpflichtung zur Annäherung an diese Frauen.

2 Titzmann 1989a, S. 50.

ausbrechen will. Dies ist ganz offenkundig das harmlosere Unbewußte: Es kann eben, wenn auch konflikthaft, bewußt werden. Die andere Klasse von Unbewußtem hingegen, *die das Subjekt – tragischerweise – gerade im alten System hält*, gehört zu den am besten gehüteten Tabus, die niemals bewußt werden, gleichwohl aber eine handlungsrelevante Größe darstellen.

Die Sinnstiftung im zweiten Kursus umfaßt also insgesamt zwei zueinander inverse Prozesse, die im Text systematisch aufeinander bezogen werden: Während die »altruistische« bürgerliche Arbeit bewußt aufgewertet und umdefiniert wird zur *»egoistischen«*, wird die illegitime, »egoistische« Erotik heimlich und unbewußt abgewertet und ihrerseits umdefiniert zur *»altruistischen«* Pflichtübung: Alle vier Frauen werden jetzt im Zeichen von Schuld und Pflicht gesucht, jegliche Erotik wird damit freilich zerstört. Fridolin steigt denn auch aus der Rolle des »egoistischen« Eroberers aus und übernimmt statt dessen entweder die der »Amtsperson«, die scheinbar keine persönlichen, sondern fremde Interessen verfolgt, oder die des Helfers, der sich mit Geschenken der Frau (Mizzi) zu entledigen versucht.[1] Wo das bürgerliche Leben und die Ehefrau Objekt einer neuerlichen *Aneignung* werden, da werden das abweichende »Leben« und die mit ihm korrelierten Frauen umgekehrt Objekt einer neuerlichen *Entfremdung*. Dem ambivalenten Verhältnis zur Unbekannten korrespondiert ein ambivalentes Verhältnis zu Albertine. Offiziell fühlt Fridolin Haß und Feindschaft zu ihr: »Wie Todfeinde liegen wir hier nebeneinander«, »in der Tiefe seiner Seele war er [...] fertig mit ihr«, »es kann nie wieder gut werden« etc. (EII, 481, 484f). Daneben existiert aber eine »unveränderte, nur schmerzlicher gewordene Zärtlichkeit« (EII, 481) für Albertine weiter. Doch genau diese darf nun, in BB, nicht bewußt werden. Die Gefühlsambivalenzen den illegitimen Partnerinnen gegenüber einerseits und der legitimen Partnerin gegenüber andererseits verhalten sich zueinander komplementär: Im ersten Kursus ist das Begehren der Unbekannten das Tabuisierte, das erst Objekt einer expliziten Bewußtwerdung werden muß. Im zweiten Kursus kehrt sich dies um: Jetzt ist das Begehren quasi das Offizielle, und das heimliche Nicht-Begehren das Tabuisierte. Komplementär dazu bei Albertine: Von der tradierten Norm wird die Liebe zur Ehefrau gefordert, Haß und Trennungsgelüste erscheinen demgegenüber als tabuisiert und kommen in BA als etwas Neues an die Oberfläche des Bewußtseins. Umgekehrt wiederum in BB: Jetzt ist es gerade die unveränderte Liebe zu Albertine, die das eigentlich Tabuisierte darstellt und vom Helden abgewehrt wird. Die plötzliche leidenschaftliche Liebe zu einer unbekannten Frau, der Haß auf die eigene Partnerin und der unbedingte Ausbruchswille erhalten demgegenüber nun latent den Status der geradezu infantilen Inszenierung und der Pseudorevolution. Wenn auch in privilegierter Weise für den männlichen Helden, so gilt letzteres in der Tendenz im übrigen auch für das Paar als solches. Gleich zu Beginn weist der auktoriale

1 Auch Santner 1986, S. 43 konstatiert eine »obsessive form of caritas«.

Erzähler auf den inszenatorischen Charakter der gesamten Beziehungskrise hin: Harmlose, »nichtig[e]« und »enttäuschend banale« Erlebnisse wie der Karnevalsball am Vorabend oder jene Urlaubsbegegnungen des Vorjahrs werden a posteriori zum – versäumten – potentiellen gesteigerten »Leben« hochstilisiert (EII, 435f). Die Krise ist primär *Produkt einer sprachlichen Setzung* und Ausdruck weniger von echtem Ausstiegswillen als vielmehr des Bedürfnisses, am sinnstiftenden Postulat »versäumter Möglichkeiten« (EII, 435) festzuhalten.

Hinter der Schuld Fridolins am Tod der Unbekannten, die auf der Oberfläche durch seinen Verstoß gegen die Gesetze der Geheimgesellschaft motiviert wird, steht jedenfalls zugleich als andere »Schuld« jene latente, unbewußte Aggression gegen die offiziell so sehr begehrte Frau. Wenn Gräsler das Gefühl hat, er hätte beiden Frauen, Katharina *und* Sabine »den Tod gebracht« (EII, 200), dann scheint mir auch dies eine metaphorische Formulierung für die Zerstörung der Erotik und damit der Partnerin durch seine extreme Gefühlsambivalenz zu sein. Das bedeutet nun *nicht*, daß die Tilgungsregel darauf etwa reduzierbar wäre, sondern nur, daß der Text *neben* der abstrakten Ebene der Selbstfindungsregeln eine weitere Ebene der Figurenpsychologie aufbaut: Die heimliche Aggression gegen die Frau aus dem Raum sRB ist auf Figurenebene gewissermaßen das konkrete psychische Korrelat ihrer Tilgung auf Textebene. Die Rückkehr in das bürgerliche Leben ist damit freilich in sich höchst ambivalent. Denn wenn die erneute positive Zuwendung zum bürgerlichen System *auch* durch die Aggression gegen das abweichende System geleistet wird, dann wird dieses bzw. das Bedürfnis nach Ausstieg aus dem bürgerlichen System nicht im eigentlichen Sinne überwunden; in letzter Instanz bleibt der Held doch dem alten System verhaftet.

2. Die Nächste (1932/1899):

Von allen oben genannten Texten ist *Die Nächste* derjenige, der den paradoxen Mechanismus von »Überwindung« und »Aggression« auf die radikalste Weise inszeniert. Der noch junge Held Mitte 30 befindet sich nach dem Tod seiner leidenschaftlich geliebten Ehefrau in einem Zustand des extremen metaphorischen »Nicht-Lebens«. Der Text setzt ein mit der allmählichen Bewußtwerdung eines neuen möglichen Existenzsinns in Form von neuer Erotik. Jede Wunschregung nach einem neuen Leben wird nun aber ambivalent, »mit Schrecken und Freude zugleich« (EI, 323) wahrgenommen, da sie als wiedergutzumachendes »Unrecht«, als »Schuld« und »Verbrechen« (EI, 325f) an der gestorbenen Partnerin erlebt werden:

> Er schämte sich der vorausgegangenen Augenblicke, und der Gedanke, je wieder ein Weib in seinem Arm zu halten, erfüllte ihn mit Ekel und Scham. Ganz vernichtet machte er sich auf den Heimweg. Es war ihm, als müßte er sich kasteien; [...]. (EI, 323)

Dieser Typ von Konflikt zwischen Psychologie und Moral ist bei Schnitzler ein typisch männliches Problem, das sich rekurrent findet: so z. B. mit jeweils verschiedener Akzentsetzung auch in *Doktor Gräsler, Flucht in die Finsternis, Blumen, Der Mörder, Ein Abschied.* Bei den Protagonistinnen ist es primär die offizielle Sexualmoral, die ihnen illegitime Sexualität verbietet – ein moralisches Problem, das in diesem Maße der männliche Held nicht kennt. Dafür ist es bei ihm die übermäßige psychische Bindung an die alte, tote Partnerin – unabhängig, ob legitime oder illegitime –, die ihm neue Sexualität verbietet.[1] Nur vordergründig also besteht das »Nicht-Leben« im Tod der Partnerin, eigentlich aber in deren zu großer psychischer Präsenz und in der Unterwerfung des Helden unter ihr implizites, von ihm verinnerlichtes und auf sie projiziertes Verbot einer neuen Partnerin.[2]

Mit der jungen Therese lernt der Held nun eine Frau kennen, die mit der Toten nicht nur den Namen, sondern darüber hinaus auch den Gang, die Gestalt und Mimik, die Haartracht und den Hut gemeinsam hat – eine Äquivalentsetzung, die freilich das Produkt einer wahnhaften Projektion des Helden ist:

> nein, es war seine Frau, seine tote Frau, die in jener Straße [...] herunterschaute. *Er vermochte es gar nicht, sich dort eine andere zu denken* [...]. (EI, 328)

Die neue Partnerin Therese2 ist wieder nur die alte, Therese1. Das potentielle neue »Leben« wird somit zugleich als Zustand der Unfreiheit und als extremes »Nicht-Leben« erlebt:

> Er fühlte, daß hier eine gewisse Macht über ihn ausgeübt wurde, zu der es kein Recht gab und von der er sich befreien muß. Wer war denn diese Person? [...] Und wenn er an den kommenden Nachmittag dachte, war es ihm unmöglich, sich eine andere in seinen Armen vorzustellen als seine Frau. Er fühlte sich wehrlos, und das erfüllte ihn mit Zorn. (EI, 332f)

Vordergründig, d. h. in seiner nun explizit ausgebrochenen Wahnrealität, ist es Therese2, die ihn beherrscht, in Wahrheit freilich ist es Therese1. Beide Frauen stehen nun aber auch in extremer Opposition zueinander: Therese1 ist die »tugendhafte Frau« (EI, 334), Therese2 hingegen die Dirne, die also privilegiert mit Sexualität korreliert ist. Hinter dem Verbot der neuen Partnerin steht also das Verbot von Sexualität als solcher. Der schließlich doch vollzogene Sexualakt mündet am Textende in die Ermordung von Therese2. Diese Tat folgt nun einer raffinierten paranoiden Logik: Vordergründig wird der Mord motiviert als Rache für die tote Therese1, die dem Helden durch

1 Zum epochalen Modell der »toten Geliebten« um 1900 vgl. Thomalla 1972, S. 78ff; die von ihr aufgestellte kontinuierliche romantische Traditionslinie erscheint jedoch eher fraglich. Zu intertextuellen Bezügen zu zeitgenössischen Texten vgl. den informativen Aufsatz von Aurnhammer 1994.

2 Der Held leidet auch nicht, wie Perlmann 1987, S. 98 abwegigerweise meint, »unter Idealen wie dem der romantischen und keuschen Liebe«.

die (scheinbare) Imitation durch eine Fremde als »Beraubte und Betrogene« (EI, 335) erscheint – unbewußt freilich liegt eine völlig andere Motivation zugrunde, die ihrerseits höchst ambivalent ist. Denn zum einen erfüllt der Held damit das Verbot von Therese1, das ihm eine andere Partnerin untersagt und quasi die Tilgung seiner Sexualität fordert – zum anderen aber, und dies ist nun entscheidend, tötet er in Therese2 stellvertretend zugleich Therese1, denn deren psychische Präsenz ist es ja, die die Erotik mit Therese2 verunmöglicht. Hinter dem *wörtlichen Mord an Therese2* steht der *metaphorische und psychische Mord an Therese1* – zeichenhaft fließt kein Blut! –, und dieser eigentliche Mord wird denn auch konsequent als Befreiung erlebt.[1] Zum ersten Mal tritt nun die wörtlich Tote auch in der Phantasie als Tote auf, in einem Bild der Verwesung, das nochmals die Aggression des Helden gegen sie offenbar werden läßt:

> Ihm war, als wäre das sehr gut, was er getan. Er dachte an seine Frau, die schon lang im Sarge lag und der die Würmer in die Augenhöhlen kröchen, und zum ersten Mal seit ihrem Tod fühlte er irgend etwas wie Frieden in seiner Seele. (EI, 336)

Natürlich liegt auch hier wieder der Gedanke an eine unbewältigte Mutter-Problematik nahe, und der Text gibt sogar einen impliziten Hinweis, wenn sich der Held in der Erinnerung an die erste Begegnung mit Therese2 explizit als »um viele Jahre jünger, bartlos, fast wie ein Kind« erlebt (EI, 330) und die Partnerin damit tendenziell zur »Mutterfigur« macht.[2] Mir ging es hier allerdings primär darum, zu zeigen, daß der Text ein psychisches Korrelat zum paradoxen Modell der Restitution der alten Moral durch ihre Aufhebung setzt. In der Tötung von Therese2 *fallen Unterwerfung unter Therese1 sowie Befreiung von ihr zusammen.* Die Befreiung von derjenigen Instanz, die ein gesteigertes »Leben« verbietet, ist paradoxer- und tragischerweise nur dadurch zu leisten, daß genau deren Verbot befolgt wird.

---

1 Perlmann 1987, S. 99 hat diesen Mechanismus nicht erkannt und erblickt hierin demzufolge bloß das Modell der Verachtung der Partnerin nach deren Hingabe. Aurnhammer 1994, S. 46 sieht zwar richtig das »Strafbedürfnis [...], welches einem gestörten Verhältnis zur Sexualität entspringt«, aber nicht die aus der eigenen Unterwerfung resultierende spezifische Aggression.

2 Möglicherweise ist auf diesem Hintergrund auch die Dreiecks-Konstellation dieser illegitimen Beziehung, die sich im übrigen, wie auch Aurnhammer 1994, S. 46 hervorhebt, sowohl in der ehelichen als auch in der allerersten, vorehelichen Beziehung des Helden bereits findet, als Reinszenierung einer ödipalen Konstellation zu deuten: Therese2 hat bereits – wie die Mutter – einen offiziellen, akzidentell absenten Partner.

4.3 Die neue Realitätskonzeption

4.31 Das Modell der sich selbst erfüllenden Prophezeiung

Ich wende mich nun Texten zu, die bislang noch nicht einbezogen wurden, da sie auf der Oberfläche nicht das 3-Phasen-Schema von »Nicht-Leben«/»Leben«/»Nicht-Leben« aufweisen. Zu zeigen ist, daß auch sie das übergeordnete Modell der zweimaligen Substitution E_1 und E_2 erfüllen und auf einer abstrakten Ebene dieselben Probleme diskutieren wie die bereits analysierten Texte. Ich gehe dabei zunächst aus von einem Modell, das man eines der »sich selbst erfüllenden Prophezeiung« nennen kann. Dieses findet sich über das gesamte Werk verteilt und existiert hauptsächlich in zwei typischen und rekurrenten geschlechtsspezifischen Versionen:

1. *Die Todesweissagung:* Sie wird ausschließlich am männlichen Objekt gemacht und hat in der Regel den Status eines Schlagabtausches zwischen zwei männlichen Rivalen; entweder explizit oder implizit stellt sie ein Duelläquivalent dar: so *Das Schicksal des Freiherrn von Leisenbohg* (1904), *Die Weissagung* (1905), *Abenteurernovelle* (1937/1928) (ähnlich aber auch die Todesweissagung Felix' an Sala im *Einsamen Weg*).[1] Alle Todesweissagungen erfüllen sich am Textende faktisch, aber nur scheinbar aufgrund einer übernatürlichen Weissagung, sondern zugleich und in letzter Instanz *nur deshalb, weil das betroffene Subjekt an diese Weissagung glaubt.* So wird in der *Abenteurernovelle* die Prophezeiung explizit sogar als Falschprophezeiung zurückgenommen, und sie erfüllt sich dennoch, weil Anselmo im Glauben daran vor dem geweissagten Todestag Selbstmord begeht. Im *Leisenbohg* wird die Prophezeiung – in Form einer Verfluchung – zwar nicht aufgehoben, aber in ihrer Wirkungslosigkeit gezeigt und kann sich ebenfalls erst dann faktisch erfüllen, wenn das Subjekt explizit von dieser Prophezeiung weiß und daran glaubt. In *Die Weissagung* ist dieses Modell auf den ersten Blick weniger gut sichtbar, aber auch hier schließlich erfüllt sich das Schicksal des Binnenhelden Umprecht genau in dem Maße, wie er unentwegt an die Prophezeiung glaubt und aus diesem Glauben heraus freiwillig die ihm zugedachte Theaterrolle spielt.[2] Todesweissagungen finden sich aber nicht nur im Bereich der (Quasi-)Fantastik; einen äquivalenten Status besitzen auch Behauptungen/Setzungen von Tod wie z. B. die tödliche Diagnose in *Sterben* (1894) oder die im *Grünen Kakadu* (1899) zweimal gemachte Setzung des Todes des Herzogs: zum einen die zu Textanfang ausgesprochene Prophezeiung, er werde bei Revolutionsausbruch eines der ersten Opfer sein

1 Vgl. Scheuzger 1975, S. 238.

2 Vgl. Lebensaft 1972, S. 29, Anm. 4. Auch Perlmann 1987, S. 92ff konstatiert hier das Modell der sich selbst erfüllenden Prophezeiung, verknüpft dies aber mit unzulässigen Spekulationen über das Unbewußte Umprechts.

(DI, 533), zum anderen die gegen Ende gemachte Annahme des Publikums, er sei bereits tot. In *Sterben* stirbt der Held schließlich faktisch, aber signifikanterweise weit vor dem ärztlich gesetzten Termin und – zumindest latent – *auch deshalb*, weil er an die Diagnose glaubt und sich selbst als Sterbenden setzt. Im *Kakadu* ist das Modell etwas transformiert, in der Grundstruktur jedoch dasselbe: Am Ende wird der Herzog schließlich faktisch ermordet, aber nur deshalb, weil – in diesem Fall nicht durch den Betroffenen selbst, sondern durch das Publikum, das aber auch den Status eines »(Kollektiv-) Subjekts« besitzt – an die Behauptung, er sei bereits ermordet worden, geglaubt wird (s. B 4.33). Ob quasi-fantastischer Text oder nicht, es gilt jeweils das Modell, daß allein das *Wissen/Bewußtsein* vom eigenen Tod und der *Glaube* daran den Betroffenen bereits zum Quasi-Toten macht. Explizit heißt es in der *Abenteurernovelle:*

> In diesem Augenblick, unter allen Menschen, war er der einzige Sterbliche, denn er kannte seine Stunde. (EII, 262)

Wenn in der *Abenteurernovelle* der kranke Fürst bereits in dem Moment stirbt, da Geronte, der den Tod weissagen soll, die Schwelle zu seinem Zimmer überschreitet, dann ist dies nur eine Extremversion desjenigen Modells, welches allen genannten Fällen zugrunde liegt. In der (quasi-)fantastischen Literatur wird bei Schnitzler nur expliziter und wörtlicher das abgebildet, was auch in der nicht-fantastischen Literatur gilt.[1] Alle diese Todesfälle haben den impliziten Status von »Selbsttötungen«, ob es nun zu einem faktischen Selbstmord kommt wie in der *Abenteurernovelle* oder nicht. Das Subjekt führt den Tod selbst herbei, indem es an ihn glaubt.

2. *Die Behauptung/Prophezeiung von normverletzender Erotik:* Auch hier ist die weissagende/behauptende Instanz eine männliche Figur, das Objekt ist aber stets ein weibliches. Die männliche Figur behauptet, daß die weibliche Figur – in der Regel die eigene (bereits faktische oder zukünftige) Partnerin – nach Sexualität mit anderen Partnern strebe. Dieses Modell existiert in zwei Unterarten: 1. der des *»Weisen«*, der diese Behauptung mit umfassender Verzeihung bzw. der Freigabe der Partnerin und dem Verzicht auf deren Besitz verknüpft: *Hirtenflöte* (1911) und *Komödie der Verführung* (1924); und 2. der des *(pathologisch) Eifersüchtigen*, der diese Behauptung mit einem radikalisierten Besitzanspruch verknüpft: *Alkandis Lied* (1890), *Der Ehrentag* (1897), *Der Schleier der Beatrice* (1901), *Die Schwestern oder Casanova in Spa* (1919). Beiden auf der Oberfläche oppositionellen männlichen Verhaltensweisen liegt aber dasselbe Modell zugrunde: Ob die Sexualität mit anderen Partnern bewußt gewünscht wird oder nicht, ob die Partnerin dazu aufgefordert wird oder ob der Partner alles daran setzt, die Realisierung um jeden Preis zu verhindern wie z. B. in *Ehrentag* oder *Alkandi*

1 Zur Relation von fantastischer und nicht-fantastischer Literatur in der Frühen Moderne allgemein vgl. Wünsch 1991c.

– jeweils handelt es sich um die Kombination von einem radikalisierten Besitzanspruch auf die Partnerin – so letztlich auch bei Falkenir und Erasmus – mit einer tendenziell aggressiven Abtretung der Partnerin an potentielle Rivalen. *»Weisheit« und Eifersucht sind also nur zwei Varianten derselben männlichen Ambivalenz der Partnerin gegenüber.* Die davon implizierte Psychologie – die eine des Unbewußten wäre – soll im vorliegenden Kontext nicht weiter interessieren.[1] Hier geht es nur darum: Jeweils ist diese Behauptung zunächst falsch, und jeweils wird sie allein dadurch faktische Realität, daß daran geglaubt wird. Die Oberflächengestaltung kann völlig verschieden sein, so spielt sich in *Alkandi* z. B. dieses Modell innerhalb Assads Traum ab: Seine ungerechtfertigte Eifersucht auf den toten Dichter und Rivalen Alkandi führt zum Ehebruch seiner Frau mit dem jungen Dichter Irsil. Dabei ist es, wie bereits das Beispiel des *Kakadu* gezeigt hat, sekundär, *wer* an diese Prophezeiung glaubt, ob die betroffene Figur selbst – wie Dionysia und Aurelie – oder die prophezeiende Figur – wie in *Alkandi* oder *Ehrentag*. In *Komödie der Verführung* und *Die Hirtenflöte* führt der Text vor, daß die psychologisierende Behauptung der männlichen Partner, die erotische Selbstfindung ihrer Partnerinnen betreffend, nur in dem Maße wahr werden kann, wie sich diese das *Fremd*-Bild zu eigen machen und durch ein *Selbst*-Bild substituieren; in *Ehrentag* und *Alkandi* hingegen wird vorgeführt, daß der behauptete Treubruch nur in dem Maße wahr wird, wie der Partner dies unentwegt behauptet und damit selbst annimmt. So wird der männliche Partner sich dessen in *Der Ehrentag* sogar bewußt:

> Jedesmal nahm er sich vor, nicht mehr von ihm [dem angeblichen Rivalen, W.L.] mit der Blandini zu reden – und kaum war er fünf Minuten mit ihr zusammen, so fing der Zank wieder an. – Er fühlte, daß es nicht klug war; *er trieb die Blandini geradezu in irgend etwas hinein*, das er längst fürchtete. (EI, 290)

Das übergeordnete gemeinsame Merkmal ist also dies: *Es muß jeweils dasjenige Subjekt daran glauben, das diese behauptete Realität selbst nicht wünscht.* Dies gilt für Dionysia und Aurelie ebenso wie für die Eifersüchtigen und ebenso für die Helden, denen Tod geweissagt wird, oder das Publikum im *Kakadu*.

Neben den zwei angeführten Modellen der Prophezeiung von Tod oder sexueller Normverletzung gibt es weitere ähnliche Fälle. So z. B. in *Flucht in die Finsternis* (1931/1917), wo die zwanghaften und paranoiden Befürchtun-

1 Reik 1913a hat dies auf latente Homosexualität zurückgeführt – die in den Texten freilich niemals thematisch wird. Nicht Homosexualität, aber latente Aggression und Sadismus gegen die weibliche Partnerin werden bisweilen thematisiert, so v.a. bei Falkenir in der *Komödie der Verführung*. Reik hat aber zu Recht die allgemeine Bedeutung eines »Dritten« in den erotischen Figurenkonstellationen bei Schnitzler hervorgehoben: »Die Bedingung des Dritten zählt sicher zu den Grundlagen des Liebeslebens der Helden Schnitzlers. Wird sie nicht von der Vergangenheit der Geliebten ohnedies erfüllt, so sorgen sie durch ihre Eifersucht dafür, daß sie in Erfüllung gehe.« (S. 126f).

gen, sowohl wahnsinnig zu werden als auch durch den Bruder umzukommen, den Status von Prophezeiungen besitzen, die das Subjekt in diesem Fall für sich selbst vornimmt. Am Ende wird beides wahr werden, Robert wird faktisch wahnsinnig und er kommt ganz explizit »durch seinen Bruder« (EII, 985) Otto zu Tode, jedoch einzig und allein dadurch, daß er an diesen falschen Annahmen festgehalten hat. Das Modell der sich selbst erfüllenden Prophezeiung liegt schließlich auch dem Fragment *Boxeraufstand* zugrunde. Hier überlebt genau derjenige gefangene Chinese die Füsilierung, der ein Überleben noch für möglich hält. Rekonstruiert man den Fall aber genauer, u. a. nach dem eben genannten Kriterium der nicht-gewünschten Realität, dann ist es der Chinese, der eine Annahme macht, die den Status einer Quasi-Prophezeiung oder zumindest einer impliziten Behauptung erhält – und es bedarf somit auch hier eines Subjektes, für welches diese behauptete Realität zunächst eine nicht gewünschte darstellt, welches aber an sie glaubt und sie sich gewissermaßen »zu eigen« macht: So ist es das Ich in diesem Text, welches, mit dem Erschießungskommando beauftragt, in einen »so seltsamen Seelenzustand« gerät, sobald es von dieser Realitätsannahme erfährt, »erregt« und immer irritierter wird, bis es schließlich selbst für die tatsächliche Begnadigung des Chinesen sorgt (EI, 546).

Das Modell der sich selbst erfüllenden Prophezeiung, wie es die oben genannten Texte inszenieren, thematisiert implizit, parallel zur zeitgenössischen Hypnose-Diskussion, auch das Problem der Suggestion und ihrer Wirkung.[1] Nicht zufällig tendieren jene Figuren, die Tod oder sexuelle Normverletzung weissagen, gern zum Hypnotiseur oder Quasi-Therapeuten – nicht nur Marco Polo, Paracelsus, Geronte oder der »Puppenspieler«, sondern auch Erasmus und Falkenir weisen latent solche Merkmale auf. Hypnose/Suggestion und das Modell der sich selbst erfüllenden Prophezeiung sind, wie im folgenden gezeigt werden soll, Ausdruck einer neuen epochalen Realitätskonzeption, die über das Problem der Fremddetermination die realitätskonstitutive Autonomie der menschlichen Psyche entdeckt.

4.32 Das Modell der narrativen Neumotivierung von Realität

Wenngleich das Modell der sich selbst erfüllenden Prophezeiung zumindest auf der Oberfläche nicht das narrative Modell der drei Phasen »Nicht-Leben«/»Leben«/»Nicht-Leben« realisiert, so teilt es mit diesem doch das gemeinsame Merkmal der *zyklischen Struktur:* Das Textende führt einen Zustand herbei, der in irgendeiner Form zu Beginn – z. B. durch eine

1 Vgl. hierzu auch Schnitzlers theoretische Schrift »Über funktionelle Aphonie und deren Behandlung durch Hypnose und Suggestion«, die die therapeutische Wirkung ebenfalls auf Self-fulfilling-prophecy zurückführt, in Schnitzler 1988, S. 176-209, insbesondere S. 180, 184, 198.

Prophezeiung – bereits »gesetzt« wurde.[1] Legt man dieses Kriterium zugrunde, so läßt sich die Gruppe der bislang genannten Texte nun nochmals erweitern – ich gebe zunächst einige Beispiele. In *Reichtum* (1891)[2] erhält der Arbeiter Weldein durch einen Spielgewinn im Kasino die Chance, sein durch Armut und Elend gekennzeichnetes Milieu zu verlassen, doch er kann dieses neue »Leben« nicht realisieren, da er den Ort, an dem er im Zustand der Trunkenheit den Gewinn vergraben hat, nicht mehr erinnern kann. Erst vor seinem Tode erinnert er sich, und nun erhält sein Sohn diese Chance. Doch dieser wiederholt das Schicksal des Vaters, verliert das Geld am selben Ort, wo der Vater es gewonnen hatte, zudem unter Beteiligung derselben Figuren wie damals, und wird am Ende sinnfällig in die Gestalt des Vaters verwandelt. Das Textende bestätigt also den Textanfang, zweimal wird das Geld verloren, doch die Ursachen sind jeweils verschieden. Was beim Vater eher *akzidentell* motiviert war, wird nun beim Sohn auf eine *notwendige, ganz im Wesen der Person gründende Motivation* zurückgeführt. Der Substitutionsmechanismus, den diese frühe Erzählung inszeniert, zeigt dabei bereits die typisch Schnitzlersche raffinierte Ironie: An die Stelle des »naturalistischen« Schicksals der Nicht-Überwindbarkeit des eigenen sozialen Milieus tritt die ganz individuelle Unfähigkeit des Sohnes – im Gegensatz zu seinem Vater ein vielversprechendes Malertalent –, in seinen künstlerischen Sujets »das eigene Milieu zu überwinden«. Der Held kann nur Selbsterlebtes malen, somit ist es just dieses persönliche Künstlerproblem, welches ihn dazu bringt, auf der Suche nach neuen Sujets das Kasino aufzusuchen und am schicksalhaften Spiel teilzunehmen.

Dasselbe Modell findet sich in *Komödiantinnen* (1932/1893): Beide Erzählskizzen, »Helene« wie »Fritzi«, schildern eine definitive Trennung zwischen einem männlichen Ich und der Partnerin. Jeweils wird eine Trennung am Anfang aus äußerlichen Motiven als bevorstehend bzw. zu erwarten gesetzt, und jeweils erfüllt sie sich mit ganz neuen Motiven, die nun im weiblichen Subjekt selbst begründet sind. Oder *Ein Abschied* (1896): Die Unmöglichkeit eines bewußten Abschieds von der Partnerin ist am Anfang durch deren unerwartete und tödliche Krankheit motiviert – am Ende, an ihrer Leiche, wird sie sich wiederholen, nun jedoch als rein subjektintern motivierte und persönlich zu verantwortende Unfähigkeit des männlichen Helden, den Abschied zu vollziehen. In *Die Toten schweigen* (1897) steht am Anfang des Textes die Forderung des illegitimen Geliebten an Emma, sich ihrem Gatten gegenüber offiziell zu ihm zu bekennen – dies lehnt sie ab, um diese Forderung schließlich »freiwillig« am Ende zu erfüllen, aber wiederum aus einem ganz anderen und »eigenen« Motiv heraus. In *Die Frau des*

---

1 Lebensaft 1972 hat diese Struktur im erzählerischen Werk bereits isoliert, subsumiert ihr allerdings heterogenste Fälle, vgl. das Kapitel zur »Rahmung«, S. 1-74, sowie meine Anmerkung zu diesem Klassifikationsversuch u., S. 244.

2 Vgl. auch Lebensaft 1972, S. 47ff.

Richters (1925) stellt der Held Adalbert die Behauptung auf, der neue Fürst des Landes werde ein absolutistischer Tyrann werden wie sein Vater, wobei synekdochisch für diese Tyrannei die Institution der »Gartenmägdlein« steht. Am Ende wird genau dies faktisch eintreten, die Ursache wird aber in der individuellen Psychologie des Helden liegen, der sich diese negative Realität quasi selbst schafft – »böse Feinde, die Ihr selbst aus Eurer Brust gezeugt« (EII, 430) – und schließlich seine eigene Frau als erstes Gartenmägdlein in die Arme des Fürsten treibt. In *Der Sekundant* (1932) steht die Rolle des Helden als bloßer Sekundant bei fremden Duellen in der Ausgangsphase zeichenhaft für die Absenz einer eigenen – erotischen – Geschichte; nun wird er »aus der Episodenfigur eine Hauptperson« (EII, 883), realisiert faktisch ein illegitimes Liebesabenteuer, um am Ende wieder bloßer »Sekundant«, nun im definitiv metaphorischen Sinne zu werden – denn die Partnerin »tilgt« die Liebesbeziehung gewissermaßen, wobei ihre Motive im einzelnen hier keine Rolle spielen. Relevant ist nur, daß es sich um solche handelt, die einzig und allein der Protagonist selbst zu verantworten hat. Das Schicksal der bloßen Sekundantenrolle, welches zunächst eher akzidentell vorgegeben war, wird neu abgeleitet aus dem Subjekt und seiner Psyche.

Nun lassen sich auch bereits bekannte Texte einbeziehen, so z. B. sämtliche Texte, die das Scheitern einer erotischen Beziehung erzählen. In *Die Frau des Weisen* scheitert die Liebesbeziehung zweimal, in der Vergangenheit an der *physischen* und akzidentellen Präsenz des Ehemannes, jetzt an seiner *psychischen* Präsenz im perspektivtragenden Subjekt. Hierher gehört auch das rekurrente *Modell des Rollentausches* zwischen zwei erotischen Partnern: In einer Ausgangssituation will der männliche Partner aufgrund eines eher äußerlichen und akzidentellen Motivs – z. B. die zu erwartende oder bereits erfolgte Sexualität mit einem Rivalen – die Beziehung aufheben, die Partnerin hingegen nicht; am Ende wird diese Trennung bestätigt werden, *obwohl* der männliche Partner nun (in der Regel) die Beziehung will, da das ursprüngliche Motiv aufgehoben ist – jetzt ist es aber die Partnerin, die von sich aus und selbstbestimmt diese Trennung herbeiführt, und zwar stets mit einem Argument, das nun unmittelbar in der Person des männlichen Partners gründet. Dieses Modell findet sich in folgenden Texten, wobei es jeweils in den verschiedensten Variationen auftreten und z. T. auch nur ein Teilsyntagma des Textes umfassen kann: *Die Braut* (1932/1891), *Zwischenspiel* (1905), *Komtesse Mizzi* (1908), *Die Hirtenflöte* (1911), *Stunde des Erkennens* (1915), *Die Schwestern oder Casanova in Spa* (1919), *Komödie der Verführung* (1924), *Spiel im Morgengrauen* (1927).

Somit läßt sich resümieren: Das für die 3-Phasen-Texte rekonstruierte Modell der psychischen Neuaneignung der Moral über die Substitution einer kulturellen Grenze durch eine psychische »Naturgrenze« ist wiederum nur ein Spezialfall eines übergeordneten Modells, welches sich nun in annähernd allen Texten des Schnitzlerschen Œuvres realisiert findet, und zwar, wie die beigegebenen Daten der Erstpublikation belegen sollten, über den Gesamtzeitraum 1890-1930 relativ gleichmäßig verteilt. Alle Texte thematisieren als Problem das definitive Zustandekommen einer Realität, welche zu Beginn bereits in irgendeiner Form »vorgegeben« ist – sei es ein »Nicht-Leben« in der bürgerlichen Ordnung wie in den Selbstfindungs-Texten, sei es das Nicht-Zustandekommen bzw. Scheitern einer erotischen Beziehung wie in den eben genannten Texten, sei es eine Todesprophezeiung oder sonst eines der genannten Ereignisse. Das Problem der *Realitätskonstitution* ist das zentrale Thema der Texte, das sie narrativ entfalten im *zyklischen Modell der Neumotivierung einer vorgegebenen Realität.* Im folgenden der Versuch, dieses übergeordnete Modell der narrativen Realitätskonstitution en détail zu rekonstruieren.

1. Die übergeordnete Kategorie des Umzumotivierenden ist die der *Vorgabe* oder *Setzung einer Realität*, die, wie die Beispiele zeigen, zwar in aller Regel, aber nicht notwendig überhaupt am Textanfang stehen muß. Der »Setzung« und »Vorgabe« kann sowohl der Fall subsumiert werden, daß diese Realität schon *faktisch* besteht – z. B. ein konkretes »Nicht-Leben«, eine bereits erfolgte Trennung zweier Partner etc. –, als auch der, daß sie bloß *angenommen* und als erwartbar gesetzt wird, sei es in der Form der Weissagung, der Befürchtung, der Verfluchung oder einer sonstigen Behauptung. Diese Setzung einer vorgegebenen Realität entspricht der Phase A im 3-Phasen-Modell. Absolut zentral ist dabei die *Perspektivierung auf ein Subjekt:* In dieser Ausgangsphase ist es eben irrelevant, ob es sich um faktische oder bloß dafür gehaltene Realität handelt, relevant ist lediglich, daß in der Perspektive des Subjekts diese Realität faktisch gegeben/erwartbar ist, daß es sich um eine Realität handelt, die dem Subjekt scheinbar *vorgegeben* ist und auf die es – zumindest in seiner Perspektive – keinerlei Einfluß besitzt.

2. Diese vorgegebene Realität ist tendenziell immer eine irgendwie defiziente und vom Subjekt negativ bewertete. Es hieße, die Kategorie des »Nicht-Lebens« allzu sehr zu strapazieren, wollte man sie auch hierfür generell einsetzen. Im Fall der Todesprophezeiung oder der behaupteten erotischen Untreue mag es noch angehen, in einem Fall wie dem der Ermordung des Herzogs im *Kakadu* indes ist ein »Nicht-Leben« sinnvollerweise nicht mehr anzusetzen: Denn die Position des perspektivtragenden Subjekts wird hier ja, wie gezeigt, nicht vom Herzog selbst, sondern vom Publikum besetzt! Aber es ist dennoch niemals irgendeine beliebige Realität, die vorgegeben wird und sich am Ende erfüllt. In jedem Fall handelt es sich um eine vom Subjekt selbst niemals positiv bewertete oder gar gewünschte Realität, dies gilt auch für den *Kakadu*. Damit wird jedenfalls gewährleistet, daß das Subjekt stets mehr oder weniger wider Willen, zumindest aber schließlich zu seinem eigenen Erstaunen am definitiven Zustandekommen dieser Realität beteiligt ist.

3. Im Ausgangszustand wird diese negative Realität stets auf ein Motiv zurückgeführt, das aus der Sicht des impliziten Perspektivträgers ein ihm

äußerliches und subjektexternes ist. So wird der (bevorstehende) Tod für den betroffenen Helden eben von einer anderen Figur vorgegeben und wird gleichsam von dieser verantwortet; so ist die zufällige physische Präsenz des Ehemannes schuld am Scheitern der Liebesbeziehung in *Die Frau des Weisen*; so sind es die von der Gesellschaft vorgegebenen Zwänge und die dem Subjekt »fremden«, ihm äußerlichen Normen, die in der Ausgangsphase das »Nicht-Leben« der bürgerlichen Figuren verantworten etc.

4. Im 3-Phasen-Modell wird in einer zweiten Phase B der Ausgangszustand aufgehoben und ein alternatives, neues »Leben« gelebt. Analog nun auch hier: Es kommt zum Entwurf einer Alternative, an die Stelle der alten negativen Erwartungshaltung wird eine neue positive gesetzt, und zwar genau dadurch, daß das alte Motiv aufgehoben wird, z. B.: Friederike und der Held in *Die Frau des Weisen* treffen sich nun ohne störenden Ehegatten, es kommt zur neuerlichen erotischen Annäherung und zum Einverständnis, und alles deutet darauf hin, daß jetzt, unter diesen neuen Bedingungen, die Liebesbeziehung realisiert werden kann; in *Die Braut* will der Bräutigam nun von sich aus mit der Braut schlafen, der alte Hinderungsgrund ist also beseitigt, und der Realisierung des von der Protagonistin so ersehnten Liebesaktes steht nichts mehr im Wege; die eifersüchtigen Annahmen in *Alkandi's Lied* oder *Ehrentag*, die wahnhafte Annahme des Helden in *Flucht in die Finsternis* werden widerlegt: Die Frauen begehren die Rivalen nicht, der Bruder will ihn nicht umbringen; der »Witwer« setzt die alten Normen außer Kraft, die alte Erwartungshaltung, es werde zum Bruch mit dem ehebrecherischen Freund kommen, wird durch eine gegenteilige ersetzt; die in A gesetzten Todesprophezeiungen werden aufgehoben, in der *Abenteurernovelle* explizit, da sie sich als Falschprophezeiung herausstellt, im *Schicksal des Freiherrn von Leisenbohg* implizit, da sie keine Wirkung zeitigt, obwohl der Held, wie der Text nicht zufällig ausdrücklich hervorhebt, sich mehrmals in Lebensgefahr begibt. Jeweils besteht das erste Ereignis E1 in der Aufhebung der ursprünglichen Bedingung für eine bestimmte defiziente Realität und der Setzung einer positiven Alternative, wobei dies narrativ ganz explizit als Sukzession zweier verschiedener Phasen abgebildet werden kann wie bei den 3-Phasen-Texten, oder nur implizit, so z. B. wenn sich eine Todesprophezeiung zunächst einmal als wirkungslos erweist.

5. Die vorgegebene und in einem ersten Schritt durch E1 aufgehobene Realität erfüllt sich in einem zweiten Schritt mit E2 nun doch, aber sie wird ummotiviert: Das alte subjektexterne nicht-psychische Motiv wird substituiert durch ein neues, nun unmittelbar und notwendig im Subjekt und seiner Psyche wurzelndes Motiv. Jeweils geht es um eine psychische Neuaneignung des Vorgegebenen durch ein menschliches Subjekt, um eine Art *Sinnstiftung für eine vorgegebene Realität dadurch, daß diese nun bedeutungshaft gemacht wird auf das Subjekt hin.* Ob freiwillige und bewußte Positivbesetzung eines gegebenen »Nicht-Lebens« – welches dadurch sekundär zu einem »Leben« umdefiniert werden kann, wie ganz explizit im *Blinden Geronimo*

–, *oder ob unfreiwilliges, aber eben selbstverantwortliches* Herbeiführen einer Realität, spielt also auf dieser Ebene keine Rolle. Der *Neulegitimation von Moral/Kultur* korrespondiert also eine Art *»Neulegitimation« oder »Neudefinition« von Realität* durch deren Subjektivierung/Psychologisierung. Wie »Kultur«, so bedarf nun auch die »Realität« als solche der neuen Ableitung und quasi »Legitimation«, beide sind nichts Selbstverständliches mehr. Hierin manifestiert sich letztlich, so meine Hypothese, eine radikale Abwertung und Sinnentleerung all dessen, was dem Subjekt äußerlich vorgegeben ist. Alles, was dem Subjekt als ein Nicht-Ich gegenübertritt, muß nun durch dieses erst mit neuem Sinn und neuer Bedeutung versehen werden. Am Beispiel des *Kakadu* wird darauf noch näher einzugehen sein.

6. Bedeutungshaftmachen eines Vorgegebenen durch den Entwurf einer Alternative ist äquivalent mit der Substitution von Selbstverständlichkeit durch Nicht-Selbstverständlichkeit. Es geht letztlich also darum, daß Realität jetzt überhaupt so etwas wie Voraussetzungen hat, wobei unter Voraussetzungen eben immer *menschliche* zu verstehen sind. Nötig ist also ein die Realität wahrnehmendes/interpretierendes, kurzum ein menschliches epistemisches Subjekt. Dieses, das zunächst von der Annahme einer subjektextern vorgegebenen Realität ausgeht, muß sich nun selbst als realitätskonstitutive Größe entdecken, es wird gewissermaßen immer auf sich selbst zurückverwiesen. Die Texte inszenieren damit unentwegt eine Art *»Entdekkung des Menschen«*.[1]

7. Die Texte unterscheiden damit zwei Ebenen: eine *Oberflächenebene der faktischen Realität* und eine abstrakte *Tiefenebene der Ursachen/Bedingungen/Voraussetzungen von Realität*. Auf der ersteren herrscht letztlich Konstanz, es wird zyklisch der alte Ausgangszustand restituiert. Die Texte können dies hervorheben, so z. B. wenn in *Reichtum* der Sohn, der das Schicksal des Vaters für sich selbst wiederholt hat, in diesen transformiert wird, oder sehr explizit z. B. in *Die Frau des Richters*: So wie der junge Herzog »binnen kurzer Frist ein Fürst von ganz ähnlicher Art, wie seine Ahnen es gewesen«, wird, so verläuft am Ende auch das Leben des Helden »in der gleichen Weise« wie zuvor (EII, 432f).[2] Das auf der Oberfläche am Schluß eintretende Ereignis ist also – bezogen auf den Anfang – ein »Nicht-Ereignis«, die eigentliche Ereignishaftigkeit der Texte situiert sich auf der Ebene der *Bedingungen* von Realität. Die narrative Dimension liegt weniger im »was?« als vielmehr im »wie?«.[3] Explizit formuliert dies am Ende von *Flucht in die Finsternis* der Freund Leinbach in seinem Schlußkommentar:

1 In den zeitgenössischen theoretischen Diskursen ist Machs bekanntes Postulat des erkenntnistheoretischen Primats der Sinnesdaten und Empfindungen ein frühes Beispiel dieser expliziten »Entdeckung des Menschen«. Vgl. Mach 1987.

2 Vgl. Caputo 1982, S. 67. Laut Dickerson 1970, S. 235 hingegen illustriere der Text damit »the Nietzschean dictum that progress is only an illusion«.

3 Vgl. Lebensaft 1972, S. 109f.

»Mein armer Freund [...] hat an der fixen Idee gelitten, so heißt es ja wohl, daß er durch seinen Bruder sterben müsse; und der Gang der Ereignisse hat ihm am Ende recht gegeben. *Wie es allmählich dahin kommen sollte*, hat er freilich nicht vorauszusehen vermocht. Aber die Ahnung war in ihm gewesen [...].« (EII, 885)

Parallel zur Frage, wie eine bestimmte vorgegebene und nur noch mehr theoretisch gültige moralische Norm sich als praktisch relevante und faktisch wirksame neu konstituiert, geht es auf einer übergeordneten Ebene um die Frage, wie sich eine bereits vorgegebene Realität als solche neu konstituiert. Indem sie der herrschenden *Konstanz* auf der sichtbaren Oberflächenebene der Realität einen *Wandel* auf der unsichtbaren Tiefenebene der Voraussetzungen von Realität gegenüberstellen, dissoziieren die Texte diese beiden Ebenen und machen sie als zu unterscheidende autonome Größen überhaupt erst bewußt.

8. Es werden somit *notwendige* von *hinreichenden* Bedingungen unterschieden. *Damit* eine bestimmte moralische Norm oder allgemein eine bestimmte Realität sich am Ende auch definitiv und faktisch erfüllen, ist die Tatsache ihres subjektexternen Vorgegebenseins eine nicht mehr hinreichende, allenfalls notwendige Bedingung. Es muß als zusätzliche und nun hinreichende Bedingung eine subjektinterne, nämlich die individuelle psychische Aneignung dieser subjektexternen Vorgabe hinzukommen. Erst über diese – und sei es im abstraktesten Fall durch den alleinigen Glauben daran wie im Modell der sich selbst erfüllenden Prophezeiung – kann sich die Vorgabe definitiv realisieren. Erst der psychische »Schauder« vor der Frau verhindert in *Die Frau des Weisen* die Realisierung des verbotenen Ehebruchs – die alte Norm hat diese Wirkkraft nicht mehr; erst durch das Wissen von ihr und den Glauben an sie als einer Form der psychischen Auffüllung der Vorgabe kann im *Schicksal des Freiherrn von Leisenbohg* die zuerst in ihrer Wirkungslosigkeit gezeigte Verfluchung definitive Wirklichkeit werden; erst eigene, ganz persönliche und private Motivationen können die Protagonisten in *Märchen* oder *Freiwild* dazu bringen, am Ende nun doch die Beziehung zur Gefallenen nicht einzugehen oder nun doch gegen den Kontrahenten anzutreten – obwohl in der Phase zuvor die dies gebietenden bzw. verbietenden Normen explizit aufgehoben wurden.

9. Dabei läßt sich exakt auch hier, nun auf abstraktester Ebene, die Substitution der zwei Kodes bzw. die Auflösung des alten Kodes als ranghöchstes Ereignis E_2 rekonstruieren. Denn das erste Ereignis E_1 hat nur auf der inhaltlichen Ebene eine Alternative gesetzt, eben die neue Erwartungshaltung – es hat aber letztlich nur eine subjektexterne durch eine andere, *ebenfalls subjektexterne* Bedingung ersetzt: Der störende Ehemann ist nun eben nicht anwesend, die vorgegebenen Zwänge der Kultur werden aufgehoben usw. *Inhaltlich* gesehen tritt zwar mit E_1 Psychologie an die Stelle von Moral – auf der höheren Ebene der *Konstitution* von Realität indes verbleibt diese Substitutionsoperation im Subjektexternen/Äußerlichen, und zwar allein dadurch, daß die *notwendige Beziehung*, die der alte Kode K_A zwi-

schen einer bestimmten (negativen) Realität X und einem bestimmten Motiv a setzt, *als solche nicht aufgehoben wird.* E1 setzt non-a und erhält damit Non-X – die notwendige Beziehung, die aber zwischen a und X bzw. non-a und Non-X besteht, bleibt dabei intakt. Solange aber diese notwendige Beziehung besteht, kann die Ebene der Bedingungen a/non-a von Realität überhaupt nicht sichtbar werden. Erst E2 löst diese notwendige Beziehung und damit den alten Kode KA auf, indem es »revolutionär« non-a mit X kombiniert: *Obwohl* der Ehemann nicht mehr da ist, scheitert der Ehebruch dennoch; *obwohl* die Norm verletzt wurde, scheitert das gesteigerte »Leben« dennoch; *obwohl* die Todesweissagung aufgehoben wurde, erfüllt sie sich dennoch usw. Das wahre ausschlaggebende Motiv, so machen die Texte deutlich, ist also notwendig auf *einer gänzlich anderen Realitätsebene* zu suchen. Es ist nun völlig irrelevant, ob eine ursprüngliche Bedingung a gegeben ist oder nicht, da die Bedingungen der Realität ohnehin ganz woanders, und zwar im Subjekt, liegen. Genau hier ist auch die bei Schnitzler so rekurrente Neutralisierung der Opposition zwischen *»faktisch wahr« vs »falsch/bloß gespielt«* zu verorten. Wie es gleichgültig ist, ob die Todesprophezeiung in der *Abenteurernovelle* sich als falsch herausstellt oder nicht, so auch, ob die Ermordung des Herzogs im *Kakadu* bloß eine gespielte ist oder nicht, etc. In der letztlichen Irrelevanz subjektexterner Ursachen für eine defiziente Realität steckt einerseits ein Moment der *Desillusionierung* – weil die Aufhebung des ursprünglichen Motivs immer wirkungslos ist –, zugleich aber auch eine neue *Kompensation:* Das Subjekt ist nun selbst verantwortlich für die Realität, es erlangt dieser gegenüber eine gewisse Autonomie, freilich um den Preis des (eigenen) »Nicht-Lebens«. Das Scheitern des neuen »Lebens« und damit das Herstellen von Konstanz auf der inhaltlichen Textoberfläche ist also absolut konstitutiv: Denn nur so kann die Existenz der Bedingungen von Realität thematisiert werden. Auf einer der vermutlich abstraktesten Ebenen sind die Texte unentwegt bestrebt, die notwendigen Beziehungen und den alten Kode als solchen aufzulösen, und zwar mit dem ranghöchsten Ziel, Psychologie auf einer Metaebene zu konstituieren: Diese »Meta-Psychologie«[1] steht nicht mehr im eigentlichen Sinne in Opposition zur Moral wie die »primäre« Psychologie, sondern sie konstituiert sich als autonome Realitätsebene der psychischen Bedingungen von Realität als solcher.

Die menschliche Psyche wird also prinzipiell unter zwei verschiedenen Aspekten relevant, die strikt unterschieden werden müssen. Ihnen entsprechen gleichsam zwei »Klassen« von Psychologie, die E1 und E2 jeweils einführen: E1 entdeckt Psychologie als »Inhalt« – die verborgenen »egoistischen« Wünsche, das (unbewußte) Potential des Individuums –, E2 entdeckt Psychologie jenseits von allen »Inhalten« als Ebene der unsichtbaren psychi-

1 Dieser Begriff ist hier ad hoc gebildet und hat selbstverständlich nichts zu tun mit dem bekannten psychoanalytischen Begriff.

schen Voraussetzungen von Realität, damit auch als jene Ebene des Subjektes, die Realität denkt/entwirft/modelliert – und gewissermaßen eben »macht«.[1] In E2 wird Moral also insofern durch Psychologie substituiert, als sie der Psychologie als einer hinreichenden Zusatzbedingung zu ihrer Konstitution bedarf. *Damit kann die Moral tatsächlich und paradoxerweise genau dann endgültig überwunden und aufgehoben werden, wenn sie auf der Oberfläche restituiert wird:* Nicht mehr als *Inhalt*, sondern auf höherer Ebene in ihrem *Status* ist sie nun keine »Moral« mehr.

10. Das Modell der Wahrmachung/Affirmierung einer vorgegebenen Realität unter ihrer gleichzeitigen Neumotivierung beinhaltet also eine ebensolche fundamentale Paradoxie wie sie bereits bei der Neulegitimation von Moral/Kultur rekonstruiert worden ist: Erst wenn eine vorgegebene Realität als solche – z. B. eine Todesprophezeiung – explizit oder implizit aufgehoben worden ist, kann sie sich faktisch erfüllen. Vielleicht kommt diese Paradoxie am reinsten in Schnitzlers stichpunktartigen Aufzeichnungen zur nicht ausgeführten Fortsetzung der *Abenteurernovelle* zum Ausdruck. Geronte hat Anselmo den Tod auf einen bestimmten Tag prophezeit, Anselmo glaubt daran, ist dadurch wie Leisenbohg oder Umprecht vor allen anderen möglichen Todesgefahren wie Pest oder Krieg gefeit und nimmt, kurz bevor der entscheidende Tag naht, Gift, um den Tod nicht erwarten zu müssen. Gerontes Geständnis, daß seine Prophezeiung falsch war, kommt zu spät:

> Geronte kommt, [...] sagt ihm, daß die Prophezeiung falsch war. [...] Es ist zu spät, das Gift wirkt, *Geronte hat doch richtig prophezeit*, Anselmo stirbt an dem prophezeiten Tage. (EII, 623f)

Signifikant ist dabei auch der Widerspruch in den Aufzeichnungen bezüglich des Motivs für diese Falschprophezeiung: Zunächst wird eine bewußte Falschprophezeiung Gerontes zum Zwecke der Prüfung angegeben, sodann eine unwillkürliche Falschprophezeiung aufgrund von Haß. Gewiß handelt es sich hierbei um bloße Ideen und nicht ausgearbeitete Skizzen, Widersprüche sind also nichts Besonderes. Die Tatsache, daß der Widerspruch aber ausgerechnet bezüglich der *Ursache* der Falschprophezeiung auftritt und nicht etwa bei anderen narrativen Elementen, scheint mir allerdings interpretierbar zu sein: Es ist nämlich tatsächlich völlig irrelevant, *aus welchem Grund* eine Falschprophezeiung erfolgt ist, relevant ist nur, *daß* die zunächst gesetzte Prophezeiung aufgehoben wird.

Diese Paradoxie treibt ein Spiel mit Erwartungshaltungen: Die alternative, neue Erwartungshaltung, die gesetzt worden war, wird erneut aufgehoben, und das ursprünglich Gesetzte erfüllt sich nun doch. Dieses »nun auf einmal doch« oder »jetzt erst recht« konstituiert zumal in den kürzeren Novellen jenen bekannten Schnitzlerschen Überraschungseffekt, vielleicht das auf den

---

1 Die unspezifische Kategorie der »psychischen Realität« kann immer beides bezeichnen, hier muß also u.U. sorgfältig unterschieden werden.

ersten Blick auffälligste Merkmal in nicht wenigen seiner Texte. Die Forschung hat ihn z. T. bereits gesehen – wenn auch merkwürdigerweise nur vereinzelt – und als Modell des »Umbruchs« (Plaut 1936)[1] bzw. »Umkehrmechanismus« (Lebensaft 1972)[2] zu beschreiben versucht, freilich ist er niemals auch nur annähernd adäquat interpretiert worden. Er liegt auch jenen von Peter von Matt z. T. bewunderten, z. T. als zu kolportagehaft verurteilten Skizzen und Entwürfen zugrunde, die narrative Minieinheiten repräsentieren, etwa:

> Novelle, eventuell Lustspiel.
> Sie sagt ihm endlich, ohne daß es in Wirklichkeit geschehen ist: Ich habe dich betrogen. In irgend einem Fall, wo er ohne Argwohn war. Durch diesen scheinbaren Beweis ihrer Wahrheitsliebe besiegt sie sein Mißtrauen und betrügt ihn nun nach Herzenslust. [3]

Oder z. B. auch:

> Warum wollen Sie sich umbringen? – Weil sie nicht geweint hat, als man ihr erzählte, ich sei tot.

---

1 Plaut 1936 und 1950 gebührt, so weit ich sehe, das Verdienst, als erster auf dieses Phänomen aufmerksam gemacht zu haben. Er subsumiert allerdings der Kategorie des »Umbruchs« viel zu viele und heterogene Phänomene, um zu einer präzisen Definition gelangen zu können: So rechnet er z. B. den Ausbruch der Krise bei Berta Garlan ebenso hinzu (vgl. 1936, S. 37ff) wie Leutnant Gustls ständige Positionswechsel (»it becomes impossible to count them«, 1950, S. 19). Plaut betont aber zu Recht die nahezu mathematische Durchstrukturierung der Werke, die allein bereits verhindere, daß ein Text bei Schnitzler jemals zum bloßen »Stimmungsbild« gerate (1950, S. 18). Er ist auch wohl der erste, der die massive Reduktion der Werke auf die »Motive« von Liebe, Spiel, Tod etc. – auf die, mit Schnitzler zu sprechen, »sogenannten ewigen Fragen« (AuB, 434) – beklagt und eine Reinterpretation des Werks auf der Basis abstrakterer Modelle gefordert hat.

2 Lebensaft 1972, S. 51ff. Lebensaft hat den bislang weitestgehenden Versuch unternommen, dieses narrative Modell zu beschreiben. Sie hat dabei z. T. gute Textbeobachtungen gemacht und v. a. das zyklische Modell der Antizipation des Schlußereignisses rekonstruiert – sie hat dies allerdings nicht adäquat interpretieren können, sondern lediglich als »Spannungssteigerung« funktionalisiert (vgl. S. 110ff). Die Konstanz der Oberflächenereignisse gilt ihr z. B. als »erzähltechnische[r] Ausdruck« für die »innere Leere« der Helden und deren »Unvermögen zu jeglicher inneren Entwicklung« (S. 166f) – Interpretationen, mit denen sie zu den üblichen Topoi der Schnitzlerforschung zurückkehrt. Ihr Versuch, die verschiedenen narrativen Wiederholungsstrukturen, die das Schnitzlersche Werk aufweist, zu klassifizieren, scheitert, da die völlig verschiedenen Abstraktionsniveaus, auf denen sich die jeweilige »Wiederholungsstruktur« ergibt, nicht hinreichend unterschieden werden (vgl. u. a. die Konfusion von ›discours‹- und ›histoire‹-Ebene). Dies mag der Grund dafür sein, daß diese Arbeit – unverdientermaßen – in den letzten 20 Jahren so gut wie nicht zur Kenntnis genommen wurde. Lediglich Caputo 1982 geht noch einmal auf die »gewisse Zirkularität des Aufbaus« (S. 54, Anm. 52) ein, freilich um diese wiederum als bloße »Steigerungswirkung« (S. 73) einzuordnen.

3 Zit. bei Matt 1991, S. 284. Matts Kritik (vgl. S. 289) behandelt freilich diese Miniskizzen so, als seien sie ausgeführte Werke – gerade Schnitzler hat aber bekanntlich sogar bei seinen publizierten Werken extrem kritische Beurteilungsmaßstäbe angelegt.

> Ein junger Mann, der durch Zufall in schlechte Gesellschaft kommt; dadurch, daß es bekannt und mißdeutet wird, kehrt er allzuoft wieder und verkommt.
>
> Jemand tötet einen und findet nachher einen Brief, aus dem hervorgeht, daß sich der eben Ermordete in der selben Nacht umbringen wollte. [...]
>
> etc.[1]

Ein Teil der aus dem Nachlaß herausgegebenen Skizzen verrät eine gewisse obsessive Vorliebe für dieses Umkehrmodell; tatsächlich stellt es so etwas wie ein typisch Schnitzlersches novellistisches Element dar und konstituiert nicht selten die meisterhafte Ironie der Texte: Jetzt, da der Ehemann nicht mehr stören kann, funktioniert der Ehebruch erst recht nicht (*Die Frau des Weisen*); jetzt erst, da der Geliebte tot ist und definitiv verschwiegen werden könnte (*Die Toten schweigen*), muß Emma den Ehebruch und damit die Existenz des Geliebten unwillkürlich und »von selbst« thematisieren; jetzt, da die Geliebte tot ist, gelingt dem Helden erst recht der Abschied nicht (*Ein Abschied*); jetzt, da durch Emmas Angebot die alten Hindernisse für die Aufnahme Tonis beseitigt sind (*Das Vermächtnis*), gelingt sie erst recht nicht usw. Jeweils wird dieses abstrakte Modell mit einer höchst unterschiedlichen und faszinierenden Individualpsychologie gekoppelt und gewissermaßen »aufgefüllt«: so z. B. die latente Aggression gegen die Partnerin und die »Vaterproblematik« des Helden in *Die Frau des Weisen*; so z. B. die latente Abwehr von Sexualität und Tod in *Die Toten schweigen*; so z. B. die latente homosexuelle Dimension und Aggressionshemmung (der verhinderte Ausbruch der ersehnten »wilden und ehrlichen Gefühle« EI, 233) in *Der Witwer*; so z. B. ein narzißtisches Problem der Unfähigkeit zur Trauer in *Ein Abschied*: Denn auch die Trauer würde »Abschied« bedeuten, und die Unfähigkeit hierzu substituiert am Ende als rein psychisches und individuelles Motiv die plötzliche tödliche Krankheit der Partnerin, die als zufälliges und äußerliches Motiv in der Ausgangsphase den Abschied verhindert, etc.

Die Logik dieser Paradoxie – um zum abstrakten Modell des »Umbruchs« zurückzukehren – liegt in der Substitution des *»obwohl«* bzw. *»trotzdem«* durch ein *»weil«*. D. h.: *damit* Toni ausgestoßen werden kann, muß sie erst integriert werden; *damit* die Helden die expliziten oder impliziten Forderungen ihrer Partner faktisch erfüllen, müssen diese erst tot oder absent sein; *damit* eine Todesprophezeiung sich erfüllen kann, muß sie eben erst aufgehoben werden; *damit* die Helden sich definitiv dem Raum der bürgerlichen Kultur zuordnen können, müssen sie erst aussteigen, usw. Dies ist sozusagen die abstrakte Logik des »Umwegs« als Setzen einer Alternative, die die psychische Neuaneignung ermöglicht.

Es gibt wiederum einige Texte, die diese Paradoxie am reinsten realisieren, indem sie das, was in den Selbstfindungs-Texten in Sukzession aufgelöst ist,

1 Schnitzler 1977, S. 199, 203, 393.

zusammenfallen lassen. In den beiden relativ frühen Erzählungen *Ein Erfolg* (1932/1900) und *Die Braut* (1932/1891) ist z. B. derjenige Akt, der das alte subjektexterne Motiv für ein »Nicht-Leben« bzw. eine defiziente Realität aufhebt, ausgerechnet *zugleich* derselbe, der diese Realität/»Nicht-Leben« definitiv herbeiführt: Gerade die Aufhebung des ursprünglichen Motivs für seinen erotischen Mißerfolg – nämlich der berufliche Mißerfolg – führt in *Erfolg* ironischerweise zum definitiven erotischen Mißerfolg. Die Paradoxie und das ironische Überraschungsmoment sind in solchen Texten – mit Vorliebe handelt es sich um einen Schlagabtausch zwischen zwei erotischen Partnern – auf die Spitze getrieben; wie gezeigt, realisieren sie aber nur jenes Modell deutlicher, das auch allen anderen genannten Texten zugrunde liegt.

11. Durch E2 konstituiert sich schließlich auch eine neue *Realitätskonzeption*, die nun einer alten gegenübergestellt wird. E1 hebt zwar eine vorgegebene subjektexterne Ursache für eine defiziente Realität auf, setzt aber eben genau dadurch die Relevanz des (Nicht-)Gegebenseins dieser Ursache als ein äußerliches Kriterium und ist somit auf höherer Ebene, wie gezeigt, nur Ausdruck und Bestätigung der alten Realitätskonzeption. Aufgrund der herrschenden notwendigen Beziehung zwischen einer Realität X und einer Ursache/Voraussetzung a können innerhalb dieser Realitätskonzeption X und a nicht als zwei autonome Ebenen wahrgenommen werden. Erst die zweite Substitution nimmt deren Dissoziation explizit vor und ersetzt damit die alte durch eine neue Realitätskonzeption. Während E1 nur die eine inhaltliche Realität X gegen eine andere Non-X austauscht, findet in E2 mit der inhaltlichen Restitution von X *zugleich* eine Substitution auf einer Metaebene statt. Erst jetzt kann auch thematisiert werden, daß es überhaupt so etwas gibt wie eine Realitäts*konzeption:*

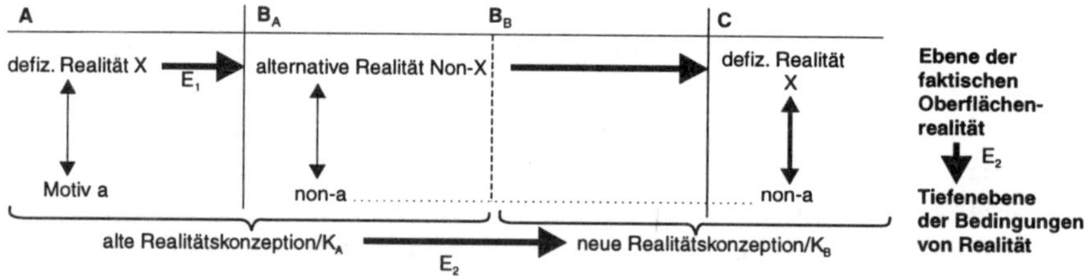

Ich fasse die beiden Realitätskonzeptionen, die die Texte einander konfrontieren, folgendermaßen zusammen:

ALTER KODE KA: »alte Realitätskonzeption«	NEUER KODE KB: »neue Realitätskonzeption«
Voraussetzungslosigkeit der Realität: Konstitution als solche kann nicht explizit gedacht werden	Realität hat Bedingungen, Voraussetzungen: Realitätskonstitution als neues explizites Problem
Selbstverständlichkeit/Absenz einer Alternative	Nicht-Selbstverständlichkeit/Existenz einer Alternative
»natürlich«, ohne menschliche Beteiligung, subjektextern vorgegeben	»künstlich«, vom menschlichen Subjekt »gemacht«, subjektintern bedingt
unwandelbar, invariant	wandelbar
ontologische Realitätskonzeption	Relativierung/Subjektivierung/Psychologisierung der Realität
Realität existiert nur (zumindest offiziell) als »Oberfläche«	explizite Aufspaltung der Realität in eine Oberfläche der sichtbaren faktischen Realität und eine Tiefe der unsichtbaren – psychischen/menschlichen – Bedingungen von Realität
Absenz einer Beziehung zwischen Ich und Nicht-Ich (= Realität)	Herstellen einer Beziehung zwischen Ich und Nicht-Ich.

4.33 Implikationen der neuen Realitätskonzeption: *Der grüne Kakadu*

Am Beispiel des *Grünen Kakadu* sei im folgenden das Problem der Realitätskonstitution in seiner Korrelation mit anderen Phänomenen wie der bereits bekannten Überlagerung der Figurenklassifikationen (B 2.22) oder der bei Schnitzler so rekurrenten Grenzaufhebung zwischen Spiel und Realität rekonstruiert. Zumal das letztgenannte Problem ist ein von der Schnitzlerforschung allgemein und in der schier unübersehbaren Literatur zum *Kakadu* im besonderen höchst beliebtes Thema – es ist freilich bislang im Rahmen von eher essayistischen Ausführungen über »das große Thema von Sein und Schein«[1] und die »theatrum mundi-Problematik« abgehandelt worden.[2] Tatsächlich ist der Text nicht ganz einfach – im folgenden der Versuch,

1 Fritsche 1974, S. 189f.

2 Die Redundanz und Beharrlichkeit, mit der die Schnitzlerforschung seit nahezu 30 Jahren diese Topoi wiederholt, ist einigermaßen verblüffend: Vgl. u. a. Hannum 1967, Melchinger 1968, S. 124ff, Cysarz 1968, Swales 1971, S. 253ff, Kilian 1972, S. 71f, Baumann 1972, S. 158ff, Haida 1973, S. 84, Fritsche 1974, Scheuzger 1975, S. 78, Colin 1978, Fischer 1979, S. 46, Magris 1981, S. 73ff, Storck 1982, S. 52, Hinderer 1987, S. 13, Le Rider 1988. Eine Einordnung in

zumindest partiell die systematischen Beziehungen zwischen den einzelnen Phänomenen aufzuzeigen.

Die Handlung wird am 14. Juli 1789 situiert, und sie erzählt den Ausbruch einer Krise und den Übergang von einer alten Ordnung – dem Ancien régime – zu einer neuen. Sie setzt ein mit der latenten kollektiven Krise – »in einer so erregten Epoche« (DI, 521) – und endet mit deren manifestem Ausbruch. Letztere wird selbst nicht mehr abgebildet, den Text interessiert lediglich, *wie es dazu kommt.* Genauer gesagt: wie es zum Ausbruch der Krise speziell innerhalb des dargestellten Realitätsausschnittes und Figurenensembles kommt. Implizit bietet der Text damit freilich auch eine Art scherzhaft-spielerischer und eben, wie der Untertitel signalisiert, »grotesker« Alternativdeutung zum Ausbruch von politischen Revolutionen als solchen an. Es geht also dominant wieder um ein Problem der Realitätskonstitution, wobei das kollektive Endereignis stellvertretend am Schicksal einer hervorgehobenen Figur abgehandelt wird: Der Tod des Herzogs von Cardignan als eines Vertreters des Adels und damit der alten Ordnung steht selbst repräsentativ und zeichenhaft für die Revolution. Die Ankündigung gleich zu Beginn, er werde »auf alle Fälle einer der ersten sein« (DI, 533), die daran glauben müssen, fungiert, wie bereits erwähnt, als ein Äquivalent zu den Todesprophezeiungen in den fantastischen Texten, das ebenso als Vorgabe gesetzt wird wie der Ausbruch der kollektiven Revolution. Es geht somit um die zentrale Frage, wie es denn zum *politischen* Mord am Herzog und damit zur faktischen Erfüllung dieser Vorgabe komme.

Das Figurenensemble zerfällt in zwei Hauptklassen, die einander am Handlungsort, dem Wirtshaus, begegnen: in den Adel und das Volk, wobei diese soziale Klassifikation gekoppelt wird mit einer anderen, denn das Volk, das sind im Wirtshaus dominant die Schauspieler, der Adel stellt die Zuschauer.[1] Der Adel als Vertreter der alten Ordnung verhält sich zum Volk als dem Vertreter der neuen revolutionären Ordnung wie »Normalität« zu »Abweichung«. Auf der Ebene der Ereignissukzession läßt sich ein 3-Phasen-Schema ausmachen: Der Text setzt ein mit einer Ausgangsphase vor dem Spiel, und dieses selbst zerfällt wiederum in zwei Teile, eine Art Vorspiel ohne den Starschauspieler Henri, und das Hauptspiel mit ihm, das mit der faktischen Ermordung des Herzogs durch Henri endet. Die Ausgangsphase A ist die der alten Ordnung und der Normalität, dergegenüber das Spiel die ideologische Abweichung setzt: Die erste Hälfte B_A inszeniert eine gespielte »Revolution«, die zweite Hälfte B_B inszeniert den entscheidenden Übergang von der gespielten zur faktischen Revolution. Auf der Textoberfläche findet

---

zeitgenössische denkgeschichtliche Zusammenhänge versucht immerhin Kluge 1974.

1 Nehring 1992, S. 84f setzt das Volk und die Schauspieler als zwei verschiedene Gruppen an – innerhalb des dargestellten Realitätsausschnitts konstituieren sie aber eine gemeinsame Klasse.

sich hier also wie bereits bei den im letzten Kapitel analysierten Texten eine partiell andere inhaltliche Auffüllung des 3-Phasen-Schemas, die zur Abstraktion von den Inhalten zwingt: Denn Phase C kehrt – inhaltlich gesehen – nicht zum Ausgangszustand zurück, sondern führt zum endlichen und faktischen Ausbruch einer Krise. Das gemeinsame Merkmal der zyklischen Restitution des Ausgangszustandes ergibt sich also wieder nur auf der abstrakten Ebene der Konstitution einer Realität: Am Ende erfüllt sich das faktisch, was zu Beginn in A bereits als Vorgabe gesetzt wurde.[1]

Die Opposition »alte Ordnung/Normalität« vs »neue Ordnung/Abweichung« wird auf zwei Ebenen relevant, der *politisch-öffentlichen* und der *erotisch-privaten*. Gespielt wird nicht nur die politische, sondern auch die erotische Abweichung, und auf beiden Geschichtsebenen hat das Spiel den Status eines Katalysators: Die gespielte Ermordung des Herzogs mündet in dessen faktische Ermordung – und damit in den Ausbruch der Revolution im dargestellten Personenkreis –, und die gespielte erotische Normverletzung mündet in die faktische (erneute) Realisierung des Ehebruchs zwischen der Adligen Sévérine und dem Dichter Rollin; *Ehebruch* und *Revolution* sind also zwei Varianten einer allgemeinen Aufhebung der alten Ordnung.

In beiden Figurenklassen existiert je eine herausragende, exzeptionelle und von allen bewunderte Figur, der Herzog auf der Seite des Adels und des Publikums, der Starschauspieler Henri auf der Seite des Volkes und der Schauspieler. Beide sind Künstler, Henri im wörtlichen Sinn, der Herzog wird als potentieller Künstler gesetzt: »Es kommt mir vor, Emile, als könnten Sie auch Verse machen, wenn Sie nur wollten« (DI, 535). Beider Sprache bzw. Sprechen vermag privilegiert Realität zu substituieren: Henri spielt als einziger so gut, daß es wie Realität wirkt, in des Herzogs Reden »[flammt] das Leben auf« (DI, 535). Beide werden zudem durch ein identisches Auftrittsverhalten äquivalent gesetzt: jeweils zwei Auftritte, davon ein erster vorläufiger und ein zweiter definitiver. Beide sind schließlich erotische Rivalen bei der Dirne Léocadie. Die Opposition zwischen beiden existiert also auf den zwei genannten Ebenen: Der durch die oppositionelle soziale Schichtzugehörigkeit vorgegebene politisch-öffentliche Konflikt wird korreliert mit einem privat-erotischen Konflikt. Beide Figuren konstituieren schließlich ein Paradigma, innerhalb dessen sie zwei oppositionelle Varianten repräsentieren. Denn Henri möchte Léocadie ehelichen und träumt von einem bürgerlichen geordneten Leben auf dem Lande. Wie auf der politisch-öffentlichen Ebene soll auch auf der erotisch-privaten »eine neue Zeit [anbrechen]« (DI, 527). Dieses neue Leben steht damit jedoch im Zeichen der Normalität/Ordnung, Henri plant also auf der privaten Ebene den zur öffentlichen Ebene inversen Übergang von der Abweichung zur Normalität. Demgegenüber ist der Herzog als Vertreter der alten Ordnung mit Abweichung v. a.

1 Den gleichen Fall wie *Der grüne Kakadu* stellen diesbezüglich im übrigen auch *Sylvesternacht* und *Die Frau mit dem Dolche* dar.

auf der erotisch-privaten Ebene korreliert. Beide konstituieren also ein System der komplementären Distribution von »Normalität« vs »Abweichung« innerhalb des gemeinsamen übergeordneten Paradigmas:

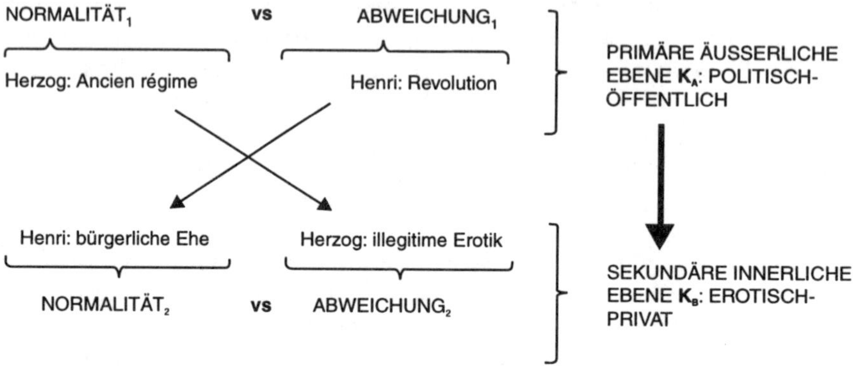

Beide Ebenen werden hierarchisiert: Die erotisch-private ist die ranghöhere, die eigentliche Abweichung – Abweichung$_2$ (s.o.) – situiert sich auf dieser Ebene und sie wird von einem Vertreter der alten Ordnung repräsentiert. Die vorgegebene Opposition »Volk« vs »Adel« auf der politisch-öffentlichen Ebene wird demgegenüber neutralisiert. Das Strukturmodell ist also exakt dasselbe wie das am Beispiel der frühen Dramen rekonstruierte, nur in einer völlig anderen inhaltlichen Besetzung. Die vom Text als die eigentliche gesetzte und höher bewertete Abweichung definiert sich als solche jedoch wiederum dominant auf einer innerlichen – privaten/persönlichen/psychischen/erotischen – Tiefen-Ebene und wird auf der Oberfläche mit dem Merkmal der Normalität kombiniert.[1] Henri als Vertreter von Volk/Revolution wird auf dieser höheren Ebene K$_B$ umgekehrt gleichgesetzt mit der Hauptgruppe des Adels: Denn so wie dieser sich naiv der Illusion hingibt, es komme nicht zur Revolution, und an der Annahme der *Konstanz* der bestehenden öffentlichen Ordnung festhält, so gibt sich auch Henri der nicht

1 Hier finden sich in der Sekundärliteratur wieder gehäuft moralisierende Fehlinterpretationen, die im Text die angebliche »Anklage gegen einen dekadenten Adel« (Kilian 1972, S. 68) zu erblicken vermeinen: Le Rider 1988, S. 103, Colin 1978, S. 223, 229 (Sévérine: »eine wahre Dirne«!), Doppler 1975, S. 23ff, Kilian 1972, S. 68ff, Sandig 1980, S. 147, etc. Analog auch Selling 1975, S. 79, Stroka 1969, Hannum 1967, S. 376. Nur noch mehr grotesk: Friedrichsmeyer 1969a und 1969b. Zur traditionsreichen Interpretation, Schnitzler klage in diesem Stück die »Genußsucht« des dekadenten Wien an (so ein zeitgenössischer Rezensent, zit. bei Lindken 1984, S. 332f) vgl. bereits Schnitzlers eigene harsche Kritik (ebda). Generell geht hier jede naive Interpretation, die von einer direkten Abbildung zeitgenössischer politischer Realität in bloßer historischer Transposition ausgeht – ob sie nun eher moralisierend mit »Dekadenz« des österreichischen Adels oder eher »sozialkritisch« mit der politischen Unterdrückung der eigenen »lower classes« (so Roberts 1989, S. 34) argumentiert –, notwendigerweise fehl.

minder naiven Illusion hin, mit Léocadie sei auf der privaten erotischen Ebene ein *Wandel* zu vollziehen – jeweils handelt es sich aber um eine vom Text entlarvte Illusion bezüglich der Erhaltbarkeit/Wiederherstellbarkeit einer tradierten Ordnung/Normalität. Die Opposition »Normalität« vs »Abweichung« wird damit rekursiv auf beide Lager angewandt, und die auf KA als Ausgangszuordnung vorgegebenen notwendigen Beziehungen – ›»Adel« korreliert mit »Normalität«‹ vs ›»Volk« korreliert mit »Abweichung«‹ – werden aufgebrochen.

Diese Überlagerung auf der Ebene der *statischen* Figurenklassifikation wird nun – genau wie bei den frühen Dramen – auf der Ebene der *dynamischen* Ereignissukzession *narrativ entfaltet* als Problem der Realitätskonstitution. Zwei Aspekte sind hier miteinander korreliert, aber zunächst zu unterscheiden. Zum einen realisiert sich mit der Ermordung des Herzogs durch Henri der angekündigte politische Mord nur auf der Oberfläche als ein politisch motivierter, durch einen Vertreter des Volks begangener, in Wahrheit aber als erotisch motivierter Mord. Die Realisierungsbedingung ist also die *Substitution der politischen-öffentlichen Geschichte durch eine dominant gesetzte erotisch-private Geschichte*, an Stelle des politischen Motivs tritt das rein persönliche der erotischen Eifersucht. Wenn am Schluß an der Leiche des Herzogs die Revolution ausgerufen wird mit der Begründung:

> GRASSET Es hat sich nicht schöner treffen können. Nirgends kann der Ruf: »Es lebe die Freiheit!« schöner klingen, als an der Leiche eines Herzogs. (DI, 551),

dann ist dies wieder eine jener meisterhaften ironischen Wendungen, die Schnitzler in so hohem Maße auszeichnen, und der homologe Fall zur scheinbaren Bestätigung Ferdinands im *Vermächtnis:* Ebenso wie dort die Bestätigung der Grenze nur eine scheinbare ist, da diese nun keine Kultur-, sondern eine neue »Naturgrenze« ist, so wird eben auch hier die politische Bedeutung der Tat nur scheinbar bestätigt, in Wahrheit aber völlig aufgehoben. Die alte Kulturgrenze verhält sich zur neuen »Naturgrenze« in den frühen Dramen wie hier homolog die politisch-öffentliche Dimension zur erotisch-privaten, jeweils ist das neue Motiv ein subjektinternes/psychisches, privilegiert ein erotisches.

Diese Substitution ist nun ihrerseits zu korrelieren mit dem Self-fulfilling-prophecy-Modell, welches der Text entwirft, womit der zweite Aspekt der Realitätskonstitution benannt ist. Denn die Situation ist raffiniert so konstruiert, daß der Mord nur in dem Maße faktische Realität wird, wie das Publikum ihn bereits für real hält – und erst dadurch Henri das Eifersuchtsmotiv für die Ermordung des Herzogs an die Hand gibt. Als *politische* Realität wird der Mord auf eine *erotische* zurückgeführt, als eine *faktische Realität als solche* wird er auf eine falsche *Realitätsannahme* des Kollektivsubjekts zurückgeführt. Das Modell der Realitätskonstitution läuft also seinerseits auf zwei Ebenen ab, und es gilt die Homologie zweier Substitutionen: Die politisch-öffentliche Ebene verhält sich zur erotisch-privaten wie die der faktischen Realität zur psychischen/gedachten:

politisch-öffentliche Realität → erotisch-private Realität

:: ::

faktische Realität → psychische/gedachte Realität

jeweils »äußerlich«/Nicht-Ich → jeweils »innerlich«/Ich

Die dominante, realitätskonstitutive Größe ist jeweils ein Privates/Subjektives/Innerliches/Psychisches – und nicht zufällig spielt die Handlung ja, nebenbei bemerkt, in einem *Innenraum*, von dem die Revolution im Außenraum zeichenhaft quasi ihren Ausgang nimmt. Das Äußerliche ist jeweils das, was vom *Subjekt* als äußerlich empfunden wird: Ihm entspricht in letzter Instanz die Kategorie des Nicht-Ich. Das Problem der Realitätskonstitution stellt sich hier also in Form von zwei Teilfragen: Wie kommt es zum – qua Datierung sowie Quasi-Todesprophezeiung vorgegebenen – Ereignis der Revolution bzw. des politischen Mordes? – Antwort: durch die Substitution der politisch-öffentlichen durch die erotisch-private Geschichte. Und zum zweiten, auf einer gleichsam höheren und abstrakteren Ebene: Wie kommt es überhaupt zur faktischen Konstitution einer Realität, gleich welchen Inhalts (wenn auch eben mit tendenziell negativem Inhalt)? – Antwort: indem das menschliche Subjekt sie für real hält und somit gedanklich antizipiert. Und da der Mord zunächst als Spiel inszeniert wird, läßt sich die zweite Frage hier auch folgendermaßen formulieren: Wie kommt es zum Übergang von Spiel in Ernst? – Antwort wiederum: indem das menschliche Subjekt ersteres für letzteren hält.[1] Beide Aspekte der Realitätskonstitution implizieren jeweils eine signifikante Grenzaufhebung zwischen bzw. Äquivalentsetzung der beiden relevanten Ebenen, auf denen sie operieren: In dem Maße, wie die öffentliche Geschichte substituiert wird durch die private, fallen beide am Schluß tatsächlich ununterscheidbar zusammen. Und desgleichen fallen in dem Maße, wie die faktische Realität durch die psychische/gedachte überlagert wird, diese beiden auch ununterscheidbar zusammen. Wenn das Vorgestellte/Gedachte ein Reales bewirken kann, wird es mit diesem gleich-

1 Hier wird Schnitzler in der Forschung z.T. wieder für absurde Moralisierungen vereinnahmt, die auf merkwürdigen psychologischen Annahmen beruhen. So meint etwa Schorske 1962, S. 377, Schnitzler führe hier vor, wie »die zu große Hingabe an das Sinnenleben« zum Verlust der Unterscheidungsfähigkeit zwischen Wirklichkeit und Fiktion führe. Delius' »realistische« Gegenthese, der Text bilde hiermit direkt die Einstellung des zeitgenössischen Publikums zum Illusionstheater ab, ist freilich ebensowenig haltbar, vgl. Delius 1976, S. 111-131.

behandelt, und die Opposition »wahr« vs »falsch« (in bezug auf die Realitätsannahme) bzw. »Spiel/Fiktion« vs »Wirklichkeit« wird neutralisiert. Der Text führt damit implizit schließlich auch die Opposition von *»Text« vs »Figur«* ein. Was der Text trennt, das lassen seine Figuren zusammenfallen, und zwar auf beiden genannten Ebenen der Realitätskonstitution. Die Figuren vereinnahmen zum einen den erotischen Mord für die Revolution, d. h. sie machen die erotische Geschichte zur politischen,[1] während der Text – auf einer anderen Ebene – die inverse Operation vollführt: Er »macht« gewissermaßen die politische Geschichte zur erotischen, indem er deren erotische Konstitutionsbedingungen enthüllt. Und analog hierzu: Die Figuren machen aus Spiel Ernst und aus Gedachtem Reales und lassen beides jeweils ununterscheidbar zusammenfallen, während der Text auch hier wieder die inverse Operation vollführt, indem er letzteres auf ersteres zurückführt. Das Modell ist also ein paradoxes: Indem der Text den Figuren scheinbar recht gibt und das bloß Erotische tatsächlich zum Politischen werden läßt und das bloß für wahr Gehaltene tatsächlich performativ wahr werden läßt, distanziert er sich doch zugleich von ihnen. Er baut genau dadurch als fundamentale Opposition die der »Oberfläche der faktischen Realität« vs »Tiefe der Bedingungen/Ursachen« auf.

Wenn es im Text während des Spiels programmatisch heißt, »daß alle scheinbaren Unterschiede sozusagen aufgehoben sind« (DI, 541), dann geht es immer um Grenzaufhebungen und Äquivalentsetzungen auf den verschiedensten Ebenen. Das Auftauchen des normverletzenden erotischen Potentials auf der privaten Ebene, das zur Grenzaufhebung zwischen der anständigen Frau und der Dirne führt, wird parallelisiert mit der Erhebung des Volkes auf der politisch-öffentlichen Ebene, die zur Grenzaufhebung zwischen Adel und Volk führt: »Revolution« ist beides, und jeweils wird die alte Ordnung gestürzt. Diese »inhaltliche« Grenzaufhebung muß aber unterschieden werden von der abstrakten Grenzaufhebung zwischen Gedachtem und Wirklichem, welche die neue relativierende Realitätskonzeption vornimmt: Hinter ihr steht als »Metarevolution« die Auflösung des alten Kodes K_A.

Der *Kakadu* hat gleichermaßen fasziniert wie auch irritiert. Zu Recht sind die »Negation aller gängigen Geschichtsdramatik«,[2] die Rückführung von Geschichte auf die »psychischen Gegebenheiten [...] der Individuen«[3] und ein gewisser »Geschichtspessimismus«[4] konstatiert worden. Man hat dem Text auch die Trivialisierung von Geschichte vorgeworfen.[5] Man muß hier wohl aber unterscheiden. Der Versuch, aus diesem Text auf eine angeblich apoli-

1 Vgl. Mennemeier 1991.

2 Bayerdörfer 1972, S. 562ff u. Anm. 66.

3 Offermanns 1981, S. 47.

4 Schwarz 1981, S. 58.

5 So bereits Karl Kraus in seiner Rezension zum *Kakadu* in der ersten Nummer der Fackel 1899, zit. bei Wunberg 1976, II, S. 985.

tische Haltung des Autors zu schließen, ist ohnehin unzulässig, ja der Text selbst ist nicht im eigentlichen Sinne »a-politisch«, zumindest nicht in dem Sinn, der damit in der Regel verknüpft wird.[1] Er ist allerdings, so meine Hypothese, ein exzellentes mentalitätsgeschichtliches Dokument für jene von Sennett formulierte These der Personalisierung des öffentlichen Lebens in einer Kultur, die seit dem 19. Jahrhundert zunehmend das Private/Psychische/Emotionale zum zentralen Wert erhebt und sich auf »narzißtische« Gesellschaftsstrukturen hin zubewegt. Der *Kakadu* betreibt genau das, was Sennett die »Überlagerung der öffentlichen Sphäre durch die private Vorstellungswelt« nennt, d. h. die *Suche nach dem »persönlichen Sinn in unpersönlichen Situationen«*.[2] Es geht also letztlich um einen Versuch der Sinnstiftung bzw. Neulegitimation für das Öffentliche, die eben in genau dem Maße notwendig wird, wie dieses zuvor allen Sinns und Inhalts entleert und einem als authentisch hochbewerteten Privaten gegenübergestellt wird. Überindividuelle Strukturen werden hier erst in dem Maße bedeutungsvoll, wie sie in individuellen Strukturen widergespiegelt werden können.[3] Wie die Zersetzung der tradierten Moral genau dann am radikalsten ist, wenn Moral sich erfüllt, zugleich aber auf die Psychologie des Subjekts zurückgeführt wird, so kann analog auch die Zersetzung jeder öffentlichen/politischen Dimension nicht extremer sein, als wenn das politische Ereignis sich gleichsam nur mehr zufällig einstellt, seine wahren Konstitutionsbedingungen aber wiederum in einer dem Politischen gänzlich fremden Ebene findet. Dasselbe Schicksal erleidet schließlich die Realität als solche: Alles, was das Subjekt gewissermaßen als ihm Äußerliches erfährt, die moralischen Normen, das Öffentliche/Politische, die Realität, ist einer radikalen Sinnentleerung verfallen und muß nun neu bedeutungsvoll gemacht werden auf dieses Subjekt hin und durch es.

---

1 Er ist aber gewiß nicht in dem Sinne »politisch«, daß er etwa eine »Kritik« an der Französischen Revolution (so Le Rider 1988, S. 103) oder an den »Egoismen auch der neuen herrschenden Klasse« (so Storck 1982, S. 53) formulieren würde. Die Französische Revolution ist nicht Objekt irgendeiner Wertung, wie Nehring 1992 richtig festhält; sie dient freilich wohl auch nicht, wie er behauptet, als »example of the universical theatricality of human existence« (S. 90). Der Versuch, im Gegenzug zur These des völlig unpolitischen Autors eine politische Dimension ausfindig zu machen, kann bisweilen groteske Blüten treiben, vgl. etwa die politisierende Allegorese, die Farley 1984 an Hand einiger Werke vornimmt. Roberts 1989 hebt zwar zu Recht die eminent pazifistische – und somit durchaus politische – Dimension in nicht wenigen von Schnitzlers Werken hervor, erklärt diese aber reduktionistisch zur angeblich dominanten Bedeutungsebene. Zum Problem des Apolitischen bei Schnitzler allgemein vgl. neben Roberts 1989 u. a. Pelinka 1982, Kann 1982, Barthofer 1986. Jene »Politizität« die dem *Kakadu* abgesprochen oder zugesprochen wird, fungiert hier allerdings generell weniger als Kategorie der Beschreibung von Textphänomenen denn primär als Wertungskriterium im Rahmen einer fragwürdigen Ideologie – dieses Merkmal teilen die genannten Autoren, zu so gegenteiligen Ergebnissen sie im einzelnen auch kommen mögen.

2 Sennett 1986, S. 44, 329.

3 Vgl. ebd., S. 205.

4.4 Realitätskonstitution und das Problem der »Objektivierung« der Realität durch das menschliche Subjekt

4.41 Die »Antinomien des Lebens«

Die rekonstruierte neue Realitätskonzeption hat nun wiederum einen lebensideologischen Hintergrund, der bereits mehrfach angedeutet, hier aber nochmals im Zusammenhang kurz skizziert sei. Den lebensideologischen Annahmen zufolge kommt es dadurch zur Krise, daß das strömende schöpferische ›Gesamtleben‹ an der Oberfläche zwar »Formen« hervorbringt, genau in dem Maße, wie es dies tut, aber bereits selbst nicht mehr vorhanden ist:

> Aber diese Erzeugnisse von Lebensprozessen haben das Eigentümliche, daß sie im Augenblick ihres Entstehens schon einen eigenen festen Bestand haben, der mit dem ruhelosen Rhythmus des Lebens selbst, seinem Auf- und Niedergang, seiner steten Erneuerung, seinen unaufhörlichen Spaltungen und Wiedervereinigungen nichts mehr zu tun hat. Sie sind Gehäuse des schöpferischen Lebens, das sie aber wieder verläßt [...].[1]

Die unaufhebbare *Antinomie des Lebens*, die die Epoche nicht müde wird, auf allen möglichen Ebenen und in den verschiedensten Varianten als »Tragödie« oder »Konflikt der modernen Kultur« zu beschwören,[2] besteht also genau darin, daß das ›Leben‹ sich immer nur in einem ihm Antagonistischen manifestieren kann:

> Das Leben ist unlöslich damit behaftet, nur in der Form seines Widerspiels, das heißt in einer *Form* in die Wirklichkeit zu treten.[3]

Entstellung und »Tötung« des fließenden Lebens sind der paradoxe Preis für seine Manifestation. »Form« kann dabei, wie bereits gesagt (s. o. A 2.31), eine Vielzahl von Größen bezeichnen, nämlich ganz pauschal alle kulturellen und geistigen, d. h. menschlichen Produkte: »sobald das Leben über das bloß Animalische hinaus zur Stufe des Geistes vorgeschritten ist«[4]. Auf der abstraktesten Bedeutungsebene, die hier noch nicht thematisiert wurde, indes von höchster epochaler Relevanz ist, steht »Form« für das »Bewußtsein vom Leben«, welches dem unmittelbaren und unbewußten Erleben als dem eigentlichen »Inhalt« gegenübergestellt wird. Beide Größen werden nun explizit als zwei autonome dissoziiert, es ist, so z. B. Theodor Lessing:

---

1 Simmel 1918, S. 59.
2 Vgl. z. B. Simmel 1918, sowie Lindner 1991, S. 52 und passim.
3 Simmel 1918, S. 45 (Hervorh. i. Org.).
4 Ebd., S. 5.

> wichtig, das *Lebendige an sich* [...] von dem *Festgestelltwerden* seiner selbst aufs klarste zu unterscheiden.[1]

Es handelt sich hierbei also letztlich um eine *erkenntnistheoretische* Ebene, die abstrakteste und zugleich die ursprünglichste und elementarste Ebene, auf der lebensideologisches Denken relevant wird.[2] Die Kategorie des »bewußtgewordenen, festgestellten Lebens« entspricht der von mir angesetzten Kategorie der »psychischen/gedachten Realität« als einem *Produkt des menschlichen Bewußtseins*. Die von der Lebensideologie postulierte unhintergehbare Antinomie besteht auf der erkenntnistheoretischen Ebene folglich darin, daß allein schon der Akt der Objektivierung des Lebens im menschlichen Bewußtsein einem »Akt der Abtötung dieses Lebens selbst«[3] äquivalent ist. So führt Lessing z. B. in seiner Geschichtsphilosophie für die »Geschichte« aus, die für das ›Leben‹ steht:

> Dieses Lebendige, welches als Geschichte *gelebt* wird, kann nicht gleichzeitig auch als Geschichte *erkannt* werden. [...] Wir haben das Leben nur, solange wir es nicht denken.[4]

Hinter der als »Tragödie der Kultur« beschworenen Antinomie des Lebens steht in letzter Instanz, in erkenntnistheoretischer Hinsicht, immer auch das Problem, daß das menschliche epistemische Subjekt, indem es die bloße, eigentliche Realität »haben« will, letztlich statt dessen immer sich selbst zu fassen bekommt: Auf der Suche nach dem *Inhalt* der Erkenntnis entdeckt es sich selbst als *Bedingung* von Erkenntnis. An Stelle von unmittelbarer Realität sind immer nur geistiger Entwurf von Realität, an Stelle von »reiner« Realität immer nur »künstliche« Realität zu haben. Die Existenz einer Realität als solcher außerhalb des Subjekts wird dabei keineswegs geleugnet, es geht nur um die Unterscheidung des Bilds/der Annahme von Realität von dieser selbst, vgl. Mauthner:

> Nur daß die Wirklichkeit anders sei als ihr Bild, nur daß das Bild der Welt ein bloßes Symbol sei, behauptet die Erkenntnistheorie. Daß irgend eine Wirklichkeit existiert, scheint mir aber nicht nur eine unabweisliche Vorstellung unseres Instinktes [...].[5]

Dem Gedachten/dem Bild entspricht nun nicht mehr selbstverständlich und notwendig ein Reales; Denken und Sein werden explizit voneinander abgekoppelt. Diese radikale Differenz wird von der Epoche prinzipiell im Zeichen der Desillusionierung erfahren, sie repräsentiert gewissermaßen das

1 Lessing 1921, S. 67 (meine Hervorh.).
2 Lebensideologisches Denken impliziert in letzter Instanz immer auch eine Erkenntniskritik, vgl. Lindner 1991, S. 40.
3 Lessing 1921, S. 147. Vgl. auch Durkheim 1914, S. 211.
4 Lessing 1921, S. 140, 201 (Hervorh. i. Orig.).
5 Mauthner 1982, S. 691.

abstrakte erkenntnistheoretische »Nicht-Leben« des epistemischen Subjekts, welches an der neuen Distanz zur Realität/zum ›Leben‹ leidet:

> Wir können an die Gegenstände nicht unmittelbar heran, wir besitzen von ihnen nur unsere Ideen und Vorstellungen [...].[1]

Epistemologisch gesehen bedeutet der lebensideologische »Bruch« zwischen ›Leben‹ und »Form« also immer auch die Erfahrung einer neuen expliziten ontologischen Differenz und Inkommensurabilität zwischen Mensch als epistemischem Subjekt und Realität/›Leben‹: Beide Größen gehören nun zwei radikal verschiedenen Ordnungen an.[2]

Das Schnitzlersche Programm der Desillusionierung erweist sich nun insgesamt als eine besonders explizite und reichhaltige Ausgestaltung jener fundamentalen Desillusionierung, die die Epoche an den »Antinomien des Lebens« erfährt. Das Scheitern der Erotik bei Schnitzler darf daher auch *nicht allein* auf das Problem der »Übergangsepoche« (*Zwischenspiel* DI, 925) zurückgeführt werden, in der neue Lebensmodelle zwar entworfen werden, aber sich letztlich als noch nicht lebbar erweisen. Parallel zur Erfahrung auf der konkreten erotischen Ebene, daß hinter der Individualisierung sich immer schon die Entindividualisierung verbirgt und daß somit das vermeintliche unmittelbare und ursprüngliche »Leben« immer schon das Element des Kalküls, des Künstlichen, Vermittelten enthält – und mithin bereits »Form« ist –, muß das Subjekt auf der abstrakten Ebene des Erkennens von Realität die Erfahrung machen, daß das, was es für faktische Realität hielt, nur eine angenommene, gedachte und somit wieder künstlich selbst hergestellte Realität ist. Beide Erfahrungen werden systematisch miteinander gekoppelt.[3]

Die antagonistische Opposition der zwei Realitätsebenen des Gedachten und des Realen führt dabei, wie bereits mehrfach angedeutet, zu jener typischen Paradoxie, die in der *Gleichzeitigkeit von deren Dissoziation und Koinzidenz* besteht. Denn einerseits sind die Realitätsannahmen des Subjekts falsch – z. B. die Annahme des Publikums im *Kakadu* –, und genau insofern muß es eben die Erfahrung der grundsätzlichen Differenz von Denken und Sein machen; andererseits aber ereignet sich am Textende ausnahmslos just diese falsch angenommene Realität als eine faktische und fällt mit dieser zusammen: und letzteres, wie gezeigt, nicht etwa zufällig, sondern in Abhängigkeit von ebendieser Falschannahme. Offensichtlich sind beide Phänome-

1 Mauthner 1982, S. 694. Vgl. auch Lessing 1921, S. 208 zur notwendigen »Entnüchterung und Entzauberung«, die die Erkenntniskritik vornehmen muß.

2 Vgl. Nietzsche 1969c, S. 1025: »zwei absolut verschiedene Sphären«.

3 Für die desillusionierende Distanz zwischen epistemischem Subjekt und Realität/›Leben‹ findet sich in der Epoche denn auch dieselbe Metaphorik wie für jene Distanz, die auf der Ebene der Erotik – aus der Perspektive des männlichen Subjekts – zur Frau besteht, deren Besitzergreifung zeichenhaft für die übergeordnete Besitzergreifung des ›Lebens‹ steht: Der Mann begehrt mit der Frau die ihm verlorengegangene Unmittelbarkeit zum ›Leben‹, vgl. z. B. Keyserling 1907, S. 133.

ne – Dissoziation und Koinzidenz – notwendig miteinander korreliert und repräsentieren nur die zwei Seiten ein und desselben Grundproblems: Indem die Texte auf der narrativen Ebene die scheinbare »Allmacht der Gedanken« inszenieren, trennen sie auf einer Tiefenebene der Bedingungen zugleich »Gedanken« und »Realität«. Die sich auf der Oberfläche einstellende Koinzidenz von gedachter und faktischer Realität ist also nur mehr eine scheinbare »Koinzidenz«, die nicht etwa eine notwendige Entsprechung von Denken und Sein bedeutet, sondern just auf deren vorgängiger Dissoziation beruht.

Diese hier skizzierte »Paradoxie« findet sich in zentralen Positionen des theoretischen Denkens der Epoche. Ich deute lediglich zwei Beispiele an: So reduziert etwa Simmel die Realität der Gesellschaft bekanntlich auf ein bloßes »Bewußtseinsphänomen« und eine »Wissenstatsache« – um dann dieses »Formale« als eigenständige Realitätsebene zu konzipieren, die ihrerseits erst Vergesellschaftung *bewirkt*.[1] Auch Vaihingers »Philosophie des Als Ob« widmet sich mit der zentralen Frage: »Wie kommt es, daß wir mit bewußtfalschen Vorstellungen doch Richtiges *erreichen*?«[2] genau jener Paradoxie, daß, was bloße Fiktion ist, dennoch praktische Relevanz besitzen kann. Die Gleichzeitigkeit von Dissoziation und Koinzidenz – »Obwohl die Wege des Seins und die Wege des Denkens verschieden sind, so trifft das Denken doch immer wieder mit dem Sein zusammen« – gilt ihm als »das tiefste Problem der Erkenntnistheorie«.[3] Und auch hier besteht die Logik dieser Paradoxie in der Substitution des »obwohl« durch ein »weil«: Das Gedachte, so Vaihinger, falle mit dem Realen zusammen »nicht *trotz* dieser Abweichung [des Gedachten vom Realen, W.L.], sondern *gerade durch sie*.«[4] Schnitzlers narratives Modell der Realitätskonstitution repräsentiert also gewissermaßen das literarische »Parallelunternehmen« zu den genannten philosophischen Modellen,[5] literarischer Diskurs und theoretische Diskurse lassen sich auch diesbezüglich als zueinander homologe Ausformungen von übergeordneten epochalen Denkmodellen rekonstruieren.

4.42 Die Sprachkrise und das Modell der Realitätskonstitution über Sprache

Die Erkenntniskritik ist in der Epoche grundsätzlich mit Sprachkritik verknüpft: Das postulierte ›Leben‹ entzieht sich jedem Versuch seiner »Besitz-

1 Vgl. hierzu Lieber 1974, S. 83-93.
2 Vaihinger 1911, S. vii (meine Hervorh.).
3 Ebd., S. 288ff.
4 Ebd. (meine Hervorh.). Vaihinger weist auch ausdrücklich auf die umfassende epochale Relevanz dieses Problems in der zeitgenössischen wissenschaftlichen und philosophischen Theoriebildung hin, vgl. S. xiff.
5 Auch Schnitzlers Self-fulfilling-prophecy-Modelle beruhen somit auf lebensideologischen Prämissen, vgl. etwa Th. Lessing zur »Verwirklichung des Glaubens mit Hilfe der Annahme, daß das Geglaubte wirklich sei« (Lessing, S. 1921, S. 232 und 190, 195ff).

ergreifung« – sei es durch Akte des Denkens oder des Sprechens.[1] *Denken/Sprechen/Abbilden durch Zeichen* – wozu natürlich auch die Kunst gehört[2] – bilden ein gemeinsames Paradigma der »Objektivierung« von Realität durch das menschliche Subjekt und sein Bewußtsein. Bereits der Akt der Benennung des ›Lebens‹ impliziert somit eine Transformation und metaphorische »Tötung« dieses Lebens. Rekurrent findet sich bei Schnitzler wie in der Epoche der Topos, daß die Begriffe/sprachlichen Kategorien ein bloßes »Oberflächenphänomen«, »tote und kalte Abstraktion« etc. seien, denen nichts Wirkliches entspreche.[3] Sprache kann Realität – privilegiert die individuelle psychische Realität, »das Tiefste, das Persönliche«[4] des Subjekts – nicht mehr adäquat abbilden, da diese sich eben prinzipiell jenseits der Oberfläche der bewußten »Formen« befindet – in der räumlichen Metaphorik »dahinter« oder »darunter«:

> Die Worte selber, mit ihrem notgedrungenen Oberflächengriff, vermögen nur, an einem Innenvorgang herumzutasten wie an einem sehr groben Außending, hoffend, daß darunter dennoch, symbolhaft, etwas von dem anklinge, was in ihm ist.[5]

Mauthner etwa wird nicht müde, im I. Band seiner *Beiträge zu einer Kritik der Sprache* auf über 700 Seiten zu betonen, daß einem gegebenen »Worte in der Wirklichkeit nichts entspreche«, daß alle sprachlichen Kategorien und Modelle »am Ende doch nur ein bildlicher Ausdruck für die Beziehungen der Wirklichkeit« seien, nicht aber diese Wirklichkeit selbst.[6] Wie das Gedachte und das Reale, so gehören analog auch das Gesprochene und das Reale nun zwei kategorial fundamental verschiedenen – und denkgeschichtlich erstmalig explizit unterschiedenen[7] – Realitätsebenen an. Wie aber die Dis-

1 In dem Maße, wie die Sprachphilosophie um 1900 die explizite Abkoppelung von »Wahrnehmungswelt« und »Vorstellungswelt« (Runze 1905, S. 240) vornimmt, postuliert sie im übrigen zugleich die »Einheit von Denken und Sprache« und feiert diese »Entdeckung des wahren Verhältnisses von Sprache und Denken« als »Revolution« (so Müller 1888, S. 77, 72ff; vgl. auch Gerber 1884).

2 Die nachstehend skizzierte Sprachmagie der quasi-fantastischen Texte ist daher gerne mit einer impliziten Selbstthematisierung der Texte und ihrer »Literarität« verknüpft, so insbesondere in *Die Weissagung* und *Das Tagebuch der Redegonda* – ein Komplex, auf den ich hier nicht näher eingehe.

3 So z. B. Bahr 1968, S. 81. Vgl. auch Nietzsches »Lügen im außermoralischen Sinn«: Nietzsche 1969c, S. 1019ff. Die Epoche tendiert hierbei zum Pathos, wie z. B. Hofmannsthal in seinem berüchtigten *Chandos-Brief* (1902). Zum denkgeschichtlichen Prozeß der Dissoziation von Sprache und Realität vgl. Kleinschmidt 1992, S. 19ff.

4 Aus: *Ein Brief*, in: Hofmannsthal 1979, S. 466.

5 Andreas-Salomé 1979, S. 145.

6 Mauthner 1982, S. 676, 684.

7 Jene alte ontologische Sprachkonzeption, gegen die Mauthner beispielsweise so vehement zu Felde zieht, ist letztlich die des goethezeitlichen Denksystems, die bereits das Denksystem des Realismus – aber eben nur implizit – aufgehoben hatte. Vgl. auch die Polemik Runzes gegen das (goethezeitliche) Postulat der selbstverständlichen Koextension des »logisch Denkbare[n]« und des »Wirklichen« (Runze 1905, S. 238). Zur goethezeitlichen Sprachkonzeption vgl. auch Titzmann 1984.

soziation von Gedachtem und Realem zur Diskussion des Modells der sich selbst erfüllenden Prophezeiung und der *»Allmacht der Gedanken«*, so führt analog auch die Dissoziation von sprachlich abgebildeter Realität und faktischer Realität zur Diskussion des Modells der Realitätskonstitution über Sprache und der *»Allmacht der Worte«*. Der »Puppenspieler« definiert denn auch seine Macht über beides:

> GEORG: Weißt du denn, wie viel Tag für Tag auf der Welt geschieht, weil es irgend jemand *insgeheim wollte* – oder auch nur leichtfertig *aussprach*? Ahnst du etwas von der geheimnisvollen Macht, die in schöpferischen Naturen steckt? (DI, 842)

Auch Paracelsus läßt »mit leisen Worten/Ein ganzes Schicksal« erstehen (DI, 484), und sämtliche Prophezeiungsakte sowie Spielszenen, die in Wirklichkeit übergehen – vgl. *Der grüne Kakadu, Die Weissagung, Das Schicksal des Freiherrn von Leisenbohg* u.a. –, sind sprachliche Setzungsakte. So nimmt beispielsweise im *Grünen Kakadu* das Wahrwerden der sprachlich im Spiel gesetzten Ermordung Henris am Ende den zu Beginn vom Wirt ironisch formulierten Zweifel, ob »die Mauern von euern Reden zusammenstürz[en]« (DI, 517), wieder auf: Die bloß sprachlich gesetzte und gespielte Revolution mündet, so die ironische Gesamtanlage des Textes, tatsächlich in die faktische Revolution.

Wie aber bereits beim Modell der sich selbst erfüllenden Prophezeiung gilt, daß es immer das Entwerfen einer Realität als *Prozeß* ist, was faktische Realität bewirken kann, so gilt auch hier, daß es niemals Sprache als fertiges »Produkt« ist, welche Realität bewirken kann, sondern immer nur der *Prozeß des mündlichen Sprechens*. Nur im Akt der unmittelbaren Abbildung von Realität durch sprachliche Zeichen konstituiert sich diese:

> In der Sprache kommt [...] die schöpferische Macht der Subjektivität extensiv und intensiv am vollkommensten zum Ausdruck. [...] Die ›wirklichsetzende‹ That des Sprechenden schafft immer von neuem das allerkonkreteste Sein, das Wirkliche am Wirklichseienden selbst.[1]

Es kommt bei Schnitzler zu charakteristischen *metonymischen Substitutionen:* Der Akt des Sprechens selbst setzt nun *performativ* Realität, die *besprochene Situation* fällt mit der *Sprechsituation* zusammen, der sprachlich formulierte *Inhalt* der Rede wird *unmittelbare Realität* des bzw. der Sprechenden. Zumal die Einakter inszenieren dies gerne, so z. B. *Sylvesternacht*, wo sich über den Dialog über eine vergangene und fremde Liebesgeschichte zwischen den Dialogpartnern performativ eine aktuelle und eigene Liebesgeschichte konstituiert. Wie im *Kakadu* mündet auch hier die sprachlich gesetzte Abweichung in die unmittelbar gelebte Abweichung. Auch das Modell der sich selbst erfüllenden Prophezeiung ist letztlich ein performatives – Realität ist nie schon »fertig« gegeben bzw. eben nur scheinbar, sondern

1 Runze 1889, S. 209f.

sie wird immer erst durch ein bzw. mehrere menschliche Subjekte produziert. *Das Schicksal des Freiherrn von Leisenbohg* ist derjenige Text, der neben dem *Tagebuch der Redegonda* die performative Dimension am direktesten zum Ausdruck bringt. Die Verfluchung durch den sterbenden Ehegatten Fürst Bedenbruck wurde zum einen in der Vergangenheit, zum anderen in Absenz und ohne Bewußtsein des Betroffenen getan – sie kann insofern nicht wirken und bedarf einer doppelten neuen hinreichenden Bedingung, um sich faktisch erfüllen zu können: Sie muß erstens unmittelbar als Sprechakt reinszeniert werden – genau dies ist die »ingeniöse Idee« (EI, 597) des erotischen Rivalen Sigurd! –, und Leisenbohg muß zweitens daran glauben.[1] Er kann die künstliche, inszenierte Sprechsituation von der realen nicht mehr unterscheiden, der *absente* erotische Rivale Fürst Bedenbruck und der *präsente* erotische Rivale Sigurd, *besprochene vergangene* Situation und *unmittelbar erlebte gegenwärtige* Sprechsituation fallen zusammen:

> »Wer spricht?« schrie der Freiherr. – »Ich spreche«, sagte Sigurd, »und ich lasse Fanny sprechen, und Fanny läßt Kläre sprechen, und Kläre läßt den Fürsten sprechen. Verstehst du mich nicht?« – Leisenbohg höre angestrengt zu. *Es war ihm, als hörte er die Stimme des toten Fürsten* aus dreifach verschlossenem Sarge in die Nacht klingen. (EI, 596)

Auch Fiktion/Spiel und Realität fallen damit zusammen; Leisenbohg erlebt die fiktive vergangene Situation als reale, und die reale Situation umgekehrt als fiktive vergangene und wird selbst zur Bühnenfigur:

> Er befand sich in diesem Augenblick in dem kleinen Saal der Gesangsprofessorin Eisenstein, wo er Kläre das erste Mal gesehen hatte. Auf der Bühne stand ein Pierrot und deklamierte: »Mit diesem Fluch auf den Lippen ist der Fürst Bedenbruck gestorben, und ... höre ... [...] der Elende, an dem sich der Fluch erfüllen soll, bin ich! ... ich! ... ich! ...«
> Da stürzte die Bühne ein mit einem lauten Krach und versank vor Leisenbohgs Augen ins Meer. Er aber fiel lautlos mit dem Sessel nach rückwärts, wie eine Gliederpuppe. (EI, 596f)

Sigurds Sprechakt bewirkt zwar Realität, aber insofern er aus der Perspektive Leisenbohgs von einem fremden Subjekt getätigt wird, besitzt er den Status der subjektexternen Vorgabe und bedarf seinerseits notwendig der Rückbindung an ein perspektivtragendes Subjekt, welches – wie auch im *Kakadu* – dieser sprachlichen Setzung Realität zuschreibt. Deutlich wird auch hier wiederum die genannte fundamentale Paradoxie: Sowohl die Allmacht der Gedanken als auch die der Worte, wie sie insbesondere ein »Puppenspieler« oder Paracelsus für sich in Anspruch nehmen, erfüllt sich im Modus ihrer impliziten Selbstaufhebung. So mündet zwar der Sprechakt ausnahmslos in

1 Lawson 1980 und Katan 1969 »erklären« dieses Phänomen mit Hilfe einer völlig spekulativen Psychologisierung von Leisenbohg.

Realität, aber nicht etwa, weil den Worten bereits Realität *entspräche* – von dieser werden sie ja gerade explizit unterschieden –, sondern einzig und allein deshalb, weil ihnen vom betroffenen Subjekt Realität *zugesprochen wird.* Homolog zur Koinzidenz von Gedachtem und Realem gründet auch die Koinzidenz von Gesprochenem und Realem also nicht in einer quasi von der Natur immer schon vorgegebenen und selbstverständlichen Entsprechung und Koextension dieser beiden Größen, sondern umgekehrt in deren vorgängiger Dissoziation und ontologischen Differenz. Diese Koinzidenz ist somit keine notwendige, ontologische und dem Subjekt vorgegebene mehr, sondern konstituiert sich jetzt immer erst über das Subjekt und seine Psyche als eine – in diesem Sinne – rein akzidentelle und gleichsam zufällige Koinzidenz. *Indem* die Texte auf der Oberfläche also die Koinzidenz von Sprache und Realität herbeiführen, nehmen sie auf der Tiefenebene der Voraussetzungen von Realität zugleich deren Dissoziation vor, *erstere ist wiederum Ausdruck von letzterer.* Denn die Dissoziation und radikale Abkoppelung begründet zum einen die Ohnmacht der Worte und des Denkens – weil ihnen die Realität/das ›Leben‹ notwendig immer entgleiten muß –, zum anderen begründet sie aber zugleich deren neue Macht und Autonomie gegenüber der Realität. Diese scheinbare Ambivalenz der »menschliche[n] Sprache, die nicht wirklich ist und dennoch wirkt und eine Macht ist«,[1] findet sich treffend auf den Begriff gebracht in jenem viel zitierten,[2] zunächst einigermaßen aphoristisch anmutenden Satz aus Schnitzlers Tragikomödie *Das Wort:*

> TREUENHOF Worte sind nichts ...
> WINKLER Worte sind alles. *Wir haben ja nichts anderes.*[3]

Nur weil die Worte »nichts sind«, können sie zugleich »alles« sein. Die neu entdeckte realitätsmodellierende Funktion von Sprache wird nun emphatisch als *neue* Macht der Worte beschworen, die Epoche tendiert hier allgemein zur latenten Sprachmetaphysik. So spricht beispielsweise Le Bon von den Worten als »puissance mystérieuse«, »puissances surnaturelles« und »ces divinités redoutables«, so spricht Freud bekanntlich von der »Zauberkraft« der Worte, und auch für Mauthner sind Worte »Götter«.[4] Diese »Allmacht

1 Mauthner 1982, S. 47. Zur realitätskonstitutiven Macht der Sprache bei Nietzsche vgl. Kleinschmidt 1992, S. 48ff.

2 Vgl. u. a. Doppler 1971, S. 288, Doppler 1968, S. 29, Offermanns 1973, S. 85ff. Das Problem der Sprachkrise oder sogenannten Sprachskepsis ist ein in der Schnitzler-Forschung sehr beliebtes, aber bislang eher essayistisch und selten systematisch abgehandeltes Problem, vgl. Doppler 1968, 1971 und 1979, Mancinelli 1985, Kilian 1972, S. 19ff, Spycher-Braendli 1971, S. 74ff, Melchinger 1968, Morse 1977, S. 246f, Scheible 1982, S. 271ff, Swales 1971, S. 150ff, etwas historischer Weinhold 1987, S. 111ff; z. T. wird auch eine sehr reduktionistische und simplifizierende Ableitung von »Wien« unternommen, vgl. Keller 1984, S. 155ff, differenzierter dagegen bei Janik/Toulmin 1985.

3 Schnitzler 1966, S. 125.

4 Le Bon 1983, S. 59f, Freud 1916-17a, S. 43, Mauthner 1982, S. 125.

der Worte« ist aber, das darf nicht übersehen werden, nicht mehr jene alte, auf einer ontologischen Sprachkonzeption beruhende, sondern eine neue, die eben gerade auf deren Aufhebung gründet. Der Glaube an die Allmacht der Worte/Gedanken im Sinne einer naiven ontologischen Sprach- und Realitätskonzeption gilt ja eben gerade als überwundenes Denken, das nun allenfalls Kindern, den Wilden oder den Neurotikern zugeschrieben wird (vgl. B 3.232). Die Sprachmagie, die die quasi-fantastischen Texte Schnitzlers inszenieren, zitiert also zwar traditionelle okkulte Theoreme,[1] *funktionalisiert sie aber zugleich neu als wörtlichen und extremen Ausdruck dieser neuen »subjektivistischen Sprachmetaphysik«*. Sie ist damit zugleich auch Ausdruck jener fundamentalen epochalen Ambivalenz der Frühen Moderne, die bereits oben angedeutet wurde: Ihre »Modernität« geht untrennbar mit einem latenten Metaphysikbedarf einher; zumal bei Mauthner wird exemplarisch deutlich, wie die Sprache, in deren Zeichen jede traditionelle Metaphysik radikal aufgehoben wird, dahin tendiert, ihrerseits als neuer Träger von Metaphysik zu fungieren, einer Metaphysik von freilich gänzlich anderem Status.[2]

1 Vgl. Wünsch 1991c, S. 192.
2 Vgl. Foucault 1966, S. 328, sowie zur »métaphysique du langage« der Moderne im besonderen S. 314ff.

B 5. *Zur Konzeption von »Schicksal«: die systematische Herstellung einer Beziehung zwischen Subjekt und ›Leben‹*

Insofern es sich in der Regel um eine für das Subjekt negative Realität handelt, die sich am Ende faktisch einstellt, impliziert das rekonstruierte Modell der Realitätskonstitution bereits eine bestimmte Konzeption von Schicksal. Das Problem des Schicksals bei Schnitzler ist, darüber besteht weitgehend Konsens in der Forschung, kein einfach zu lösendes. Dies hat dazu geführt, daß entweder extrem reduktionistische Ansätze gewählt wurden, die eine falsche Vereindeutigung vornehmen,[1] daß von den Texten auf die Aphorismen ausgewichen wurde,[2] oder daß gar die Unmöglichkeit einer systematischen Interpretation postuliert wurde.[3] In den folgenden Kapiteln soll – ohne Anspruch auf erschöpfende Behandlung dieses Problems – zumindest gezeigt werden, daß sich die Schicksalskonzeption rekonstruieren läßt als systematische und sinnstiftende Verknüpfung der zwei Größen des ›Lebens‹ und des Subjekts.

5.1 Zeitstrukturen und ihr denkgeschichtlicher Kontext

Die Zeitorganisation bei Schnitzler dürfte generell mit zu den komplexesten Strukturen gehören, die diese Texte überhaupt aufzuweisen haben.[4] Ich greife nachstehend nur zwei Probleme heraus, die im Zusammenhang mit »Schicksal« relevant werden, und versuche deren denkgeschichtliche Einordnung.

5.11 Das Modell der Reinszenierung der Vergangenheit

Im Einakter *Paracelsus* fand sich das Phänomen der doppelten illegitimen (potentiellen) Liebesbeziehung der Heldin, zum einen mit Paracelsus, zum anderen mit Anselmo. Im Kontext des Altersklassenwechsels konnte es funktionalisiert werden als doppelter Abschied von der Jugend, von der eigenen vergangenen Jugend als individueller Lebensphase, für welche Paracelsus zeichenhaft steht, und von der von Anselmo repräsentierten fremden

---

1 Als Beispiele u. a. seien Fischer 1979 und Ekfelt 1978 erwähnt; starke Vereinfachungen auch bei Luprecht 1991, S. 86, 140. Vgl. auch die Auflistung der Arbeiten bei Segar 1971, S. 51ff und Just 1968, S. 126f, die *entweder* »Willensfreiheit« *oder* »Determination« bei Schnitzler ausfindig machen.

2 So z. B. Segar 1971, Offermanns 1981, Allerdissen 1985.

3 So Thomé 1984, S. 86, Anm. 72.

4 Dies ist zudem ein von der Forschung bislang gänzlich unbearbeitetes Gebiet, vgl. die Arbeiten zur Zeit von Bender 1976, Rasch 1983, Menhennet 1986, Colin 1992.

gegenwärtigen Jugend als einem überindividuellen Generationenphänomen. Diese Doppelung ist aber darüber hinaus noch weiter interpretierbar. Denn die Beigabe des Anselmo leistet zunächst einmal auch, daß jene vergangene erotische Verführungssituation nicht nur jetzt in der Gestalt des Paracelsus *im Bewußtsein der Heldin wiederauftaucht*, sondern daß sie darüber hinaus auch in der aktuellen Verführungssituation mit dem jungen Anselmo *als Realität wiederholt wird*. Beide Phänomene sind ganz offensichtlich zu unterscheiden. Ich verdeutliche dies an einigen weiteren Beispielen: Im *Blinden Geronimo* wird die damalige Krise, die als »Diebstahl« an Geronimos Leben gilt, wiederholt in der aktuellen Krise des (angeblichen) wörtlichen Diebstahls, wobei die 20 Franken zeichenhaft für die »gestohlenen« 20 Jahre stehen; in *Frau Beate und ihr Sohn* taucht nicht nur die relevante mit »Leben« korrelierte Vergangenheit mit Ferdinand im Bewußtsein der Heldin wieder auf, sondern darüber hinaus wiederholt sich in der aktuellen Konstellation Beate/Hugo/Fortunata exakt die damalige Konstellation Beate/Ferdinand/jene »nicht mehr junge [...] Witwe«, von der sich Ferdinand nicht lösen konnte: Wie Beate vor ca. 20 Jahren zur »Befreiung« ihres künftigen Gatten bei jener Geliebten antrat, so tritt sie jetzt in der Gegenwart zur Befreiung ihres Sohnes Hugo bei der ebenfalls nicht mehr jungen Fortunata an, von der sie genauso »eine spöttisch-verletzende Abweisung« erfährt wie damals (EII, 46f). Im *Ruf des Lebens* standen vor 30 Jahren die Blauen Kürassiere unter Maries Vater im Krieg, und dieses Ereignis wiederholt sich für sie, d. h. für die aktuelle Jugendgeneration, jetzt unter dem Oberst. Im *Gang zum Weiher* kommt es jetzt zum Krieg mit dem Nachbarland wie bereits vor 30 Jahren, und somit wiederholt sich für Konrad, den aktuellen Vertreter der männlichen Jugendgeneration, jenes Ereignis, welches seinerseits für den Freiherrn ein relevantes Jugendereignis darstellte und jetzt in dessen Erinnerung wieder auftaucht. In *Casanovas Heimfahrt* hatte Casanova in der Vergangenheit eine Beziehung sowohl mit Amalia als auch mit ihrer Mutter – jetzt, beim erneuten Zusammentreffen der Dreierkonstellation Amalia/Olivo/Casanova wird er wiederum mit der Tochter, nun um eine Generation verschoben, schlafen. Im *Vermächtnis* verlor in der Vergangenheit Emma ihren Gatten, der sie mit einem kleinen Kind zurückließ – jetzt wiederholt sich dieses Schicksal für Toni und ihren illegitimen Partner, der sie ebenfalls wieder mit einem kleinen Kind zurückläßt. In *Die Frau des Weisen* kam es in der Vergangenheit zu einer erotischen Begegnung zwischen dem Helden und Friederike, deren Wiederauftauchen in der Gegenwart diese Vergangenheit im Bewußtsein des Helden katalysatorisch wieder lebendig werden läßt; darüber hinaus aber wiederholt sich die damalige Situation der Lebenszäsur des Schulabschlusses ganz unmittelbar in der aktuellen Lebenszäsur des Studiumsabschlusses. Im *Einsamen Weg* und im *Puppenspieler* etwa wird jeweils eine relevante Vergangenheit aufgerollt und erhält damit sowohl im Bewußtsein der Figuren als auch sprachlich eine erneute Präsenz – darüber hinaus aber ergeben sich im dargestellten Realitätsausschnitt faktisch dieselben Figurenkonstellationen wie damals. Die Äquivalenz des vergangenen und gegenwärtigen Ereignisses kann zusätzlich betont werden, zum einen durch *identische Altersangaben:* So ist im *Ruf des Lebens* der jetzige Befehlshaber der Blauen Kürassiere mit 49 Jahren ebenso alt, wie es Maries Vater damals gewesen war; der Freiherr im *Gang zum Weiher* war beim damaligen Krieg ca. so alt, wie es Konrad jetzt ist; im *Vermächtnis* starb Emmas Gatte mit 26 Jahren und ließ eine Frau mit 22 Jahren und ein Kind mit 3-4 Jahren zurück – jetzt stirbt Hugo im identischen Alter und läßt seine Partnerin und sein Kind ebenfalls in jeweils exakt demselben Alter zurück. Zum anderen kann die Äquivalenzstruktur der Reinszenierung durch eine *identische Zeitangabe* hervorgehoben werden: So legen die Texte z. T. Wert darauf, festzustellen, das aktuelle Ereignis reinszeniere nahezu auf den Tag genau das vergangene: Im *Puppenspieler* waren es »gerade gestern elf Jahre« (DI, 839), in *Casanovas Heimfahrt* »[waren es] vor wenigen Tagen [...] sechzehn« Jahre (EII, 234), daß das vergangene Ereignis stattgefunden hat; im Einakter *Sylvesternacht* ist es eben jeweils der 31. Dezember, in *Ruf des Lebens* jeweils um 4 Uhr morgens, im *Gang zum Weiher* jeweils im Mai etc., daß vergangenes und aktuelles Ereignis stattfinden.

Zwar liegt in den meisten der zitierten Texte zwischen vergangenem und aktuellem Ereignis die Spanne einer Generation, doch ist dies, wie das Beispiel von *Die Frau des Weisen* belegt, nicht obligatorisch. Das übergeordnete Modell ist vielmehr das der »doppelten Existenz« der Vergangenheit: Zum einen als erinnerte im Bewußtsein des Protagonisten sowie als versprachlichte auf der kommunikativen Ebene – Modell des »*Wiederauftauchens der Vergangenheit*« –, zum anderen als unmittelbar gelebte Realität – Modell der »*Reinszenierung der Vergangenheit*«. Man kann also als übergeordnetes Modell das der »*Wiederkehr der Vergangenheit*« ansetzen und davon die beiden genannten Versionen unterscheiden:

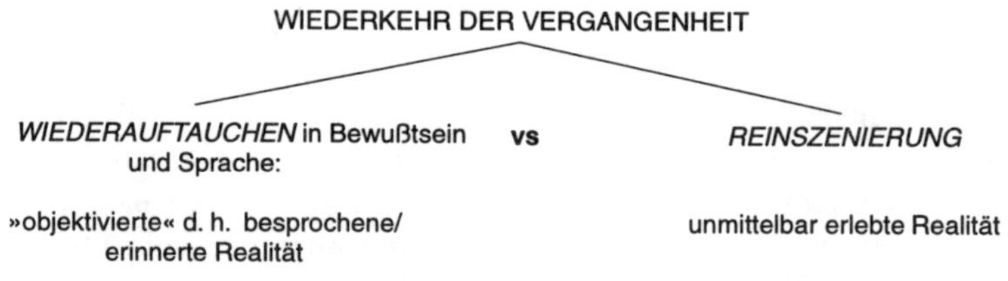

»Wiederauftauchen« und »Reinszenierung« der Vergangenheit sind dabei, wie die Beispiele zeigten, engstens korreliert, und zwar u. a. dergestalt, daß letztere in der Regel auch als Katalysator für erstere fungiert: So wird der erneute Krieg für den Vater im *Ruf des Lebens* und den Freiherrn im *Gang zum Weiher* jeweils zum Anlaß, das eigene vergangene Schicksal zu thematisieren und zu problematisieren. Bei der »wiederkehrenden« relevanten

Vergangenheit handelt es sich ferner stets um eine im weitesten Sinne *psychisch noch unabgeschlossene Vergangenheit*, die damals den Beginn einer latenten Krise bedeutete, welche nun gewissermaßen zur definitiven Bewältigung ansteht. Im Extremfall kann die Nicht-Abgeschlossenheit ganz wörtlich im Abbruch einer damaligen Liebesbeziehung bestehen, wie explizit in *Frau Berta Garlan* oder *Die Frau des Weisen* der Fall. Die Reinszenierung eines vergangenen Schicksals als unmittelbar erlebtes aktuelles Schicksal und als akute Krise ist somit zum anderen aber auch immer mehr als ein bloßer Katalysator für die Bewußtwerdung dieser Vergangenheit – sie ist vielmehr zugleich der *Modus*, in dem letztere nun aufgearbeitet und bewältigt wird.

Das hier rekonstruierte Modell weist also eine tendenziell »therapeutische Dimension« auf und legt damit wieder den Gedanken an die Psychoanalyse nahe. Tatsächlich basiert ja auch deren Therapiekonzept bekanntlich auf der Annahme, daß ein vergangener Konflikt niemals allein durch dessen bloßes bewußtes Erinnern und Verbalisieren, sondern nur durch dessen zusätzliche Wiederbelebung/Reinszenierung als unmittelbar erlebter Konflikt bzw. als akute Krise – u. a. in der Übertragungssituation – lösbar ist. Wiederum wäre es aber verfehlt, Schnitzlers Texte etwa auf genau dieses Therapiemodell zu reduzieren; das psychoanalytische und das Schnitzlersche Modell wären vielmehr wiederum zu begreifen als verschiedene Konkretisationen eines übergeordneten epochalen Modells der krisenhaften Wiederbelebung einer als unabgeschlossen geltenden Vergangenheit zum Zwecke ihrer definitiven Bewältigung. *Es geht den Texten offensichtlich primär darum, die von ihnen erzählte Geschichte des aktuellen Ausbruchs einer bereits latent existierenden Krise und deren Lösung in einem Realitätsausschnitt zu situieren, der sich seinerseits zugleich als Reinszenierung einer dieser dargestellten Gegenwart vorausliegenden relevanten Vergangenheit präsentiert.* Genau diese Textstruktur wird erstmalig vom *Vermächtnis* (1898) innerhalb des dramatischen und von der *Frau des Weisen* (1897) innerhalb des erzählerischen Werks eingeführt; sie markiert, wie im folgenden Kapitel näher darzulegen ist, einen entscheidenden Aspekt der Wende von der präpsychologisch-»naturalistischen« zur psychologisch-lebensideologischen Phase.[1]

1 Nicht zufällig wohl fällt im übrigen auch bei Freud der entscheidende Schritt von der sogenannten »kathartischen« Methode zur Psychoanalyse im eigentlichen Sinne in die 2. Hälfte der 90er Jahre. Die hier postulierte Zäsur dürfte wohl – dies ist zumindest meine Hypothese – über Schnitzler hinaus als Binnenzäsur der Frühen Moderne allgemeine Gültigkeit besitzen. (Vgl. etwa auch die Zäsur, die innerhalb der Hofmannsthalschen Dramenproduktion das 1898 entstandene und 1899 uraufgeführte und publizierte Drama *Der Abenteurer und die Sängerin* markiert.)

5.12 Die »Entdeckung der Zeit«

Am Beispiel des *Vermächtnis* sei nun der lebensideologische Hintergrund des Modells der Reinszenierung der Vergangenheit rekonstruiert.

Der Text setzt eine Wiederholung der Eltern- durch die Jugendgeneration auf zwei Ebenen: und zwar sowohl auf der Ebene des *faktischen Schicksals* als auch auf der der *Figurenoppositionen*. Zunächst zu letzterer. Pro Generation existiert ein Geschwisterpaar, die Mutter Betty und ihr Bruder, die Tochter Franziska und ihr Bruder Hugo. Beide stehen jeweils in Opposition zueinander, wobei der Bruder jeweils die neue, problematisierende Position vertritt und zur B-Figur tendiert, innerhalb der bürgerlichen Familie also ein Fremdelement darstellt, während die Schwester jeweils – Franziska zumindest zunächst – eine mit Nicht-Bewußtheit korrelierte A-Figur ist. Beide Brüder nehmen sich eine erotische Partnerin – Emma und Toni –, die eine Oppositionsfigur zur Schwester und mithin aus der Perspektive der bürgerlichen Familie nicht nur ein biologisches, sondern auch ein ideologisches Fremdelement darstellt. Auch die Opposition der zwei erotischen Paare wiederholt sich damit: Die Beziehung der Brüder – mit Emma bzw. Toni – steht jeweils als echte Liebesbeziehung der Beziehung der Schwestern – mit Losatti bzw. Ferdinand – gegenüber, die von der neuen Norm der Liebe her als »keine wirkliche Beziehung« (DI, 395) klassifiziert wird. Die Opposition »Normalität« vs »Abweichung« wiederholt sich also in der Jugendgeneration. Elterngeneration/Alter und Jugendgeneration/Jugend verhalten sich ihrerseits aber bereits wie »Normalität« zu »Abweichung« (vgl. den Basiskode); somit kommt es zur rekursiven Anwendung der Basisopposition auf jeweils beide Terme dieser Opposition selbst und zur Überlagerung der wörtlichen durch die dominant gesetzte metaphorische Bedeutungsebene von »Jugend« vs »Alter«:[1]

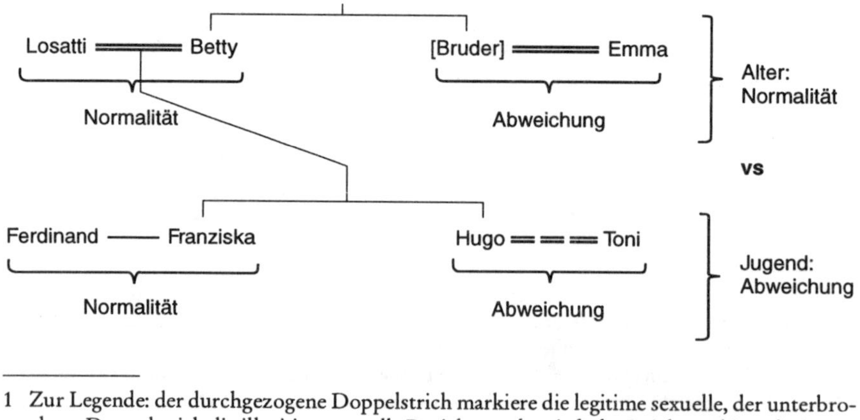

1 Zur Legende: der durchgezogene Doppelstrich markiere die legitime sexuelle, der unterbrochene Doppelstrich die illegitime sexuelle Beziehung, der einfache Strich markiere die intendierte, aber noch nicht sexuell vollzogene legitime Beziehung (Verlobung).

Innerhalb verschiedenster Einheiten existiert in diesem Text also ein Fremdes: innerhalb der Gesellschaft, innerhalb der jeweiligen Generation, innerhalb der Familie, innerhalb der Person.

Diese *statische* Ebene der simultan gegebenen Positionen wird nun gekoppelt mit einer *dynamischen* Ebene der Ereignissukzession: Denn die Jugendgeneration wiederholt nicht nur die Figurenopposition, sondern zudem das faktische Schicksal der Elterngeneration: Hugo erleidet denselben unvorhergesehenen Tod wie sein Onkel vor 14 Jahren. Mit beiden, die sich zudem auch äußerlich auffallend ähnlich sind (DI, 395), stirbt das Bindeglied zwischen der bürgerlichen Familie und der »fremden Frau«, freilich mit jeweils verschiedener Folge: Die legitime Partnerin wurde damals integriert, die illegitime wird jetzt ausgestoßen. Auf der Ebene der Zeitorganisation weist der Text nun eine höchst signifikante Struktur auf: Denn nicht nur erleiden, wie bereits erwähnt, Hugo/Toni/das Kind jenes Schicksal jetzt im exakt gleichen Alter wie damals die homologen Figuren Bettys Bruder/Emma/Agnes, sondern darüber hinaus beträgt die Altersdifferenz zwischen aktueller und damaliger Jugendgeneration 14 Jahre: Emma ist jetzt 36 Jahre alt, ihre Tochter 17, und ihr verstorbener Mann wäre jetzt 40 – Toni ist jetzt 22 Jahre alt, ihr Sohn 3, und Hugo stirbt jetzt mit 26 Jahren. 14 Jahre ist aber zugleich exakt jene Zeitspanne, die zwischen aktuellem und vergangenem Schicksal liegt. Was, so lautet also die interpretatorisch relevante Frage, leistet diese auffällige Struktur? Das Intervall von 14 Jahren existiert damit auf zwei verschiedenen Ebenen, es trennt nicht nur auf einer horizontalen Achse die *Gegenwart von der Vergangenheit*, sondern zugleich auf einer vertikalen Achse die beiden betroffenen *Generationen*. Die gleiche Struktur findet sich im übrigen auch im *Ruf des Lebens*, im *Gang zum Weiher* und in *Casanovas Heimfahrt*, wo jeweils 30 Jahre sowohl zwischen Gegenwart und relevant gesetzter Vergangenheit als auch zwischen Eltern- und Jugendgeneration liegen. Die Texte, so meine Hypothese, machen damit nur etwas besonders deutlich sichtbar, was ohnehin bereits gilt. Denn es werden zwei relevante Oppositionen gesetzt: Vergangenheit vs Gegenwart einerseits und Elterngeneration/Alter vs Kindergeneration/Jugend andererseits. Beide situieren sich auf *zwei zu unterscheidenden Ebenen*, und zwar genau den bereits eingeführten Zeitachsen T_A und T_B: Die Kategorien Vergangenheit/Gegenwart werden auf der linearen Achse T_A des individuellen Lebens relevant und setzen ein epistemisches Subjekt voraus, von dessen Standpunkt aus eine Realität als vergangen oder gegenwärtig klassifiziert wird; die Kategorien Alter/Jugend werden auf der zyklischen Achse T_B des überindividuellen ›Lebens‹ relevant und setzen kein epistemisches Subjekt voraus. Markiere t_0 den gegenwärtigen Zeitpunkt, t_{-1} den vergangenen und x das Intervall von 14 Jahren, dann ließe sich diese Zeitstruktur z. B. folgendermaßen darstellen:

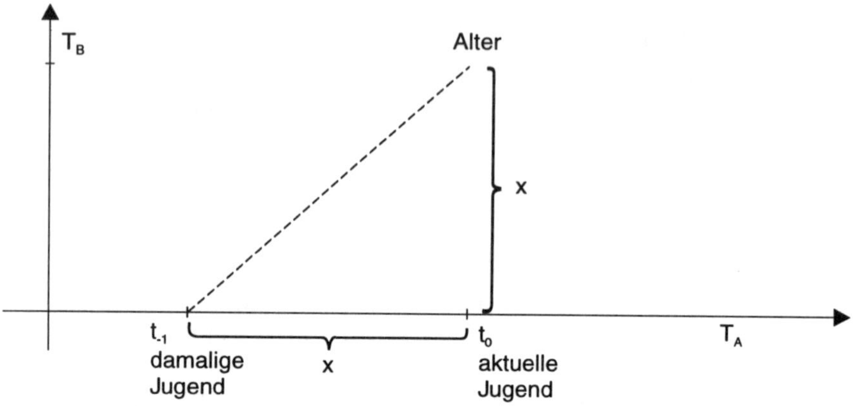

Lebensideologisches Denken ist unlöslich mit dem Problem der Zeit verknüpft[1] – der Kontext des hier rekonstruierten Phänomens sei daher mit einem kurzen Blick auf die zeitgenössische Zeitphilosophie angedeutet. Wie auch immer bei den einzelnen Autoren die konkrete begriffliche Besetzung auf der Oberfläche vorgenommen werden mag: Zugrunde liegt stets die Opposition von unmittelbarem, unbewußtem Zeiterleben einerseits und der ein menschliches Bewußtsein voraussetzenden »objektivierten« Zeit andererseits. James 1886 z. B. entwirft die Opposition vom »aktuellen Zeit-Strom unseres Denkens« bzw. der »Zeit, wie sie ist« vs der »Gedanke an den Strom«,[2] McTagggart/McTaggart 1908 entwerfen die Opposition einer »A-Reihe« und einer »B-Reihe der zeitlichen Positionen«: Auf der ersten werden die nicht-konstanten Eigenschaften vergangen/gegenwärtig/zukünftig relevant, auf der zweiten die konstanten Eigenschaften früher/später.[3] Russell 1915 unterscheidet homolog die »mentale Zeit«, die »Empfindung« voraussetze, von einer »physikalischen Zeit«, die »in einer Welt völlig ohne Bewußsein« möglich sei.[4] Die genannte A-Reihe korrespondiert dabei der von mir mit T_A bezeichneten Achse: Die Klassifikation in »vergangen« bzw. »gegenwärtig« ist abhängig vom Standpunkt eines epistemischen Subjekts; die genannte B-Reihe korrespondiert meiner Achse T_B: Die konstante zeitliche Relation des »früher«/»später« ist standpunktunabhängig:

1 Die lebensideologischen Antinomien sind, so Dilthey, »die Antinomien, die das Denken an dem Erlebnis der Zeit findet« (Dilthey 1927, S. 194).

2 James 1886, S. 53f.

3 McTaggart/McTaggart 1908, S. 67ff.

4 Russell 1915, S. 100. Zur analogen Zeitkonzeption bei Bergson und Driesch s. Ebrecht 1991, S. 210ff, 217ff.

JAMES	»Gedanke an den Strom«	»Zeit, wie sie ist«
MCTAGGART	A-Reihe: vergangen/ gegenwärtig/zukünftig nicht-konstante Eigenschaft	B-Reihe: früher/später konstante Eigenschaft
RUSSELL	»mentale Zeit«: »Empfindung« vorausgesetzt	»physikalische Zeit«: »ohne Bewußtsein«
	isolierbare Zeiteinheiten epistemisches Subjekt/Ich Wandel/Diskontinuität lineare Achse: T_A individuelles Leben L_A	Zeit-Strom Nicht-Ich Dauer/Kontinuum zyklische Achse: T_B überindividuelles Leben L_B

Die lebensideologischen Antinomien finden sich hier nun in der folgenden Version: Hinter der als »gegenwärtig«/»vergangen« klassifizierten Zeiteinheit steht der reine Zeit- bzw. Lebensstrom, der nur ein »früher«/»später« kennt; dieser aber kann sich immer nur als bereits als »vergangen«/»gegenwärtig« klassifizierte Zeiteinheit manifestieren. Beide Dimensionen zusammen konstituieren erst die Zeit.

Das *Vermächtnis,* so meine Hypothese, bildet also nicht mehr und nicht weniger als die Konstitution der »Zeit« als einer neuen, autonomen Größe ab. Indem der Text eine auf der vertikalen überindividuellen Achse der Generationenabfolge vorgegebene Zeitdifferenz auf die horizontale individuelle Achse der Ereignisabfolge projiziert und somit die Opposition »Alter« vs »Jugend« zugleich als Opposition von »Vergangenheit« vs »Gegenwart« abbildet, realisiert er genau jene lebensideologische Struktur. Dabei ist nicht die Wiederholung eines vergangenen Schicksals als solches bereits relevant, sondern die Wiederholung eines Schicksals der *vergangenen Jugend* durch die *aktuelle Jugend.* Damit wird zumindest zweierlei geleistet: Zum einen existiert damit exakt ein und dasselbe Schicksal zweimal, als vergangenes und als aktuelles, als besprochenes/erinnertes/»objektiviertes« und als unmittelbar dargestelltes/erlebtes. Zum anderen stehen die aktuelle Jugend und ihr Schicksal damit ihrerseits in einer doppelten Bezugsreihe: Auf der horizontalen Achse stehen sie in direktem Bezug zu einer vergangenen Realität, auf der vertikalen Achse stehen sie in ebenso direktem Bezug zur Elterngeneration – beide zeitliche Relationen werden durch das identische Jahresintervall aufeinander projiziert.

Diese Zeitstruktur ist nun freilich noch zu korrelieren mit den bereits gewonnenen Interpretationsergebnissen. Ich formuliere gleich thesenhaft:

1. Nicht nur die gesamte vom Text dargestellte Realität als solche präsentiert sich als Wiederholung einer vergangenen Realität, sondern innerhalb dieser dargestellten Realität wird selbst, wie ja bereits dargelegt, eine Wiederholung in Szene gesetzt: Am Ende wiederholt sich mit der Nicht-Zulassung Tonis das Schicksal der Ausgangssituation. Es liegt also nahe, beide Wiederholungsfälle miteinander zu vergleichen und deren systematische und notwendige Beziehungen untereinander zu rekonstruieren. Jeweils geht es darum, daß sich eine Realität *im Modell der Reinszenierung einer Vorgabe konstituiert*. Der Text setzt damit die Relevanz der Kategorien *»Teil« vs »Ganzes«*, und es gilt die folgende Homologie: Auf der übergeordneten Ebene des Ganzen verhält sich der dargestellte Realitätsausschnitt als Teil zu einer ihm vorausliegenden vergangenen Realität wie homolog innerhalb des Teils die Endrealität zur Ausgangsrealität:

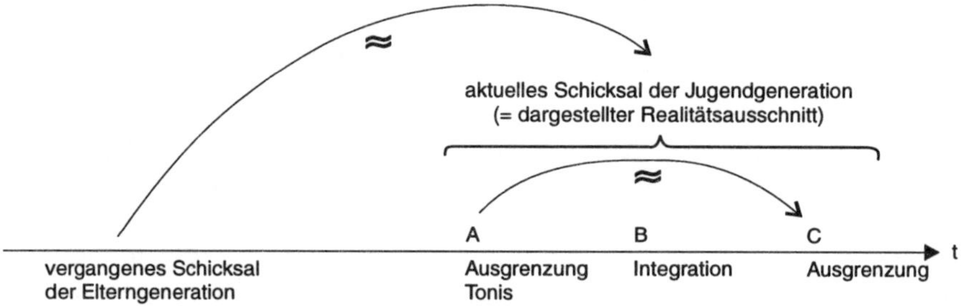

2. Was die Konstitution des Endereignisses betrifft, so war die zyklische Wiederholung des Schicksals allerdings gekoppelt mit einer Substitution der Motivationen – auch diese Struktur, so meine Hypothese, wird in der Zeitstruktur nochmals homolog abgebildet. Jeweils konstituiert sich eine Realität, die auf der Oberfläche identisch ist, in der Tiefe indes einen gänzlich anderen Status aufweist. Innerhalb des Teils, d. h. des dargestellten Realitätsausschnitts gilt, daß Agnes die definitive Grenzziehung zum einen als Vertreterin des bürgerlichen Raums vornimmt – Modell der psychischen Neuaneignung des Alten durch das *bürgerliche Subjekt* –, und zum anderen als Vertreterin der *Jugend:* Die *Jugendgeneration* wiederholt die von der *Elterngeneration* bzw. dem eben signifikant älteren Ferdinand vorgenommene *moralische* Grenzziehung als *psychische.* Die Jugend wiederholt auf der Ebene des Ganzen aber auch das vergangene Schicksal als solches: Dieses selbst hat den Status einer Vorgabe, und desgleichen hat deren Wiederholung durch die Jugend gewissermaßen den Status der »Neuaneignung« als eines Phänomens des überindividuellen ›Lebens‹. Wie auf der Ebene des Teils die Vorgabe der Elterngeneration und der Moral nun unmittelbar vom jugendlichen Einzelsubjekt selbst und mit neuem Status reinszeniert wird, so wiederholt die Jugend auf der übergeordneten Ebene des Ganzen die erin-

nerte und besprochene vergangene Realität jetzt als unmittelbar gelebte gegenwärtige Realität.

Ich breche hier ab und belasse es bei diesen Andeutungen zu einem komplexen Problem, welches noch der weiteren Interpretation bedürfte. Es ging hier auch darum, die systematische Verknüpfbarkeit scheinbar belangloser Zeitangaben und deren Funktionalisierung im denkgeschichtlichen Kontext aufzuzeigen. Die hier skizzierte Zeitstruktur wird auch von anderen Texten realisiert, in der mit Abstand wohl komplexesten Version von *Casanovas Heimfahrt*. Doch bereits das *Vermächtnis* – und auch dies sollte hier und in dieser Arbeit gezeigt werden – ist alles andere als das übliche naturalistische Rührstück, für das man es auf den ersten Blick halten könnte, sondern ohne jeden Zweifel einer der faszinierendsten Texte des Gesamtœuvres, an dem sich nicht zuletzt auch die brillante Schnitzlersche Konstruktionskunst exemplarisch illustrieren läßt.

5.2 Fremdes vs eigenes Schicksal

Ebenso wie das Schicksal der Elterngeneration, so kann auch das Schicksal eines Individuums den Status der subjektexternen Vorgabe besitzen. Rekurrent ist das Modell der Konstitution des eigenen Schicksals *in scheinbarer Abhängigkeit von* einem fremden Schicksal – ein Fall, der von dem im *Vermächtnis* thematisierten zunächst zu unterscheiden ist. Ich gebe einige Beispiele. So läßt z. B. Robert in *Flucht in die Finsternis* seine psychischen Störungen ab dem Augenblick beginnen, da er vom Schicksal des Wahnsinns seines Freundes Höhnburg weiß. Dieses fremde Schicksal hat einen analogen Status wie die Todesprophezeiung in anderen Texten – am Ende wird der Held es als eigenes realisieren, aber nicht, weil sein Wahnsinn eine selbstverständliche, quasi in der Natur der Dinge vorgegebene Realität wäre, zu der keine Alternative/Wahl existierte:

> War mir mein Dasein von Beginn an vorgezeichnet? Oder hab' ich irgendeinmal die Wahl gehabt – die Wahl zwischen Schwäche und Stärke, zwischen Gesundheit und Kranksein, zwischen Klarheit und Verwirrung? (EII, 933)

Im Gegenteil, dieses fremde Schicksal kann ihn nur in dem Maße ereilen, wie er es sich selbst *zu eigen* macht.

Ein analoges Modell findet sich in *Spiel im Morgengrauen*, wo der Held ebenfalls das fremde, dem Freund drohende Schicksal – Selbstmord aufgrund von Spielschulden – zu seinem eigenen macht. Gleich zu Beginn, wenn der Freund ihn bittet, ihm das nötige Geld zu beschaffen, wird die Relation von fremdem und eigenem Schicksal thematisiert:

> »Stell' dir einmal vor, Willi, du befändest dich selbst in einer solchen Schwulität. Was würdest du tun?« (EII, 509)

Am Ende des Textes, da der Held sich tatsächlich in derselben Lage befindet, wird er sich noch einmal der Selbsttäuschung hingeben, dieses Schicksal sei ohne seinen Einfluß zustande gekommen und somit eines ohne Wahl:

> In der mittleren Lade, zwischen den Taschentüchern, er wußte es, lag der Revolver. Ja, nun war er so weit. Geradeso weit wie der andere, [...]. Und in diesem Augenblick war ihm wirklich, als hätte er sich nur um Bogners willen an den Spieltisch gesetzt, nur um Bogners willen so lange das Schicksal versucht, bis er selbst als Opfer gefallen war. (EII, 575)

Der Text straft diese falsche Annahme ebenso Lügen wie die des Helden Robert in *Flucht in die Finsternis*. Denn unmittelbar nach des Freundes Bitte wird er sich des eigenen defizienten Lebens bewußt und substituiert die Fremdmotivation für die Teilnahme am Spiel durch eine Eigenmotivation:

> Eigentlich traurig, dachte er. Niemals noch war ihm die Enge seiner Verhältnisse so deutlich zum Bewußtsein gekommen als heute [...]. (EII, 513)

Genau diese Substitution bildet der Text auf der Ebene der narrativen Ereignissukzession noch einmal ab als Substitution zweier regelrechter Geschichten. Denn damit das fremde Schicksal sich auch für ihn faktisch erfüllen kann, muß die fremde und nicht-erotische Geschichte der Gegenwart substituiert werden durch die eigene und erotische Geschichte der Vergangenheit, muß auf die erste Hälfte des Textes (BA), die das Spielduell in Baden zwischen ihm und dem Konsul inszeniert, eine zweite Hälfte (BB) und mit ihr eine ganze zweite Geschichte folgen, die ein zweites »Duell« bzw. Spiel ebenfalls im Morgengrauen inszeniert. Wie bei den prophezeiten/behaupteten Schicksalen – Tod oder normverletzende Erotik –, so haben auch die von anderen Figuren selbst vorgelebten Schicksale nur den Status eines Katalysators, der allenfalls etwas auslösen kann, wofür die letzte realitätskonstitutive Verantwortlichkeit aber immer beim Subjekt selbst liegt.

Eine zentrale Rolle spielt die Relation des eigenen zu einem fremden Schicksal im *Ruf des Lebens* für den jugendlichen Offizier Max. Gesetzt wird im I. und II. Akt der bevorstehende Ausmarsch der Blauen Kürassiere und mit ihm der bevorstehende Tod, der auf mehreren Ebenen den Status des altruistischen Selbstopfers für eine fremde Größe erhält – zum einen für das *Vater*land, zum anderen für die Elterngeneration der Blauen Kürassiere, vertreten von Maries *Vater*, deren schmachvolle Flucht in der Vergangenheit jetzt gesühnt werden muß. Insofern es sich um ein Todeskommando handelt, besitzt die offizielle Verpflichtung zur Vaterlandsverteidigung zugleich den Status einer Quasi-Todesprophezeiung. Der Text stellt nun die Frage: Was muß als *hinreichendes* Motiv zu jenem offiziellen Motiv hinzukommen, damit diese Norm und das bevorstehende Schicksal des Todes sich faktisch erfüllen? Es bedarf wiederum der Aneignung dieser subjektexternen Vorgabe durch das jugendliche Subjekt. Auf mehreren Ebenen kommt es zur systematischen Psychologisierung/Privatisierung/Personalisierung des ursprünglichen Motivs: Die politisch-öffentliche Geschichte wird wie im *Grünen Kakadu* substituiert durch eine erotische und private – die illegitime Liebesbeziehung Maxens mit der Frau des Obersten –, das offizielle, altruistische Motiv der Sühnung der vergangenen und kollektiven Schuld der damaligen Blauen Kürassiere wird substituiert durch das persönliche, »egoistische« Motiv der Sühnung einer aktuellen und individuellen Schuld. Und so findet Max konsequent den Tod schließlich nicht etwa im Krieg als öffentliche Person, sondern durch Selbst-Mord als private Person. *Die Substitution von Politik durch Erotik erfolgt homolog zur Substitution der Fremd- durch die Eigenmotivation; die Zersetzung der tradierten Moral sowie der politisch-öffentlichen Dimension, die der Text hiermit analog zum ›Kakadu‹ vornimmt, ist unmittelbar korreliert mit seinem subjektivistischen Schicksalsbegriff.*

Den Status der fremden Schicksalsvorgabe besitzen schließlich auch die literarische Rolle in jenem Theaterstück, die der Binnenheld Umprecht in *Die Weissagung* spielt, oder auch die »Rolle« des Kranken, die der Held in

Flucht in die Finsternis spielt (EII, 933, 943). Die Opposition zwischen »Rolle/Spiel« vs »Wirklichkeit« wird ebenso aufgehoben wie die zwischen »Falschheit« vs »Wahrheit« der Todesprophezeiungen bzw. allgemein der Realitätsannahmen. Indem das Subjekt die ursprünglich fremde Rolle spielt, macht es sie sich zu eigen und setzt sie *performativ* in faktische Realität um. Das Modell der Substitution der fremden Geschichte durch die eigene ist also nur eine spezielle und besonders deutliche Ausprägung des allgemeinen übergeordneten Modells der psychischen Aneignung bzw. Neumotivation einer subjektexternen Vorgabe. Auch der »Witwer« – hier wird der Zusammenhang mit dem Problem der Neulegitimation der Moral gut sichtbar – muß die Angelegenheit des Ehebruchs erst retransformieren und wieder zu seiner »eigenen Geschichte« machen, um die Sanktion gegenüber dem Freund faktisch vollziehen zu können.

5.3 Die Entmachtung der »Puppenspieler«

In dem Maße, wie das Subjekt also für sein Schicksal in letzter Instanz immer selbst verantwortlich ist, gewinnt es eine neue realitätssetzende Macht. Diese Autonomie in bezug auf das *eigene* Schicksal wird nun gerne als eine Art »Entmachtung« derjenigen Figuren abgebildet, die mit dem Anspruch auftreten, Macht über *fremde* Schicksale zu besitzen und solchermaßen schicksalsleitende Instanzen zu sein. Besonders explizit wird dies in den beiden Einaktern *Der Puppenspieler* und *Paracelsus* inszeniert. Beide titelgebenden Figuren treten als überlegene Quasi-Therapeuten auf und mit dem Anspruch, eine übernatürliche »Macht« (DI, 842) über fremde Personen zu besitzen.[1] So rühmt sich Paracelsus »in [...] pathetischem Ton«:

> PARACELSUS So viel vermag ich! Wer vermag so viel?
> *Ich kann das Schicksal sein,* wenn's mir beliebt! (DI, 480)

Doch in einem zweiten Schritt zweifelt er selbst an dieser Macht, da er den *Realitätsstatus* von Justinas erotischen Geständnissen nicht mehr anzugeben weiß: Ist das erotische Abenteuer mit Anselmo, welches er ihr suggerierte, nun ausschließlich von ihm selbst verursacht und damit ein »Wahn« Justinas, oder ist es faktische Realität?:

> PARACELSUS (für sich) Schlägt mir überm Haupt
> Des eignen Zaubers Schwall mit Hohn zusammen?
> Und wirren sich die Grenzen selbst für mich –? (DI, 490)

Die Opposition zwischen »Wahn/Fiktion/Spiel« und »Realität/Wahrheit« wird neutralisiert und irrelevant gesetzt: Beides ist der Fall, »Wahn«, weil es nicht faktisch geschehen ist, Realität, weil es *potentielle* Realität ist. Paracelsus wird damit von Justina entmachtet: Er ist nur noch mehr Katalysator für ein Schicksal, welches im Subjekt selbst schon angelegt ist und somit nur dort seine Konstitutionsbedingungen findet.[2]

Analoges findet im *Puppenspieler* statt. Nach 11 Jahren treffen das Ehepaar Eduard und Anna wieder mit dem gemeinsamen Jugendfreund Georg zusammen, und es kommt im Dialog zu einer Aufarbeitung der Vergangenheit. Die überlegen auftretende B-Figur Georg rühmt sich, die psychische Transformation seines damals »ängstliche[n]« und »verschüchterte[n]« Freundes Eduard bewirkt zu haben (DI, 840f), indem er ein quasi-therapeutisches Spiel inszenierte, in dem Anna Eduard gegenüber Liebe simulierte:

---

1 Die zeitgenössische – literarische wie außerliterarische – Diskussion über Suggestion und Hypnose als der »Lehre von der Übertragung des eigenen Willens auf eine fremde Person« (so Schnitzler in seiner Schrift »Über funktionelle Aphonie und deren Behandlung durch Hypnose und Suggestion« (1889), in: Schnitzler 1988, S. 180) problematisiert somit immer auch übergeordnete Fragen der Konstitution von Schicksal.

2 Müller-Seidel 1985, S. 76 und Perlmann 1987, S. 88 vermögen in dieser Entmachtung ausschließlich Kritik Schnitzlers an der zeitgenössischen Medizin zu erblicken.

> GEORG Wodurch ward diese außerordentliche Veränderung deines Wesens hervorgerufen? Dadurch, daß du glaubtest, das schöne Mädchen, das dich damals doch zum ersten Male sah, hätte sich auf den ersten Blick in dich verliebt. [...] Ihr wart die Puppen in meiner Hand. Ich lenkte die Drähte. (DI, 845)

Doch auch er wird entmachtet, denn nicht nur ist aus dem, was als bloßes Spiel gedacht war, ohne sein Zutun Realität geworden – die Puppen sind »allmählich sehr lebendig geworden« (DI, 846) –, sondern das therapeutische Spiel als solches fand seine eigentlichen Konstitutionsbedingungen in Anna, für die damals die »Komödie« der Liebe gegenüber Eduard die »letzte Hoffnung« (DI, 850) war, um den von ihr eigentlich geliebten Georg eifersüchtig zu machen. Am Ende ist die Maximalopposition zwischen dem bürgerlichen und dem (potentiellen) nicht-bürgerlichen Partner Annas neutralisiert, und Anna erscheint als die eigentlich überlegene Figur: Eduard bleibt der bürgerlich-biedere und etwas naive Partner, mit dem keine Intensität und Leidenschaftlichkeit gelebt werden kann, Georg hingegen ist ein scheinbarer »Puppenspieler«, dem nur mehr die Illusion von Freiheit und Macht geblieben ist, und der für sein nicht-bürgerliches Lebensmodell ebenso seinen Preis zu entrichten hat wie das bürgerliche Paar.[1]

Analoge Fälle der Entmachtung stellen auch die Todesprophezeiungen in den quasi-fantastischen Erzählungen dar, deren faktische Erfüllung durchwegs an das betroffene Subjekt rückgebunden wird. Wie bei der Aufhebung der tradierten Moral so gilt auch hier, *daß die Macht der schicksalsleitenden Instanzen nicht wirkungsvoller demontiert werden kann, als wenn sie auf der Oberfläche der faktischen Realität bestätigt, heimlich aber durch die Eigendetermination des Subjekts substituiert wird*, d. h. wenn sich z. B. Gerontes Todesprophezeiung also just dadurch erfüllt, daß Anselmo autonom seinem Leben durch Selbstmord ein Ende setzt – eine Bestätigung, die einer regelrechten Vernichtung dieser Instanz gleichkommt. Hier wird wieder das übergeordnete Modell sichtbar: Sei es eine okkulte Weissagergestalt, ein Quasi-Psychotherapeut oder seien es ganz allgemein die tradierten Normen, die z. B. in Gestalt des »Vaterlandes« das Selbstopfer verlangen (*Ruf des Lebens*) – jedwede subjektexterne Größe, die zunächst Macht über das Subjekt besitzt, wird radikal ausgehöhlt und zersetzt, indem sie auf das Subjekt zurückbezogen wird und, ohne es zu wissen, in ihrer scheinbaren Wirkung gänzlich von diesem abhängig wird. Auf der Oberfläche fallen alle diese Figuren als Opfer bzw. erscheinen als »Marionetten« von subjektexternen Größen – heimlich aber haben sich die Machtverhältnisse umgekehrt, und das Subjekt übt selbst nun eine Macht aus, die latent »narzißtische« Züge annehmen kann. Greifbar wird dies insbesondere in *Paracelsus*: Paracelsus

---

1 Die Schnitzlerforschung hat die Demontage des »Puppenspielers« z. T. wieder moralisierend reduziert auf eine Art poetischer Gerechtigkeit gegenüber dem egoistischen Künstler, der, »weil er mit den Menschen nur gespielt hat, [...] zum Spielball des säkularisierten Schicksals geworden [sei]«, so Doppler 1975, S. 21; in diesem Sinne auch Reichert 1973, S. 138.

wird, in dem Maße, wie er bloßen Katalysatorstatus für Justinas Schicksal erhält, reduziert zum *Zeichen* für ihre Jugend und ihr psychisches Potential (s. Zitat o., B 4.11). Das Ich kann sich nun im Nicht-Ich spiegeln, letzteres wird gewissermaßen zur Ich-Funktion degradiert. Hieran wird aber nur besonders sinnfällig, was bei Schnitzler prinzipiell mit subjektexternen Größen bzw. der (negativen) Realität als solcher geschieht: Sie werden bedeutungshaft gemacht auf das Subjekt hin, welches sich *genau dadurch* zugleich emanzipiert und eine Autonomie ihnen gegenüber erlangt.

5.4 Zufall vs Schicksal/Notwendigkeit

Wie die eben zitierten Beispiele zeigen, spielt im Modell der Entmachtung immer auch der Zufall eine mehr oder minder stark betonte Rolle: Geronte, der »Puppenspieler«, Paracelsus etc. üben gewissermaßen nur mehr per Zufall eine faktische Macht über das Subjekt aus. »Zufall« ist der Oppositionsbegriff zu »Schicksal«, welches mit »Notwendigkeit« gleichzusetzen ist, und beide stehen in einer paradoxen Relation zueinander. Wiederum sind es die quasi-fantastischen Erzählungen, die diese Paradoxie am deutlichsten in Szene setzen. In *Die Weissagung* beispielsweise wird sie bereits in den Umständen der Prophezeiung greifbar. Marco Polo weissagt scheinbar »*irgend einen* Augenblick [...] aus Ihrem künftigen Leben« (EI, 606), faktisch handelt es sich aber immer um den eigenen Tod, der geweissagt wird – wer ihn nach seinem Schicksal fragt, muß sterben. Das Subjekt hat sogar die Wahl des Zeitraums: Hätte Umprecht nach seinem Schicksal in zwanzig statt »*zum Beispiel* in zehn Jahren« (EI, 606) gefragt, dann hätte er, so die Logik dieses Modells, 10 Jahre länger leben können. Doch nicht nur beim Akt der Weissagung selbst, sondern auch bei der unmittelbaren Erfüllung dieses geweissagten Schicksals spielt der Zufall eine eminente Rolle: Von der Produktion des Theaterstücks durch das Binnen-Ich, dem eine entscheidende schicksalskonstitutive Rolle zukommt, über den Erhalt jener Narbe im Gesicht bis zur Übernahme der Theaterrolle des sterbenden Helden realisiert sich Umprechts Schicksal als eine einzige »Reihe von Zufälligkeiten« (EI, 601). Auf der Oberfläche wird die »Wehrlosigkeit« des Helden gesetzt, gilt, daß er einer »unbekannten Macht preisgegeben« ist (EI, 611, 613) – implizit aber setzt der Text sowohl den Zufall als auch die Wahl des Subjekts.[1] Homolog und in systematischer Korrelation zur Substitution der Fremd- durch die Eigendetermination erfolgt die Substitution von Notwendigkeit durch Zufall: Das *Subjekt* und der *Zufall* sind nun die beiden eigentlichen schicksalskonstitutiven Größen. In einem seiner Aphorismen entwirft Schnitzler eine Situation, die identisch ist mit der paradoxen Geschichte der zufälligen Verwundung Umprechts in der *Weissagung*:

> Du nimmst einen Weg, den du regelmäßig zu gehen pflegst. Dein Mörder, der dich schon lange haßt, lauert dir auf und tötet dich. Dann sagen wir, dies ist mit *Notwendigkeit* geschehen.
> Du nimmst einen Weg, den du bisher niemals gegangen bist. Irgend jemand lauert in der Nähe einem andern auf, den er umbringen will; er verwechselt dich mit diesem und tötet dich. Dann sprechen wir von *Zufall*. [...] Und gerade dort, wo der Zufall völlig absurd wirkt, [...] haben wir wieder die Empfindung des Schicksalhaften. In logischem Sinne sind also Schicksal und Zufall niemals Gegensätze,

---

1 Vgl. dagegen Imboden 1971, S. 85ff, der hier nur den Aspekt der Fremddetermination hervorhebt. Unhaltbare Psychologisierungen bei Lawson 1963, S. 74ff.

sondern durchaus das gleiche und umso unwidersprechlicher identisch, von je höherem Standpunkt aus wir ein Ereignis betrachten. [1]

»Zufall« bedeutet im Text zugleich ein natürliches, realitätskompatibles Erklärungsangebot und wird mit Autonomie und Wahl des Subjekts korreliert, »Schicksal« wird umgekehrt mit einem übernatürlichen, realitäts*in*kompatiblen Erklärungsangebot korreliert sowie mit Heteronomie und Notwendigkeit:

> Vor allem war es mir klar, daß ich mein Schicksal vollkommen in der Hand hatte. Nichts in der Welt konnte mich dazu zwingen, am 9. September 1868, abends zehn Uhr, mit einem braunen Vollbart auf einer Bahre zu liegen; [...]. Sah ich nicht deutlich, daß ich mein Schicksal nach wie vor in meiner Gewalt hatte? ... War nicht alles, was bisher geschehen, auf natürliche Weise zu erklären? (EI, 609, 611)

Aber genau diese Oppositionen werden jetzt *als solche* aufgehoben. Die Substitution der Fremd- durch die Eigendetermination darf also nicht dahingehend mißverstanden werden, daß die Dimension der Fremddetermination etwa gänzlich eliminiert würde, sie bleibt auf der Oberfläche ja stets bestehen und wird bestätigt. Die Heteronomie erfüllt sich vielmehr *als* Autonomie – freilich eine von ganz anderer Art als die, über die der Held zu verfügen meint[2] –, und analog hierzu erfüllt sich das Schicksal *als* Zufall, das Okkulte/Fantastische/Übernatürliche *als* Natürliches – durchwegs praktiziert der Text den paradoxen Zusammenfall der jeweiligen Größen. Die Diskussion der determinierenden Größen des individuellen Schicksals wird also gekoppelt mit der Diskussion des Wunderbaren: »Wo fängt das Wunder an?« (EI, 606) wird programmatisch gefragt, und der Text setzt auf höherer Ebene diese Frage als solche ebenso irrelevant wie die Frage von »Wahn« vs »Wahrheit« in *Paracelsus*. Die Grenze zwischen Fantastik und Nicht-Fantastik wird neutralisiert, und das Fantastische/Übernatürliche selbst konstituiert sich im paradoxen Modell seiner impliziten Selbstaufhebung. Schnitzlers quasi-fantastische Texte setzen somit letztlich zwei zu unterscheidende Klassen von Fantastik, eine »primäre« und traditionelle, die in der Existenz von okkulten Weissagergestalten und ihrer Macht auf das Subjekt gründet, und eine »sekundäre« und neue, die auf einer Metaebene in der paradoxen Koppelung von Übernatürlichem und dessen gleichzeitiger Aufhebung gründet. Diese »neue Fantastik« ist keine echte mehr, sondern verweigert die eindeutige Zuordnung[3] – diese Nicht-Entscheidbarkeit läßt sich ihrerseits aber in ihrer Logik systematisch rekonstruieren.

1 AuB, 39f (Hervorh. i. Orig.). Zur Neutralisierung der Opposition zwischen Zufall und Schicksal vgl. Segar 1971, S. 254, Offermanns 1981, S. 36, Allerdissen 1985, S. 108. Eine falsche Vereindeutigung nimmt hingegen Žmegač 1993, S. 63ff vor.

2 Diese Autonomie hat mit der sogenannten »Willensfreiheit« nichts mehr zu tun, vgl. u. Anm. 2, S. 285.

3 Tatsächlich hat Schnitzler *in diesem Sinne* nur »quasi fantastische« Texte geschrieben, d. h. solche, die, mit Freud zu reden, mit dem Wunderbaren lediglich »liebäugel[n]«. Vgl. Freuds

Der Zufall spielt schließlich nicht nur bei der Konstitution des individuellen Schicksals eine Rolle, sondern, in Korrelation damit, prinzipiell bei all jenen subjektexternen Größen, die eine Neuableitung durch das Subjekt erfahren (müssen). Wie sich die Macht der schicksalsleitenden Figuren nur noch per Zufall und »ohne [deren] Wissen und Zutun« (EI, 603) erfüllt, so wird homolog auch eine vorgegebene tradierte moralische Norm nur noch mehr akzidentell, nämlich wenn es die individuelle Psychologie des Subjekts (z. B. die erotische Eifersucht der Agnes) gewissermaßen gerade so ergibt, erfüllt, und so konstituiert sich auch das öffentliche politische Ereignis nur mehr zufällig über ein privates erotisches: Jeweils wird genau dadurch eine Zersetzung dieser subjektexternen Größen betrieben, wie sie radikaler nicht sein kann.

---

irritierten Kommentar zu *Die Weissagung* (Freud 1919h, S. 238). Imboden 1971, S. 101ff führt diese Ambivalenz biographistisch auf »Ursachen im Wesen des Dichters« zurück, Just 1968, S. 118ff macht sich Freuds Urteil zu eigen und erblickt in dieser Ambivalenz ein ästhetisches Scheitern des Autors. Zum Problem des Fantastischen und seiner Definition allgemein vgl. Wünsch 1991c.

5.5 »Sinn« als Beziehung zwischen Subjekt und ›Leben‹

Die bereits beschriebene Erfahrung des Todes, der einige der großen Selbstfindungstexte ihre Figuren im Übergang von Bb zu C unterwerfen, wird zum Teil – v. a. in *Frau Berta Garlan, Traumnovelle, Doktor Gräsler* – zusätzlich funktionalisiert für die Herstellung einer Beziehung zwischen dem Subjekt und einem fremden Schicksal. Ich gebe einige Beispiele:

In *Frau Berta Garlan* postuliert die Heldin von Anfang an »einen unbegreiflichen Zusammenhang« zwischen sich und Frau Rupius (EI, 439). Am Ende werden mit der Ankunft von Emils desillusionierendem Brief und dem parallel dazu erfolgenden Tod Annas beide Schicksale explizit miteinander korreliert:

> Ob Anna auch hätte sterben müssen, wenn heut' ein anderer Brief von Emil gekommen wäre? ... Wahrhaftig, sie verlor den Verstand .. Das waren ja Dinge, die gar nicht zusammenhingen – und doch .... *warum konnte sie sie nicht voneinander trennen?* – (EI, 511)

Die Sinnstiftung über das ›Leben‹ ist am Ende mit der Erkenntnis, welcher Art diese Beziehung zu Anna Rupius ist, verknüpft. Berta kann nun im fremden Schicksal ihr potentielles eigenes – Tod durch Abtreibung – gespiegelt sehen. Damit wird ein Doppeltes geleistet: Zum einen wird das Subjekt in einen über es selbst hinausweisenden Kontext eingeordnet, der, wie bereits gezeigt, einer des ›Lebens‹ – der Generationen und der biologischen Gattung – ist, zum anderen wird genau dadurch wieder die vorgefundene Realität bedeutungshaft in bezug auf das Subjekt selbst.[1]

In der *Traumnovelle* liest Fridolin im zweiten Kursus das Schicksal des Selbstmords der mutmaßlichen Unbekannten, wodurch das eigene Schicksal ebenfalls eine Einordnung in einen überindividuellen Kontext des ›Lebens‹ erfährt und eine Beziehung gestiftet wird zwischen dem eigenen und einem fremden Schicksal. Die Tatsache der letztlichen Nicht-Identifizierbarkeit der Unbekannten erweist sich dabei wiederum als funktionalisiert. Sie leistet zum einen, wie bereits dargelegt, die Möglichkeit der Überwindung der ersten alternativen Sinnstiftung über ein gesteigertes »Leben«: Auch wenn sie noch leben sollte, *für ihn* ist sie tot. Nun wird deutlich, daß die finale desillusionierende Sinnstiftung auch mit der Herstellung einer Beziehung zwischen eigenem und fremdem Schicksal korreliert ist: Denn nur genau dann, wenn es sich bei der Toten um die Unbekannte handelt, wird diese Beziehung hergestellt, denn dann ist Fridolin selbst verantwortlich und schuldig an diesem Tod. In der Setzung der Unbekannten als einer Toten artikuliert sich das unverkennbare Bestreben, ja die Sehnsucht des Subjekts,

1 Die Funktion der Frau Rupius geht also keineswegs in der bloßen »Funktion der therapeutischen Figur« auf. Vgl. die diesbezüglich etwas zu psychologisierende Interpretation bei Thomé 1986, S. 957ff.

eine solche Beziehung herzustellen und die Realität für es wiederum bedeutungshaft zu machen. Diese Beziehung darf aber eben nicht einfach von der Realität bzw. dem Text vorgegeben werden, sondern sie muß vom Subjekt selbst in einem *willentlichen Akt der Sinnstiftung* hergestellt werden.

In *Doktor Gräsler, Badearzt* wird die definitive Sinnstiftung ebenfalls durch den Tod der illegitimen Partnerin des Helden geleistet. Der Frage in der *Traumnovelle*, ob die Tote die Unbekannte sei oder nicht, entspricht hier die Frage, ob Gräsler schuld am Tod Katharinas sei oder nicht. Gegenüber Frau Sommer schließt er dies eher aus:

> Es kämen jetzt viele Fälle in der Stadt vor, ja man könnte fast von einer Epidemie sprechen. Und *irgendein Zusammenhang* zwischen der Krankheit seiner Freundin und dem Fall der kleinen Fanny sei um so weniger anzunehmen, als der Scharlach des Kindes so leicht verlaufen sei, daß er an der Richtigkeit seiner Diagnose beinahe zweifeln möchte. (EII, 204)

Entscheidend ist aber wiederum nicht die genaue Klärung der Schuldfrage, sondern die Tatsache, daß der Text eine solche Schuld zumindest als möglich suggeriert und daß v. a. Gräsler selbst an eine solche Schuld glaubt. Genau dadurch wird eine Beziehung gestiftet zwischen Ich und dem ›Leben‹, zwischen eigenem und fremdem Schicksal; das Subjekt erfährt sich damit auch als verantwortlich für sein eigenes Schicksal, es hat diese defiziente Realität sozusagen selbst »geschaffen«.

Das überindividuelle ›Leben‹ L_B und das Subjekt bzw. sein individuelles Leben L_A werden also aufeinander bezogen und machen einander sinnvoll. Damit ist die Grundstruktur der lebensideologischen Schicksalskonzeption formuliert. Schicksal setzt nach Simmel zwei Größen voraus, zum einen ein Subjekt mit einer »Eigenrichtung«[1], und zum anderen die Serie der dem Subjekt zunächst äußerlichen Ereignisse. »Schicksal« bezeichnet nun genau die Tatsache, »daß das bloß Ereignishafte der Objektivität sich in das Sinnhafte einer individuellen Lebensgerichtetheit wandele oder als solches enthülle« und von dieser aus *»eine neue Bedeutung* [...] gewinnt«: Es ist also auch hier ganz explizit *»die Bezüglichkeit auf das Subjekt«*, die dem Leben einen Sinn verleiht.[2] Zum anderen erweist sich das Subjekt seinerseits aber eingeordnet in den überindividuellen Kontext des Lebens, es besteht also sowohl die »Eingefügtheit«[3] des ›Lebens‹ in das individuelle subjektive Leben L_A als auch umgekehrt die Eingeordnetheit dieses letzteren in jenes – Schicksal bedeutet somit genau die Herstellung einer *nicht-zufälligen, notwendigen* Beziehung zwischen beiden zentralen Aspekten des menschlichen Lebens:

> Das menschliche Leben aber steht unter dem *Doppelaspekt:* wir sind einerseits den kosmischen Bewegtheiten preisgegeben und *eingeordnet*, fühlen und führen aber

1 Simmel 1922, S. 119.

2 Ebd., S. 125, 122, 120 (meine Hervorh.).

3 Ebd., S. 120.

> andererseits unsere individuelle Existenz aus einem eigenen Zentrum heraus, als *Selbstverantwortlichkeit* [...]. Indem wir nun etwas als Schicksal betrachten, heben wir die reine Zufälligkeit zwischen beiden auf.[1]

Diese neue »Notwendigkeit« ist von der im vorhergehenden Kapitel thematisierten »Notwendigkeit« unbedingt zu unterscheiden. Letztere beruhte auf dem Postulat der Existenz *subjektexterner* determinierender Größen – die Zufälle des ›Lebens‹ hoben deren Macht auf, um nun ihrerseits, in einem zweiten Schritt, eine »Notwendigkeit« zu stiften, die ganz *im Subjekt* begründet liegt. Die neue, definitive Sinnstiftung besteht mithin darin, eine paradoxe Konzeption von Schicksal zu entwerfen, in der die Autonomie des Subjekts weder in Opposition zu einem negativen Schicksal noch zur Erfahrung der Determiniertheit steht.[2] In der ersten Sinnstiftung wurde die Heteronomie in bezug auf die Kultur und ihre Normen aufgehoben und eine neue Autonomie diesen gegenüber gesetzt. Die definitive Sinnstiftung definiert sich demgegenüber durch eine doppelte Operation: Sie substituiert zum einen die alte Heteronomie in bezug auf die Kultur durch eine Heteronomie, die im ›Leben‹ gründet, somit im Gegensatz zur alten Heteronomie den Status des Unaufhebbaren/Invarianten besitzt und dem menschlichen Einfluß entzogen ist; aber zugleich definiert sie auf höherer Ebene eben diese Heteronomie zugleich um zu einer Autonomie und Möglichkeit zur *»Selektion«*,[3] die sich nun als die wahre Autonomie auf einer gänzlich anderen Ebene situiert, und mit welcher quasi *kompensatorisch* der menschliche Einfluß wieder zurückgewonnen wird. Nur das kann Schicksal werden, »was *von unserer eigensten Lebensbestimmung* aufgenommen und zum Schicksal verarbeitet werden kann.«[4] Explizit formuliert dies der Arzt im *Ruf des Lebens* gegenüber dem Adjunkt, der Katharina verlassen hat und sich Schuld an ihrem Schicksal beimißt:

> DER ARZT Nicht Sie, Herr Adjunkt, haben das aus ihr gemacht. Ist denn je ein Mensch eines andern Schicksal? Er ist immer nur das Mittel, dessen das Schicksal sich bedient. Katharina *war bestimmt, zu werden, was sie ward.* Sie waren zur Hand, das ist alles. (DI, 1024)

1 Ebd., S. 120 (meine Hervorh.).

2 Daß der Konzeption von Schicksal bei Schnitzler eine fundamentale Paradoxie zugrundeliegt, wurde zwar z. T. gesehen (vgl. Segar 1971, S. 219, Thomé 1986, S. 927ff, Allerdissen 1985, S. 81ff.), sie wurde aber fälschlich als Paradoxie von gleichzeitiger »Willensfreiheit« und »Determination« formuliert und z. B. interpretiert als Versuch Schnitzlers, dem naturwissenschaftlichen Determinismus gegenzusteuern und »not to reduce humanity to its impersonal unconsciousness« (Segar 1971, S. 265ff; ähnlich auch Thomé 1986, S. 927ff, der das Problem als Ambivalenz von naturwissenschaftlicher – Schnitzler als »Naturwissenschaftler« – und philosophischer Tradition – Schnitzler als »Ethiker« – formuliert). »Willensfreiheit« ist aber, wie gezeigt, hier eine – im übrigen wiederum den Aphorismen entnommene – Kategorie, mit der jene neue lebensideologische Autonomie nicht adäquat zu fassen ist.

3 Simmel 1922, S. 122.

4 Ebd., S. 122 (meine Hervorh.).

Das Subjekt ist jetzt zwar determiniert, aber scheinbar nur mehr von sich selbst, alle subjektexterne Determination ist zur subjektinternen umgewandelt und gleichsam in das Subjekt selbst hineingenommen. Die »Autonomie« besteht in der Heteronomie durch die eigene Psyche und all das, was in ihr als Potential angelegt ist, in der Reduktion von allem Subjektexternen auf den bloßen Status von Katalysatoren, in der eigenen »Freiheit« zu einem negativen Schicksal.[1] Eine derartige Schicksalskonzeption entwirft also auch eine implizite *Teleologie*. Unabhängig von der inhaltlichen Bestimmung des individuellen Schicksals wird eine innere Zielgerichtetheit jedes Lebens postuliert, und genau diese garantiert den letztlichen Sinn, jenseits der Opposition von Selbstfindung oder Selbstverlust, »Leben« oder »Nicht-Leben«. Das zeitgenössische Postulat einer *»personale[n] Lebensteleologie«*[2] nimmt explizit eine Neulegitimation bzw. Umdefinition des goethezeitlichen Teleologie-Postulats vor, nun über das Subjekt. Schicksal ist, wieder mit Simmel, die:

> Aufhebung jener Unheimlichkeit des Zufälligen im Notwendigen – und zwar nicht nach einer vorgeblichen »sittlichen Weltordnung« Notwendigen, sondern nach dem *Lebens-Apriori des Subjektes* [...].[3]

Die – mit Simmel zu sprechen – »tiefe Sehnsucht, das Zufällige zu überwinden«,[4] kann nun sogar zum Postulat einer Art »weltimmanenten Gerechtigkeit« durch die Figuren führen. So gilt Berta der Tod Annas als »eine Vorbedeutung, ein Fingerzeig Gottes« (EI, 512); in *Spiel im Morgengrauen* erkennt der Held am Ende, nach Leopoldines Revanche, das Walten einer Gerechtigkeit und kann genau dadurch seinem Schicksal einen Sinn zuordnen:[5]

> und so – in all dem grausamen und tückischen Unrecht, das ein böses Weib ihm zugefügt – , auf dem Grunde seiner Seele, so sehr er sich dagegen wehrte, begann er *eine verborgene und doch unentrinnbare Gerechtigkeit* zu verspüren, die sich *über das trübselige Abenteuer hinaus*, in das er verstrickt war, *an sein tiefstes Wesen* wandte. (EII, 574f)

Paradoxerweise erfüllt sich aber dieses Schicksal ebenso über eine Serie von Zufällen wie dasjenige Umprechts in *Die Weissagung*. Zufall ist sowohl die Absenz der Familie Keßler, die ihn zum zweiten Mal an den Spieltisch führt,

---

1 Vgl. Ebrecht 1991, S. 155-253 zur lebensideologischen Autonomie als »Freiheit, man selbst sein zu müssen« (S. 210), sowie Simmel 1922, S. 125 zur Konzeption des Tragischen in der Tragödie: Das »›Versöhnende‹ der Tragödie« beruhe darin, daß das tragische Scheitern des Helden in dessen »eigene[r] Lebensintention [...] ganz fundamental vorgezeichnet [sei]«. Die Tragik wird damit freilich tendenziell eliminiert.

2 Simmel 1922, S. 124.

3 Ebd., S. 125 (meine Hervorh.).

4 Ebd., S. 119.

5 Vgl. Thomé 1986, S. 990.

als auch deren unerwartete Präsenz im Café, die die dritte und entscheidende Spielrunde mitverursacht. Das fremde Schicksal des Freundes wird als determinierende Größe außer Kraft gesetzt und erhält bloßen Katalysatorstatus – an seine Stelle treten das ›Leben‹ und dessen *Zufälle*, über die sich nun ein Schicksal und mit ihm ein Sinn konstituieren, der zugleich wiederum *notwendig* im Subjekt begründet ist (vgl. »an sein tiefstes Wesen ...«). Man kann die lebensideologische Schicksalskonzeption mithin auf die doppelte Formel der *Sinnkonstitution über Kontingenz* und der *Sinnkonstitution über das Subjekt* bringen.

Die gleiche Paradoxie charakterisiert das Schicksal der Heldin in *Therese. Chronik eines Frauenlebens.* Die sterbende Therese, die durch ihren Sohn tödlich verletzt worden ist, interpretiert die Tat als Vergeltung für ihren damaligen Quasi-Tötungsversuch an ihm nach der Geburt. Indem sie den Sohn zum »Vollstrecker einer ewigen Gerechtigkeit« (EII, 880) macht, stellt sie eine Beziehung her zwischen dem eigenen und dem fremden Schicksal und gibt ihrem eigenen Schicksal damit wiederum Sinn. Hier besteht exakt dieselbe Situation wie in der *Traumnovelle:* Die letztliche Unentscheidbarkeit, ob dieser Zusammenhang besteht oder nicht, wird funktionalisiert: Wie für Fridolin, so besteht er für Therese »nun einmal« (EII, 880), die Ebene der faktischen Realität wird irrelevant gesetzt. Wie in keinem anderen Text wird hier überdies – aus der Perspektive des Jugendfreundes Alfred – das Bedürfnis nach einer solchen Sinnstiftung thematisiert:[1]

> Ob *dieser Zusammenhang* nun vor einem himmlischen oder irdischen Richter tatsächlich gelten mochte – für diese Sterbende [...] bestand er nun einmal; und Alfred fühlte, daß das Bewußtsein ihrer Schuld in dieser Stunde sie nicht bedrückte, sondern *befreite*, indem ihr nun das Ende, das sie erlitten hatte oder erleiden sollte, *nicht mehr sinnlos* erschien. (EII, 880)

Das Modell der personalen Lebensteleologie hebt jegliches Postulat einer gerechten Weltordnung etwa im Rahmen einer Theodizee radikal auf – und stiftet es doch zugleich neu, über das Subjekt. Insofern ist auch absolut zentral, daß alle Setzungen von Sinnstiftung *ausschließlich in Figurenperspektive* und erlebter Rede auftreten. Der Text selbst gibt immer Hinweise, die die Figur bestätigen könnten, er legt die von der Figur vorgenommene Realitätsdeutung nahe – um deren definitive Bestätigung letztlich doch immer zu verweigern. Es ist absolut konstitutiv, daß unentscheidbar bleibt, ob es sich bei der Toten in der *Traumnovelle* wirklich um die Unbekannte

1 Wie sehr dieses hier artikulierte Bedürfnis der literarischen Figuren Ausdruck eines Bedürfnisses der Zeitgenossen nach quasi-magischer Sinnstiftung für die eigene Lebenspraxis ist, mag Schnitzler selbst belegen, der sich laut eigenem Bekenntnis nach der Totgeburt des ungewünschten, mit Marie Reinhard gezeugten Kindes der »tiefe[n] Empfindung eines Zusammenhangs zwischen dem Tod des Kindes und meinem Mangel an Interesse für das Kind vor der Geburt« nicht erwehren konnte (Tagebucheintrag vom 30.9.1897, in: Schnitzler 1989, S. 265). S. auch Reik 1914.

handelt oder nicht, ob Gräsler Katharina wirklich angesteckt hat oder nicht,[1] ob die Tat des Sohnes wirklich auf Thereses Tötungsgedanken nach seiner Geburt zurückzuführen ist oder nicht – d. h., ob ein Zusammenhang gegeben ist und damit »Notwendigkeit« und ein »Sinn«, der implizit mit der Existenz eines Übernatürlichen spielt (vgl. »mystische Tendenzen« EII, 881), oder ob der pure Zufall und damit Absenz von »Sinn« herrschen. Mag es auch Zufall und pure Wirklichkeit sein, so erscheinen diese doch immer zugleich aus der Perspektive des Subjekts als bedeutungshaft und mit Notwendigkeit geschehen. Traditionelle Modelle der Sinnstiftung qua metaphysischer Schicksalsleitung werden radikal außer Kraft gesetzt, das heimliche Bedürfnis nach Sinn verschwindet als solches damit indes noch nicht. Sinn gründet nun statt dessen zum einen in der *Immanenz des Lebens und seiner Kontingenz*, zum anderen im *Subjekt und seiner ganz individuellen Psychologie* – beide Größen, das ›Leben‹ und die Psyche des Subjekts, werden damit ihrerseits Träger einer neuen, impliziten Metaphysik.

1 Brinson 1983, S. 54, 61 eliminiert diese Ambivalenz und behauptet die Ansteckung als eindeutige Tatsache.

Literaturverzeichnis

1. Primärliteratur

1.1. Schnitzler, Arthur

1961: *Die erzählenden Schriften*, 2 Bände (= EI und EII), Frankfurt a. M.

1962: *Die dramatischen Werke*, 2 Bände (= DI und DII), Frankfurt a. M.

1966: *Das Wort*. Tragikomödie in fünf Akten, hg. aus dem Nachlaß v. K. Bergel, Frankfurt a. M.

1967: *Aphorismen und Betrachtungen* (= AuB), hg. v. R. Weiss, Frankfurt a. M.

1977: *Entworfenes und Verworfenes*. Aus dem Nachlaß, hg. v. R. Urbach, Frankfurt a. M.

1988: *Medizinische Schriften*, hg. v. H. Thomé, Wien

1989: *Tagebuch 1893-1902*, hg. v. der Österreichischen Akademie der Wissenschaften, Wien

1.2 Zeitgenössische theoretische Texte

ANDREAS-SALOME, Lou

1979: *Die Erotik. Vier Aufsätze*, hg. v. E. Pfeiffer, München

BAHR, Hermann

1968: *Zur Überwindung des Naturalismus. Theoretische Schriften 1887-1904*, hg. v. G. Wunberg, Stuttgart u.a.

BERG, Leo

1892: *Der Naturalismus. Zur Psychologie der modernen Kunst*, München

BLEIBTREU, Carl

1890: »Moderne Auffassung der Liebe«, in: ders., *Zur Psychologie der Zukunft*, Leipzig, S. 268-288

BREUER, Josef/FREUD, Sigmund

1991: *Studien über Hysterie* (Wien 1895, 1908^{2}), Frankfurt a. M. (Fischer Taschenbuch)

BÜCHNER, Ludwig

o. J.: *Kraft und Stoff. Empirisch-naturphilosophische Studien*, Nachdruck der Ausgabe von Frankfurt a. M. 1855, hg. v. W. Bölsche, Leipzig

DANVILLE, Gaston

1894: *La psychologie de l'amour*, Paris

DESSOIR, Max

1894: »Zur Psychologie der Vita sexualis«, *Allgemeine Zeitschrift für Psychiatrie und psychisch-gerichtliche Medizin* 50, 5, S. 941-975

1896: *Das Doppel-Ich*, 2. Auflage Leipzig

DILTHEY, Wilhelm

1927: *Plan der Fortsetzung zum Aufbau der geschichtlichen Welt in den Geisteswissenschaften. Entwürfe zur Kritik der historischen Vernunft.* Erster Teil:

»Erleben, Ausdruck und Verstehen«, in: *Wilhelm Diltheys gesammelte Schriften,* Bd VII, Leipzig u. Berlin, S. 191-291

DURKHEIM, Emile

1906: »Détermination du fait moral«, *Bulletin de la Société française de philosophie* 6, S. 113-168

1914: »Le dualisme de la nature humaine et ses conditions sociales«, *Scientia* 8, XV, N. 34-2, S. 206-221

1983: *Der Selbstmord* (*Le suicide*, Paris 1897), Frankfurt a. M. (Suhrkamp Taschenbuch Wissenschaft)

EBERHARD, E.F.W.

1927: *Feminismus und Kulturuntergang. Die erotischen Grundlagen der Frauenemanzipation*, 2. Auflage Wien u. Leipzig

EHRENFELS, Christian von

1907: *Sexualethik* (= Grenzfragen des Nerven- und Seelenlebens 56), Wiesbaden

ELIAS, Norbert

1982: *Über den Prozeß der Zivilisation. Soziogenetische und psychogenetische Untersuchungen*, 2 Bde (Basel 1939), Frankfurt a. M. (Suhrkamp Taschenbuch Wissenschaft; = Nachdruck der 2., verm. Auflage Bern 1969)

FOREL, Auguste

1909: *Ethische und rechtliche Konflikte im Sexualleben in und außerhalb der Ehe*, München

1923: *Der Weg zur Kultur*, Leipzig u. Wien

FREUD, Sigmund[1]

1905e: »Bruchstück einer Hysterie-Analyse«, in: *Studienausgabe* [=SA], hg. v. A. Mitscherlich u.a., Frankfurt a. M. 1969-79, Bd VI, S. 83-186

1908d: »Die ›kulturelle‹ Sexualmoral und die moderne Nervosität«, in: *SA* IX, S. 9-32

1908e: »Der Dichter und das Phantasieren«, in: *SA* X, S. 169-179

1909d: »Bemerkungen über einen Fall von Zwangsneurose«, in: *SA* VII, S. 31-103

1912d: »Über die allgemeinste Erniedrigung des Liebeslebens« (= »Beiträge zur Psychologie des Liebeslebens« II), in: *SA* V, S. 197-209

1912e: »Ratschläge für den Arzt bei der psychoanalytischen Behandlung«, in: *SA*, Ergänzungsband, S. 169-180

1912g: »Einige Bemerkungen über den Begriff des Unbewußten in der Psychoanalyse«, in: *SA* III, S. 25-36

1914c: »Zur Einführung des Narzißmus«, in: *SA* III, S. 37-68

1915d: »Die Verdrängung«, in: *SA* III, S. 103-118

1916-17a: *Vorlesungen zur Einführung in die Psychoanalyse*, in: *SA* I, S. 33-445

1917a: »Eine Schwierigkeit der Psychoanalyse«, in: ders., *Gesammelte Werke,* hg. v. A. Freud u.a., Bd XII, London 1940-52, S. 3-12

1919h: »Das Unheimliche«, in: *SA* IV, S. 241-274

1924d: »Der Untergang des Ödipuskomplexes«, in: *SA* V, S. 243-251

1925e: »Die Widerstände gegen die Psychoanalyse«, in: ders., *Gesammelte Werke*, hg. v. A. Freud u.a., Bd XIV, London 1940-52, S. 99-110

---

1 Ich zitiere Freud nach der international üblichen Bibliographierweise (vgl. *Freud-Bibliographie mit Werkkonkordanz*, zusammengestellt v. I. Meyer-Palmedo, Frankf. a. M. 1975, 1980[3], korrig. Taschenbuchausgabe 1982).

1930a: *Das Unbehagen in der Kultur*, in: *SA* IX, S. 191-270
1933a: *Neue Folge der Vorlesungen zur Einführung in die Psychoanalyse*, in: *SA* I, S. 447-608
1937c: »Die endliche und die unendliche Analyse«, in: *SA* Ergänzungsband, S. 351-392
1940a: »Abriß der Psychoanalyse«, in: ders., *Abriß der Psychoanalyse. Das Unbehagen in der Kultur*, Frankfurt a. M. 1977, S. 7-62 (Fischer Taschenbuch)

GERBER, Gustav
1884: »Die Sprache und das Erkennen«, in: S. J. Schmidt (Hg), *Philosophie als Sprachkritik im 19. Jahrhundert*, Bd II, Stuttgart 1971, S. 19-60

HENNIG, Richard
1908: »Beiträge zur Psychologie des Doppel-Ichs«, *Zeitschrift für Psychologie und Physiologie der Sinnesorgane*, 49, i/ii, S. 1-55

HIRSCHFELD, Magnus
1930: *Sittengeschichte des Weltkrieges*, 2 Bde, Leipzig u. Wien

HOFMANNSTHAL, Hugo v.
1979: *Reden und Aufsätze I 1891-1913*, hg. v. B. Schoeller, Frankfurt a. M.

JAMES, William
1886: »Die Wahrnehmung der Zeit«, in: W. Zimmerli/M. Sandbothe (Hgg), *Klassiker der modernen Zeitphilosophie*, Darmstadt 1993, S. 31-66

JUNG, Carl G.
1928: »Über die Energetik der Seele«, in: ders., *Gesammelte Werke*, Bd 8, hg. v. M. Niethus-Jung u.a., Stuttgart u.a. 1967, S. 1-74
1930: »Die Lebenswende«, in: ders., *Gesammelte Werke*, Bd 8, hg. v. M. Niethus-Jung u.a., Stuttgart u.a. 1967, S. 441-460
1931: »Der archaische Mensch«, in: ders., *Gesammelte Werke*, Bd 10, hg. v. L. Jung-Merker und E. Rüf, Freiburg 1974, S. 67-90

KEYSERLING, Eduard von
1907: »Über die Liebe«, *Die neue Rundschau* 18, ii, S. 129-140

KEYSERLING, Hermann von (Hg)
1925: *Das Ehe-Buch. Eine neue Sinngebung im Zusammenhang der Stimmen führender Zeitgenossen*, Celle

KRAFFT-EBING, Richard von
1984: *Psychopathia sexualis. Mit besonderer Berücksichtigung der konträren Sexualempfindung. Eine medizinisch-gerichtliche Studie für Ärzte und Juristen* (1886), München 1984 (= Nachdruck der 14. verm. Auflage 1912)

LE BON, Gustave
1983: *Psychologie des foules* (Paris 1895), 4. Auflage Paris (PUF)

LESSING, Theodor
1907: *Ueber Hypnose und Suggestion. Eine psychologisch-medizinische Studie*, Göttingen
1910: *Weib, Frau, Dame. Ein Essay*, München
1921: *Geschichte als Sinngebung des Sinnlosen*, 3. Auflage München

LUCKA, Emil
1904: »Verdoppelungen des Ich«, *Preußische Jahrbücher* 115, S. 54-83

MACH, Ernst
1987: *Die Analyse der Empfindungen und das Verhältnis des Physischen zum Psychischen* (Prag 1885), Darmstadt (= Nachdruck der 9. Auflage Jena 1922)

MANTEGAZZA, Paul
o.J.: *Die Physiologie der Liebe,* 20. Auflage Berlin (Verlag der Schillerbuchhandlung Neufeld & Henius)

MAUTHNER, Fritz
1982: *Beiträge zu einer Kritik der Sprache,* Bd I: »Zur Sprache und zur Psychologie«, Frankfurt a. M. u.a. (= Nachdruck der 2. Auflage 1906; Ullstein)

McTAGGART, John/McTAGGART, Ellis
1908: »Die Irrealität der Zeit«, in: W. Zimmerli/M. Sandbothe (Hgg), *Klassiker der modernen Zeitphilosophie,* Darmstadt 1993, S. 67-86

[MEYER, Theo (Hg)]
1984: *Theorie des Naturalismus,* Stuttgart (RUB)

MORITZ, Benedikt
1894: »Second Life. Das Seelen-Binnenleben des gesunden und kranken Menschen«, *Wiener Klinik. Vorträge aus der gesammten praktischen Heilkunde* 20, v, S. 127-138

MÜLLER, Friedrich M.
1888: »Das Denken im Lichte der Sprache«, (auszugsweise) in: S. J. Schmidt (Hg), *Philosophie als Sprachkritik im 19. Jahrhundert,* Bd II, Stuttgart 1971, S. 61-146

NAUMANN, Gustav
1899: *Geschlecht und Kunst. Prolegomena zu einer physiologischen Ästhetik,* Leipzig

NIETZSCHE, Friedrich
1969a: *Jenseits von Gut und Böse. Vorspiel einer Philosophie der Zukunft,* in: ders., *Werke,* hg. v. K. Schlechta, Bd III, 6. Auflage Frankfurt a. M. (Ullstein), S. 9-205

1969b: *Zur Genealogie der Moral. Eine Streitschrift,* in: ders., *Werke,* hg. v. K. Schlechta, Bd III, 6. Auflage Frankfurt a. M. (Ullstein), S. 207-346

1969c: *Über Wahrheit und Lüge im außermoralischen Sinn,* in: ders., *Werke,* hg. v. K. Schlechta, Bd III, 6. Auflage Frankfurt a. M. (Ullstein), S. 1017-1030

NORDAU, Max
1884: *Die conventionellen Lügen der Kulturmenschheit,* 6. Auflage Leipzig
1920: *Biologie der Ethik,* Leipzig

REIK, Theodor,
1914: »Über die Wirkungen unbewußter Todeswünsche«, *Internationale Zeitschrift für ärztliche Psychoanalyse* II, iv, S. 327-353 (anonym publiziert)
1981: *In Gedanken töten. Bewußte und unbewußte Todeswünsche in psychoanalytischer Sicht,* München

RIBOT, Théodule
1896: *La psychologie des sentiments,* Paris

RUNZE, Georg
1889: »Sprache und Religion«, in: S. J. Schmidt (Hg), *Philosophie als Sprachkritik im 19. Jahrhundert,* Bd II, Stuttgart 1971, S. 173-232
1905: »Metaphysik«, in: S. J. Schmidt (Hg), *Philosophie als Sprachkritik im 19. Jahrhundert,* Bd II, Stuttgart 1971, S. 233-248

RUSSELL, Bertrand
1915: »Über die Erfahrung der Zeit«, in: W. Zimmerli/M. Sandbothe (Hgg), *Klassiker der modernen Zeitphilosophie,* Darmstadt 1993, S. 87-105

SCHELER, Max
1923: »Vom fremden Ich«, in: ders., *Die Sinngesetze des emotionalen Lebens*, Bd I »Wesen und Formen der Sympathie«, Bonn, S. 244-307

SIMMEL, Georg
1890: »Zur Psychologie der Frauen«, *Zeitschrift für Völkerpsychologie und Sprachwissenschaft* 20, S. 6-46
1901: »Zur Psychologie der Scham«, in: ders., *Schriften zur Soziologie. Eine Auswahl,* hg. v. H.-J. Dahme und O. Rammstedt, Frankfurt a. M. 1983 (Suhrkamp Taschenbuch Wissenschaft), S. 140-150
1903: »Soziologie des Raumes«, in: ders., *Schriften zur Soziologie. Eine Auswahl,* hg. v. H.-J. Dahme und O. Rammstedt, Frankfurt a. M. 1983 (Suhrkamp Taschenbuch Wissenschaft), S. 221-242
1906: »Psychologie der Diskretion«, in: ders., *Schriften zur Soziologie. Eine Auswahl,* hg. v. H.-J. Dahme und O. Rammstedt, Frankfurt a. M. 1983 (Suhrkamp Taschenbuch Wissenschaft), S. 151-158
1908: »Exkurs über das Problem: wie ist Gesellschaft möglich?«, in: ders., *Schriften zur Soziologie. Eine Auswahl,* hg. v. H.-J. Dahme und O. Rammstedt, Frankfurt a. M. 1983 (Suhrkamp Taschenbuch Wissenschaft), S. 275-293
1918: *Der Konflikt der modernen Kultur.* Ein Vortrag, München u. Leipzig
1922: *Lebensanschauung. Vier metaphysische Kapitel,* 2. Auflage München u. Leipzig
1923a: »Über die Liebe (Fragment)«, in: ders., *Fragmente und Aufsätze aus dem Nachlaß und Veröffentlichungen der letzten Jahre,* München, S. 125-146
1923b: »Zum Problem des Naturalismus«, in: ders., *Fragmente und Aufsätze aus dem Nachlaß und Veröffentlichungen der letzten Jahre,* München, S. 267-304
1968: »Der Fremde«, in: ders., *Das individuelle Gesetz. Philosophische Exkurse,* hg. v. M. Landmann, Frankfurt a. M., S. 30-33
1983: *Philosophische Kultur. Über das Abenteuer, die Geschlechter und die Krise der Moderne. Gesammelte Essais* (Potsdam 1911, 1923[3]), Berlin (Klaus Wagenbach)
1989: *Einleitung in die Moralwissenschaft. Eine Kritik der ethischen Grundbegriffe,* Bd I (Stuttgart u. Berlin 1892), Frankfurt a. M. (Suhrkamp Taschenbuch Wissenschaft)

SOMBART, Werner
1914: »Liebe, Luxus und Kapitalismus«, *Scientia* 8, XV, N. 34-2, S. 241-258

SPRANGER, Eduard
1949: *Psychologie des Jugendalters* (1924), 19. Auflage Heidelberg

TYLOR, Edward B.
1868: *Forschungen über die Urgeschichte der Menschheit und die Entwickelung der Civilisation,* Leipzig

VAIHINGER, Hans
1911: *Die Philosophie des Als ob. System der theoretischen, praktischen und religiösen Fiktionen der Menschheit auf Grund eines idealistischen Positivismus. Mit einem Anhang über Kant und Nietzsche,* Berlin

WEININGER, Otto
1980: *Geschlecht und Charakter,* München (= Nachdruck der 1. Auflage Wien 1903)

WOLF, Max
1894: *Die physische und sittliche Entartung des modernen Weibes*, 3. Auflage Leipzig
ZOLA, Emile
1971: *Le roman expérimental* (Paris 1880), Paris (Garnier Flammarion)
ZWEIG, Stefan
1970: *Die Welt von gestern* (Stockholm 1944), Frankfurt a. M. (Fischer Taschenbuch)

2. Wissenschaftliche Literatur

2.1 Literaturwissenschaftliche Sekundärliteratur

Verwedete Abkürzungen:
IASL = Internationales Archiv für Sozialgeschichte der Literatur
MAL = Modern Austrian Literature
SPIEL = Siegener Periodicum zur internationalen empirischen Literaturwissenschaft
ZfdPh = Zeitschrift für deutsche Philologie

ALLERDISSEN, Rolf
1985: *Impressionistisches Weltverhalten und skeptischer Moralismus in den Erzählungen Arthur Schnitzlers*, Bonn
AURNHAMMER, Achim
1994: »Schnitzlers *Die Nächste* (1899). Intertextualität und Psychologisierung des Erzählens im Jungen Wien«, *Germanisch-romanische Monatsschrift* 44, i, S. 37-51
BARTHOFER, Alfred
1986: »Eine alte Scherzfrage?? Anmerkungen zu sozialkritischen Aspekten im Werke Arthur Schnitzlers«, *Neophilologus. An International Journal Devoted to the Study of Modern and Medieval Language and Literature* 10, S. 75-91
BAUER, Roger (Hg)
1977: *Fin de Siècle. Zu Literatur und Kunst der Jahrhundertwende*, Frankfurt a. M.
BAUMANN, Gerhart
1965: *Arthur Schnitzler: Die Welt von Gestern eines Dichters von Morgen*, Frankfurt a. M.
1972: »Arthur Schnitzler: Spiel-Figur und Gesellschafts-Spiel«, in: ders., *Vereinigungen. Versuche zu neuerer Dichtung*, München, S. 145-172
BAYERDÖRFER, Hans-Peter
1972: »Vom Konversationsstück zur Wurstelkomödie. Zu Arthur Schnitzlers Einaktern«, *Jahrbuch der deutschen Schillergesellschaft* 16, S. 516-575
BENDER, Petra
1976: *Raum und Zeit. Kategorien des Seins und des Bewußtseins. Untersuchungen an ausgewählten Dramen Arthur Schnitzlers*, München

BLEICH, Erich H.
1936: *Der Bote aus der Fremde als formbedingender Kompositionsfaktor im Drama des deutschen Naturalismus*, (Diss. 1934) Greifswald
BRINSON, C. E. J.
1983: »Searching for Happiness: Towards an Interpretation of Arthur Schnitzler's *Doktor Gräsler, Badearzt*«, *MAL* 16, ii, S. 47-63
CAPUTO, Antonia M.
1982: *Arthur Schnitzlers späte Werke. Studien zu seiner Erzählkunst*, München
CERCIGNANI, Fausto
1991a (Hg): *Studia Schnitzleriana* (Arthur-Schnitzler-Kongreß Mailand 1989), Alessandria
1991b: »Arthur Schnitzler. La ragnatela dell'esistenza«, in: Cercignani 1991a, S. 9-55
COLIN, Amy
1978: »Arthur Schnitzler *Der grüne Kakadu*«, *Literatur und Kritik* 124, S. 220-231
1992: »Time, Death, and Secrets in Arthur Schnitzler's *Therese. Chronik eines Frauenlebens*«, *MAL* 25, iii/iv, S. 215-239
COOK, William K.
1972: »Arthur Schnitzler's *Der blinde Geronimo und sein Bruder:* A Critical Discussion«, *MAL* 5, iii/iv, S. 120-137
CYSARZ, Herbert
1968: »Das Imaginäre in der Dichtung Arthur Schnitzlers«, *MAL* 1, iii, S. 7-17
DELIUS, Annette
1976: *Intimes Theater. Untersuchungen zu Programmatik und Dramaturgie einer bevorzugten Theaterform der Jahrhundertwende* (= Hochschulschriften Literaturwissenschaft 19), Kronberg
DERRÉ, Françoise
1966: *L'œuvre d'Arthur Schnitzler: Imagerie viennoise et problèmes humains*, Paris
DICKERSON, Harald D. (junior)
1970: »Arthur Schnitzler's *Die Frau des Richters*. A Statement of Futility«, *German Quarterly* 43, ii, S. 223-236
DOPPLER, Alfred
1968: »Dramatische Formen bei Arthur Schnitzler«, in: *Beiträge zur Dramatik Österreichs im 20. Jahrhundert*, hg. vom Institut für Österreichkunde, Wien, S. 17-30
1971: »Die Problematik der Sprache und des Sprechens in den Bühnenstücken Arthur Schnitzlers«, in: A. Eder/H. Himmel/A. Kracher (Hgg), *Marginalien zur poetischen Welt* (Festschrift für Robert Mühlher), Berlin, S. 283-297
1975: *Wirklichkeit im Spiegel der Sprache. Aufsätze zur Literatur des 20. Jahrhunderts in Österreich*, Wien
1979: »Dramatische Form und Dialogführung in den Bühnenstücken Arthur Schnitzlers«, *Annali dell'Istituto di Lingue e Letterature Germaniche* 5 (= Atti del Convegno ›Teatro austriaco moderno e contemporaneo‹, Parma, 22-23 Nov. 1979, a cura di M. E. D'Agnostini), S. 23-34
1985: »Der Wandel der Darstellungsperspektive in den Dichtungen Arthur

Schnitzlers. Mann und Frau als sozialpsychologisches Problem«, in: Farese 1985, S. 41-59

1991: »Ästhetizismus und bürgerliche Moral. Zu Schnitzlers Schauspiel *Der einsame Weg*«, in: Cercignani 1991a, S. 59-70

DRIVER, Beverly R.

1971: »Arthur Schnitzler's *Frau Beate Garlan:* A Study in Form«, *Germanic Review* 46, iv, S. 285-298

EKFELT, Nils

1978: »Arthur Schnitzler's *Spiel im Morgengrauen:* Free Will, Fate, and Chaos«, *German Quarterly* 51, ii, S. 170-181

FARESE, Giuseppe (Hg)

1985: *Akten des internationalen Symposiums ›Arthur Schnitzler und seine Zeit‹* (= Jahrbuch für Internationale Germanistik, R. A. Kongreßberichte, Bd. 13), Bern u.a.

FARLEY, Thimothy

1984: »Arthur Schnitzler's Sociopolitical ›Märchen‹«, in: Lawson/Tax 1984, S. 104-119

FISCHER, Uve

1979: »Causalità e atto unico nel teatro di Arthur Schnitzler«, *Annali dell'Istituto di Lingue e Letterature Germaniche* 5 (= Atti del convegno ›Teatro austriaco moderno e contemporaneo‹ Parma, 22-23 Nov. 1979, a cura di M. E. D'Agnostini), S. 35-47

FRIEDRICHSMEYER, Erhard

1969a: »Schnitzlers *Der grüne Kakadu*«, *ZfdPh* 88, ii, S. 209-228

1969b: »Bemerkungen zum Heldischen bei Schnitzler«, *MAL* 2, iv, S. 38-41

FRITSCHE, Alfred

1974: *Dekadenz im Werk Arthur Schnitzlers,* Bern u.a.

GEISSLER, Rolf

1982: »Bürgerliche Literatur am Ende. Epochalisierung am Beispiel von drei Erzählungen Schnitzlers«, in: ders., *Arbeit am literarischen Kanon*, Paderborn, S. 115-137

GENETTE, Gérard

1972: »Discours du récit«, in: ders., *Figures III*, Paris, S. 67-273

GLASER, Horst A.

1986: »Casanova bei Hofmannsthal und Schnitzler«, in: K. Sauerland (Hg), *Autorität und Sinnlichkeit. Studien zur Literatur- und Geistesgeschichte zwischen Nietzsche und Freud.* Eine internationale Tagung, veranstaltet v. Österreichischen Kulturinstitut in Bachotek/Polen, Okt. 1984 (= Akten internationaler Kongresse auf den Gebieten der Ästhetik und der Literaturwissenschaft 2), Frankfurt a. M. u.a., S. 57-73

GLEISENSTEIN, Angelika

1981: »Die Casanova-Werke Arthur Schnitzlers«, in: Scheible 1981, S. 117-141

GUTJAHR, Ortrud

1986: »Arthur Schnitzler und das weite Land der Seele«, in: W. Mauser u.a. (Hgg), *Phantasie und Deutung. Psychologisches Verstehen von Literatur und Film.* (Festschrift für Frederick Wyatt zum 75. Geb.), Würzburg u.a. 1986, S. 112-127

1989: »Lulu als Prinzip. Verführte und Verführerin in der Literatur um 1900«, in: I. Roebling (Hg), *Lulu, Lilith, Mona Lisa ... Frauenbilder der Jahrhundertwende*, Pfaffenweiler, S. 45-76

HAIDA, Peter
1973: *Komödie um 1900. Wandlungen des Gattungsschemas von Hauptmann bis Sternheim*, München

HANNUM, Hunter G.
1967: »›Mereley Players‹: The Theatrical Worlds of Arthur Schnitzler and Jean Genet«, in: E. Schwarz/H. G. Hannum/E. Lohner (Hgg), *Festschrift für Bernhard Blume*, Göttingen 1967, S. 367-384

HINDERER, Walter
1987: »Der Aufstand der Marionetten: zu Arthur Schnitzlers Groteske *Der grüne Kakadu*«, in: P. M. Lützeler u.a. (Hgg), *Zeitgenossenschaft. Zur deutschsprachigen Literatur im 20. Jahrhundert.* (Festschrift für Egon Schwarz zum 65. Geburtstag), Frankfurt a. M., S. 12-32

HÖGER, Alfons
1982: »Ehrenkodex und Chaos in den dramatischen Texten Arthur Schnitzlers«, *Text und Kontext* 10, ii, S. 289-302

IMBODEN, Michael
1971: *Die surreale Komponente im erzählerischen Werk Arthur Schnitzlers*, Bern

JANDL, Ernst
1950: *Die Novellen Arthur Schnitzlers* (Diss. masch.), Wien

JANZ, Rolf-Peter/LAERMANN, Klaus
1977: *Arthur Schnitzler: Zur Diagnose des Wiener Bürgertums im Fin de siècle*, Stuttgart

JOHNSTON, William M.
1985: »Der Wiener Impressionismus. Eine neue Wertung einer einst beliebten Kategorie«, in: Farese 1985, S. 201-212

JUST, Gottfried
1968: *Ironie und Sentimentalität in den erzählenden Dichtungen Arthur Schnitzlers* (= Philologische Studien und Quellen 42), Berlin

KALCHER, Joachim
1980: *Perspektiven des Lebens in der Dramatik um 1900* (= Kölner germanistische Studien 14), Köln

KANN, Robert A.
1982: »Die historische Situation und die entscheidenden politischen Ereignisse zur Zeit und im Leben Arthur Schnitzlers«, *Literatur und Kritik* XVII, 161/162, S. 19-25

KATAN, M.
1969: »Schnitzler's *Das Schicksal des Freiherrn von Leisenbohg*«, *Journal of the American Psychoanalytic Association* 17, iii, S. 904-926

KELLER, Ursula
1984: *Böser Dinge hübsche Formel. Das Wien Arthur Schnitzlers*, Berlin

KILIAN, Klaus
1972: *Die Komödien Arthur Schnitzlers. Sozialer Rollenzwang und kritische Ethik* (= Literatur in der Gesellschaft 7), Düsseldorf

KLEINSCHMIDT, Ernst
1992: *Gleitende Sprache. Sprachbewußtsein und Poetik in der literarischen Moderne*, München

KLUGE, Gerhard

1974: »Die Dialektik von Illusion und Erkentnis als Strukturprinzip des Einakters bei Arthur Schnitzler«, *Jahrbuch der deutschen Schillergesellschaft* 18, S. 482-505

1982: »Wunsch und Wirklichkeit in Arthur Schnitzlers *Traumnovelle*«, *Text & Kontext* 10, ii, S. 319-343

1984: »Zum Thema Verführung in Arthur Schnitzlers *Komödie der Verführung*«, *ZfdPh* 103, S. 551-563

KNORR, Herbert

1988: *Experiment und Spiel – Subjektivitätsstrukturen im Erzählen Arthur Schitzlers*, Frankfurt a. M. u.a.

KOEBNER, Thomas

1985a: »›Der riesige Mann, mein Vater, die letzte Instanz‹. Familiendrama und Generationskonflikt in der deutschen Literatur zwischen 1890 und 1920«, in: Koebner/Janz/Trommler 1985, S. 500-518

1985b: »Casanovas Wiederkehr im Werk von Hofmannsthal und Schnitzler«, in: Farese 1985, S. 127-136

KOEBNER, Thomas/JANZ, Rolf-Peter/TROMMLER, Frank (Hgg)

1985: *»Mit uns zieht die neue Zeit«. Der Mythos Jugend*, Frankfurt a. M. (edition suhrkamp)

KOOPMANN, Helmut

1977: »Entgrenzung. Zu einem literarischen Phänomen um 1900«, in: Bauer 1977, S. 73-92

KROTKOFF, Hertha

1971: »Auf den Spuren von Arthur Schnitzlers *Traumnovelle*«, *MAL* 4, iv, S. 37-41

1972: »Themen, Motive und Symbole in Arthur Schnitzlers *Traumnovelle*«, *MAL* 5, i/ii, S. 70-95

1973: »Zur geheimen Gesellschaft in Arthur Schnitzlers *Traumnovelle*«, *German Quarterly* 46, ii, S. 202-209

LANTIN, Rudolf

1958: *Traum und Wirklichkeit in der Prosadichtung Arthur Schnitzlers* (Diss. masch.), Köln

LAWSON, Richard H.

1963: »An Interpretation of *Die Weissagung*«, in: Reichert/Salinger 1963, S. 71-78

1980: »Pathologische Geisteszustände an der Grenze des Übernatürlichen in Schnitzlers Werken«, in: H. Rupp/H.-G. Roloff (Hgg), *Akten des VI. Internationalen Germanistenkongresses*, Part. 4, Bern, S. 476-480

LAWSON, Richard/TAX, Petrus (Hgg)

1984: *Arthur Schnitzler and His Age. Intellectual and Artistic Currents* (= Modern German Studies 13), Bonn

LEBENSAFT, Elisabeth

1972: *Anordnung und Funktion zentraler Aufbauelemente in den Erzählungen Arthur Schnitzlers* (Diss. masch.), Wien

LE RIDER, Jacques

1988: »La représentation de la Révolution française dans la pièce *Au perroquet vert* d'Arthur Schnitzler«, *Austriaca. Cahiers universitaires d'information sur l'Autriche* 14, N° 29, S. 99-108

1990: *Das Ende der Illusion. Die Wiener Moderne und die Krisen der Identität*, Wien

LEROY, Robert/PASTOR, Eckart

1976: »Der Sprung ins Bewußtsein. Zu einigen Erzählungen von Arthur Schnitzler«, *ZfdPh* 95, iv, S. 481-495

1991 (Hgg): *Deutsche Dichtung um 1890: Beiträge zu einer Literatur im Umbruch*, Bern u.a.

LINDKEN, Ulrich

1970: *Interpretationen zu Arthur Schnitzler. Drei Erzählungen*, München

1984: *Arthur Schnitzler – Aspekte und Akzente. Materialien zu Leben und Werk*, Frankfurt a. M. u.a.

LINDNER, Martin

1991: *›Krise‹ und ›Leben‹. Die intellektuelle Mentalität der ›Frühen Moderne‹ und die Zeitromane der ›Neuen Sachlichkeit‹. Mit einer Fallstudie anhand von Arnolt Bronnen, Ernst Glaeser, Ernst von Salomon, Ernst Erich Noth* (Diss. masch.), München

LOTMAN, Jurij M.

1973: *Die Struktur des künstlerischen Textes*, München (Suhrkamp Taschenbuch)

1974: »Zur Metasprache typologischer Kultur-Beschreibungen«, in: ders., *Aufsätze zur Theorie und Methodologie der Literatur und Kunst*, Kronberg Taunus, S. 338-377

LUBE, Barbara

1985: »›Angesichts der süßen Jugend‹. Beobachtungen zur literarischen Darstellung der ›Krise der Lebensmitte‹«, in: Koebner/Janz/Trommler 1985, S. 590-603

LUKAS, Wolfgang

1995a: »Geschlechterrolle und Erzählerrolle. Der Entwurf einer neuen Anthropologie in Adalbert Stifters *Die Mappe meines Urgroßvaters*« in: H. Laufhütte/K. Möseneder (Hgg), *Adalbert Stifter interdisziplinär. Das Werk des Dichters, Malers und Denkmalpflegers* (Stifter-Symposion an der Univ. Passau 20.-24.4.1994), Passau

1995b: »Zeit und Psyche: zwei problematisierte Größen in der Erzählliteratur zwischen Goethezeit und Realismus«, in: *Kodikas/Code. An International Journal of Semiotics*, Sondernr., hg. v. M. Titzmann (vorauss. 1995)

LUPRECHT, Mark

1991: *»What people call pessimism«: Sigmund Freud, Arthur Schnitzler and Nineteenth-Century Controversy at the University of Vienna Medical School*, Riverside (CA)

MAGRIS, Claudio

1981: »Arthur Schnitzler und das Karussel der Triebe«, in: Scheible 1981, S. 71-80

MANCINELLI, Laura

1985: »Das Problem der Sprache bei Wittgenstein. Vom Tractatus zu den philosophischen Untersuchungen«, in: Farese 1985, S. 255-262

MARTENS, Lorna

1982: »Irreversible Processes, Proliferating Middles, and Invisible Barriers: Spatial Metaphors in Freud, Schnitzler, Musil and Kafka«, in: E. Nielsen (Hg), *Focus on Vienna 1900. Change and Continuity in Literature, Music, Art, and Intellectual History* (= Houston German Studies 4), München, S. 46-57

MATT, Peter von
1991: *Liebesverrat. Die Treulosen in der Literatur*, München
MELCHINGER, Christa
1968: *Illusion und Wirklichkeit im dramatischen Werk Arthur Schnitzlers* (= Beiträge zur Neueren Literaturgeschichte 3. Folge, 7), Heidelberg
MENHENNET, Alan
1986: »Schnitzler and the Experience of Time: From Anatol to Casanova«, *MAL* 19, iii/iv, S. 163-177
MENNEMEIER, Franz N.
1991: »Die Revolution von unten gesehen. Zu Schnitzlers *Der grüne Kakadu*«, in: Leroy/Pastor 1991, S. 391-397
MEYER, Friederike
1991: »Zum Wandel von Diskursbeziehungen: die Relation der Erzählliteratur im Realismus und der Psychiatrie 1850-1900 in Deutschland«, in: Titzmann 1991b, S. 167-186
1992: *Gefährliche Psyche. Figurenpsychologie in der Erzählliteratur des Realismus* (= Münchener Studien zur literarischen Kultur in Deutschland 15), Frankfurt a. M.
MEYER, Theo (Hg)
1984: *Theorie des Naturalismus*, Stuttgart (RUB)
MÖHRMANN, Renate
1985: »Schnitzlers Frauen und Mädchen. Zwischen Sachlichkeit und Sentiment«, in: Farese 1985, S. 93-107
MORSE, Margaret
1977: *The Works of Arthur Schnitzler as an Index of Cultural Change: Relationships between the Sexes in Social Reality, Ideology and the Imagination*, Diss. University of California at Berkeley
MÜLLER-SEIDEL, Walter
1985: »Moderne Literatur und Medizin. Zum literarischen Werk Arthur Schnitzlers«, in: Farese 1985, S. 60-92
NEHRING, Wolfgang
1992: »Arthur Schnitzler and the French Revolution«, *MAL* 25, iii/iv, S. 75-94
NEUMAIR, Paul G.
1933: *Der Typus des Abenteurers in der neueren deutschen Dichtung*, Limburg a. d. L.
OFFERMANNS, Ernst L.
1973: *Arthur Schnitzler. Das Komödienwerk als Kritik des Impressionismus*, München
1981: »Geschichte und Drama bei Arthur Schnitzler«, in: Scheible 1981, S. 34-53
OHL, HUBERT
1991: »Zeitgenossenschaft. Arthur Schnitzler und Theodor Fontane«, *Jahrbuch des Freien Deutschen Hochstifts*, S. 262-307
PELINKA, Anton
1982: »Die Struktur und die Probleme der Gesellschaft zur Zeit Arthur Schnitzlers«, *Literatur & Kritik* XVII, 163/164, S. 59-66
PERLMANN, Michaela
1987: *Der Traum in der literarischen Moderne. Untersuchungen zum Werk Arthur Schnitzlers* (= Münchner germanistische Beiträge 37), München

PFISTER, Manfred (Hg)
1989: *Die Modernisierung des Ich. Studien zur Subjektkonstitution in der Vor- und Frühmoderne* (= Pink 1), Passau
PLAUT, Richard
1936: *Arthur Schnitzler als Erzähler*, Frankfurt a. M.
1950: »Notes on Arthur Schnitzler's Literary Technique«, *Germanic Review* 25, i, S. 13-25
RASCH, Wolfdietrich
1967a: »Aspekte der deutschen Literatur um 1900«, in: ders., *Zur deutschen Literatur seit der Jahrhundertwende. Gesammelte Aufsätze*, Stuttgart, S. 1-48
1967b: »Das Problem des Anfangs erzählender Dichtung. Eine Beobachtung zur Form der Erzählung um 1900«, in: ders., *Zur deutschen Literatur seit der Jahrhundertwende. Gesammelte Aufsätze*, Stuttgart, S. 49-58
1967c: »Tanz als Lebenssymbol im Drama um 1900«, in: ders., *Zur deutschen Literatur seit der Jahrhundertwende. Gesammelte Aufsätze*, Stuttgart, S. 59-77
1983: »La dévalorisation du présent, expérience de la décadence dans l'œuvre d'Arthur Schnitzler«, in: C. Ravy/G. Ravy (Hgg), *Arthur Schnitzler. Actes du Colloque du 19-21 oct. 1981*, Paris, S. 11-26
1986: *Die literarische Décadence um 1900*, München
REICHERT, Herbert W.
1973: »The Ethical Import of the Artist in the Works of Arthur Schnitzler«, *MAL* 6, i/ii, S. 123-150
REICHERT, Herbert W./SALINGER, H. (Hgg)
1963: *Studies in Arthur Schnitzler. Centennial Commemorative Volume.* (= University of North Carolina Studies in the Germanic Languages and Literatures 42), Chapel Hill
REIK, Theodor
1913a: *Arthur Schnitzler als Psycholog*, Minden
1913b: »Das Geschlechterverhältnis bei Arthur Schnitzler«, *Neue Generation* 9, III, S. 128-135
RENNER, Karl N.
1983: *Der Findling. Eine Erzählung von Heinrich von Kleist und ein Film von George Moorse. Prinzipien einer adäquaten Wiedergabe narrativer Strukturen* (= Münchner germanistische Beiträge 31), München
REY, William H.
1967: »Schnitzlers Erzählung *Casanovas Heimfahrt*. Eine Strukturanalyse«, in: E. Schwarz/H. G. Hannum/E. Lohner (Hgg), *Festschrift für Bernhard Blume*, Göttingen 1967, S. 195-217
1968: *Arthur Schnitzler. Die späte Prosa als Gipfel seines Schaffens*, Berlin
1978: »Judith-Aurelie-Seraphine. Zu Schnitzlers *Komödie der Verführung*«, in: L. R. Phelps (Hg), Creative Encounter. Festschrift for Hermann Salinger (= University of North Carolina Studies in the Germanic Languages and Literatures 91), Chapel Hill, S. 133-144
RICHTER, Karl/SCHÖNERT, Jörg (Hgg)
1983: *Klassik und Moderne. Die Weimarer Klassik als historisches Ereignis und Herausforderung im kulturgeschichtlichen Prozeß* (Festschrift für W. Müller-Seidel zum 60. Geb.), Stuttgart

RIECKMANN, Jens
1985: *Aufbruch in die Moderne. Die Anfänge des Jungen Wien. Österreichische Literatur und Kritik im Fin de Siècle*, Königstein
RINGEL, Erwin
1982: »Das Selbstmordproblem bei Schnitzler«, *Literatur & Kritik*, XVII, 161/162, S. 33-51
ROBERTS, Adrian C.
1989: *Arthur Schnitzler and Politics*, Riverside (CA)
RUPRECHT, Erich/BÄNSCH, Dieter (Hgg)
1970: *Literarische Manifeste der Jahrhundertwende 1890-1910,* Stuttgart
SANDIG, Holger
1980: »Arthur Schnitzler: *Der grüne Kakadu*«, in: ders., *Deutsche Dramaturgie des Grotesken um die Jahrhundertwende,* München, S. 143-148
SANTNER, Eric
1986: »Of Masters, Slaves and Other Seducers: Arthur Schnitzler's *Traumnovelle*«, *MAL* 19, iii/iv, S. 33-48
SCHADER, Brigitta
1987: *Schwindsucht – Zur Darstellung einer tödlichen Krankheit in der deutschen Literatur vom poetischen Realismus bis zur Moderne*, Frankfurt a. M. u.a.
SCHEIBLE, Hartmut
1981 (Hg): *Arthur Schnitzler in neuer Sicht*, München
1982: »Im Bewußtseinszimmer. Arthur Schnitzlers Einakter«, *Text und Kontext* 10, ii, S. 220-288
SCHEUZGER, Jürg
1975: *Das Spiel mit Typen und Typenkonstellationen in den Dramen Arthur Schnitzlers*, Zürich
SCHINNERER, Otto
1929: »The Early Works of Arthur Schnitzler«, *Germanic Review* 4, S. 153-197
1930: »The Literary Apprenticeship of Arthur Schnitzler«, *Germanic Review* 5, S. 58-82
SCHNEIDER-HALVORSON, Brigitte L.
1983: *The Late Dramatic Works of Arthur Schnitzler*, Bern u.a.
SCHORSKE, Carl E.
1962: »Schnitzler und Hofmannsthal: Politik und Psyche im Wien des fin de siècle«, *Wort und Wahrheit* 17, v, S. 367-381
SCHRIMPF, Hans Joachim
1982: »Arthur Schnitzlers *Traumnovelle*«, in: ders, *Der Schriftsteller als öffentliche Person. Von Lessing bis Hochhuth. Beiträge zur deutschen Literatur*, Berlin, S. 215-237
SCHWARZ, Egon
1981: »Arthur Schnitzler und die Aristokratie«, in: Scheible 1981, S. 54-70
SEGAR, Kenneth
1971: *Psychological Determinism and Moral Responsability in Some Narrative Works of Arthur Schnitzler*, Diss. University of Oxford
1973: »Determinism and Character: Arthur Schnitzler's *Traumnovelle* and His Unpublished Critique of Psychoanalysis«, *Oxford German Studies* 8, S. 114-127

SELLING, Gunter
1975: *Die Einakter und Einakterzyklen Arthur Schnitzlers*, Amsterdam
SÖHNLEIN, Heike
1986: *Gesellschaft und private Interaktionen. Dialoganalysen zu Hofmannsthals ›Der Schwierige‹ und Schnitzlers ›Das weite Land‹*, Tübingen
SPECHT, Richard
1922: *Arthur Schnitzler. Der Dichter und sein Werk. Eine Studie*, Berlin
SPYCHER-BRAENDLI, Peter
1971: *Gestaltungsprobleme in der Novellistik Arthur Schnitzlers*, Diss. Zürich
STORCK, Joachim W.
1982: »Die Humanität des Skeptikers. Zur Gegenwärtigkeit Arthur Schnitzlers«, *Literatur & Kritik* XVII, 163/164, S. 45-58
STROKA, Anna
1967: »Die Gesellschaftskritik in Arthur Schnitzlers frühen Bühnenwerken«, *Germanica Wratislawiensia* 11, S. 41-56
1969: »Arthur Schnitzlers Einakter *Paracelsus, Die Gefährtin* und *Der grüne Kakadu*«, *Germanica Wratislaviensia* 13, S. 57-66
SWALES, Martin W.
1967: »Arthur Schnitzler as a Moralist«, *Modern Language Review* 62, iii, S. 462-475
1971: *Arthur Schnitzler. A Critical Study*, Oxford
TAEGER, Annemarie
1987: *Die Kunst, Medusa zu töten. Zum Bild der Frau in der Literatur der Jahrhundertwende*, Bielefeld
THOMALLA, Ariane
1972: *Die ›femme fragile‹. Ein literarischer Frauentypus der Jahrhundertwende*, Düsseldorf
THOMÉ, Horst
1984: »Kernlosigkeit und Pose. Zur Rekonstruktion von Schnitzlers Psychologie«, in: *Text und Kontext*, Sonderreihe Bd 20: »Fin de siècle. Zu Naturwissenschaft und Literatur der Jahrhundertwende im deutsch-skandinavischen Kontext«, hg. v. K. Bohnen u.a., München u.a., S. 62-87
1986: *Realistische Psychopathologie. Studien zur Geschichte des literarischen Psychologisierens in deutschsprachigen Erzähltexten (1848-1914)* (Habil. masch.), Kiel
1988: »Sozialgeschichtliche Perspektiven der neueren Schnitzler-Forschung«, *IASL* 13, S. 158-187
THOMPSON, Bruce
1990: *Schnitzler's Vienna. Image of a Society*, London
TITZMANN, Michael
1977: *Strukturale Textanalyse. Theorie und Praxis der Interpretation*, München (UTB)
1983: »Probleme des Epochenbegriffs in der Literaturgeschichtsschreibung«, in: Richter/Schönert 1983, S. 98-131
1984: »Bemerkungen zu Wissen und Sprache in der Goethezeit (1770-1830). Mit dem Beispiel der optischen Kodierung von Erkenntnisprozessen«, in: J. Link/W. Wülfing (Hgg), *Bewegung und Stillstand in Metaphern und Mythen. Fallstudien zum Verhältnis von elementarem Wissen und Literatur im 19. Jahrhundert*, Stuttgart, S. 100-120

1989a: »Das Konzept der ›Person‹ und ihrer ›Identität‹ in der deutschen Literatur des frühen 20. Jahrhunderts«, in: Pfister 1989, S. 36-52

1989b: »Kulturelles Wissen – Diskurs – Denksystem. Zu einigen Grundbegriffen der Literaturgeschichtsschreibung«, *Zeitschrift für französische Sprache und Literatur* 99, S. 47-61

1991a: »Skizze einer integrativen Literaturgeschichte und ihres Ortes in einer Systematik der Literaturwissenschaft«, in: Titzmann 1991b, S. 395-438

1991b (Hg): *Modelle des literarischen Strukturwandels*, Tübingen

TODOROV, Tzvetan

1981: »Les catégories du récit littéraire«, *Communications* 8 (1966): »L'analyse structurale du récit«, Neuausgabe Paris 1981 (Editions du seuil/Coll. Points), S. 131-157

URBACH, Reinhard

1974: *Schnitzler-Kommentar. Zu den erzählenden Schriften und dramatischen Werken*, München

1985: »Arthur Schnitzlers dramatischer Altersstil – *Komödie der Verführung*«, in: Farese 1985, S. 32-39

URBAN, Bernd

1974: »Arthur Schnitzler und Sigmund Freud: Aus den Anfängen des ›Doppelgängers‹. Zur Differenzierung dichterischer Intuition und Umgebung der frühen Hysterieforschung«, *Germanisch-Romanische Monatsschrift*, NF 24, S. 193-223

VONDUNG, Klaus

1985: »Apokalyptische Erwartung. Zur Jugendrevolte in der deutschen Literatur zwischen 1910 und 1930«, in: Koebner/Janz/Trommler 1985, S. 519-545

WEINBERGER, G. J.

1992: »Arthur Schnitzler's *Frau Berta Garlan:* Genesis and Genre«, *MAL* 25, iii/iv, S. 53-73

WEINER, Marc C.

1989: »Die *Zauberflöte* and the Rejection of Historicism in Schnitzler's *Traumnovelle*«, *MAL* 22, iii/iv, S. 33-50

WEINHOLD, Ulrike

1987: »Arthur Schnitzler und der weibliche Diskurs. Zur Problematik des Frauenbildes der Jahrhundertwende«, *Jahrbuch für Internationale Germanistik* 19, i, S. 110-145

WEISS, Robert O.

1968: »The Psychoses in the Works of Arthur Schnitzler«, *German Quarterly* 41, iii, S. 377-400

WERNER, Ralph M.

1981: *Impressionismus als literarhistorischer Begriff. Untersuchung am Beispiel Schnitzlers*, Frankfurt a. M.

WIESMAYR, Elisabeth

1986: »Patt der Herzen. Inszenierungen der Liebe im fin de siècle«, in: H. C. Ehalt/G. Heiss/H. Stekl (Hgg), *Glücklich ist, wer vergißt ...? Das andere Wien um 1900*, Wien u.a., S. 133-144

WILLENBERG, Heiner

1974: *Die Darstellung des Bewußtseins in der Literatur. Vergleichende Studien zu Philosophie, Psychologie und deutscher Literatur von Schnitzler bis Broch*, Frankfurt a. M.

WORBS, Michael

1983: *Nervenkunst. Literatur und Psychoanalyse im Wien der Jahrhundertwende*, Frankfurt a. M.

WÜNSCH, Marianne

1983: »Das Modell der ›Wiedergeburt‹ zu ›neuem Leben‹ in erzählender Literatur 1890-1930«, in: Richter/Schönert 1983, S. 379-407

1989: »Wege der ›Person‹ und ihrer ›Selbstfindung‹ in der fantastischen Literatur nach 1900«, in: Pfister 1989, S. 168-179

1990: »Regeln erotischer Beziehungen in Erzähltexten der Frühen Moderne und ihr theoretischer Status«, *SPIEL* 9, i, S. 131-172

1991a: »Vom späten ›Realismus‹ zur ›Frühen Moderne‹: Versuch eines Modells des literarischen Strukturwandels«, in: Titzmann 1991b, S. 187-204

1991b: »Die Erfahrung des Fremden im Selbst. Der Kampf mit dem ›Unbewußten‹ in der Literatur zwischen Goethezeit und Jahrhundertwende«, in: E. Iwasaki (Hg), *Begegnung mit dem ›Fremden‹. Grenzen – Traditionen – Vergleiche. Akten des VIII. Internationalen Germanistenkongresses*, Tokyo, Bd 11, S. 169-176

1991c: *Die Fantastische Literatur der Frühen Moderne (1890-1930). Definition, Denkgeschichtlicher Kontext, Strukturen*, München

WUNBERG, Gotthart (Hg)

1976: *Das junge Wien. Österreichische Literatur- und Kunstkritik 1887-1902*, Tübingen, 2 Bde

ŽMEGAČ, Victor

1993: »Ritterrüstungen, Kirschkerne und Dachziegel: zur literarischen Theorie des Zufalls von Schiller bis Schnitzler«, in: ders., *Tradition und Innovation. Studien zur deutschsprachigen Literatur seit der Jahrhundertwende*, Wien u.a., S. 58-73

2.2 *Wissenschaftliche Literatur zur Denk- und Wissensgeschichte*

ARIÈS, Philippe

1986: »Liebe in der Ehe«, in: Ph. Ariès/A. Béjin/M. Foucault u.a. (Hgg), *Die Masken des Begehrens und die Metamorphosen der Sinnlichkeit. Zur Geschichte der Sexualität im Abendland*, Frankfurt a. M. (Fischer Taschenbuch), S. 165-175

CORBIN, Alain

1992: »Kulissen«, in: Ph. Ariès/G. Duby (Hgg), *Geschichte des privaten Lebens*, Bd IV »Von der Revolution zum Großen Krieg«, hg. v. M. Perrot, Frankfurt a. M. , S. 421-630

EBRECHT, Angelika

1991: *Das individuelle Ganze. Zum Psychologismus der Lebensphilosophie*, Stuttgart

EDER, Franz K.

1993: »›Diese Theorie ist sehr delikat...‹. Zur Sexualisierung der ›Wiener Moderne‹«, in: J. Nautz/R. Vahrenkamp (Hgg), *Die Wiener Jahrhundertwende.*

Einflüsse, Umwelt, Wirkungen, Wien u.a., S. 159-180

ELLENBERGER, Henri F.

1973: *Die Entdeckung des Unbewußten* (*The Discovery of the Unconscious: The History and Evolution of Dynamic Psychiatry*, New York 1970), 2 Bde, Stuttgart u.a.

FOUCAULT, Michel

1966: *Les mots et les choses*, Paris

1969: *L'Archéologie du savoir*, Paris

1983: *Sexualität und Wahrheit. Der Wille zum Wissen* (*Histoire de la sexualité*, I: »La volonté de savoir«, Paris 1976), Frankfurt a. M. (Suhrkamp Taschenbuch Wissenschaft)

GEULEN, Dieter

1991: »Das Gesellschaftliche in der Seele«, in: G. Jüttemann/M. Sonntag/C. Wulf (Hgg), *Die Seele. Ihre Geschichte im Abendland*, Weinheim, S. 527-552

GILLIS, John R.

1980: *Geschichte der Jugend. Tradition und Wandel im Verhältnis der Altersgruppen und Generationen in Europa von der zweiten Hälfte des 18. Jahrhunderts bis zur Gegenwart*, Weinheim u.a.

HAUSEN, Karin

1978: »Die Polarisierung der ›Geschlechtscharaktere‹ – Eine Spiegelung der Dissoziation von Erwerbs- und Familienleben«, in: H. Rosenbaum (Hg), *Seminar: Familie und Gesellschaftsstruktur. Materialien zu den sozioökonomischen Bedingungen von Familienformen*, Frankfurt a. M. (Suhrkamp Taschenbuch Wissenschaft), S. 161-191

JANIK, Allen/TOULMIN, Stephen

1985: *Wittgensteins Wien,* 2. Auflage München u.a.

LAPLANCHE, Jean/PONTALIS, Jean Baptiste

1982: *Das Vokabular der Psychoanalyse* (*Vocabulaire de la psychoanalyse*, Paris 1967), 2 Bde, 5. Auflage Frankfurt a. M. (Suhrkamp Taschenbuch Wissenschaft)

LIEBER, Hans-Joachim

1974: *Kulturkritik und Lebensphilosophie. Studien zur deutschen Philosophie der Jahrhundertwende,* Darmstadt

LUKAS, Wolfgang/WERNZ, Corinna/LEDERER, Christian

1994: »Das Sexualdelikt im psychiatrisch-forensischen Gutachten der Jahrhundertwende. Strukturmerkmale und Funktion eines historischen Diskurses über Sexualität«, in: F. Rotter (Hg), *Psychiatrie, Psychotherapie und Recht. Diskurse und vergleichende Perspektiven*, Frankfurt a. M., S. 175-206

MITTERAUER, Michael

1986: *Sozialgeschichte der Jugend,* Frankfurt a. M. (edition suhrkamp)

PANKE-KOCHINKE, Birgit

1991: *Die anständige Frau. Konzeption und Umsetzung bürgerlicher Moral im 18. und 19. Jahrhundert* (= Frauen in Geschichte und Gesellschaft 31), Pfaffenweiler

ROSENBAUM, Heidi

1982: *Formen der Familie. Untersuchungen zum Zusammenhang von Familienverhältnissen, Sozialstruktur und sozialem Wandel in der deutschen Gesell-*

schaft des 19. Jahrhunderts, Frankfurt a. M. (Suhrkamp Taschenbuch Wissenschaft)

SENNETT, Richard

1986: *Verfall und Ende des öffentlichen Lebens. Die Tyrannei der Intimität* (*The Fall of Public Man*, New York 1974), Frankfurt a. M. (Fischer Taschenbuch)

STOEHR, Irene

1986: »Fraueneinfluß oder Geschlechterversöhnung? Zur ›Sexualitätsdebatte‹ in der Frauenbewegung um 1900«, in: J. Geyer-Kordesch/A. Kuhn (Hg), *Frauenkörper, Medizin, Sexualität. Auf dem Wege zu einer neuen Sexualmoral,* Düsseldorf, S. 159-190

THEWELEIT, Klaus

1977: *Männerphantasien*, Bd I: »Frauen, Fluten, Körper, Geschichte», Frankfurt a. M.

ZIMMERLI, Walther Ch./Sandbothe, Mike (Hgg)

1993: *Klassiker der modernen Zeitphilosophie*, Darmstadt

Register der behandelten Texte A. Schnitzlers

Erzähltexte

Dramen